南雍学术经典

主编 张一兵 周 宪

汤用彤佛学与哲学思想论集

沈伟华 杨维中 编

南京大学出版社

南雍学术经典

总　序

洪银兴

　　学术的传承与发展是一个长期的历史积累过程。在对中国现代学术的"世纪回眸"中，我们在重估和评价百年学术成果的同时，更应该从前辈学人勤勉的学术实践和科学的研究方法中汲取丰富的学术营养。就中国现代人文科学而言，无论是"旧学"还是"新知"，都留下前辈学人筚路蓝缕的足迹，他们的独辟蹊径汇成了我们的康庄大道。

　　众所周知，南京大学是当代中国为数不多的百年高校之一。她有两个历史源头，一个是肇始于1902年（光绪二十八年）创立的三江师范学堂。历史上各朝唯一的国家高等学府如太学、国子监等皆可称为"辟雍"，而明代曾于北京和南京各设一所国子监，号称"北雍"和"南雍"。因此，作为清政府创办于南京的新式学堂，三江师范在当时也就承膺了"南雍"的美誉。1914年以后，历经两江师范学堂、南京高等师范学校、国立东南大学、第四中山大学、江苏大学、国立中央大学等时期，1949年更名为国立南京大学，次年定名为南京大学。另一个是1888年（光绪十四年）成立的基督教会汇文书院，后来发展为金陵大学。在20世纪50年代初的全国院系调整中与南京大学合并，构成了现在的南京大学。这样的经历不仅显示出她的悠久，还显示出她的坎坷——不断地更名，不断地重组、合并、调整。其实这正是中华民族近现代颠沛历史的缩影。而南京大学历经沧桑，卓然屹立，形成了鲜明的学术传统，涌现出众多的名师大家，给我们留下丰硕的学术遗产，其中必有一种不可磨灭的精神力量，这大概就是南京大学的校训："诚朴雄伟，励学敦行"。其中"诚"字最为根本，也是南京大学历史上最早的校训。"诚"是真实而不虚妄的真理，也是追求真理、诚信不欺的美德。

南京大学深厚的人文社会科学传统是南京大学精神的典型体现。20世纪上半叶，伴随着民族文化的重建过程，中国现代人文社会科学发展史上充满了中学、西学、新学、旧学、科学、玄学的争论，"思想自由原则，兼容并包主义"是当时中国大学总体性的人文精神，而历史上的南京大学又提出过具有自我取向的"昌明国故，融化新知"、"人文与科学平衡"等学术主张和办学宗旨，可见南京大学采取的是一种"中庸"的态度，走的是温故知新、继承创新的学术路径。她的两个历史源头已经显示出这样的学术趋向：一是建立在中国教育传统上的"新学"，但提倡国学、艺术与科学三者兼通融合；一是具有西学东渐背景的教会大学，却对中国文化重视有加，成立了中国现代学术史上较早的中国文化研究所。这样的源头活水，不断地吸纳志同道合的名师大家，汇成源远流长、独立不迁的学术传统。

今天，中华民族进入伟大复兴的时代，南京大学迈向建设世界高水平大学的进程，我们饮水思源，愈加感到受益于这些名师大家们赋予我们的学术财富和精神力量，愈加渴望对他们蕴育的传统加以系统的研究总结，返本开新，发扬光大。

"南雍学术经典"丛书是南京大学历史上学术大师们的人文社会科学名著精选。它吸收中国传统学术史中"学案"的编纂形式，邀请大师们的学术传人或研究专家，精选荟萃大师们的学术代表作，对其生平、学术加以述评并制作学术年表，再按不同的学科陆续分辑出版。这样一项研究性的出版工程，不仅勾勒出南京大学人文社会科学的学术脉络，而且在新的视角下展示了南京大学人文社会科学的学术精华，其中不乏首次被整理、公布的珍贵资料。同时，为了进一步展示 20 世纪南京大学的学术面貌和学术贡献，我们以后还将陆续推出其他学术大家的经典著述。我们相信，这套书系的出版不仅是南京大学学术传统研究的丰硕成果，而且也为中国现代学术史研究提供了一份极富价值的学术文献。

2008 年 3 月 28 日

目　录

1948年，汤用彤先生在美国加州大学时

1948年夏，汤用彤由美国返北平后

1932年，汤用彤先生
全家于北京南池子缎库胡
同三号住宅

1936年，汤用彤和家人在北京中山公园

1956年，汤用彤给汤一介（中）等人讲授国学

1956年，汤用彤夫妇与其孙女

1958年，汤用彤先生全家于北京大学燕南园58号院内

1959年，汤用彤先生与家人在香山红叶山庄休养

在其所笑所棄，而亦在其時

之見解。蓋南新共之風南用關係也。若

篇所論不在摘出當時文中所用之理而在僅

研討其時文學原理，而言學有若干之關係

因此種關係，知明藤則兩者何以同其

一持珠勝底之新精神或可更得進一步之了

解世

漢末以後中國政治渾和國家甚頗但思想

則甚得自由解放，此思想之自由解放之基

於人類逃陸支雄之要求故混乱衰頗實為

自由解放因果之關係東漢末葉有黃巾

之擾和（漢和黃有夏人南面之術至三世料而

汤用彤先生手迹

导　言

　　有百年历史的南京大学，曾经出现过许多大师级的学者。1922 年至1931 年夏，在南京大学的前身——东南大学(中央大学)哲学系任教授的汤用彤先生就是其中最为璀璨的明星。

　　19 世纪末至 20 世纪前半叶的中国大地，可谓风起云涌，波澜诡谲。经历两百多年的草创、兴盛，进而衰败的清帝国在列强的坚船利炮和西方文化的冲击和清刷之下，最终解体，而此时距离新时代的建立还有几十年的光景。动荡的时局往往容易促成英雄人格的形成，所谓时势造英雄。这一时期，在政治领域，一时能人辈起，各逞其能，最终则由一代伟人毛泽东以其扭转乾坤的大手一统时局，把中国导向一个西方列强终于不敢觊觎的历史时代；而在文化领域，则迎来了后来被誉为中国历史上第三次诸子百家时代的争鸣时期，各路文人或固守传统，或全盘西化，或熔铸中西，在变幻莫测的时代背景下，思索探讨着中国文化乃至整个中华文明的近现代走向。季羡林先生在评论其时的文化名人之时有过这样一段话：

　　　　中国十九世纪末至二十世纪初叶学术发展有一个大转变。俞曲园能熔铸今古；但是章太炎在熔铸今古之外，又能会通中西。……太炎先生以后，几位国学大师，比如梁启超、王国维、陈寅恪、陈垣、胡适等，都是既能熔铸今古，又能会通中西的。❶

　　如果说在学术上固守传统或者全盘西化都显得有点剑走偏锋而容易最终丧失其自身学术生命的张力的话，那么，会通中西、熔铸古今则以其圆融无碍的精神，为动荡时局之下的中国文化，指出了一条事实上的可行之路。而能够做到这一点的，除了上面提到的诸位大师之外，汤用彤先生亦

---

❶　季羡林《国故新知——汤用彤先生诞辰百周年纪念论文集》序。

属当然之列。季羡林先生谓此"实际上是国内外学者之公言",亦足见其当之无愧。事实上,汤用彤先生正是以其会通中西、接通华梵、熔铸古今的文化气概,在中国近现代的学术史上,添抹了一道浓墨重彩的笔画。

一

汤用彤,字锡予,原籍湖北黄梅,1893 年 8 月 4 日(农历六月二十三日)出生于甘肃渭源,随父在任上束发修学,启蒙于父亲开设的学馆。汤用彤的父亲汤霖,字雨三,晚年号颐园老人,光绪十五年(1889 年)进士,光绪二十三年(1897 年),出任甘肃渭源知县,虽颇有政绩,却于第二年即卸任,之后相继在兰州、北京等地设立教馆,教授学生。汤霖公无著作传世,却素喜汉易,以之为毕生的学术兴趣,亦常吟诗诵词,尤其是《桃花扇》中的《哀江南》和庾信的《哀江南赋》,更是其平时所最喜吟诵之曲赋。汤用彤先生幼时不喜说话,却于他三岁的某一天,突然一字不差地背诵了整首《哀江南》,汤霖公很是惊异,而汤用彤则也由此而得以很早地进入其父的教馆,接受了严格系统的传统教育,为日后的学术历程铺垫了坚实的根基。据汤氏回忆:

> 彤幼承庭训,早览乙部。先父雨三公教人,虽谆谆于立身行己之端,而启发愚蒙,则常述前言往行以相告诫。彤稍长,寄心于玄远之学,居恒爱读内典。顾亦喜疏寻往古思想之脉络,宗派之变迁。❶

汤霖公"谆谆于于立身行己之端",告诫以前言往行,着重于儒家正心诚意、修身齐家的内在道德修养和圣贤经传的启蒙教育,使得汤用彤先生从小就接触了大量的古代经典。"早览乙部"说明了他自小就接受史学教育,"寄心于玄远之学,居恒爱读内典"则提示了他的学术兴趣所在。在清儒六经皆史的影响之下,汤用彤先生继承了"乾嘉以来的考据之风",在近代的复古主义大潮中,投身于思想史的研究,在印度哲学、玄学,特别是艰深微妙的佛学等诸多领域,都创造出了众口皆碑的成就。这些,可以说与

---

❶ 汤用彤《汉魏两晋南北朝佛教史》跋。

其幼年时代所接受的传统教育,有着分不开的联系。

汤用彤先生出生的年代,正值中西交汇、新旧交替并陈之时,1898 年经梁启超上书都察院,请明诏停止八股试帖,推行经制六科之后,八股废,学校兴,知识分子以科举入仕、经世治国的路途乃成为历史陈迹,取而代之的是西方文化思想的大量输入。处在这样的历史潮流之中,汤用彤也在辛亥革命之前,离开了父亲汤霖的学馆,转而求学于北京顺天学堂,从此开始接受新式教育。民国元年(1911 年),汤用彤考入清华学堂,此时汤氏正值弱冠之年,意气风发,清华正为其提供了接受新知、孕育新的文化观念的一方沃土。

清华学堂始建于 1911 年 4 月 26 日,辛亥革命后改名为清华学校,是利用美国政府退还的庚子赔款的一部分建立起来的一所留美预备学校,是现在清华大学的前身。汤用彤在清华之时,正值周诒春任校长一职。周诒春曾赴美威斯康星大学及耶鲁大学进修,时称"洋翰林",他在清华之时,不仅热心传播西方文化,更在后来提出把清华由留美预备学校改办成完全大学的计划,为清华的发展初创基础。汤氏在清华攻读五年,不仅仅接受了西方文化的基本训练,同时也濡染了由周氏带来的耶鲁大学严谨求实、认真负责的校风,为以后留学美国打下了扎实的语言学和科学的基础。

但是汤用彤毕竟出生于中国传统知识分子家庭,铸就其文化底蕴的也是中国传统文化而非西方文明,西方文化的输入一方面是对其原有文化积淀的一种补充,同时也是其熔铸东西文明于一身并最终实现其传统文化向现代转化之思想的一大根基。正是根源于此,汤用彤才会于此时作《理学谵言》,阐述其文化救国的思想,表现出了一种近乎保守主义的立场;也正是出于这样一种深层次的原因,在清华之时,汤用彤与吴宓、柳诒徵结识,乃能志趣相投,结为契友。与汤用彤一样,吴宓与柳诒徵都受过系统的传统教育,三人同在清华接受西方文化的熏陶,负笈求学却心系天下时局,以古圣先贤相互砥砺,为日后治学方法和学术思想的形成打下了坚实的基础。

1916 年,汤用彤以优异的成绩完成了清华学业,同时考取官费留学,却因治疗眼疾而未能成行,转而留校任教国文,并担任校刊《清华周刊》总编之职。吴宓与汤用彤同年毕业,又与之同时留校,任文案处翻译。第二年,两人又用庚子赔款同时留学美国。吴宓就读于弗吉尼亚大学,后转入哈佛。汤用彤则先受学于美国中西部的一所名为哈姆莱顿的普通大学,专攻政治学和社会学,由于学习成绩优异,于第二年即1918年亦被保举到哈佛大学。在哈佛,汤用彤所学学科涉及西方哲学、印度哲学、印度佛学,并受新人文主义大师白璧德重视佛教研究的影响,兼治佛教史研究所必需的梵文、巴利文。同时,他与先后转来哈佛的梅光迪、吴宓、胡先骕等人,同受白璧德新人文主义的吸引,系统地接受了白氏基于个人道德完善的"同情加选择"的人文思想。这一思想恰恰契合了汤用彤以中国传统文化为根底的知识分子身份,为日后汤氏立足传统,因革推移、悉由渐进的文化转化观念的形成,起了重要的推动作用。

20世纪初期,在西方文化经过卢梭等倡导的打破束缚、放任自我、弃绝典章制度、复归自然的一种浪漫主义冲击之后,白璧德逆这股潮头而动,先后出版了《文学与美国大学》、《新拉奥孔》、《现代法国文学批评大师》、《卢梭与浪漫主义》等著作,抨击了泛情人道主义和科学人道主义,批评了想象的过度放纵和道德上的不负责任,呼吁节制情感,恢复人文秩序。这是西方新人文主义的基本倾向。白璧德以其对东西方文化的深刻理解,对印度佛学、梵文、巴利文的精深造诣以及对中国文化和中国近代困境的深切关注,与当时执教哈佛大学的梵文教授莫尔一起,以西方贤哲、东方孔佛之说,以图改造当世文化,共同发起了这一股现代新人文主义思潮。白氏认为人文主义并不能包括社会之芸芸众生,而只是指少数的社会优秀分子,它包含有规训和纪律之意。在《释人文主义》一文中,白璧德说到:

> 人文主义者常徘徊于同情与训练、选择两极端之间……执两端之中而择其当。更言其大凡则即巴斯喀尔所云"人类美德之真标准乃其融合各种相反之德性而全备其间之各等级之能力"。……人类偏颇之失殆属前定,欲其合于人文,惟有战胜此先天之缺憾,以相反之德性互相调剂,而期于合度耳。其目的乃安诺德所谓"观察人生审之谛而见

其全"。❶

对于这么一种"执两端之中而择其当"的持平思想,白氏进一步论述道:

> 不必复古,而当求真正之新;不必遵守成说,恪遵前例,但当问吾说之是否合乎经验及事实;不必强立宗教,以为统一归纳之术,但当使凡人皆知为人之正道。仍当行个人主义,但当纠正之,改良之,使其完善无疵。❷

白璧德虽主张不必复古,但这却是建立在其说合乎人类历史经验、事实和传统的基础之上的。在这样的一种思路之下,当白氏面对中国传统文化、面对中西文化的问题之时,一方面认为儒家泛爱众而亲仁的思想是一种近乎其所倡导的人文主义的思想,而应加以继承和发扬;另一方面则认为中西文化传统在人文方面能够互为表里,孔子的克己复礼和亚里士多德及其他希腊哲人的人文主义事实上是相一致的,如果能够融合起来就可以形成一种集成的智慧。因而,白璧德主张在中国学府之中应该把《论语》和亚里士多德的伦理学一并教授,而西方讲坛也最好能有中国学者来讲述中国的历史和道德哲学,从而在东西方的知识界达成一种知识分子间的了解和文化之间的交流,进而造就一个人文国际的实际文明。白璧德从此理论出发,希冀一方面在西方推行其所倡导的新人文主义,另一方面则是在中国展开一场"新儒家运动",藉以扬弃儒家千百年来所积淀起来的学院和形式主义的因素,从而以一种全新的面貌来经世致用。另外对于佛学,白璧德同样也认为佛法之中蕴含有可以为今日之社会所用的精义,而主张取其精华而律之于社会。

　　白璧德这一尊尚传统、融会东西方文化的新人文主义观念,对赴美之前已存有文化救国之志向的汤用彤而言,可谓在思想上一拍即合;而白氏对佛学的感情和对中国学生的期望也不可不说激发了汤氏对中国佛学的兴趣,而欲进一步求知中国佛教之往史,从而兼治梵文、巴利文。在哈佛

---

❶ 白璧德《释人文主义》。
❷ 白璧德《中西人文教育说·吴宓附识》,《学衡》第 3 期。

期间,汤用彤刻苦攻读,博采中西,成绩优异,于1922年获哲学硕士学位,得以提前完成学业,与其清华、哈佛诸友成为我国第一批留洋并系统接受西方文化教育的学者,与吴宓、陈寅恪二人一起被誉为"哈佛三杰"。

二

汤用彤回国之际,恰值国内新旧文化、中西文化争论日趋激烈之时。这一年,梁漱溟《东西文化及其哲学》一书印行,从而掀起了一场如何重建中国文化的大争论。同年《学衡》创刊,以"论究学术,阐求真理,昌明国故,融化新知,以中正之眼光,行批评之职事,无偏无党,不激不随"之学术宗旨,与以胡适为代表的新文化运动倡导者们展开了激烈辩论。在这样的一种学术背景之下,汤用彤以其深厚的佛学研究功底和刚接受的新人文主义思想,以哈佛哲学硕士的身份,由梅光迪、吴宓推荐,应南京东南大学(中央大学前身,现南京大学)副校长兼哲学系主任刘伯明之聘,出任哲学系教授,讲授中国佛教史及印度思想史等课程。从1922年至1931年夏至北京大学为止,除中间数月至南开大学任教外,汤氏其他时间都在今南京大学哲学系任教,前后共计9年余。

汤用彤先生初到东南大学之时,《学衡》杂志创刊号已于是年元旦推出,汤氏也即参与了《学衡》的撰稿,为《学衡》写了许多文章,大多与印度哲学、中国佛教史有关,如《释迦时代的外道》、《印度哲学之起源》、《佛教上座部九心轮略释》等等,并翻译了《亚里士多德哲学大纲》和《希腊之宗教》,所以后来也被视为"学衡派"。从其此时唯一的一篇批评当时学风的《评近人文化之研究》来看,汤氏在此文中痛陈当时文化研究之弊病,鞭苔文化上的激进派与守旧派之浅隘,提出"文化之研究乃真理之讨论",力图重建学术规范,而其批评矛头之所指也确实主要是针对抛弃自身传统文化的"西化派"。在此问题上,汤用彤先生与新文化运动的健将胡适显然秉持了两种不同的立场。不过这并不影响汤氏和胡适在学术上的惺惺相惜之情谊,盖此二人均将致力于学术置于一切之首位。例如在1928年,汤用彤曾致函胡适,希望能看到其《禅学古史考》的副本,并以1926年冬草就的《中国佛教史略》中论禅宗一章寄赠胡适。当时胡适任上海中国公学校长，见信后复一长信，信中说汤氏"论禅宗一章，大体都很精确，佩服之至"，又说用彤先生谓传法伪史"盖皆六祖以后禅宗各派相争之出品"，与其意见完全相同，并邀请用彤先生赴上海参观其在巴黎、伦敦发现的禅宗争法统之史料。同时胡适也有意邀请汤用彤先生至中国公学任教，然而为汤氏婉谢。❶

1922 年，欧阳竟无在南京创立支那内学院，其宗旨为"阐扬佛学，育材利世"。初设学、事两科，教学、研究、述译、考订等属学科，藏书、刻经、宣传等属事科；后又改设问学、研究两部和学务、事务、编校流通三处。汤用彤在授课之余，即常赴支那内学院旁听欧阳氏讲授唯识学。据钱穆回忆："锡予在南京中大时（当为十一年或稍后），曾赴欧阳竟无之支那内学院听佛学，熊十力、蒙文通皆支那内学院同时听讲之友。"❷之后，内学院设研究部之后，汤氏被聘为研究部导师，指导研究生学习佛学。后又任巴利文导师，指导佛典《长阿含·游行经》的研习，同时教授《金十七论》解说"及"释迦时代之外道"等题，并于 1929 年开始写作《印度哲学史略》，后于北大成书。这一年 12 月，汤用彤在《学衡》第 12 期发表《评近人之文化研究》，成为《学衡》社员。

1923 年，汤用彤在支那内学院年刊《内学》第 1 辑上发表《释迦时代之外道》，在《文哲学报》第 3 期发表《叔本华之天才主义》，5 月和 7 月分别在《学衡》第 17、19 期发表译文《亚里士多德哲学大纲》，12 月，在《学衡》第 24 期发表译文《希腊之宗教》。

1924 年，汤氏又在《学衡》第 26 期发表《佛教上座部九心轮略释》，第 30 期发表《印度哲学之起源》。

1925 年，汤氏在东南大学哲学系升任系主任，并在《学衡》第 39 期发表《释迦时代之外道》。

---

❶ 参见汤一介《汤用彤与胡适》，载于《中国哲学史》2002 年第 4 期。
❷ 钱穆《师友杂忆》。

1926 年夏,汤用彤受聘转任天津南开大学哲学系。南开大学在成立后不久,校长张伯苓和大学部主任凌冰在海内外到处延揽人才,尤其注意学有成就的归国新秀。于是,1926 年汤用彤受聘转任南开大学文科哲学系教授,并任系主任。在南开,当时有关哲学的主要课程,大都由汤用彤先生亲自担任,其中包括逻辑学(形式论理学)、西洋哲学史、现今哲学、印度哲学史、实用主义、社会学纲要,这些课程既有他在美国所学的内容,也包括他自己多年的研究心得。同时,在南开期间,汤氏还作过《气候与社会之影响》的讲演。由于汤氏在学术上的造诣和成就,南开学生学术刊物《南开大学周刊》在 20 年代后期,特地邀请他和范文澜、蒋廷黻、黄钰生等人担任学术顾问。同年,吴宓欲推荐汤氏出任清华国学院哲学教授,未能如愿。

1927 年 5 月,汤用彤离开南开大学回赴南京,任中央大学哲学系教授、系主任,此后在中央大学任教,直至 1931 年夏受聘为北京大学哲学系教授为止。

经过查考,从 1922 年回国于南京任教到 1931 年赴北大之前,这一段时间汤用彤先生发表的论文如下:

1.《评近人之文化研究》,《学衡》第 12 期,1922 年。

2.《释迦时代之外道》,《内学》第 1 辑。

3.《叔本华之天才主义》,《文哲学报》第 3 期。

4. 译文《亚里士多德哲学大纲》,《学衡》第 17、19 期。

5. 译文《希腊之宗教》,《学衡》第 24 期。

6.《佛教上座部九心轮略释》,《学衡》第 26 期。

7.《印度哲学之起源》,于《学衡》第 30 期。

8.《南传念安般经》,《内学》第 4 辑。

9.《印度哲学史——绪论》,《国立中央大学半月刊》第 1 期。

10. 讲演录一篇发表于中央大学日刊(1930 年 1 月 17 日),论及熊十力《新唯识论》及其思想演变。

11.《读慧皎〈高僧传〉札记》,《史学杂志》第 2 卷第 4 期,《国立中央大学半月刊》第 8 期。

12.《唐太宗与佛教》,《学衡》第 75 期。

13.《唐贤首国师墨宝跋》及《矢吹庆辉〈三阶教之研究〉》发表于《史学杂志》第 2 卷第 5 期。

14.《摄山之三论宗史略考》发表于《史学杂志》第 2 卷第 6 期。

15.《竺道生与涅槃学》,《国学季刊》第 3 卷第 1 号。

从上述文章中,我们可以看到汤氏于此期间所做的学术工作主要有两件:首先是有关佛教史的研究,第二则是关于西方哲学的译介。

关于佛教史的研究,如前所述,汤用彤事实上早在哈佛期间就已经涉猎。回国之后,各高等学府为其提供了良好的学院式的专业史研究环境,而吴宓、梅光迪等友人也为其学术研究领域的开辟提供了很大的助力,此前所打下的学术基础在这时乃可以得到充分发挥的余地,因而,汤用彤从回国之日起就开始着手撰述《中国佛教史》,先后发表《读慧皎〈高僧传〉札记》、《摄山之三论宗史略考》、《唐太宗与佛教》等学术论文,后来出版的《汉魏两晋南北朝佛教史》和《隋唐佛教史稿》可以说正是在这时所做研究的基础上成书的。据汤一介先生回忆,汤用彤于 20 年代末即已完成《中国佛教史》的初稿,而汤氏亦自称:"十余年来,教学南北,尝以中国佛教史授学者。讲义积年,汇成卷帙。"❶而《隋唐佛教史》的讲义,也已经有了中央大学时期的油印本。同时,为了更好地明晰中国佛教发展的源头,汤用彤对印度哲学和佛教也投注了相当的关注,他在支那内学院的听课和讲学,正是出于这一学术的目的。

关于西方哲学及中西文化比较问题,汤用彤于这一时期先后翻译了《亚里士多德哲学大纲》与《希腊之宗教》两篇长文,并发表《文化冲突与调和》及《评近人之文化研究》等文章,初步阐释了他在这一问题上的基本观点。除此以外,汤用彤在东南大学及中央大学期间,亦留下了一批关于西方哲学的英文讲义,记录了他对西方哲学及各哲学流派的关注和理解。

---

❶ 汤用彤《汉魏两晋南北朝佛教史》跋。

例如在东南大学时期,就有 Ethics(伦理学)讲义 8 册,首章讲伦理学的定义、研究方法、道德标准、伦理学的各种问题及其解答,其余各章分述各派伦理学说和各类问题,并不时穿插中西伦理道德说的比较;Ethics Addenda(伦理历史)2 册,讲述伦理学说发展史,首论古希腊伦理思想(苏格拉底、柏拉图、亚里士多德、斯多噶学派、伊壁鸠鲁学派等),中述基督教道德(讲到阿奎那所探讨的德行与亚里士多德的联系),最后讲述近代时期伦理学之进程;An Outline of Ethics(伦理学大纲)打印稿一份,讲述作为一种科学的伦理学与心理学、政治学、哲学的关系;Historical Sketch of the Important Ethical Theories(重要伦理学说史纲)一份,述及道德起源、道德与知识、至善、德行诸说;A Selected List of books on Ancient Greek Philosophy(古希腊哲学书目选)1 册,列举相关书籍及其简要纲目 41 种;Idealism(唯心主义)13 册,论西哲史上唯心哲学体系甚详,并对费尔巴哈、马克思、恩格斯之唯物论有中肯评价;Activism(反理智主义)8 册等等。1928 年学校改名为国立中央大学之后,汤氏留下的讲义有 19th Century Philosophy(19 世纪哲学)8 册,对这一时期欧美各哲学流派作有评介,如圣西门、叔本华、孔德、密尔等等;另有 History of Modern Philosophy(近代哲学史)2 册等等。❶ 这些讲义至今并未发表,却无疑提示了汤氏对西方近代以来哲学思想及其演变的关注和重视。

学术之外,汤用彤先生在宁教学期间,亦培养了一批后来同样广有建树的学生,例如他在讲授上述"伦理历史"课程之时,鼓励并指导其学生向达完成《亚里士多德伦理学》一书的翻译,并亲为之校订润色。另外,陈康、唐君毅、程石泉、邓子琴等人亦是汤氏在宁期间所培养的学生。

三

1931 年夏,北京大学以英庚赔款补助特聘教授的名义,延请汤用彤北上任哲学系教授,与汤用彤同年受聘北大的还有钱穆。据钱氏回忆:

---

❶　参见赵建永《汤用彤未刊稿的学术意义》,载《哲学门》2004 年第 2 册。

"民国二十年夏,余在苏州得北京大学寄来聘书","与余同年来北大者,尚有汤用彤锡予。本任教于南京中央大学,北大以英庚赔款补助特聘教授名义邀来"。❶ 汤氏在此阶段于北大工作期间,除积极从事于文化教育事业之外,余则致全力于中国佛教史的撰述及其文化整合系统的构建。《竺道生与佛学》一文早在南京中央大学之时即已成文,此时正式发表。之后相继发表论文、书评札记、年会报告等十数篇,包括《释道安时代般若学述略》、《释法瑶》、《评唐中期净土教》、《读〈太平经〉书所见》、《评〈考证法显传〉》、《唐贤首国师墨宝跋》、《矢吹庆辉〈三阶教之研究〉》、《汉魏佛学的两大系统》、《关于〈肇论〉》、《评日译〈梁高僧传〉——日本国译一切经史传部第七》、《中国佛教史零篇》、《〈四十二章经〉之版本》等。这些文章以后大多成为1938年出版的《汉魏两晋南北朝佛教史》一书的章节内容。另外我们也发现,在佛教史研究的同时,汤氏已经开始注意汉代道教的研究,这也当是其以后进一步进入魏晋玄学领域之前兆。

　　学问之外,汤用彤几乎没有其他任何的爱好,琴棋书画全不通,不听戏,不饮酒,不喜美食,不听西洋音乐,也不看电影,更不跳舞,甚至不喜交游,为人谦逊而落落寡合。钱穆初到北京,暂住在西城潘佑荪家,汤用彤曾专程拜访,第二天汤母继访钱穆,说:"锡予寡交游,闭门独处,常嫌其孤寂,昨闻其特来访钱先生,倘钱先生肯与交游,解其孤寂,则实吾一家人所欣信。"❷ 从此汤用彤和钱穆遂相往返,开始了他们数十年的莫逆之交。除钱穆之外,汤氏在北京期间与之交好的仅有熊十力、蒙文通、梁漱溟、陈寅恪、贺麟以及当时从中大转入清华的吴宓等人。这些人志同道合,时时相聚,自然难免出现学术上的争执,而汤用彤则既不阻止争论,也不介入争论,所体现的绝不是息事宁人的乡愿品格,而恰恰是一种温厚凝重、无偏无党的醇儒风度。钱穆称:"锡予一团和气,读其书不易知其人,交其人亦难知其学,斯诚柳下惠之流矣。"据其回忆:

❶　汤用彤《汉魏两晋南北朝佛教史・跋》。
❷　汤用彤《汉魏两晋南北朝佛教史》跋。

　　文通初下火车,即来汤宅,在余室,三人畅谈,竟夕未寐。曙光既露,而谈兴犹未尽。三人遂又乘晓赴中央公园进晨餐,又换别一处续谈。及正午,乃再换一处进午餐而归,始各就寝。凡历通宵又整一上午,至少当二十小时。不忆所谈系何,此亦生平唯一畅谈也。

　　自后锡予、十力、文通及余四人,乃时时相聚。时十力方为《新唯识论》,驳其师欧阳竟无之说。文通不谓然,每见必加驳难。论佛学,锡予正在哲学系教中国佛教史,应最为专家,顾独默不语。惟余时为十力、文通缓冲。又自佛学转入宋明理学,文通、十力又必争。又惟余为之缓冲。❶

　　汤用彤为人如此,故虽其学问近于守成,而与学衡诸友乃能交好;又兼其并不固守传统文化,而是以西方文化来翼护传统,融会中西而于传统文化中发掘新意以致实用,而又与新文化运动之魁首胡适同样相处愉快。据汤一介先生回忆,当1937年1月胡适为汤氏校读《汉魏两晋南北朝佛教史》时,胡适一直倡导"大胆假设、小心求证",而汤用彤先生学风与之迥异,自然不会苟同,但他并没有与胡适针锋相对,而只是说自己胆小而只能作小心求证,不能大胆假设。胡适亦由衷承认此是汤氏之谦辞,而其治学态度最可效法。当谈到中西文化问题上时,针对胡适全盘西化的主张,汤用彤先生对其说道:"颇有一个私见,就是不愿意说什么好东西都是从外国来的。"而胡适则很机智地回答:"我也有一个私见,就是说什么坏东西都是从印度来的。"两人相对大笑。❷ 为人为学如此,日后汤氏被北大同仁称为"忠厚长者",实是名至实归之至。

　　1937年七七事变,全面抗战开始,北大南迁。同年10月,汤用彤与钱穆、贺麟一行三人南下天津,之后乘船直达香港,在香港小住之后又北上广州,数日之后抵达长沙临时大学,因文学院设在衡山,旋转赴南岳。次年元旦,汤用彤于南岳掷钵峰下撰《汉魏两晋南北朝佛教史·跋》,将此

---

❶ 钱穆《师友杂忆》。
❷ 胡适《胡适日记》。

书最后定稿付梓,由商务印书馆在长沙印行。同年 1 月,汤用彤及贺麟等人取道广西,随临时大学转赴云南西南联合大学,到昆明后,暂住迤西、全蜀两会馆后院楼下大厅。4 月,赴蒙自联大文学院,与贺麟、吴宓、浦江清及子一雄同住校外西式二层小楼。8 月底,蒙自联大文、法学院迁至昆明,汤用彤与钱穆、姚从吾、容肇祖、沈有鼎、贺麟、吴宓等七人则仍然留在蒙自读书治学。10 月 29 日,众人推举汤氏为赴昆明旅行团团长,同赴昆明。

1939 年暑假,汤用彤利用假期赴上海接从北平南下的眷属至昆明,得以与从香港交付《国史大纲》与商务印书馆付印归来的钱穆同行。据钱氏记载,汤用彤此行曾与钱论及治学之事:

锡予询余:"《史纲》已成,此下将何从事?"余询锡予意见。锡予谓:"儒史之学君已全体窥涉,此下可旁治佛学,当可更资开拓。"余言:"读佛藏如入大海,兄之两汉三国魏晋南北朝佛教,提要钩玄,阐幽发微,读之可窥涯矣,省多少精力。盼兄庚续此下隋唐天台、禅、华严中国人所自创之佛学三大宗,则佛学精要大体已尽,余惟待君成稿耳。"

锡予谓:"获成前稿,精力已瘁,此下艰巨,无力再任。兄如不喜此途砥研,改读英文,多窥西籍,或可为兄学更辟一新途径。"余言:"自十八岁离开学校,此途已芜,未治久矣。恐重新自 ABC 开始,无此力量。"❶

自上海返回云南,汤用彤继续在联大任北大哲学系主任兼北大文科研究所所长之职。1940 年,《汉魏两晋南北朝佛教史》获抗战时期教育部学术研究哲学类一等奖。对此,汤用彤并没有如常人般欣喜得意,甚至还有点不高兴地说:"多少年来一向是我给学生打分数,我要谁给我的书评奖?"其学问和人品何其高也。

1945 年,抗战胜利,北大有复校之议。10 月,随北大复员,在北平沙

---

❶ 钱穆《师友杂忆》。

滩北大旧址开学。同年,《印度哲学史略》出版发行。1947 年,汤氏于中央研究院第一届院士会议上当选为院士,兼任评议员,同时任历史语言研究所北平办事处主任。同年夏,应美国加州贝克莱大学陈世骧教授邀请,前往加州讲授《汉唐思想史》一年,并撰有英文讲义。1948 年,哥伦比亚大学邀其讲学,但为汤氏婉拒,于同年 9 月启程回国。讲学归来之后,汤氏专程赴无锡江南大学访钱穆。据钱氏回忆:"汤氏告余,倘返北平,恐时局不稳,未可定居。中央研究院已迁南京,有意招之,又不欲往。"❶但当北平围城战役打响之后,出于对国民党政府腐败行径的失望和对北京大学的感情,汤用彤最终没有随国民党退走南京,当时胡适差人送来全家机票,也为汤氏拒绝,而选择继续留在北平,静候时变。

在完成佛教史初稿之后,汤用彤即开始转向魏晋玄学之研究。1938 年到西南联大之后,汤氏开始着意著述魏晋玄学,试图梳理印度文化传入中国之后的线索以及两种文化在融会之后的相互影响,并且试图把佛教中重要的思想家纳入到中国传统文化思想中来。至北平解放前,汤用彤先后完成《读〈人物志〉》、《言意之辨》、《魏晋玄学流别略论》、《王弼大衍义略释》、《王弼圣人有情义释》、《王弼之〈周易〉〈论语〉新义》、《向郭义之庄周与孔子》、《谢灵运〈辨宗论〉书后》、《魏晋思想的发展》等九篇,后辑成《魏晋玄学论稿》出版,另有《魏晋玄学纲领》、《魏晋玄学讲课大纲》等讲课提纲数种。汤用彤在时局动乱、国家兴亡之时讲授魏晋玄学,虽然也推崇王弼、郭象乃至僧肇,但一旦涉及处乱世之道,则常常强调阮籍、嵇康才是魏晋名士风流的典范,说他们纵情诗酒,乃是有所为而发。这也说明,汤氏虽身系学术,却心忧国家时局之变化,融今汇古,而时刻究心于中国文化之内在生命力的延续及其发展前途。

1949 年 1 月 31 日北平和平解放。胡适走后,北大一段时间内没有校长,汤用彤遂于 2 月被任命为北京大学校务委员会主席。之前汤氏已被北大教授共同推举为校务委员会主席,此时则是正式任命。1952 年,

---

❶ 钱穆《师友杂忆》。

全国院系调整,北大迁至西郊,马寅初至北大任校长,汤用彤出任副校长,
主管基建及财政,考虑到汤专业所限,并不懂得基建,学校派其时化学系
教授张龙翔给他作助手,二人虽用非所学,但仍勤恳工作。汤用彤由是而
离开了他所熟悉的讲坛,从此不再正式授课。

　　1954 年,汤用彤出席由《人民日报》主持的胡适批判会议,当天归家
后即罹患脑溢血,卧病不起,从此亦不再过问学校之事,只是在身体稍好
的情况下作一些力所能及的研究,并作一些资料整理工作,相继有《校点
高僧传》、《汉文印度哲学史资料汇编》、《汉文印度佛教史资料选编》问世。
病中数十年所作短文,则于 1961 年 3 月应《新建设》杂志之约,辑为《康复
札记》出版发行。

　　1963 年 5 月 1 日,汤用彤在汤一介等人陪同之下前往天安门观看焰
火,碰见周恩来总理,总理询问汤氏病情及康复状况,并向毛泽东主席作
了引见。毛泽东在建国初期宴请北平各大高校负责人时曾见过汤用彤,
此时亦一眼认出汤氏,说看过汤的文章,并嘱咐他如果身体不好,就不要
写长文章了,只作短文即好。1964 年 3 月,汤用彤因心脏病发而住进医
院。同年 5 月 1 日,与世长辞。

四

　　汤用彤先生一生之学术思想,可以说是在"昌明国粹,融化新知"这一
为学宗旨之下展开的。从最初的"幼承庭训"开始,汤用彤接受了良好的
传统文化教育,时局之变则在其家学之中注入了忧国忧民之主线,而以
《桃花扇》中的《哀江南》及庾信《哀江南赋》为其家学传统。所谓"潘岳之
文采,始述家风;陆机之辞赋,先陈世德"。可以说,汤氏自幼年起就已经
在其心灵之中埋下了传统文化的种子。及其进入清华学堂,则在中华文
化的大背景之下开始接受洋化教育,初步接触中西文化问题,此时则已初
步形成理学救国之思想模式。当其赴美,在欧风美雨的洗礼之下,与白璧
德之新人文主义思想相共鸣,系统接受了其重视传统、融合文化的新人文
主义思想,并确定以佛教史为其研究方向。及其归国,可以说已经形成了

以中国传统文化为本位,而辅之以西方文化,熔铸古今,于传统中求得新时期中国文化发展方向的文化整合系统,正是在这样的思想模式的指导下,汤用彤在其之后的学术研究中取得了为学界所公认、为世界所瞩目的成就。

下面我们拟以汤氏之思想发展历程为线索,具体描述其熔铸中西古今的思想模式及其所取得的学术成就。

汤用彤初入清华之时,整个中国社会正处于由清王朝之衰亡向新政权之建立的过渡时期,时局依然动荡,而整个思想界在历经半个多世纪的中西文化之争之后,已经呈现了从最初的单向的师夷长技、唯泰西是效到向文化的多元化选择转折的发展方向。思想界此时已经不再担心西方文化的输入问题,而开始关注究竟什么样的文化才是中国社会所需要的这样一类问题。西方文化所导向的现代性危机也开始为当时的中国社会知识分子所认识。中国文化究竟何去何从,这一问题开始变得尤为复杂。

汤用彤于此一时期发表《理学谵言》、《理论之功用》、《新不朽论》、《植物之心理》、《快乐与痛苦》、《谈助》、《说衣食》等论文多篇,通过其在清华接受的洋化教育,尽其此时对西方文化的了解,展开了他对中西文化的比较研究。在上述论文中,我们不难发现其对东方精神文明之侧重,对程朱理学之推崇,对内在道德修养之高扬,从而表现了一种文化保守主义的倾向。

在《理学谵言》的开篇,汤用彤开宗明义,写到:

理学者,中国之良药也,中国之针砭也,中国四千年之真文化真精神也。试问今日之精械利兵足以救国乎?则奥塞战争,六强国悉受其病;试问今日之学堂学校足以救国乎?则行之数十年未收效果也。盖俗敝国衰之秋,非有鞭辟近里之学不足以有为,尤非存视国性不足以图存。余尝观昔贤讲学之风,雍雍穆穆,朴茂之气凛然,洵堪为浇俗之棒喝,则心为之神往者不置。夫以古之理学与今之科学比,则人咸恶理学而求科学矣,不知理学为天人之理,万事万物之理,为形而上之学,为关于心的;科学则仅为天然界之律例,生物之所由,驭

身而不能驭心，驭驱形骸而不能驭驱精神，恶理学而乞灵科学，是弃精神而任形骸也。❶

在这里，汤用彤将理学与科学对举，认为理学是天人之间万事万物之内在之理，是关乎人心本怀的形而上的道德学问，是人类精神之立足之本，而科学则仅仅是关于自然界之律例的学问，非关精神之事，从而认为理学乃是针砭中国当时社会之良药，是中国四千年之真文化真精神。那么，汤用彤在这里所透露的他对当时中国所面临的问题之归结显然是在道德之沦丧方面。道德之载体在于人，道德之沦丧导致的是人之整体素质的下降，人之整体素质的下降导致国家人才之匮乏，国家人才之匮乏则直接影响了国家之积弱，于是，国家之一切病象乃皆归由文化所引生。而西学之输入，所带来的只是物质文明之机巧，而"机械之巧，器物之精"，实非强国救民之道：

　　　　自西方各国以物质文明致富强，物质后进之中国，乃遂欲急起直追，求国于积溺之中，而所谓理化算数日灌输于僵人之脑中。行之四十年，而其弱如故，且又甚焉。则因理化算数者，无坚固之良知盾其后，适足为亡国之利器也。何以言之？夫国之强盛系于民德，而不系于民智。人心不良，理化者适助其日日制杀人之具，算数适增基机械计谋之毒。况习尚移人，世以理化算数相轩轻，则巧诈之心日缘以生，久之天性泯没，遂为狠戾险嫉之人。❷

在中国当时的社会上，行西方理化算数之文明四十年而中国之积贫积弱依然如故，因为理化算数在没有良知作为其精神后盾的前提下，只能是"骛于技巧之途而人心趋于诡诈，驰于精美之域而人心流于侈靡"，因此"欲救轻浮之弊，必先去其机械侈靡之心，而使之及于真正之心理文明，则物质文明相得益彰，可大可久矣"。汤用彤此时对西方文明的了解，与时人基本一致，仅将其看作是机械之巧，器物之精，发达心智，长育体格的物

---

❶　汤用彤《理学谵言》。
❷　汤用彤《理学谵言》。

质文明,而此物质文明所导致的现代性危机,实已为汤氏一针见血地指出,甚至对汤氏而言,中国传统文化之衰微,直接导源于西学东渐:

> 时至今日,上无礼下无学,朝无鲠直之臣,野无守正之士,加以西风东渐,数千年之藩篱几破坏于一旦,而自由平等之说哄动天下之人心,旧学即衰,新学不明,青黄不接岌岌可危。❶

旧学既已衰微,而新学并未明晰,那么,此时之中国究竟应该选择什么样的资源来发展自身的新文化?汤用彤基于民族文化的不同特征,认为西方文化不合中国之国情国性,与其求之于外,不如求之于内,应该在传统中来寻求文化资源以期求得此时代中国所需要的精神后盾,而"本国之学术实在孔子,孔德之言心性者,实曰理学","吾国于世界上号称开化最早,文化学术均为本国之产,毫不假外求,即或外力内渐,吾国民亦常以本国之精神使之同化,而理学尤见吾国之特性",从而把理学提高到了振兴中华民族根本精神的高度。进一步,汤氏阐王进朱,激扬文字,理学之精神及文化救国之思路在其笔下得到了深入的阐发,"程子沈潜,至晦庵而其学益密;陆子高明,至阳明而其学益精",两者分别酝酿了有宋、有明两代文化,形成了持续几个世纪的时代思潮。汤用彤借此表明,天下国家之安危治乱,实则受文化观念影响深刻:文化兴盛,乃致国家安定;文化衰微,则国势亦随之而衰微。而此"人心风俗进退消长厚薄之本末,天下国家安危兴替治乱之因果,均执欲讲学者之手",由此,则一代之精神乃集于讲学之一途。

如果说此时期汤用彤之思想趋于保守而尚显其文化选择之偏颇激烈,那么,"中国而亡则已,不亡则学生之赐矣"这样的一种慷慨天下、系国家安危于自身、以救亡图存为己任的历史使命感则已在年轻的汤用彤身上淋漓尽致地体现出来,而汤氏之昌明国故之文化救国的思路也已可得以一窥端倪。

当汤用彤于 1922 年在哈佛学成归国之时,国内中西文化之争尤处于

---

❶ 汤用彤《理学谵言》。

日趋激烈并深化之阶段,维新者面向西方,乃至于全盘西化,守旧者固守传统,乃至于尽弃西学,两派之间相互攻讦,颇有喋喋不休之势。如前所述,此时的汤用彤尽受欧风美雨之洗礼,已经系统接受了白璧德文化融合之新人文主义,其对中西文化问题的思考较出国之前显得更为圆融而有深度,而提出了"文化之研究乃真理之讨论"的思想口号,认为社会中如果出现所谓的文化研究,实则是整个文化衰微之征兆,而如果没有具体深入的学术研究,不了解民族文化和历史以及西方文化之时状,一味不着边际地空谈中西文化问题,不仅于事无补,反而会进一步加重文化衰微之现状。这一思想乃促使汤氏在日后的学术生涯中将精力集中于文化史的研究,力图通过中外文化交流调和的历史事实,来阐明其文化融合转化之观念。

此一时期发表的《评近人之文化研究》可以说是针对当时中西文化论战中所出现的问题而有感而发。在此文中,汤氏首先描述了当时中国社会的文化现状及人们对旧学新学所持的态度,谓"今日中国固有之精神湮灭,饥不择食,寒不择衣,聚议纷纷,莫衷一是":维新者菲薄国学,"不但为学术之破坏;且对于古人加以轻谩薄骂,若以仇死人为进道之因,谈学术必须尚意气也",而"其输入欧化亦卑之无甚高论,于哲理则膜拜杜威、尼采之流;于戏剧则拥戴易卜生、萧伯纳诸家。以山额与达尔文同称,以柏拉图与马克斯并论。罗素抵沪,欢迎者拟之孔子;杜威莅晋,推尊者比之为慈氏",并非得西学之真精神而只不过是一种不伦不类并有失国体的行为而已;至于保守一派,"亦常仰承外人鼻息,谓倭理得自强不息之精神,杜威主天(指西方之自然研究)人(指东方之人事研究)合一之说,柏格森得唯识精义,泰戈尔为印化复兴渊泉。间闻三数西人称美亚洲文化,或且集团体研究,不问其持论是否深得东方精神,研究者之旨意何在,遂欣然相告,谓欧美文化迅即败坏,亚洲文化将起而代之",也只不过是一种不了解西方文明的浅薄之见而已。"维新者以西人为祖师,守旧者藉外族为护符",在汤用彤看来,实际上是一种不知文化之研究实为真理之讨论的表现,对欧美文化之不加分辨的推崇,实际上无异于政客之崇洋媚外。

在面对中西文化不同之科学有无问题之上，汤用彤认为，学术界存在一种浅隘之见，而此种浅隘之见大致上表现为两点：一是"谓中国不重实验，轻视应用，故无科学"，而科学之产生，与文化、理想之建设实为两途，梁启超虽是当时学界巨子，却也持同此调，认为西方文明"总不免将理想实际分为两撅，(中略)科学一个反动，唯物学派遂席卷天下，把高的理想又丢掉了"，但是"按之事实"，实际情况却并非如此，因为"科学之起，非应实用之要求。物理一科，不因造汽舟汽车而成；化学一科，不为制毒弹毒气而设。欧西科学远出希腊，其动机实在理论之兴趣。亚里士多德集一时科学之大成，顾其立言之旨，悉为哲理之讨论。即今日科学何尝不主理性。如相对论虽出于理想，而可使全科学界震动。数学者，各科学之基础也，而其组织全出空理"，时人对科学与理想之此种论调，实际上是"混工程机械与理想科学为一，俱未探源立说"，正因如此，中国虽自古缺科学，但实际上，华人"立身讲学，原专主人生，趋重实际"，如此一来，如果再要以西方重实验和应用之方式来发展本国文明就实际上无异于缘木求鱼了；第二种浅隘之见则认为"中国非理论之精神太发达"，这种非理论精神实际上即为玄学的精神，其表现一是趋重神秘，二是限于人生，"言事之实而不究事之学，重人事而不考物律；注意道德心脏之学，而轻置自然界之真质"，从而导致了中国科学精神之缺失，这一论调尤以梁漱溟先生所持为甚。汤氏认为这第二种论调实际上是将鬼神迷信之说与玄学混为一谈，并且当理性发达之时，迷信遂弱，"于是占星流为天文，丹铅进为化学"，这是有史可考的历史事实，那么，传统之学中实也蕴含了科学之精神。

从对时人文化研究的评论当中，我们发现从哈佛学成归来的汤用彤对西方之科学所持之意见已非昔日那般偏激，科学之所由亦实际上导源于人类理性文化之精神，而中国传统文化本身也具备这样的一种理性精神，于是其折返传统并以西方文明补偏救弊的文化观点也就显得更为深入而有实际的支持。然而一种文化毕竟有一种文化的特质，文化之间毕竟存在差异，而不能强为撮合，时人或以"国学事事可攻，须扫除一切，抹杀一切"，或以"欧美文运将终，科学破产，实为'可怜'"，都是由于没有对中外文化进行广搜精求、没有对学问进行深造而得出的偏颇之论，从而委婉曲折地体现了汤氏文无古今、中西并举的文化整合思路，将迷信西方物质文明的单向选择，转向了以传统文化为本位而辅之以西方文明的双向选择之路。

如果说《评近人之文化研究》一文因仅由对时人中西文化之争而应景而生，从而未对此一思想有进一步的明显申论，那么，汤用彤于 1943 年发表的同样针对中西文化问题的《文化思想之冲突与调和》一文，则系统完整地表述了汤氏这一因革损益、中西互补、熔铸东西文化于一体的文化整合思想。文章开头指出：

　　自日本发动侵略战争以来，世界全部渐趋混乱，大家所认为最高的西洋文化产生了自杀的现象。人类在惨痛的经验之中渐渐地觉悟到这种文化的本身恐怕有问题。❶

由西方文化所带来的社会问题而导向的对其自身否定性的思考，在 19 世纪末和 20 世纪初已经成为思想界所普遍考虑的一个问题。那么，究竟该不该接受外来文化？又究竟能不能接受外来文化呢？汤用彤说，这两个问题一个属于价值的评论，一个属于事实的问题，均显得过于庞大而不能为其所讨论，而将话题转移到具体的文化移植的问题上来。对于这一问题，汤用彤也没有就理论而理论，而是将历史事件摆到了面前，举了佛学传入中国的例子来引申他的讨论。佛学东传可以说是西学东渐之前中国文化第一次面临外来文化的问题，当时的传统文化是如何应对这种外来文化的侵入的，可以成为此时思想界所面临的问题的一个很好的参照。对此，汤用彤说道：

　　就拿中国文化和印度佛学的接触来说，向来的看法很不相同。照宋明儒家的说法，中国文化思想有不可磨灭的道统。而这个道统是由中国古圣先贤尧、舜、禹、汤、文、武、周公、孔子、孟轲、扬雄一代

---

❶　汤用彤《文化思想之冲突与调和》。

一代传下来的。中间虽经外来思想所谓佛学搞了一回乱,但宋明儒家仍是继承古国固有的道统。中国原有的文化特质并没有失掉,中国文化的发展自三代以来究竟没有改换它的方向。但是照另一说法,却是与儒者意思相反。他们说中国思想因印度佛学近来完全改变,就是宋明儒家也是阳儒阴释,假使没有外来的佛学,就是宋明儒学也根本无由发生。❶

汤用彤举中印文化相接触的历史事件为例,是基于每一种文化均有其特质这一前提而言的。对上述两种截然相反的观点,汤用彤接下来并没有表示简单的肯定或者否定,而是转而从文化人类学的角度,就文化移植的三种不同学说来进行比较而最终作出其结论。对此,汤氏写道:

关于文化移植问题,文化人类学本有三种不同的学说。第一演化说,是比较早的主张。第二播化说,是后来很为流行的主张。第三是批评派和功能派,都是反对播化说的主张。假使将这三种学说应用到思想上,似乎可以这样说:照第一种学说,人类思想和其他文化上的事件一样,自有其独立之发展演进。照这种说法如推到极端,就可以说思想是民族或国家各个生产出来的,完全和外来的文化思想无关。照第二种学说,则一个民族或国家的文化思想都是自外边输入来的。而且有一部分文化人类学者主张世界文化同出一源(就是埃及)。他们以为世界各地均以一个地方为它的来源,一个民族或国家的文化的主要骨干,是外来的。文化的发展是他定的而非自定的。假使照这样的说而说到极端,则一种文化思想推它的本源总根本受外方影响,而外方思想总可完全改变本来的特性与方向。本来外来文化之有影响是无问题的。但是推得太大太深,因此发生了疑问。所以才有第三排的主张出现。批评派的人或者功能派的人以为外来文化与本地文化接触,其结果是双方的,而决不是片面的。外来文化思想和本地文化虽然不相同,但是必须两方面有符合的地方。所以

---

❶　汤用彤《文化思想之冲突与调和》。

第一,外来文化可以对于本地文化发生影响,但必须适应本地的文化环境。第二因外来文化也要适应本地的文化,所以也须适者生存。外来文化思想也受本地文化的影响而常常改变,然后能发生大的作用。外来文化为什么发生变化,当然因为本地文化思想有本地的性质和特点,不是随便可以放弃的。❶

由是,汤用彤指出,因为一种文化往往具备一种保守的或者顽固的性质,所以在接受外来文化的冲击之时,就难免会发生冲突;而外来文化要在新的环境中立足,又必须对本地文化作出调和与适应。从而,一方面是本地的文化受到外来文化的影响而发生变化;另一方面则是外来文化对本地文化的适应而作出相应的改变。既如此,则本地文化虽然会发生变化,但是又不至于全部放弃其固有的特性而完全消灭其本来的精神。所以,汤用彤明确地指出,关于文化移植的问题,他赞成第三种观点,即文化的移植,"其结果是双方的",两种文化接触的过程,是一个冲突与调和的过程。如此,则外来文化才可以在新的环境中生根发展,而本地文化则在未失其根本精神的前提之下得以新的发展。就如同中国的葡萄本是由西域移植而来,但是中国的葡萄究竟不是西域的葡萄,而是经过了适应中国的土壤、气候之后的本地化的葡萄。那由印度传来中国的佛教也是一样,它是经过了很大的改变之后的中国的佛教,因此才能为中国人所广泛地接收。这里,汤用彤举了两个例子,来进一步论证这种不同文化接触时冲突与调和的论点。

首先是关于中国所说的灵魂和地域的观点:一般人总以为中国的有鬼论受了佛教的影响,但是汤用彤指出,从学理层面而言,"无我"是佛教的基本学说,"我"就是指灵魂,也就是通常所说的鬼,那么,"无我"就是否认灵魂之存在。佛经讲轮回,于是中国人就认为必然有一个灵魂在世间轮回,但是没有灵魂而轮回,正是佛教之本意,是佛学的一大特点;第二个例子是关于念佛的问题:中国人通常认为的念佛一般即指口念阿弥陀佛,

---

❶　汤用彤《文化思想之冲突与调和》。

但是在佛教中,念佛本来指的是坐禅之一种。并且在佛教中,"念"另有最短的时间之意义,如"十念相续"之"念",而中国人将口念佛号、念佛坐禅以及"十念"之"念"的三个意义混合,乃"失掉了印度本来的意义"。

接下来,汤用彤进一步指出,两种文化之调和,根源于两方文化思想之相同之处,而其冲突,则根源于两种文化思想之不同,如果不明了这两种文化之间的相同之处,或者不明了其不相同之处,而囫囵吞枣地去调和,则基础不稳固,必然不能长久。由此汤氏概括了文化接触转化过程中三个递进的阶段:

（一）因为看见表面的相同而调和；

（二）因为看见不同而冲突；

（三）因再看见真实的相合而调和。

经过这三个阶段的冲突与调和之后,外来文化思想乃被吸收,"加入本有文化血脉中了"。这时冲突和调和的双方均已发生变化,外来文化被本有文化同化,反过来又促进了本有文化的转化和新发展,印度佛教传入中国,成功地变成中国佛教,就是这种文化间的因革损益、中西互补的明证。由此,汤用彤关于中西文化问题的观点不言自明,他并不只是简单的拒斥西方文明,而是在对西方文化利弊俱悉的前提下,针对全盘西化这样一种极端的端点,对西方文化的传入进行一种补偏救弊式的阐释,而服务于他那中西互补、重视精神、重视个人道德完善的折返传统之路。

汤用彤的这一因革损益、中西互补的文化整合思想,可以说一直贯穿在他的整个学术文化研究之中,即以《汉魏两晋南北朝佛教史》一书中所论佛教传入初期之佛道关系为例,汤氏从汉代佛道思想的结合中论述佛教的传入与中印文化的冲突与调和,展现了中国文化发展过程中的继承性和在印度文化影响下的创造性转化,其文化冲突与调和之思想可见一斑。

佛教初入中土之时,相比于中国本土文化并没有多少文化优势可言。汉初流行黄老之学,之后汉武独尊儒术,谶纬之说起,而黄老之学由盛而衰,转而与神仙方术混同,神仙方技、阴阳五行,均托名于黄帝,道家方士更益以老子为教主,黄老之学遂为黄老之术。而此时道教亦初创,长生久视之术,祭祀辟杀之方,在民间普遍流行。佛教传入中国之初面临的正是这样一个大的思想环境,要与此本土文化相得益彰,佛教必须适时地进行自身的改造,依附于道术来推行自身,才能够满足华夏民族心理乃至整个文化的需要,也才能在这一新的地域内植根并得以发展。佛教的这种应时改变的结果,则是形成了汤用彤所谓的"佛道"。

在汤用彤看来,初传之时的佛教很难以原来意义上的佛教视之,自然也不是后来发展而成的典型意义上的中国佛教,而只是"纯为一种祭祀,其特殊学说为鬼神报应",佛教在汉代不过只是道术之一种,而之所以出现这样的一种状况,则系由佛教与当时中国社会所流行的文化形态相合所致。

为了证明这一点,汤用彤首先从佛教传入之接收方与播化方的角度,取充分之史实,来加以论说。

首先是接收方。目前所见最早记载佛教事迹的正史《后汉书·楚王英传》中有言:"楚王诵黄老之微言,尚浮屠之仁祠,洁斋三月,与神为誓。"汤用彤认为其言"仁祠",言"与神为誓",并黄老与浮屠同举,说明佛教在当时亦只是祠祀之一种。到桓帝之时,宫中并立黄老浮屠之祠而加以共同祭祀,臣下上疏桓帝也并提清虚无为与好生去欲,并以"此道"合称黄老浮屠。又当道教与佛教争高比低而造出老子化胡说,其旨本在说明老子为佛陀圣者之师,胡人所行实际是老子之教化。但此说产生的客观结果却是让世人深信佛老本一、二教无殊。佛教利用此客观效果,与道教一起,同藉老子化胡之说而会通双方教理,客观上使得当时人们将佛教视作与道教同一的事物。

然后是播化方。首先是佛教初传之时之译经僧,在翻译佛经之时,不得不对中国本土文化中之阴阳五行、数术方技乃至于鸟兽之声,都必须有全面深入的了解,并不得不在作品与言行之中以此种方术作为外包装,而投入一时之风尚;其次则是关于当时聚讼纷纭的《四十二章经》的真伪问题的考证,汤用彤将《四十二章经》与现存巴利文佛典相对照,令人信服地证明此经处于小乘经典,而非华人所伪造,并且《四十二章经》虽不含大乘教义、老庄玄理,但将其与汉代流行之道术比较则均可相通相合,这种相通相合则从一个侧面印证了佛教在当时已经列入道术之林;另外,汤用彤又从佛教与道教在当时中国之地理分布,取汉代道术盛行之地同时也为佛教流布之所之历史事实,来论证二教之相合,以印证其说。

但这样的一种相合还只不过是前面所提到的"因看见表面的相同而调和",为了更进一步地说明"因再发见真实的相合而调和",汤用彤列《佛道》专章,从生死观、道德观、修行方式、经文教理,布道形式等方面,对汉代佛道之关系进行了微观的剖析与比较。

一曰精灵起灭。汤用彤指出:"释迦教义,自始即不为华人所了解。当东汉之世,鬼神之说至为炽盛。佛谈三世因果,遂亦误认为鬼道之一,内教外道遂并行不悖矣。"无我之轮回才是佛教真谛,但是东汉之世,鬼神之说炽盛,这也是因为在整个中国文化的大传统中,灵魂不死、祭祀鬼神的信仰根深蒂固,汉武帝即位即尤敬鬼神,到桓帝之时,更有"浴神不死"、"蝉蜕渡世"的精灵不灭理论。面对这种情况,佛教亦不得不改变其原来面貌,而变无我轮回为灵魂轮回。至于因果报应之说,中国传统文化中有所谓"承负"之说,《易》言"积善之家必有余庆,积不善之家必有余殃",即是此种理论。佛教之因果报应之说与之颇有类同,遂与"承负"说糅为一体。《牟子理惑论》谓"有道虽死,神归福堂。为恶既死,神当其殃",《太平经》更是以"承负"之说为其根本义理之一。那么,佛道之间之相资为用、相得益彰之理也就其意自明,而佛教于初传之时攀附中国本土文化而生存流布也就不彰自显了。

二曰省欲去奢。省欲去奢是中外文化中普遍存在的一条原则,更是几乎所有宗教都要遵循的教理,而对于佛道而言,在这方面更有相通之处。道家讲道法自然而贵尚无为,道教强调不淫其性而返朴归真。汤氏引《淮南子·精神训》五色乱目目不明,五声哗耳耳不聪等来说明道家传统视奢欲为失性命之真而持节欲去奢之精神。而节欲去奢在佛教是其教化的基本方式和通达觉悟之境的修行道路,汤用彤谓:"《四十二章经》全

书宗旨,在奖励梵行。其开宗明义,即曰沙门常行二百五十戒,为四真道
行,梵志清净。其余各章,教人克伐爱欲尤所常见。"并随手列举数十条相
关资料,以说明佛教在此点上与中国传统精神之相契合。又佛教讲沙门
不近女色,道家道教虽无这一说法,但襄楷认为佛教之不近女色与道教之
"守一"是相同的,认为桓帝"淫女艳妇,极天下之丽",是有悖于黄老之学
而无法达至长生久视之境界的,那么,其时黄老之学也确以省欲去奢为其
基本精神则可知也。佛道的这种异中之同一方面说明了两者的可以相
合,同时这种相合又反过来推进了省欲去奢观念的流行。

　　三曰禅法之流行。禅法在中国流行是安世高、支谶等人译经之后之
事。安世高最擅禅数,其禅法有二,一为观不净,二为持息念,这是如佛法
之二甘露门。观不净法较为艰难,而持息念者即为念安般,是十念之一,
意将禅心寄托在呼吸吐纳之中。而中国本土好道之人,也多习吐纳治气
之术。道家之吐纳,虽然不能断定是因袭佛教之禅法,但是安般禅法的流
行,却定有其与道术契合的原因,从而得以攀附传播。而《太平经》中的
"守一"之法,"故得之于佛家禅法"。佛教出入中土,正是通过这样一种牵
合本土的方法深入本土文化之中而得以发展播化。

　　四曰仁慈好施。中国本土文化之中,儒家讲博施济众,道教讲重己贵
生,与佛教所说的戒杀布施从本义上讲相去甚远。汉代佛教传入前,戒杀
乐施为中土人士所罕闻。但"东汉奉黄老者固亦有戒杀乐施者",例如后
汉蜀中高士折像"幼有仁心,不杀昆虫,不折萌芽,能通京氏易,好黄老家
言。原有资财二亿,产八百人。像感多藏厚亡之义,谓盈满之咎,道家所
忌,乃散金帛资产,周施亲疏";又如《太平经》虽然反对佛教,但其中却也
不乏窃取佛教之学说之处,它"颇重仁道",而其"常言乐施好生,则尤与佛
家相契"。这些都表明,本土宗教在外来宗教的熏习中,二者有趋同之趋
势。外来文化正是在这样的一种趋同比附的过程中,逐渐地在新的文化
环境中立足成长。

　　综上所述,我们发现,佛教本其教义,并于初传中土之时所作的改变,
使得它与中国本土的道家、道教乃至于整个中土文化,都有着许多可以比

附的地方。例如道家讲"无为",佛教则讲"涅槃";道教讲"谷神不死",佛教讲"三世轮回";道教讲"非身",佛教讲"无我";道教讲"承负",佛教讲"果报";道教讲"好生乐施",佛教讲"戒杀布施";道教讲"清净无为",佛教讲"省欲去奢"。这样的一种现实,由外来文化方面看,是佛教因传入的需要而趋附传统,依傍黄老道术而求发展;从传统文化方面来看,则是因佛教初传之时,国人仅得佛教思想之大概而推测附会,将其视为与传统相合的道术,这客观上也有利于佛教的传播发展。由此,汤氏认为,汉代佛教实在只是道佛结合的一种思想和方术,是一种道佛式的佛教。

汤用彤《汉魏两晋南北朝佛教史》一书材料丰富,方法谨严,考证详实,义理出众,以上所举佛道关系之论,仅是此书全豹之一斑。胡适在校阅该书时称"此书极好。锡予与陈寅恪两君为今日治此学最勤的,又最有成绩的。锡予训练极精,工具也好,方法又细密,故此书为最有权威之作",并认为"锡予的书极小心,处处注重证据,无证之说虽有理,亦不敢用,这是最可效法的态度"。贺麟认为"写中国哲学史最感棘手的一段,就是魏晋以来几百年佛学在中国的发展,许多写中国哲学史的人,写到这一时期,都碰到礁石了,然而这一难关却被汤用彤先生打通了",而《汉魏两晋南北朝佛教史》一书则无论在材料、方法或者义理方面,"均胜过别人"。仅就其学术价值而言,此书一直被誉为"价值至高之工具和导引"、"中国佛教研究中最宝贵的研究成果",对中国佛教史研究具有划时代意义。

除《汉魏两晋南北朝佛教史》,汤用彤的佛教研究成果尚有《隋唐佛教史稿》、《校点高僧传》及小文若干。佛教史研究之外,汤氏对魏晋玄学的研究也颇有成就。汤用彤自述其早在抗日战争初期就想写《魏晋玄学》一书,但是迫于处在国民党反动政府统治之下,生活颠沛流离,最终无法系统地写成专著,而只完成了一些单篇的文章。这些文章后来辑成《魏晋玄学论稿》。按照汤用彤先生的原来计划,本在《流别略论》一章之后,还有"贵无"学说数章,除王弼外,还有嵇康和阮籍、道安和张湛等人的"贵无"学说,对向秀、郭象的崇有本义还要多加阐释,另外还包括《玄学与政治理论》、《玄学与文艺理论》等,这些汤氏在西南联大时期都已经讲过,但最后都没有写成文章。

汤用彤的《魏晋玄学》虽然最后没有写成,《魏晋玄学论稿》亦只是一本论文的汇集,而不是一本系统的著作,但汤氏对此段历史依然留下了大量的研究成果,除《论稿》所收文章之外,另有四种讲课提纲,包括在西南联大时讲课用的《魏晋玄学纲领》和《魏晋玄学专题》,抗战胜利后在北大讲课用的《魏晋玄学讲课提纲》,以及在美国加利福尼亚大学演讲用的《魏晋玄学》英文提纲。从这些研究成果来看,汤氏对与魏晋玄学有关的一系列重大问题,包括玄学的产生与发展、玄学的自然观与人生观、玄学与政治思想、玄学与文艺理论、玄学与音乐美术等,都进行过深入的研究。与其佛教史研究相比较,汤用彤的魏晋玄学研究同样思想深邃、考证严密、逻辑清晰、见解卓绝,其执言之公允,深为世人所折服,许多结论至今在学术界依然具有权威的性质,这同样是世人所公认的。

另外,汤用彤在其折返传统、整合西方文化思路的引导下,对西方大陆理性主义、英国经验主义、叔本华的天才主义以及印度哲学也多有研究,这些研究成果不仅仅是对西方文化的引介,同时也是对其文化冲突与调和理论的进一步发挥与印证。

1949年以后,汤用彤开始接任行政职务而最终离别了讲坛,此后便未再进行系统的学术研究工作,而只有一些短文问世。可以说,从哈佛学成归国到1949年全国解放这段时间,是汤氏学术生涯中的黄金时段,在这一时期里,汤用彤在并览古今、熔铸东西、因革损益以建设中国新文化的系统思想指导下,对包括佛教史、魏晋玄学、西方哲学以及印度哲学在内的诸领域,均作出了相当有成就的学术研究,尤其是他的《汉魏两晋南北朝佛教史》,更是为世界所瞩目。在佛教史研究方面,汤氏此书可以说至今尚无人能够超越。

五

本书所收入的汤用彤作品,主要是其早年之研究成果,而更集中于汤氏从1922年至1931年之间在南京中央大学任教这一段时间,前至其于清华学习期间发表的《理学谵言》,后至其于 1937 年左右发表的《中国佛史零篇》等文。由于汤氏的魏晋玄学研究起于西南联大之时,本书仅收录其中《玄学与中华佛学》一篇课堂讲稿,以供读者参考。

关于篇目的安排,本书大致将收入诸文分成文化研究、佛教史研究、哲学研究以及魏晋玄学研究四个部分,各部分论文则按其文最初发表时间排序。

由于时代之关系,汤氏早期文章中个别字与词的用法以及个别外来语的音译,与现代汉语使用习惯略有不同,如"迭出"常被其写作"叠出"等,本书所录,均遵从汤氏原文,此亦注明。

鉴于编者水平有限,加之编录工作时间仓促,本书疏漏之处,恳请读者批评指正。

编者

2008 年 11 月 11 日

参考资料:

1. 汤用彤:《汤用彤全集》,河北人民出版社,2000 年。

2. 汤一介编:《国故新知——汤用彤先生诞辰百周年纪念论文集》,北京大学出版社,1993 年。

3. 麻天祥:《汤用彤评传》,百花洲文艺出版社,1993 年。

4. 钱穆著:《师友杂忆》,北京三联书店,1998 年。

5. 沈卫威编:《胡适日记》,山西教育出版社,1997 年。

6. 汤一介:《汤用彤与胡适》,载《中国哲学史》2002 年第 4 期。

7. 赵建永:《汤用彤未刊稿的学术意义》,载《哲学门》2004 年第 2 册。

文化研究编

理学谵言

自海禁大开,群言庞杂,学者沦于圆滑之习,风俗遂陷于嚣躁之域。于是,见不合时宜者恶之,见不同流俗者恶之,见理学先生则尤恶之。自入京师,即遇某理学先生,亦与同侪大斥之者屡。其后,在校无事时,偶手翻理学书,初格格不相入,然久之而目熟焉,知有所谓理,所谓性矣。复次而知程朱陆王矣,复次而溺于理学之渊矣。每有感辄遽然曰:理学者,中国之良药也,中国之针砭也,中国四千年之真文化真精神也。试问今日之精械利兵足以救国乎? 则奥塞战争,六强国悉受其病;试问今日之学堂学校足以救国乎? 则行之数十年未收效果也。盖俗敝国衰之秋,非有鞭辟近里之学不足以有为,尤非存视国性不足以图存。余尝观昔贤讲学之风,雍雍穆穆,朴茂之气凛然,洵堪为浇俗之棒喝,则心为之神往者不置。夫以古之理学与今之科学比,则人咸恶理学而求科学矣,不知理学为天人之理,万事万物之理,为形而上之学,为关于心的;科学则仅为天然界之律例,生物之所由,驭身而不能驭心,驭驱形骸而不能驭精神,恶理学而乞灵科学,是弃精神而任形骸也。国人皆恶理学,则一国之人均行尸走肉耳,国乌得国哉? 噫,金瓯不圆,陆沈有日,坐而思之,能无慨然。我虽非世人所恶之理学先生者,然心有所见不敢不言,以薪见救于万一,于是擅论古人,着其语之有合于今日,尤有益于侪者于篇。

一、阐　王

姚江儒门之侠也,自来论者,许之者半,非之者亦半。盖其说过奥,精处独到,而流弊亦深,不可以不辨也。阳明点明良知,人人现在,一反观自得,则作圣有方,所谓致良知者,诚不刊之论矣。顾后之学者,各师其意,失其真,以玄理高尚,妄相揣测,求见本体,遁入清谈,反远事理,则不若穷理格物之训,先知后行矣。况近日士子浮轻不戢,好高自大,尤甚于何心隐、李卓吾诸人。如复诲以姚江之说,恐其未能体会得作圣之苦心,先陷于高明叫啸之习,是岂姚江之志哉!世之欲步姚江者,吾愿其先能淡泊宁静,而后乃可明志致远也。

知是行的主意,行是知的功夫。知是行之始,行是知之成,知而不行即是未知。(徐爱记)

行之明觉精察处,便是知了,知之真切笃实处,便是行。(答友人问)

说知行合一正要人晓得一念发动处,便即是行了,发动处不善,就将这不善的念头克倒了。(黄直记)

只不要欺良知依他做去,善便存,恶便去,何等稳当,便是致知的实功。(陈九川记)

以上数条俱见先生致良知大体,并非如佛说顿教,全无工夫,所言善便存,恶便去,何等痛切,并非谓一识良知即可放纵,不惟需知良知,并需知致良知,尤需时时知致良知也。王门之每不如宋儒之循循规矩者,抑亦不为时时为克己工夫耳。晚近学子辄谓日本强于王学,欣然欲振之祖国,而岂知王学不宜于今日中国之薄俗也耶。

谨独即是致良知。(与黄勉之)

良知只是个是非之心,是非只个好恶。(钱德洪记)

言语无序亦足见心之不存。(陆澄记)

礼即是理,约礼只要此心纯是天理。(徐爱记)

洒落生于天理之常存,天理常存生于戒慎恐惧之无间。(答周道

通）

戒惧之念无时可息。（陈九川记）

以上数条，俱见先生为学工夫，拳拳服膺，始终罔懈。近世士夫，每误解性善之说，谓人性皆善，则呱呱坠地即赋天性。只要不为尘客所蔽，则秦镜自明，无庸拂拭。不知人生而善固为天性，然感于物而动性之欲也。甘苦轻煖之识生而好恶形焉，美恶高下之识生而希望著焉，恶不正，是非混淆，希望甚奢，则明智昏愦，故情欲不节于内，而事物刻刻诱于外者，则天性蔽矣。性相近，习相远，诚圣人之定论也。世人惟其不知在良知上之必须作工夫，故不知谨独而放僻邪侈，不知戒惧而流连荒忘，无所谓信义，更无所谓礼仪。且也自以为风雅倜傥，而自笑人之守礼者为迂阔，远于事情，其亦知阳明礼即天理之说乎？甚矣，阳明所言之明透也！胸襟洒落即身广也，即坦荡荡也，而非谓逾闲破矩不加检束也。洒落亦生于天理之常存，生于戒慎恐惧于无间，而非谓生于不法律之自由，不道德之平等也。夫言语无序，失德之细者耳。而阳明谓为可见心之不存，则其大者可知矣。刘蕺山儒之醇者也，竭毕生之力，以发阳明谨独之致良知，然实得王门真谛，如孔子之孟荀也。然则日省工夫，固不得谓知良知而遂忽之也。阳明此数语，精深独到，愿有志者察之，而铭之座右也。

为学当从心髓入微处用力，自然笃实光辉，若就标本妆缀比拟，凡平日所谓学问思辨者，适足为长傲遂非之资，自以为进于高明光大而不知陷入狼戾险嫉。（与黄宗贤）

后世不知作圣之本，却专去知识才智上求圣人。知识愈广，而人欲愈滋；才力愈多，而天理愈蔽。（薛侃记）

以上二条，切中今日学者之病。自西方各国以物质文明致富强，物质后进之中国，乃遂欲急起直追，求国于积溺之中，而所谓理化算数日灌输于全国人之脑中。行之四十年，而其弱如故，且又甚焉。则因理化算数者，无坚固之良知盾其后，适足为亡国之利器也。何以言之？夫国之强盛系于民德，而不系于民智。人心不良，理化者适助其日日制杀人之具，算数适增其机械计谋之毒。况习尚移人，世以理化算数相轩轾，则巧诈之心日缘以生，久之天性汩没，遂为狠戾险嫉之人。善乎，爱德君前在本校演说之言曰，受教育而无道德，则危险异常。盖知识愈广而人欲愈滋，才力愈多而天理愈蔽，非虚言也。泰西各国物质文明达于极点，而道德遂不免缺乏，近年以还，彼邦人士群相警戒，极力欲发达心理文明，且谓我国之真文化确优于其国，盖我国民性和平温厚，实胎酝自数千年也。顾我国学者，不知本末，无烛远之眼光，心羡今日之富强，而不为将来之长治久安计，不亦惑乎？盍也反其本耶？

> 数年切磋，只得立志辨义利。（与薛尚谦）
>
> 为学须得个头脑，工夫方有着落。（薛侃记）
>
> 活水有源，池水无源；有源者由己，无源者从物。（与黄宗贤）
>
> 从心所欲不逾距，只是志到熟处。（陆澄记）

以上数条，俱见先生言立志大要。夫志者，学问之始基，成功之权舆也。天下立志为善，而卒为善人者有之，且惧蹈于为恶也。况不立志为善而能为善人乎？知善之可为而不为，是谓放心，是谓懦夫，是谓自弃。不知善之可为而不为，是谓昏德，是谓顽夫，是谓无心。夫不知善之可为则已，知善之可为而不为，则不可不大为寒心哉。夫固天下未有不知善之可为者，元恶大憝，积恶已成，天爵已失，无立志之可言，而天罚不足畏，人言不足惜者，古今有几人耶？类皆能于夜气清明之时，纾其天性，见其良心，然则是人人皆有为善之资，而天下卒善人少而恶人多者，则因罕有能立志之人。立志之道似难而易，以繁而简。其第一步则必认定所立之志，一往直前，不稍畏退，积日累月行之数年，以至于生命之末日，则非难乎？繁乎？虽然无伤也。丹诚所指，白虹贯日，人心所至，金石为开，诚能持久不变，则习与性自不费力矣。董子谓勉强学问，勉强行道。勉强者，为初学者言之，为立志者言之。阳明谓数年切磋，只得立志辨诚伪，则此足以见立志之必须时时萦心，不少宽假也，及至用力之久，则心底日明，德养日精，工夫至此少见效至于通神圣之域，此身毫无系累，行为在轨范之中而不溢出于外，则观止矣。故阳明曰，从心所欲不逾距，只是志到熟处，故立志之初步为坚定，而其最终之效果为化工也。

省察是有事时存养,存养是无事时省察。(陆澄记)

问:静时亦觉意思好,才遇事便不同,如何? 曰:是徒知养静而不用克己工夫也。人须在事上磨炼方立得住。(陆澄记)

病虐之人,虐虽未发而病根自在,则安可以其未发而遂忘服药调理之功。(答陆元静)

以上三条,极为精到,存养省察二者为学不可少之工夫,盖不存养,则心如浮萍,东漂西荡,全无定准;不省察,则心如浊水,清者亦为浊者所永囚不能超脱也。盖存养省察二者,一则葆心地之本明,一则去外界之侵扰;一则使良知良能日日发育,一则驱除利欲;一为直接之行动,一为间接之行动也。先生省察是有事时存养,存养是无事时省察,非谓有事不存养,无事时即可不省察,盖谓有事尘客引诱,不先去外蔽,何以存内明,故以省察为存养,无事时,神志清明,不急长内力,何以御外侮。故以存养为省察也。存养之说最高,而省察之说最切,是以言存养者,每堕入自欺慵懦之途,须知存养时不能忘记省察,忘省察则近于虚无寂灭,故学尝主张静坐。而遇事无措者,只能存养而不善省察也。或竟忘存养之本旨,而误入歧途,故学者不可不深自惕厉也。

克己须要扫除廓清一毫不存。(陆澄记)

人须有为己之心,方能克己,能克己方能成己。(薛侃记)

若不用克己工夫,终日只是说话而已。(答唐翊问)

当下即消去邪念,便是立命功夫。(钱德洪记)

以上数条,俱论克己工夫。阳明学问最易令人误会,即以为其教旨顿悟,全不用一点工夫。不知先生所言,虽主张良知准的说,然于自省自察均三致意焉。非独此也,先生且谓须扫除廓清,一毫不存,何等直捷痛快,何等斩绝,无稍假借,毫非可浮光掠影,云过天空也。又言人须有为己之心,方能克己,更说得透彻。有为己之心者,谓愿为善人也,所谓古之学者为己也。为己之心,非谓自私自利。自私自利,只能长傲遂非,其收果则天下之人弃之,指为败类,非为己之正法也。为己之方,阙为自克扫除恶念,培植善念,修其天爵,而人爵从之,是非真能为己者之所为耶! 至若以圣贤言语为话说，更是学者通病。夫圣贤费尽心血，立法垂戒，微言大义，非仅欲其纸上空谈，托诸口说，鲜见实事已也。果如是，则亦何贵有圣贤之言，何贵有圣贤欤，何为圣贤之拘拘多是耶？故行善问道，是替古日许多圣贤表白苦心，是为圣贤发表其善果，是为将来无数圣贤作标准，不使之灰心而不力为。故所谓立命工夫，不但为一人一时，实为千秋万祀计也。

人有过多，于过上用功，就是补甑其流，必归于文过。（黄以方记）

颜子所以不迁怒，不贰过，亦未发之中始能。（薛侃记）

悔悟是去病之药，然以改之为贵，若留滞于中，则又因药发病。（薛侃记）

学须反也。（答友问）

以上数条，俱言改过事。言过则有别于恶，恶者过之成也，其初发则为过；过者易改，习焉不察，则成恶，恶者难为功。故改过实为学问之最要阶级也。孔子谓观过知仁，又重不迁怒不贰过，则其重较可知矣。虽然人孰无过，过而能改，善莫大焉，而一身以内，百孔千疮，使浅学者遇此，当张皇失措，无可左右，不知治标治本均为为学要道。从表面上言之，则知过即改，不少留滞，自为吃紧工夫，然头痛救头，脚痛救脚，自必疲于奔命，非根本之计也。故先特立治本之法。于过上用功，其流必至于文过，则是工夫一方面从驱除下手，一方面从补益下手；一方面自外加以针砭，一方面自内投以药石；一方面去人欲，一方面存天理。故先生又谓颜子不贰过，亦于未发之中始能。盖水之积也不厚，则负大舟也无力；风之积也不厚，则负大翼也无力，天性葆存光大，则过自少而易于为力；天性洎没消亡，则过太多而难于为功，是为改过之最要法门。虽然治本之法，收效最强而难见，学者最易习于疲顽，故不可不深自警醒，痛自策励，庶未收治本之效，可得治标之功，以图进乎学道，不可以为吾将用治本之法而全不顾外表，则是自欺自弃，绝非学者所宜出。故悔悟为去病之药，然以改之为贵，若留滞于中，则又因药发病也。

理无动者也,动即为欲。(答陆元静)

循理之谓静,从欲之谓动。欲也者,非必声色货利外诱也,有心之私皆欲也。(答伦彦式)

病根不除则暂时潜伏偏倚仍在。(陆澄记)

使我果无功利之心,虽钱谷兵甲,搬运柴水,何往而非实学?何事而非天理?使我尚有功利之心,则日谈道德仁义亦只是功利之事。(与陆元静)

好名是汝一生大病根,须伐去此树,纤根勿留,方可种植嘉种,不然任汝耕耘培壅,只滋养得此根。(陆澄记)

以上数条,先生于欲之定义,欲之性质宣发无遗。夫去欲为作圣之一大关头,最宜用力。善哉,先生有言曰,学绝道丧俗之陷溺,如人在大海中,且须援之登岸,然后可授之衣而与之食。若以衣食投之波涛中,此适重其溺,彼将不以为喜而反以为忧矣。故凡居今之时,且须随机导引,因事启沃,是则人心充满人欲之私,不可不先加以省克,不先加以省克,而谓我葆吾心之明,养吾心之良,不但不可,亦且不能。故欲为圣贤,不为禽兽,则非先中心人欲之私,纤芥勿遗,不能为力也。《乐记》谓人生而静,天之性也,感于物而动,性之欲也,好恶无节于内,知诱于外,不能返躬,则将灭天理而穷人欲。好恶与知二者,事虽分内外,而其为欲同,而其害更同。是以先生谓有心之私,皆欲也,故人不可外诱于物,亦不可内动于心,慎勿以为有形之害去,而无形之害可不去也。且也人欲蟠据方寸,最不易去,病根不除,无事则潜毒体内,有事则发之身外,方其平居安闲,亦自以为人欲尽斩矣。不知见猎心喜,必不能释然于胸中。矧病根尚存,则知识学问俱只为长傲逐非之资,不可为益,反可为害,所谓耕耘培壅,只滋养得此根也。故不但勿以小善为无益而不为,且勿以小恶为无伤而不去,更勿以无形之欲非病根而不锄也。

喜怒哀乐本体,自是中和的,才自家著此意思便过,不及便是私。(陆澄记)

七情有著俱谓之欲。(钱德洪记)

天下事虽万变,吾所以应之,不出喜怒哀乐四者,此为学之要。(与王纯甫)

愤怒嗜欲正到腾沸时,便廓然能消化得,此非天下之大勇不能也。然见得良知亲切时,其工夫又自不难。(与宗贤)

以上数条,俱论喜怒哀乐七情者。七情为人常有之事,而无情则非人矣。然而克欲最难,制情尤不易。盖七情为天性之中遇事而发,既发而最易不中节。不中节则即成为人欲之私,而非天理之本也。变化气质为修身之要,然气质之变化,不但只谓去人欲,亦谓人有中和之气,喜怒得中耳。故先生有言曰,变化气质居常无所见,惟当利害经变,故遭屈辱,平时愤怒者,到此不愤怒;忧惶失措者,到此不忧惶失措。始是得力处,始是用力处,则变化气质专赖乎七情之得中也。今欲七情之得中,不可当其已发时,急图调和之,无过亦无不及。盖七情根乎天性,遇事即发,及其既发,则一往直前,驷不及舌矣。且每即其发也,而驭之制之,是治标之策,非根本之计;果使每即其发而驭之制之,则学问永无功成之日,而身体亦日不暇给,疲于奔命矣。故其上策,莫若不治七情,而治人性。夫情固发乎性,修性者即可以制情,所谓一点良知,是汝自家准的也。及既致良知,则情不正而自正,事半功倍,一劳永逸,孰有善于此者耶!先生谓工夫愈真切愈简易,愈简易愈真切,吾于此益信之。

防于未萌之先而克于方萌之际,此正中庸戒慎恐惧,大学致知格物之功,舍此之外无别功矣。(答陆元静)

我这里格物,自童子以至圣人皆是此等工夫。(黄以方记)

诚意之功只是格物。(徐爱记)

格物无间动静,静也物也。(陆澄记)

格物者,其所以用力日可见之地,故格物格其心之物也,格其意之物也,格其知之物也。(答罗整庵少宰)

以上为先生言格物之学之大要。凡朱子专言穷理,故其解格物谓为穷至事物之理,欲其极处无不到。阳明与朱子宗旨各殊,持端自异,然说到极处,无非希圣希天,譬之狙栗,朝三暮四,朝四暮三,其名不同,其实则一。朱子惧天下之靡靡不振也，惧天下人惴惴而无恒心也，惧天下之偏于顿悟也，乃为之教曰：修身必始自格物。格者至也，物者事也，穷天下万物万世之理，而后知至，而后意诚，而后心正，而后身修。学者自暴自弃则已，苟有心为人者非格物穷理莫由也。阳明之意亦谓格物之学道之要。故曰，防于未萌之先而克于方萌之际。此正致知格物之功，舍此以外无别功矣。然阳明惧学者之徒事皮毛也，惧学者之浮光掠影而伪作也，惧学者不识天理为何物，而劳力苦心于格致，不得成效也，故为之教曰：理无内外，性无内外，学无内外，知即是行，行即是知，即知即行，即行即知，心有主脑，节目事变，均可应乎而解。夫诚意者，诚于心所发也。格物者，格其意之物。故格物洵不过之为诚意之工夫，为学道之一手段耳。是阳明之后格物者，欲人先通性命之情也，先知诚意之方也，非拒格物于外也。不然者，则先生亟言格物，进之为克欲之功，又言诚意退格物于其后，则非支离破碎也。先生言学贵有头脑，吾知其必不为此也。

再用功半年看何如，又用功一年看何如，工夫愈久愈觉不同。（陈九川记）

要常常怀个遁世无闷，不见是非而无闷之心，依此良知忍耐做去，不管毁誉荣辱，久久自然有得力处。（黄修易记）

此二条所言为学道之要，亦为读书之要。天下之善读书者，孰不以忍耐专一求之，不事闻达耶？天下之善读书者多，而善学道者少，犹之求放鸡者多，而求放心者少也。夫天下无过目成诵之书，天下亦无人生而立于无过之地，时时须省察，时时须存养，时时有过即时时当改，时时纵情即时时当节，勿以一言之善而自满，勿以一行之善而自骄，勿问收获，且事耕耘，行之既久，或可有成，若不持之坚，则前日用力俱成画饼。吾见天下之人读书而或恐以他事耗费其时光，独于学道则半途辍废，弃前日用力之时光而毫不之惜，岂不未之思耶？何其弃大顾小之甚也？其尤病者，则行一善事，则惟恐人之不知；言一善言，则惟恐人之不闻，遂使学道之事徒为外表美备之用，并非究乎天理之途也。所谓古之学者为己，今之学者为人也，行之既久，则助长之过，其先有一善惟恐人之不知，其后遂有一恶亦惟恐人之知。根本既摇,全局遂移,其终则有得道而为乡愿,夫毁誉荣辱外界之好恶是非,道德仁义者,心内之良知良能,以外物而蔽内明,是犹欲南辕而北辙也,乌乎可?!

二、进　朱

　　紫阳之学,继程周之后,致广大尽精微,直可综罗百代,以为学为修身之要。博学、审问、慎思、明辨、笃行其所谓为学之序也,言忠信、行笃敬、惩忿窒欲、迁善改过其所谓修身之要也。先生竭精力以研圣贤之经训,其于百家之支、二氏之诞,不惮深辨而力辟之,故博极群书,著作甚富,徒侣遍天下,降及后世,尊崇不衰,举世称为大儒,宜矣。是以先生之学,受于前贤而集其大成,流于后世,振酿百世之文教,不亦可惊耶? 知其可惊,则益见先生学之正矣。世之退朱子者,尝执一端之说,恣言放论,以其学为迂阔,远于事情,不知为大儒者,自皆有独到处,不摄其精华而取其糟粕,非志学之士也。诸儒论道,大抵有对症发药者,如因学者操持过琐,而进以自然之说;或因学者放纵过甚,而进以慎独之言,不深会其意,就一隅而遗全局。王阳明有言谓学绝道丧如沉溺大海,先当援之登岸,后乃可授以衣食,故对症发药者,仅援之登岸而非衣食,若衣食之安,则诸儒别有根本之计划在。根本之计划,王阳明言之最精,知行合一,致良知,深入凑理在学者之心会;而朱子之言则最切其学,大抵穷理以致其知,反躬以践其实,而以居敬为主,全体大用兼综条贯,表面精粗交底于极,谓圣人之学,本心以穷理,顺理以应物,是则尽心之外又有功夫焉。故王阳明之论朱子曰:"晦庵之言曰居敬穷理,曰非存心无以致知,曰君子之心常存敬畏,虽不见闻,亦不敢忽。所以存天理之本原,而不使支离于须臾之倾也。是其为言虽未尽莹,亦何尝不以尊德性为事,而又恶其支离乎?"是则阳明亦存朱子根本之说,又谓其虑学者之躐等妄作,使先以明格致而无不明,然后有以实之于诚正而无所谬。世之学者挂一漏万,求之愈烦而失之愈远,此乃后学之弊,晦庵不至是。又谓:"晦庵折衷群儒之说,以发明六经语孟之语于天下,其嘉惠后人之心,真有不可得而议者。"则阳明之于朱子实亦力为推许,力为辩护,后世或黜王而推朱,或弃朱而言王,各有其所见,各行其所是,则此犹不加病躯以药石,而先投以甘旨,不援溺者登岸,而先投以衣食也。阳明之学救世人支离,眩骛华而绝根之病,反求诸心而得其性之所觉,曰良知。因示人以用力工夫之要,曰致良知,惧世人之知良知而不致,而谓即知即行,即心即物,即动即静,即体即用。诸儒之学未如此之精微也。朱子之学欲收人之放心,退人欲以尊天理,惧学者之失于浮光掠影而言穷理以救之;惧学者之荡检逾矩而言主敬以药之;惧学者之偏于自觉而不反求诸己,乃以反躬实践之言鞭策之,使学者一本诸心,刻刻实在,有体有用,诸儒之学说亦未见若是之深切也。二先生之学各有其本根,故曾相抵牾,而其大别则阳明以格致为诚意,紫阳先格致而后诚意,然而最吃紧处,皆在慎独则无所同异也。呜呼,世乱道微,邪说横行,淫言杂作,人人失其天真,而流于放纵,自由平等之说遂成嚣张之习,不惧其无知识而惧其无定向,不惧其柔弱而惧其高明,不惧其不知天良而惧其弃天良于不顾,不惧其不识体用而惧其不反躬实践。故今日之救药在乎收放心,不能用阳明之精微,莫若行朱子之深切,俾礼法不致溃决,而不可收拾,此则区区之意先明王学之用,乃进以先生之实践,俾学者不长堕于不戢之途,一去而不可收,至若朱王之异同优劣,记者所不能言,亦不敢言,使释一端之争执而同进于大道。刘念台先生曰:莫虚勘三教异同,且先辨人禽两路。记者于二贤之学亦是此意。

　　性者心之理,情者心之动。

　　心譬水也,性,水之理也。

　　动静真伪善恶皆对而言之,是世之所谓动静真伪善恶,非性之所谓动静真伪善恶也。惟求静于未始有动之先,而性之静可见矣。求真于未始有伪之先,而性之真可见矣。求善于未始有恶之先,而性之善可见矣。

　　有道理之心便是道心。

　　凡物必有本根,性之理虽无形,而端的之发可最验。

以上数条,俱见先生言心性之大体。先生之学,确见得到说得出其所主张者,曰穷理。而恐人听之茫无头绪,不知从何处着手,故将心、性、理三者连为一事,谓性者心之理。于是使人心有把握,有标准,以为穷理者穷心之理。苟本诸天性,发于良心行事,自毫无愧于人,是则有以此立说,既可以生学者信任之心,又可以导学者以向上之道,其用至明,其法至易,其功至伟。夫世界群生莫不谓天下无真伪也,谓宇宙无是非也,彼之是此之非也,一时之是他时之非也,今日之是后日之非也,六合之中遂几无颠扑不破之理。扰扰攘攘,众日辨乎是非之途,真伪之界,而是非真伪益不明于其心。不以是非真伪定天下之安危,人民之幸福,而乃此是非真伪遂几为乱天下之本。故愤世嫉俗者,乃曰天下无真伪是非,真伪是非不过为智者黠者藉以为乱天下之具耳。呜呼,是岂真伪是非之乱天下欤?人心自乱耳。夫全不发本身之灵明,驭外界之变迁而乃毫无主脑,随世界之渐流为转移,如是乃以之求是非真伪不亦可哂呼?!昔人筑室道谋犹三年不成,而况以是非真伪之空空者,求之人海中乎?故天下无理有理须求之本心,天下无真伪是非,返诸心乃有真伪是非,不然者则理无标准,真伪是非无定律,吾辈从何处求之耶?不知真理将何以知义利、善恶、天理人欲之分乎?故先生之教性本善也,有理之人心即道心也,惟在人之扩充推广耳。不扩充推广,恻隐之心亦不过为仁之端,不足即为仁之实事。故先生极力讲穷理之学,穷理者,扩充道心之谓也。圣人之所以大过人者,夫岂有他哉,善推其所为而已。

　　此心此性人皆有之,所以不识者,物欲昏之尔。

　　有个天理便有个人欲,盖缘这个天理有安顿处,才安顿得不恰好,便有人欲出来。

　　学者须是革尽人欲,复尽天理,方始是学。

　　天理人欲此长彼必短,此短彼必长。

　　以上数条,俱见先生言人欲之质义。所谓明天理人欲二者之分,即使学者知趋吉避凶,去恶就善耳。先生于言人欲处,最为精到。先生不但谓除天理外,即是人欲,使人人竞竞守法,不敢出天理之外,并谓人欲者即天理未安顿好者,则是人人必须守天理,并顺知守天理之法,不知守之之法,则偶一失足，即成为人欲之私，故曰："学者须是革尽人欲复尽天理，方始是学。"盖天理人欲有密切关系，不复天理以灭人欲，则天理蔽；不抑人欲以助天理，则人欲滋，此进则彼退，此退则彼进，毫不可忽略，毫不可苟且，故先生之言此实学道之一关键也。

> 天理在人，亘古今而不泯，随甚蔽锢，而天理常自若如明珠大贝混杂砂砾中，零星逐时出来，若时打合零星成片断好意思，日长月益，则天理自然纯固，私欲自然消磨，久之不复萌动矣，若专务克治私欲，而不充长善端，则吾心与所谓私欲日相斗敌，纵一时安伏得下，又当复作矣。

此朱子固天理灭人欲之方也。先生既认定天理为吾心所固有，不须如衣裳谷米须在外市得，苟欲存心为善，则善已在吾躬，不须他往，只在人之愿扩充发展与否耳。故曰："我欲仁斯仁至矣。"初非有所困难，特天下如无有所谓私欲者，则人人皆为善士，亦天下无有所谓善恶之分矣。然天下既已有所谓人欲之私矣，而此人欲之私，乃如窃贼如虐疾，乘虚而入，意情不得其正则私欲出，天理不得其平则私欲出焉，举手投足，动辄得咎，然则为学自不外助天理灭人欲，或黜人欲进天理。二者自均为立身之务，而徒黜人欲，则人欲者非仅谓外诱于物，亦谓内动于心；内动于心者则天理处置之不当也，不认定何者为天理之正，何者为天理之不当而成人欲之私，则徒黜人欲而不明天理，人欲自以为去而仍不得天理之正，虽去犹不去也。故为学既当重省察之工，尤当重存养之功，既当重克己之工，尤当重涵育之功，驱后天之蟊贼，不如养先天之实力以为甲胄，以为干橹，俾蟊贼无从侵入，无由肆其引诱。故学者要着在先认定天理，躬行实践步步为营，久而久之则天性日长，私欲日退，君子道长，小人道消矣。虽然思之思之，毋以此而纵人欲，先生之意正欲进天理以退人欲，非谓置人欲于不顾也。置人欲于不顾，不加剪除，则非真欲存天理者矣。

> 此心常卓然公正，无有私意便是敬；有些子计较，有些子放慢意思，便是不敬。故曰敬以直内，要无点偏邪。

> 敬非别是一事，常唤醒此心便是。人是日只鹘鹘突突过了，心都

不曾收拾,在里而以敬为主,则内外肃然。

收敛身心,整齐纯一,不恁地放纵便是敬。

近人说敬字时,只是敬君敬亲敬长方著敬字,然则无君无亲无长时将不敬乎?

主一是敬注解。

心无不敬则四体自然收敛,不待十分著意安排,而四体自然舒适,著意安排则难久而生病矣。敬不是万虑置休之谓,只要随事专心,谨畏不放逸耳。

以上数条,为先生言主敬大体,主敬为宋儒有力学说,故节录之不厌其烦,主敬之说,源于程子。黄梨洲曰:"涵养须用敬,进学在致知,此伊川正鹄也。"考亭守而勿守见也。主敬大体在收敛身心。孟子曰:"学问之道无他,求其放心而已矣。"故为人之学即是心学。世世之讲学者,无非不出收心二字,而收心之法各有见解。程朱则提出一敬字,盖以心无不敬,则整齐纯一,心不外纵,故朱子谓主一即是敬也。夫以敬为收心之要,则若心即收,四体自然收敛,不待著意安排矣,必著意安排,则劳而无功,亦非实学也。然宋儒言敬为静者,朱子故谓敬不是万虑置休之谓,必要专心不放逸,故又谓敬字似畏字也。噫,今日之风俗弊趋于浮嚣,曷不以敬之整齐纯一药之也?今日之人心流于放荡,曷不以敬之专心谨畏药之也?此吾心所以亟彰先生之说者在此类也。

或读书讲明道义,或论古今人物而别其是非,或应接事物而处其当否,皆穷理也。

或先其易者,或先其难者,各随人深浅,譬如千蹊万径,皆可以适国,但得一道而入,则可类推而通其余矣。

如欲为孝,当知所以为孝之道,如何而为奉养之宜,如何而为温清之节,莫不穷究然后能之,非独守夫孝之一字而可得也。

当知至善之所在,如父止于慈,子止于孝之类,莫不务此,而徒欲泛然以观万物之理,则吾恐其如大军之游骑,出太远而无所归也。

若其用力之方,则或孝之事为之著,或察之念虑之微,或求之文字之中，或索之讲论之际，天理在人终有明处，须从明处渐渐推去。

有人说学问只要穷究个大处，则其他皆通。如某正不敢如此说，须是逐旋做将去不成。只用穷究一个，其他更不用管，便都理会得，岂有此理！

讲究义理须要看得如饥食渴饮，只是平常事，若谈高说妙，便是悬空揣度，去道远矣。

如今更不可别求用力处，只是持敬以穷理而已。

以上数条，俱见先生言穷理之大旨。先生学得力于程子，穷理亦为程子之意，故其补大学释格物致知章有曰："间尝窃取程子之意，以补之曰所谓致知在格物者，言欲致吾之知，在即物而穷其理也"。云云，是足以征也。天下铸人之事难于铸金者，其故一则无勇气，一则无识力，一则无毅力。尝见天下有人焉，持之有故，言之成理，抵掌激昂，舌如电光；一言而山岳崩颓，一呼而风云变色，听其言识为神圣，而观其行则多遗缺。或有人焉，淋漓浑洒，笔扫千军，著书万卷，下笔有神。一字曰褒贬严于春秋，论世知人精于月旦，见其文，万言立下似天际之游龙，而即其行则一善未举，见笑于鸠鹊。若尔类者，不可胜数，然犹其上者也。世之口是而心非者，盖亦多矣，未必其心皆特意为奸，虚言娇饰，其多数则实由于知而不行，有为善之心，无为善之力，是曰无勇，其故一也。虽然天下之求铸人者未为少也，顾范金合土，劳力既久，卒不得一适当之模型，则或其技术未精，才力不足，不知铸陶之方，手续未清，全局失败，譬若知父母之当孝，而不知奉养之宜，温情之节；知朋友之当信，而不知交接之礼，规奖之方，则或不得于父母，不信于朋友，是其既知行而未知行之之道，遂至画虎类狗，不得其真相，行之不当，是无识力，其故二也。再进而论之，则天下志行薄弱者多矣。知学之当为，知行之之道，然一日曝之，十日寒之，不能专心致志一气呵成，譬彼舟流，知用楫乘风，而或三里而疲，七里而辍，或逆风激水不能上进，反致下游，则是无恒，行必不久，久必不专，此无毅力，其故三也。程朱欲救此三失，俾铸人有成，遂为之说曰穷理。言穷理则知徒事皮毛，知而不行之，非穷理矣。言穷理则万事万物各有其理，必须穷究其当然，则知无不当,而识力增矣。言穷理则知理贵乎穷,若浮光掠影,行为不专,胸无毅力,自非穷理矣。朱子引格致之道而入之以穷理,其意深矣,其法密矣。

按朱子言穷理之方,著于大学,又作或问数千言以明之,而穷理之功用于简言之而证以所言。夫穷理之功可由浅及深,可以类推而通其余。"盖学问之道至复杂也,人事之分至繁碎也,驭之以正由或失之偏,而必遇事审察得其膝理,所谓至于用力之久,而一旦豁然贯通焉,则众物之表里精精无不到,而吾心之全体大用无不明矣。"(大学补传语)此则穷理之极轨也。故穷理之功,极于豁然贯通,而收效于推阐扩充,故朱子语类有曰:所谓穷理者,各有个事物底道理,穷之须要周尽,若见得一边,不见一边,便不该通,穷之未得更须款曲推明。盖天理在人,终有明处,须从明处渐渐推去云云,则朱子所谓穷理,初无分于慎独,而其终亦自有神境,非如世人所讥之浅近支离也,不由穷理之道而使学者措心于言语文字之外,而曰道必如是者,朱子之所不为也。

又按世讥之朱子之学者,大都谓穷理之学太烦,此不知势之言也。穷理之言,似大而无味,而自有妙用。夫人之欲性莫近小人而远君子,莫不好逸而恶劳,好谀而恶直,好高大而恶中庸,于是人每失于不自觉,如不常加以鞭策,制以绝索,则心若野马不失其驰者,鲜矣。穷理之方使人事事加意,犹鞭策绳索之于马也,控驭之而不使外逸,久之其马安之若素,则其功成矣。故穷理之方毫无流毒,外似迂阔,内实精到。夫世之厌其烦者,每称阳明之学,此则好高务远之心也。阳明良知之学自无可议,不过其步太远,其速太大,马之行此常虞颠踬,非万全之方也。故言穷理者,如刻鹄类骛,犹相近也。若言良知,则恐画虎类狗貌相远也。况时至今日,不惧士气之不振,而惧士气之不定;不惧人心之太朴,而惧人心之太华;不惧风俗之暗弱,而惧风俗之嚣张。故教民以高明之言,不如以沈潜之言为得也,行阳明之学,不如行朱子之学为安也,非必朱子之胜如阳明也,时势则然也。虽然,说者又曰:穷理之方虽万全无流弊,而本心之明究非穷理之可为,穷理可常行省察之功,而不有涵养之实,不知朱子之言穷理致知反躬实践,而总之以主敬。主敬者,涵养身心之方也。有穷理以致其知,而又主敬以养其心,则表里相济,精粗俱到,此朱子学之大体也。

为学之道,莫先于穷理,穷理之要心在于读书。

读书且就平易明白有事迹可按据处看取道理,体面涵养德性本原。

学固不在读书,然不读书则义理无由明。

取其一书自首至尾日之所玩,不过一二章,心念躬行若不知有他书者。

此数条俱见朱子言读书之要。义理之学,周子主静,明道进以敬,伊川复进以穷理,朱子亟言主敬穷理而复益于读,以读书为穷理之方。薛敬轩谓穷理,读书得之最多是也,所谓以古为鉴也。书之所言,俱古人教人为人之道,而平易明白之书如《论语》、《孟子》更为圣贤之名言,苟体会入微,则书中之理自均移为吾心中之理,《论语》、《孟子》非孔孟之书,而为吾腹中之藏矣。吾人日常读书顾常读过而心中不留迹影,读若未读者,则何取于读书耶?进而言之,吾人读书而不得一书之用,惟知书之当读,而不知书之何以当读,知理之甚精,而不知理之可为我用,则是不能体会入微,又不能取而实践,读书而无益于己者,则何贵于读书耶,此所以朱子言读书之方,而告人以心念躬行四字也。

如说仁义礼智,曾认得自家如何是仁,如何是义,如何是礼,如何是智,须是著身己体认得。

默而识之,学不厌,教不倦,今学者须将此三句时时省察,我还能默识否?我学还不厌否?我教还不倦否?

且如居处恭执事敬与人忠,虽之夷狄不可弃也与。言忠信行笃敬,虽貊之邦行矣,言不忠信行不笃敬,虽州里行乎哉?此二事须是日日粘放心头,不可有些亏欠处。

世俗之学所以与圣贤不同者,亦不难见,圣贤直是真个去做。说正心,直要正心,说诚意,直要意诚,修身齐家皆非空言。今学者说正心,但将正心吟咏一晌,说诚意,又将诚意吟咏一晌,说修身,又将圣贤许多说修身处讽诵而已。或掇拾言语,缀辑时文,如此为学,却于自家身上有何交涉？

　　书上说毋不敬，自家口读毋不敬，身心自恁地怠慢放肆，诗上说思无邪，自家口读思无邪，心里胡思乱想，这不是读书。

　　直须抖擞精神，莫要昏钝，如救火治病然，岂可悠悠岁月。

以上为朱子讲反躬实践之大。凡今之学者之异，一曰为己，一曰为人。所谓古之学者待己也重以周，待人也轻以薄；今之学者待己也轻以薄，而责人重以周也。反躬实践为己之学也，责己重以周者也。孟施舍之养勇也，首在自反，养勇犹然，矧为学耶。自胜者强，古有明戒，人欲图强而不反躬实践，犹缘木而求鱼也。凡人不知反躬实践者，一则乏毅力，一则无恒心。乏毅力则知恶而不去，知善而不为，无恒心则去恶必不尽，为善必不力耳。用是二因，生二恶果，一曰嫉，一曰骄，骄嫉之过俱不反躬实践也。夫不察己之恶，而不知人之善，则久之必视天下皆无有是处，流于刻薄，流于昏愦，于是知人之有善，则痛心疾首，必败坏之而后快，此嫉之甚而流弊不堪矣。夫不察人之善，而惟称己之善，则久之必视己无一恶，天下之内除我而外无善人，流于狂躁，流于轻浮，于是即或知我有恶，亦只得昧心塞良，极力掩盖，不使人知，而文过之习成，此骄之甚而流弊之不可说也。故骄与嫉者，人类之蟊贼也，社会中之破坏家也，国家天下之恶魔炸药也，以此布之田亩，则嘉禾变为稗败，以此置之川流，则甘露变为鸩毒，败坏人类之武器手枪乎炸弹乎，当皆望尘莫及矣。虽然，有破坏家自有建设家，有鸩毒自有苓参，有嫉骄之贼，人心自有反躬实践之可以挽救，向使一人知反躬实践，则天下多一善士，人人知反躬实践，则天下将无恶人。盖仁义礼智四端，皆在于我者，人性本善，近取即是，反躬实践即得本，无用深探，更无用他求，故人类之福星，即在人类之一身，非必他求也。昔王阳明先生闻市上甲乙二人争，甲言乙无天理欺良心，乙言甲无天理欺良心，先生谓其弟子曰：听之，彼二人在讲学也。弟子曰：争耳，何讲学？先生曰：言天理言心，非讲学也耶？惟彼二人知争而不知反躬以求而行之耳。善哉！善哉！此正为天下之人写照也。天下之人俱有作圣之材力之机会，而不行之，而不求此反躬实践之福星，此所以善人少而恶人多。民德不能追,风俗不能厚,而人类之魔障毒药终不能除也。可惜莫此为甚。

　　学者习于持敬之约,而厌夫观理之烦。

　　看来别无道理,只有个是非,若不理会得是非分明便不成人。这个是处,便是人立脚地,向前去虽然更有里面子细处要知,大源头只在这里。

　　敬有死敬有活敬,若只守著主一之敬,遇事不济之以义,辨其是非,则不活。(朱子谓主一为敬字注解)。

以上三条言主敬及穷理。第一条言主敬穷理二者并行不悖,第二条乃言心有主张乃能修养。心有主张所谓大源头,所谓主敬也。修养所谓里面子细处,所谓穷理也。第三条,则谓主敬虽所以收心而非慎思明辨不足以济物。思辨者,穷理也。

　　持敬读书只是一事,而表里各用力耳。

　　初学于敬不能无间断,就读书上体认可唤转来。

　　读书已是第二义,盖人生道理合下完具,所以要读书者,盖是未曾经历见许多,圣人是经历见得许多,所以写与人看,而今读书只是要见得许多道理,及理会得皆成为己有,不是外来者矣。

　　穷理之要在于读书。

　　曰何必读书,自有个捷径,便是误人。

以上五条言读书之用,以明读书之于主敬穷理。既言主敬,而读书亦可发明心性道理。故主敬为里,而读书为表。第三条则言穷理之道为里,而读书为表。故读书为穷理工夫之一,为所以空理之具,非谓读书为可有可不有也。故又谓穷理在乎读书,而不读书则误人也。

　　敬字不可只把做一个敬字说过,须于日用间体认,看是如何,故曰敬以直内要得无一点偏邪。

　　敬只要随事专心谨畏不放逸耳。

　　且穷实理今有切己工夫,若只泛穷天下之理,不务切己,即是遗书所谓游骑无所归矣。

　　学者观书先须一一认得,如自己做来的一般。

读书看取道理，涵养德性本原。

以上五条，见无事不须反躬实践，惟其无事不可不实践，所以主敬，主敬者所以收本心之明，所以得天性之真，不日日实地体认，则不知果主敬而未间断否，惟其不可不实践也，故必穷理。穷理者所以观察事物之表里精粗而靳见诸实行也。惟其不可不实践，故又不可不读书，读书者，所以穷理也，所以以古人之言为一身之法式，是则是效不可不能诸实行也。此五条之大意也。

综上三段，虽不能谓见朱子之学之大全，亦可以知其学之概要矣。朱子之学，理学中之最细密者，所谓物之里表精粗无不到，身之全体大用无不明，是以《宋儒学案》谓先生之学，全体大用兼综条贯，表里精粗交底于极也。由此则所以朱子之学后人谓之迂阔，后人病其支离也，是岂朱子之迂阔支离耶，殆未之深察可厥申其说。

夫朱子之道何为而若是之深密也？何为而若是之复杂也？何为而若是之似迂阔也？何为而若是之似支离也？是皆朱子之苦心也，是皆朱子之深意也。夫创一特殊之学说必有其特点，而此特点者或因时势，或因人情，而发挥光大一种之特质。朱子之说深密复杂似迂阔，似支离者，正朱子之学之特质。知我罪我，精微大义在是，而其流于繁琐空言者亦在是。虽然朱子之说，若学者竭力行之不失故步，则将为最完全最安全之学术，而学者每不察大体大用，使如五雀六燕，其衡为均而顾不得不有偏重，而朱子之学乃为世人所议论，谓为迂阔支离，谓为繁琐，空九泉之下朱子有知，是岂其所及料而承认之耶？即如阳明之学臧否兼半，而阳明之学黜百魔定一尊，良知良能，切实光辉，已扫一切，示人以求端用力之要，震霆启昧，烈耀破迷，宜若可以免于流弊矣。然而学者唯心太甚，流于荒诞妄为，不顾细行，不恤人言，阳明之学至李卓吾等一派而大决裂，以致其始，徒侣遍天下，学说风动一时，明祚未终，而谈者辄疾首痛心恶之矣。故吾国不患无学术，不患无高尚之学说，而勇于开山难于守成，勇于发扬而难于光大，时至今日，数千年文明之古国亦遂学绝道丧，寂寂无人矣，未尝非学者之罪也。

夫世之讥朱子之学者，谓其支离迂阔，盖见其穷理之说，见其实践之说，而不知穷理实践之归于主敬也。主敬者，治心之法，穷理者，守心之工夫也。治心之法专于一，守心之道专赖于事物。天下事物至多也，而穷理之事亦多矣；天下之事至琐细也，而穷理之方乃亦不得不琐细矣。穷理之烦正朱子欲其道之完备也，正朱子大欲其道之安全也，正朱子欲行之无失，心之不放也。夫学者固常欲为善而恶恶矣，而顾常行为越规矩者，非其知而为之也，亦非其不知而为之也。当其为之时，未必不思之而欲其不逾矩，顾见理未深而遂失之，此则徒 主敬之不可为学也，故必以穷理辅之，空理固持敬之辅助耳，而持敬主一之说固绝不支离也。朱子论心性之处，陈言甚高，比之阳明之良知说甚同，阳明专任天性，而朱子乃惧其不足进以穷理思精，而人以为破碎矣。

读书之说，朱子最后之学说，益精密而益复杂矣。朱子之为学，必求其安，必求其实。安者欲其无缺，而不致流于怪妄也，实者欲其有象而有法可寻也。夫空言提出穷理二字，则学者不知其所以，故进之以穷理之方，而穷理甚多，或得之讲论，或得之阅事。然讲论有时而乖，阅事有时可误，故特进之以读书。读书之中有以比较，有上下，有异同，有得失，可见微知著，可因小成大，绝无偏于一方一面之流弊，学者诚能深察心会，则道在其中矣。何事他求乎？

穷理读书既精且密矣，而朱子犹以为未也，犹未必人之必行，故复外加以反躬实践之说。夫穷理读书而不反躬实践，则如食而不化也，非徒无益，恐又害之，故朱子之提倡反躬实践，为其学说作安全之干橹甲胄也。既穷理矣，而以读书为其一定之功夫，又以反躬实践为坚确之辅助，其纲其领固一归之于敬，以此推之，则朱子之学非支离迂阔者矣。朱子之学不支离迂阔，而世人固谓其支离迂阔者，则见其精密而谓其支离，见其中庸而谓其迂阔，今日之士遂称王学而弃朱子矣。夫社会之病，固不在支离迂阔也，以王学治之，犹水济水，不如行平正之学为得，此余阐王进朱子之微意也。

三、申　论

吾国于世界上号称开化最早，文化学术均为本国之产，毫不假外求，即或外力内渐，吾国民亦常以本国之精神使之同化，而理学尤见吾国之特性。宋室以来，人心风俗进退消长，厚薄之本末，天下国家安危兴替治知乱之因果，均执于讲学者之手。自胡文定之后，鹅湖白鹿风靡天下，如是天下之秀咸趋而进教于讲学者之门，于是乃无事。（而非讲学）谓富贵，在富贵上作工夫，遇贫贱，在贫贱上做工夫。（朱子语）自始及终夙夕罔懈，其向上之猛非徒在口舌上。夫逸居安业可矣，而彼辈曷若是之遑遑也？盖一则贤者自立之志坚，聚精会神风发泉涌以求为善，一则贤者救世之心苦，先知先觉欲求天下之人同登道域，仁心仁德报社会之知遇，尽一己之天职，此则又其大者也。故曩者一代精神集乎讲学。理学中之大者曰程朱，曰陆王。程子沈潜，至晦庵而其学益密，陆子高明，至阳明而其学益精，一则酿有宋一朝之学风，一则酝有明一代之文化，是皆讲学之力也。时至今日，上无礼下无学，朝无鲠直之臣，野无守正之士，加以西风东渐，数千年之藩篱几破坏于一旦，而自由平等之说哄动天下之人心，旧学既衰，新学不明，青黄不接岌岌可危。噫，伏生之不作，谁抱遗经？孟子之不出，胡闲圣道？潮流荡漾水生黑海之波，风云变幻雨洒西方之粟，名世者之不出，苍生益陷于涂炭，于是乃风俗猖披，人情诡诡，奸伪阴险书尽南山之竹，暴戾恣睢洗秽东海之波，虽然犹有望也，青年学子天性未凿人欲未滋，今日之书生后日之栋梁也。中国而亡则已，不亡则学生之赐必矣。虽然，年来青年界之趋势日即于败，是则尤可痛心者也。其原因则道德之不修也，学问之不讲也，爰列社会及青年现在之趋势，针以我国之理学，申引朱王之学说，明其得失，详其利害，以备最有希望之清华同人观览焉。

执途人而问之曰，吾国人民如此其众也，土地如此其大而丰饶也，而外国顾如此之欺凌我者何耶？则皆将应之曰：彼强我弱，弱役强者，势也。善哉，善哉，中国之危中国人之弱也。中国朝野上下无不犯一弱字，洪范六极之一曰弱，弱之不能存，于天然淘汰之中久矣。恹恹暮气弥漫于国中，欲国之不亡不可得也，吾国士大夫以弱为文，体质之逊于外人，讳无可讳，个人体质之弱实与国力有绝大关系，而为种族无穷之隐忧，至于精神上之弱，尤可触目心寒。精神上之弱，大别为二，一曰荒惰，一曰无恒，二者为吾国百事不整之原因。如工业,如商,如农作辍无常,习于荒怠,而且未葸退缩,因循不振,而全国人望之莘莘。学子亦有此现象,何以知其然也? 夫观之既往而知之矣,学校之开创久矣,学者之成就众矣,而国中所谓能力者,百不得一焉,求所谓才士者,千不得一焉。求柱石栋梁能一身任国家之重者,遍国而可数也。是则学人之多而有用者之少也。夫圆颅方趾皆人也,无人不可以有为也,而无人可有为者,其自暴自弃也,自暴自弃,荒惰之风为之也。夫吾人就学之初,莫不意气逼人,国手自况,而英爽之气恒与时光为反比例,亦若光阴为石,豪气为铁,愈久而愈消磨矣。是则或无自信力,或无勇气,而皆因无恒之习为之也。

故吾辈有志救国不可不发愤图强,发愤图强不可不除偷怠之风,除偷怠之风不可不求鞭辟入里之学,求鞭辟入里之学,求之于外国之不合国性,毋宁求之本国。本国之学术实在孔子。孔德之言心性者,实曰理学。况治弱病,必择学术中之最谨严,行动言语之间丝毫不使放松,无可推诿无可怠惰,日日慎独,时时省身则可。如此之学术舍理学外罕见其他,故理学者医弱症之良方也。而晦庵阳明又理学中之巨子,晦庵之反躬实践,无时无地不用工夫,斯非正弱之反而耶? 而阳明之知行合一,即知即行,而不行即是未知,何等坚确,何等专一,为荒惰无恒者之绝好针砭。故欲救吾国精神上之弱,吾愿乞灵于朱子之学。今日人心之大患既在乎弱矣,青年学者志行亦既流于薄矣,志行薄弱者,无定主无精神之谓。夫既体乏精神,胸无定主,则如能潜伏不动,不鲁莽决裂,则患当少杀而祸可稍缓,而今日之所谓青年者,恒吹气如虹,光芒万丈,是固无足怪,吾辈生不逢困乏,不知挫折,得天独厚不知其艰难也。顾此风益长,吾国益惫。盖以薄弱之心胸随嚣张之乱风,加以新风之潮流,于是人心如水然,决诸东方则东流,决诸西方则西流,波澜起伏,毫无定主,全不可依赖者也。故无敌力而热心者徒偾事也。昔者希腊将亡也,其国民竭其全力以抗马其顿,然而败者热心而无敌力盾其后也,若近来朝鲜之将灭也,为银行交涉,慷慨激昂开会而至者数万人,然而未有补于国也,不旋踵且为日并矣。吾国自海禁大开之后,欧风美雨咄咄逼人,于是乃有爱国之士出,举笔则山岳崩颓,抵掌则风云变色,是宜可以救亡矣,而国何犹至于此极也?盖热心爱国者当出之以镇定,当继之以实力,自由平等者,当衡之于法律,更当尤之以学问,若在就学之年则魄力未壮,胡可操刀以割耶?故吾辈视之为自由平等者,人见之以为放恣,以中无实学故也。欲求实学,欲求毅力首在道德,求之本国,舍朱王何以哉!

今日人心既患嚣张矣,顾又加之以虚浮圆滑之手段,漂亮之学问,习焉不察,毫不为怪,本国之人相欺以伪,文字之上冠冕堂皇,心腹之中艰窘特甚,奢侈轻躁,施施然且自得也。回顾而及今日之学生,则虚浮之习尤不能免,其故则物质之文明,日日回旋于其脑中,耳目之官,心智之思,俱不见他物,惟见机械之巧,器物之精,分秒之中无不思发达其心智,长育其体魄,而人身之源,人类之英世之所谓心性之学者,乃无暇入其心中。夫骛于技巧之途,而人心趋于诡诈,驰于精美之域,而人心流于侈靡。势也,亦宜也,故欲救轻浮之弊,必先去其机械侈靡之心,而使之及于真正之心理文明,则物质文明相得而彰,可大可久矣。心学理学固以朱王为巨擘,盍试亦求之欤?

夫志行既薄弱矣,又加以嚣张,既嚣张矣,又加之以虚浮,而嚣张虚浮之外又有种种恶习劣点,此则俱或由于志行之不坚,习气之不戢,人心之轻躁,然除此而外则又或根于第四原因者,则不明事势,遇事无科学上之一定之观察是也。盖人未有不自足,而称人之恶者,未有不讥人,而詈己之善者,此则未必皆出于骄嫉之念,亦有其病在一蔽字。人若不自知耳,知之则可以改之矣,知之而不改者有之矣,不知而不知以改者,未尝不多也。不明理势则或本一以概,凡见邱山而毫末,见夭殇而寿期颐,或执一而忘百,胶柱而鼓瑟,刻舟以求剑,不衡轻重,不察小大,不论缓急,不究先后,是以胸中无一定主张,遇事则茫然不知其所可。英人之言曰,日光之所以不没于英国之国土者,盖以英人遇一事有事前之成见,有临时之规划,每至一地,无论有法人有德人,而英人可使之俯首就范,以吾人精神秩序较若辈为强也。西国史学家之论亚历山大帝之战也,谓其有战前之预筹,临事之机变,是以战无不胜,攻无不取,故欲大有为者,非有清醒之头脑,正确之思想不可。而吾国一班士夫则尤弱于此,不明理势,散布其害种恶果遍国中,而及于吾辈青年者,则二事为大。二者为何? 一则偏于理想,一则偏于表面是也。

偏于理想者何也? 盖尝论之,方吾辈年少气盛,未尝不以未来之国士自许,虽然及其出而仕重责计大事,则其恢恢有余者鲜,其可以砥柱一时者鲜,则岂其志气之尽消磨哉。何其虎头而蛇尾耶? 盖国士盖亦有国士之道耳,向使在一人意气,其盛之日执而问之曰:如何而可谓之国士,为国士须如何作为,如何手续,则类皆张目结舌而不知所以对。盖平时固未尝念及此,即念及此而未尝有线索,有法则,有科学上之思想论断故也。矧平日所学,不过发达心智,未发助其任事才力哉,任事之才力虽或得之于经验,则亦可得之于学问。盖如取学问,挹其精华而使其为我所有,则亦可以增进才力,遇事可不至张皇矣。

偏于表面者何也? 盖吾辈类无深入之理想,取毛取皮而不究其根源,即如今日国学之不振,亦未尝非由于此病。自西化东渐,吾国士夫震焉不察,昧于西学之真谛,忽于国学之精神,遂神圣欧美,顶礼欧学,以为凡事今长于古,而西优于中,数典忘祖莫此为甚,则奴吾人,奴吾国并奴我国之精神矣。是非不明,理势之又一大病耶,知其病则宜常以心目共同观察,遇事遇物随地留心,精于断制,工于取法,若此则全为朱子穷理之学。故治朱子穷理之学者,后日成功之张本也。

记者以理学谵言与同学诸君见者半载于兹矣。今也时当春令为一岁之首,送尽严冬,催残腊鼓,是时也,诸君类当有一岁之新,猷新谋,而于身心之际,尤当首加以省察,固不必朱子,不必阳明,而要以道德为指归,以正确之目光坚强之心胸为准的,树德务滋,除恶务尽,自强自胜,则虽未学晦庵阳明之学,亦实晦庵阳明之所许也,记者之作理学谵言亦非欲人人从二人之学,实仅欲明道德之要,以贡献于诸君之前,聊尽一得之愚云耳。

(原载《清华周刊》第 13 至 29 期,1914 年 9 月至 1915 年 1 月)

理论之功用

　　美人白来氏近发布一篇之论文,题为《无用之德行》,并序其端,意谓天下事有奇必有偶,有正必有反,意谓道德者,世人之所尊崇者也,实行者世人之所宝贵者也,空言者世人之所鄙视者也,顾我之著此篇特发明空言无用之德云云。盖中国恒患神经衰弱之病,西人恒患神经过敏之症,近人不求深解,日趋于西人过敏之途,爱特节译是篇名之曰《理论之功用》,以求挽狂澜于万一耳。

　　世人之口头禅,非实际与理论耶? 当人为此言时,彼亦未之深异,惟以实际褒而理论贬耳,尝试举一例以证之,今有巨厦不戒于火,有人焉登楼而不能下,则其下之观者,必手指口呼,百计求出其人于险。有为苏格拉底者过之,而若漠然不动于中,自语曰:奇矣,彼何欲耶? 求生命而汲汲耶? 惟其生命之重,果足以动众人之狂热耶? 有何充足之理由耶? 惜乎其不早防也,曷为不多其梯耶? 曷为不慎其火耶? 然苏氏之言未终,而人已逐之去,知之者不过目为哲学家耳。噫,思之思之,孰为实行家耶? 众耶,苏氏耶,则世人必以之许众。苏氏者不过理想的唯心的论道,则千言立下,而治事则不足也。虽然,众人与苏氏何辨? 夫众人惟知现状,知其人之求生也,知火之不可侮也,耳中惟闻其人之呼号,目中惟见其人之焦窘,绝无事理之反想,夫如是故彼等竭能尽力求救其生命,惟应当前之现状。则实际者,惟使人支付现在所生之事已耳。善乎总统克伦威兰之言,谓实际为现状,而非理论之现于前也。今无论现状之如何,而实行实则惟知现状在其前,然理论者实事之母。实行家短于理论,惟戚戚然觅一手段以对付现状,惟知糊口,惟知工作,惟知求及格之考试,惟知好诸种之运动,其事简其问题狭,限于行为之方面。欧人固尝笑吾美之倾于实际,吾美人亦确足以当之,故欧洲之铁路干事,运动场之办事员等均时求诸美国,而音乐师,诗家,哲学家则无闻焉。康布里大学的肯生氏尝曰:吾人作事,不稍休息,更且时时加其速率。如欧人执而问之,何故而若是其忙也?则张目结舌不能对,即己亦莫知其故也。夫实行家不惜其能力,费无上之速率,无限之力量,而不计收果之如何也,其最终之果,非必无成功,然实则不过今人趋于不戢之余而发耳。世人大都用多量之精力于三事:一金钱,一跳舞,一运动,或观他人之运动。是以金钱欲其多,跳舞欲其善,运动则欲其胜。若尔事者,皆为吸收实行家精之要素,彼固不豫计思及,其生活惟随波逐流,绝无成见,或且如竞走者,惟欲胜其敌,而不计其方向及终止。噫凡事之成者,无不可为,故吾敢吾告此等误解之实行家曰:为他人所为,而须进步改良之,以人为鉴,而择其善行之,则其成功必矣。今所谓实际者,其旨既已明矣,今吾人欲为真正之实行家,而不有失,则莫若先察失之所在。夫进行方法之善否,全以结果之良否为断。凡人咎方法之不良,乃固结果之不成功耳。窃亦尝譬如此有人焉,以一身精力奋发以求富,而自信其才力手段之非劣,及既富矣,而知富亦不过尔尔,则大悔,而其精力遂费于无何有之乡,一钱不值矣。夫人至老而觉其谬,行事三思以图补救,然其事最初果以片刻深思之,则固足以无此苦恼矣。此种悔恨,哲学家谓为反思反想,而余谓为无用之德行,而不实际之智慧也。至此而此无用乃有价值矣。然讲实际非无价值,德在豁达而失之于嚣张狂热,夫实际固理论所可包括,而不可包括理论也,夫哲学理论不惟可定实际之效果,能使或阻一方法之进行已也,且可于人当困难之境,解决各端。惜乎世人之忽之也。顾此亦有说吾人赏科学,因人明其功用也。见汽舟之渡海也,火车之行陆也,医药之治疾也,机器之制物也,而理论之功用固不可见,然穷科学之发,非出于理论家之空谈耶,此等理论家初非为实行家所许,恒不合时宜,乏治事之能力,然今日人受其赐矣。以此而人乃有自用之思想,以此而人群有进化,以此而人畜之路分,文明野蛮之界显。夫野蛮人者,固孜孜应其当前之现状,如实行家者也。故世之实际甚短,欲推长久之实际,莫若先深究理论之为得也。

（原载《清华周刊》第 15 期,1914 年 10 月）

评近人之文化研究

西哲恒言,谓希腊文治之季世,得神经衰弱症(Greek Failure of Nerves)。盖内则学术崩颓,偷慢怀疑之说兴;外则魔教四侵,妖异诡密之神夥。亦以荣卫不良,病菌自盛也。今日中国固有之精神湮灭,饥不择食,寒不择衣,聚议纷纷,莫衷一是。所谓文化之研究,实亦衰象之一。诽薄国学者,不但为学术之破坏;且对于古人加以轻谩薄骂,若以仇死人为进道之因,谈学术必须尚意气也者。其输入欧化亦卑之无甚高论,于哲理则膜拜杜威、尼采之流;于戏剧则拥戴易卜生、萧伯纳诸家。以山额与达尔文同称,以柏拉图与马克斯并论。罗素抵沪,欢迎者拟之孔子;杜威莅晋,推尊者比之为慈氏。今姑不言孔子、慈氏与二子学说轩轾。顾杜威、罗素在西方文化与孔子、慈氏在中印所占地位,高下悬殊,自不可掩。此种言论不但拟于不伦,而且丧失国体。主张保守旧化者亦常仰承外人鼻息,谓倭铿得自强不息之精神,杜威主天(指西方之自然研究)人(指东方之人事研究)合一之说,柏格森得唯识精义,泰戈尔为印化复兴渊泉。间闻三数西人称美亚洲文化,或且集团体研究,不问其持论是否深得东方精神,研究者之旨意何在,遂欣然相告,谓欧美文化迅即败坏,亚洲文化将起而代之。其实西人科学事实上之搜求,不必为崇尚之征,即于彼所诬为野蛮人者如黑种、红种亦考究綦详。且其对于外化即甚推尊,亦未必竟至移易风俗。数十年前,欧洲学者极力表彰印度学术之优美,然西方文化迄未受佛上丝毫影响。前此狂热现亦稍杀。泰戈尔去岁重游新大陆,即不如初次之举国欢迎。盖凡此论著咸以成见为先,不悉其终始。维新者以西人为祖师,守旧者藉外族为护符,不知文化之研究乃真理之讨论,新旧截然,意气相逼,对于欧美则同作木偶之崇拜,视政客之媚外恐有过之无不及也。

时学之弊,曰浅,曰隘。浅隘则是非颠倒,真理埋没;浅则论不探源;隘则敷陈多误。中西文化不同之点浅而易见者,自为科学之有无,近人解释其故,略有二说:(一)谓中国不重实验,轻视应用,故无科学。然按之事实,适得其反。盖科学之起,非应实用之要求。物理一科,不因造汽舟汽车而成;化学一科,不为制毒弹毒气而设。欧西科学远出希腊,其动机实在理论之兴趣。亚里士多德集一时科学之大成,顾其立言之旨,悉为哲理之讨论。即今日科学曷尝不主理性。如相对论虽出于理想,而可使全科学界震动。数学者,各科学之基础也,而其组织全出空理。梁任公今日学者巨子,然其言曰:"从前西洋文明,总不免将理想实际分为两橛,(中略)科学一个反动,唯物学派遂席卷天下,把高的理想又丢掉了。"此种论调,或以科学全出实用,或以科学理想低下,实混工程机械与理想科学为一,俱未探源立说。然国中学者本兹误解,痛邦人之夙尚空谈,不求实际,提倡实验精神,以为救国良药。不知华人立身讲学,原专主人生,趋重实际,于政法、商业至为擅长,于数理、名学极为欠缺。希腊哲学发达而科学亦兴,我国几无哲学(指知识论、本质论言。人生哲学本诸实用兴趣,故中国有之),故亦无科学。因果昭然,无俟多说。处中国而倡实验以求精神及高尚理想之发展,所谓以血洗血,其污益甚。第(二)种科学发源解说,见之梁漱溟先生书中,与前说可相表里。意谓中国非理论之精神太发达:"非理论之精神是玄学的精神,而理论者便是科学之所成就。"夫非理论之途有二:一为趋重神秘。何谓神秘?"大约一个观念或一个经验不容理智施其作用。"印度学术是矣。(印度虽有纯正哲学,然与神秘宗教混合,故科学亦不发达。)一为限于人生。言事之实而不究事之学。重人事而不考物律。注意道德心性之学,而轻置自然界之真质。此亦与科学精神相反。中国是矣。中国人确信阴阳,"山有山神,河有河神,宇宙间一件件的事物,天地日月等,都想有主宰的神祇。"梁先生据此为中国玄学发达之确证。不知此类阴阳鬼神之说,其要素有二:一则乞助神权为迷信之作用;一则推测因果为理解之搜探。人类宗教性发展,多崇拜天然物,有巫师有卜筮;如理性发达,讨论既多,迷信遂弱。于是占星流为天文,丹铅进为化学。历史具在,均可考也。至谓阴阳鬼神之说深于玄学之精神,反对理论,乃为形而上学,则立义太狭,必为多数玄学者之所否认也。

时学浅隘,故求同则牵强附会之事多;明异则入主出奴之风盛。世界宗教哲学各有真理,各有特质,不能强为撮合。叔本华一浪漫派之哲学家也,而时人佥以为受印度文化之影响,其实氏之人才非如佛之罗汉,氏言意志不同佛说私欲,其谈幻境则失吠檀多真义,苦行则非佛陀之真谛。印度人厌世,源于无常之恐惧。叔本华悲观,乃意志之无厌。庄周言变迁,初非生物进化论,实言人生之无定,人智之狭小,正处正味,讥物论之不齐,其著眼处决不在诠释生物生长之程序。夫取中外学说互为比附,原为世界学者之通病。然学说各有特点,注意多异,每有同一学理,因立说轻重主旨不侔,而其意义即迥殊,不可强同之也。今日大江南北有所谓“同善社”者出,传闻倡“三教合一”之说,不明儒、释为二种文化之产物。其用心,其方法,其目的均各悬殊,安可勉强混同。此类妄说,附以迷信,诚乱世之妖象也。至若评论文化之优劣,新学家以国学事事可攻,须扫除一切,抹杀一切;旧学家则以为欧美文运将终,科学破产,实为“可怜”。皆本诸成见,非能精考事实,平情立言也。

时学浅隘,其故在对于学问犹未深造,即中外文化之材料实未广搜精求。旧学毁弃,固无论矣。即现在时髦之西方文化,均仅取一偏,失其大体。不知欧美实状者,读今日报章,必以为莎士比亚已成绝响,而易卜生为雅俗所共赏。必以为柏拉图已成陈言,而相格森则代表西化之转机,蒸蒸日上。至若印度文化,以佛法有“条理可寻”,则据以立说。婆罗门六宗则因价值不高,屏之不论。夫文化为全种全国人民精神上之所结合,研究者应统计全局,不宜偏置。在言者固以一己主张而有去取,在听者依一面之辞而不免盲从,此所以今日之受学者多流于固陋也。

(原载《学衡》第 12 期,1922 年 12 月)

佛教研究编

佛教上座部九心轮略释

《枢要》卷五有上座部立九心轮一段,细参之,确为锡兰所存上座部学说。锡兰部众以觉音最为精博。觉音著作以《清净道论》最为完善。巴利文对法藏七种,向以浩漫难寻线索,而有《阿毗达磨义集论》得其纲要。今据此二本(现均有英文译本),参以近人论著,与《枢要》文会释于下。

《枢要》曰:

> 上座部师,

按:此上座部师,当即根本上座末流之一,锡兰所传者是也。其证有二:

(一)《成唯识论》原文言:上座部经"分别论者俱密意说,此名有分识"云云。基师释曰:分别论者,旧名分别说部,今名说假部。然分别说部与分别论在梵语同为一字,而与说假部则系二字。且西藏十八部传说有以分别说部与说假部同列为二部者,则《述记》所述,似有可疑。而考巴利经典中尝自称上座,亦自称分别论者(如《锡兰教史》卷五之二七零)。今锡兰所传既有有分心说,则《成唯识论》所谓分别论者,似指锡兰小乘教。(《掌珍论疏》谓铜鍱部师源在狮子国即是上座部,则锡兰教之自称上座实有根据。)

(二)无性《摄论》第二说九心轮,引上座部经典中语,恰见于《解脱道论》(常州本卷十第十页右)。夫此论译者系扶南僧。扶南经典传自锡兰,而此论则巴利文《清净道论》之异本。是则无性所引,出自巴利经典。而其所谓"圣者上座部中"必指锡兰佛教。

> 立九心轮。

锡兰佛典似无九心轮之名。《义集论》亦谓九心"转如车轮"(卷五之五十),则是轮义乃印土本有,非基师取譬立名。《宗镜录》卷四详九心义,引经曰:"身非念轮随念而转。"则恐系望文生义。

> 一有分、

《成唯识论》曰:"此名有分识,有谓三有,分是因义,唯此恒遍,为三有因。"按巴利古注释家解说有分,恰用此训。

> 二能引发、三见、四等寻求、五等贯彻、六安立、七势用、八返缘、
> 九有分心。然实但有八心。以周匝而言,总说有九,故成九心轮。

《清净道论》曰:"识数有八十九,而其行相有十四。受生(一)、有分(二)、能引发(三)、见(四之一)、听(四之二)、嗅(四之三)、味(四之四)、触(四之五)、等寻求(五)、等贯彻(六)、安立(七)、势用(八)、返缘(九)、命终(十)是也。"此中仅加"受生"一项,余《枢要》之"见"通于五识,当此之见、听、嗅、味、触,此之命终则当彼之九有分心,故二段无不合处。问《枢要》有受生之言,而何以无受生心耶? 答曰:受生心者,仅受生时有之;而心轮之九,通于入定、睡眠、闷绝诸位,所摄甚广,故偏说之。

问《清净道论》何以有命终而不言后有分心耶? 答曰:所谓命终者,指死亡时之有分心。彼论注重言生死,故既加受生心,而又终以命终,前后相应。《枢要》所言应通定、眠诸位,故仅说九有分心,所摄亦较广也。

> 且如初受生时,

据巴利经典,一身死亡时,即有一死亡有分心。此命终心以无间缘(见巴利对法第七种)即时受生。有受生心,以时得名,其实亦可谓之为有分心。巴利文受生心一语直译之为连合心,似谓前生既灭再连合起后生也。《枢要》无受生心一语,而《述记》(三十之四左)有之。

> 未能分别心但任运,缘于境转。

按:此说有分心之相有三:(一)未能分别;(二)但任运;(三)缘于境转。

且此(一)未能分别者,当以四门分别:(甲)有分心者喻如王卧(见《解脱道论》卷十)。城门俱闭,诸根寂静,既未缘境,故无分别。(乙)有分心者,"恒转如河流"(《阿毗达磨义集论》卷五之十五节)。通无梦睡眠诸位,故定是未能分别。(丙)若欲缘境,有分心动,始入意门(《义集论》卷三之六),故"有分心即可谓为意门"(《义集论》卷三之八)。意门云者,已入之后,始有了知;未入之前,定无分别。(丁)《义集论》以"卷心"指有分以外诸心。卷心属知识界,而有分别仅为生存之因,故是无分别也。

(二)但任运者,当以二门分别:(甲)凡夫任运,依无间缘。生住及灭,念念相续。《义集论》曰:"此后(指死亡)受生心及其余视业之如何,而继转如车轮。"(卷五之十五)命运无限,有分亦无限。(乙)罗汉入无余涅槃,遍舍三有。运至还灭,有分心始终断。

(三)缘于境者,谓有分虽不缘境,然以恒转不断,故依缘境之心而转。盖境若至时,有分先动,继则停滞(非断灭义,此言停滞,当即《解脱道论》卷十之"有分心起"),再则缘境之心生。待至再落有分,其中有分似断而非断。有分是流,余心是波;波之于流,相虽不同,而以流为体。故《述记》有曰:"体恒不断,周遍三界,为三有因。其余六识时间断故,有不遍故,故非有因。"

问有分心何识所摄? 答曰:应是意识所摄。《枢要》下有明文("见心通于六识。余唯意识。"),蕴亦有"彼师细别第六识"之语。考之巴利经典,心、意、识三者文殊义同。《清净道论》仅立前六识,故有分心识应意识摄,为意之用,而为能引发心等之体也。《成唯识论》卷二十二曰:"有余部(《述论》谓为上座部)执生死等位,别有一类微细意识,行相所缘,俱不可了。"此所言微细意识,必为有分心。(参看《述记》三十之四左。)

问有分何以似八识耶? 答曰:恒转如流,周遍不断。深细不可了知,触思资长。均依识食(见《义集论》卷七之四节,《清净道论》之十四章),通生死梦眠诸位。凡夫轮转,无有舍时,此其所以似也。问有分果不异第八耶? 答曰:不然。阿赖耶虽恒转如瀑流,然非断非常。而巴利对法论师据无我义,指有分依无间缘,称为实断而非常,一也。有分唯识之义未成,熏习持种之说无有,二也。八与第七称为俱有,八对第六体实别有,而有分乃是六摄,三也。锡兰教理无无漏种本有之说,而言心性本净(分别论者之说),无漏之法,是有因生,四也。建立第八是用之体,锡兰小教不晓依他体用,未明真如安立,五也。阿赖耶识是无覆无记,而有分心则或善或恶(参看《义集论》卷五之十二及十三,《清净道论》第十七章),六也。阿赖耶识常与触相应,有分不然,以触等谓是六识摄故,七也。阿赖耶识至阿罗汉位舍,然无垢识体无有舍时,然据巴利经言,罗汉入灭,有分心随之,八也。以此八事,赖耶与有分之不同可知。

问上座部立第七识否?答曰:不立。盖染污意者仍第六摄。锡兰论师说烦恼污意而一切邪见均属第六,故《述记》三十有曰:"上座部等计即染第六。诸惑许并生,别有细心是第六意恒现行故,如受生心等。"问若亦无第七,第六何所依耶?答曰:"色为彼所依。"(《述记》三十之十三左)此在锡兰有本末二说:本则其对法第七种仅言意界、意识界俱依色物;而末计则直指肉团心为意所依,如基师曰:"上座部救胸中色物为其意根。"似是末计。(参看《义集论》卷三之十二。)

若有境至,心欲缘时,便生警觉;名能引发。

据锡兰教义,能引发有二:一五门能引发;二意门能引发。且五门能引发者,如《清净道论》所言,谓色现眼前,有分心遂停滞,以此色为缘,而生能引发心。意门能引发者,则或缘过去,或缘假名,而生能引发心。能引发者仅有警觉。例如见瓶不见有瓶,仅觉有物,一切了别均未起,故非见心。虽无了别,然已将缘境,非河流无波,故非有分心。故《解脱道论》以哑女喻能引发心。以哑女未眠是有分心已起。然哑女不能达意,而可教聋人开门,引起眼识也。

其心既于此境上转,见照瞩彼。

《义集论》曰:"在此(指五门能引发)后时即起眼识。"功仅在照瞩(参看无性意),而心智未生,不悉物相。例如见瓶,但知物为所见,而无相之分别。故《解脱道论》以聋人开门取譬,意谓眼开而外,不能有他了别,听、嗅、味、触准此可知。(无性曰,五识于法,无所了知,唯所引发。指此。)

既见彼己，便等寻求，察其善恶。

等寻求者，即《解脱道论》之受持心。考之原文，以受持心译较为恰当。以此基师对此似有误解。盖据巴利对法，受持心者，非为能动，虽为第六所生，然仅能知，决不能察。虽境有善恶，然仅照境见相（《疏抄》，寻求此色等为是黄云云），不能有彼此分别。例如见瓶，且识其黄色，故无性有言，"意界于法无所了知，唯等寻求。"《解脱道论》譬之受庵罗果，不察其为功德非功德也。察其善恶者，乃举例之言。广言之，等寻求心，在受前五识所瞩之相（于眼为诸色，于耳为诸声等）等者逢境即缘，名之为等，如《疏抄》说。

既察彼己，遂等贯彻，识其善恶。

等贯彻者，合所受（寻求所得）诸相而有彻悟。"如观诸色，空知是青，金知是黄。"（引《疏抄》语）《清净知论》曰："心所受持（唐译寻求），此贯彻之。"且谓意识由此而起。言意识者别于无性所谓之于法无所了知之意界。虽二者均六识摄，然一无分别，一有分别。《解脱道论》译贯彻为分别心，实得原旨。

而安立心，起语分别，说其善恶。

据巴利论师言，依贯彻所得，而定一物特有之相，是谓安立。例如识瓶诸相，是黄是中空，谓之贯彻。而知瓶之别于泥团，黄之别于青，事事恰得其分。如此"心中安立作青想作黄想"（见《疏抄》），遂可起语分别，知识至此已小成矣。[《解脱道论》说安立心（令起心）喻如洗果，或生或熟，各安一处。]

随其善恶，便有动作，势用心生。

势用心者，知识之大成也。业均从此生。顾势用有二：一属前五识，一属六识。一切动作不能出于五识势用。锡兰师分笑为六种，而五识势用不能发笑。六识势用摄思心所，为动作之源。故《清净道论》曰："非于有分时非恰在能引发等之后，而有威仪非威仪，但势用时（如有恶戒、或健忘、或非知、或无忍、或怠惰、起）则有非威仪。"（卷一）即有动作，诸善恶业，悉出于此。故《解脱道论》曰："以六识不安威仪，以迅速（势用之异译。

巴利原字实可速解)安之。以六识不受持身业口业,以六识不受善不善法,以迅速受之。"又曰:"令起心(安立之异译)次第以令起义由业心速行。"

问《解脱道论》有曰:"以六识不入定不安详起,以迅速入定,以后分(当《枢要》之九有分心)安详。"势用与入定有何关系耶? 答曰:据锡兰教理(《清净道论》言之最为详明),入定之初,坐禅人观曼陀罗。先得取相,而进为彼分相,遂入禅外行。摒去诸盖,进而坐禅。有分心动,即起势用,有四级:第一预备,自凡夫心进而将入定;第二外行,外行者近义,谓凡夫心将近定心;第三随顺,随顺有符合义,于此凡夫心符合定心;第四姓变,于此凡夫变为入定种姓,由禅外行进入第一禅。第一禅之初刹那,谓之安定,其心名安势用。再进则复落有分,故彼论云云。

问《解脱道论》曰:"以六识不眠不觉不见梦,以后分眠,以转意(能引发之异译)觉,以迅速梦见。"此何解耶? 答曰:梦眠诸位与醒时同,以有分(对觉时心言,故彼论曰后分)起,以有分终。有分之后为能引发,故曰以转意觉。(参看觉音之《毗崩伽》注译)而迅速梦见,则论者异说。如眠与觉同,则应有势用,且可有返缘。知识既大成于势用,则迅速梦见之语可通,此一说也。梦心不明了,应无势用,此一说也。巴利对法于此未详,争论如此,未知彼论所言果合此第一说否。

动行既兴,将欲休废,遂复返缘前所作事。

返缘心者,倒记前事。喻如王食果已,说彼功德非功德(《解脱道论》卷十)。惟缘须强大(《清净道论》第十四章),乃得返缘。余缘弱小及入安定(《义集论》卷之四七),均无返缘。

既返缘已,遂归有分,任运缘境。

《清净道论》曰:"但恰于返缘之后,有分复起,而如有分停滞则能引发等复起(此指在生时)。(中略)有分心之死亡名为命终。"故命终心者,指死亡之有分也。而死亡之后,即时受生,继起如前,任运续转。

名为九心,方成轮义。

成轮一语见《义集论》卷五之十五,如上已说。

据《义集论》卷三之三暨《解脱道论》卷十（常州本第十五页右），九心以其所缘有大小强弱之分，而依之有增减，今节译《义集论》文于下：

"如色缘入于眼门，若缘最强，则自返缘度有分心；若缘次强，则自势用无间度有分心；若缘弱，则自安立心无间度有分心；（以上梁译所有，以下梁译所无。）若缘最弱，则缘虽临五识门，不能生安立心，故仅住有分，一切他心均不起。"

故于缘最强则九心全有，于次强则缺一，于弱则缺二，于最弱则仅有有分，此言五识门。而于意门则《义集论》曰：

"如强缘入此门，则有分心动意能引发及势用之末，返缘心起，此后即度有分。但如缘弱，则度有分心起于势用之后，而不起返缘心。"（《解脱道论》文与此大异）

锡兰论师仅言有生、住、灭三相，各有一刹那。依九心轮言之，自境至欲缘，讫再度有分，共有十七心刹那，今表列于下：

[心刹那次第]　　[九心名]（上依唐译，下注依梁译之《解脱道论》。）

第一	有分（有分心起）	（据原文此为有分心动）
第二		（直译原文为有分心停）
第三	能引发（转心）	
第四	见（见心）	
第五	等寻求（受持心）	
第六	等贯彻（分别心）	
第七	安立（令起心）	
第八至第十四	势用（迅速或速心）有七心刹那，死时只五心刹那。	
第十五、十六	返缘（彼事心）有二心刹那。	
第十七	有分（度有分心直译应为落有分心）死时心，梁译为命终心。	

其中见心通于六识，余唯意识。

《清净道论》五门之见心与余四识同列。《义集论》五门及意门具为所引发。如是见心通于六识，余唯意识可知。

有分心通死生，返缘心唯得死。若离欲者，死唯有分心，既无我爱，无所返缘，不生顾恋。未离欲者，以返缘心而死，为恋爱故。

凡人死时，业或业相为其心所缘。否则以趣相为缘，预示来生情形。其命终心(有分)于返缘后无间发生。或于势用后无间发生。或有分留住少时，死乃至者，此乃略说。今且广解(参看常州本《解脱道论》卷十第二十页左)，所谓以业为缘者，谓能生之业，可于来生造果者也，其类有四。常以重业(一)为缘。如前生乏重业，则缘近业。(二)近业者将死前之所造也。如乏近业，则缘习业。(三)习业者彼人之所常造也。如乏习业，则以其他胜业为缘。

所谓业相者，谓色或声或香或味或触或名，于造彼能生之业时所得也。此色、声等于死时恒追忆及，或至有显为幻象，死者执为实有而缘之者。若近业之相则有，仍在眼前，是真现在也。

所谓趣相者，心缘来生将托生之处。明将转生何趣，故其相"或宫殿或坐处或山或树或江"。(《解脱道论》语)

不习禅定而得罗汉果者，死时在势用或返缘之后，其余罗汉有分留住少时，乃得命终。凡夫命终心似恒在返缘之后。(此句尚有疑问。原书未见明文，此仅揣测之辞。)

无性《摄论》有曰：

如说"六识不死不生，或由有分或由返缘而死，由异熟意识界而生。"如是等能引发者，唯是意识，故作是言。

此中所引原文见于《解脱道论》。首二句与上述锡兰师意相同；后句由异熟而生，确是彼师之说。且《述记》三十二曾言及之(二十二之右)。其文曰："或依上座部，彼计由异熟果而生故。(中略)即是无性第二上座九心，随彼说也。"然所谓由意识界生一语，征诸现所传说，似实无据。而无性译言，能引发者唯是意，更与巴利文异。盖锡兰师以能引发心属意界，而非意识界也。此点阙疑，留待再考。

若有境至，则心可生。若无异境，恒住有分，任运相续。

此文已解易了。

　　然见与寻求前后不定,无性《摄论》第二卷云,五识于法无所了知,先说见心也。复言见唯照瞩,却结前心。

　　此基师据无性文而疑见与寻求之次序不定。然细考之,则无性所说未叙次第。盖其所以于"五识于法无所了唯所引发"之后,言"意界亦尔唯等寻求",而不接说"见唯照瞩"者,乃因上二句系征上座部原书(见《解脱道论》)。原文二句相连,而无性仍其旧也。今据《解脱论道》反巴利文书,见均在寻求之前。

　　以上所述,粗得其略。余若"二十四缘"。(英文书中有 Ledi Shaw 所作之 The Philosophy of Relations,载在 1916 年之《巴利典籍会报》中,可查),"八十九识"(英文书中可参看 H. Warren, Buddhism in Translations 之附录中),均以文繁不录。即此土典籍中涉本题当亦不只上文所引诸段。进而探讨,愿以异日。

(原载《学衡》第 26 期 ,1924 年 2 月)

南传《念安般经》译解

　　译者谨按：中译《安般守意经》者，后汉安世高所出。东晋释道安《综理众经目录》述有二种：一《小安般经》，一《大安般经》，各一卷。现存藏中有《佛说大安般守意经》，上下二卷，标为"安译"，则似系《大安般经》。本文与陈慧注错参成书，文注不分，非复安译之旧❶。

　　安般（anapana）者，通译为息，十念之一也。入佛法有二甘露门：一不净观，二持息念❷。而于我国六朝禅法则息念为最要。安侯译《十二门经》在乎解色解形❸，译《安般》则重发禅数之秘奥，而后者尤要。从之学者尘集。南阳韩林、颍川皮业、会稽陈慧，尤执持不倦。至三国康僧会助陈慧作注，约同时沙门严佛调撰《沙门十慧经》❹，则亦绎《安般》之余绪。六朝定学称为禅数。数者，安般守意六事之一也。罗什《思维略要法》云：

----

　　❶　参看《大安般守意经》康僧会序。按巴利文安谓 āna，般谓 apāna，"意"字于汉末三国时或即"念"字之别译，或为"末那"之译文，如安世高《八正道经》第七谛意，当后译之正念。该经并谓"第七谛意者曰增三十七品不离意"，则所言亦见于《大安般守意经》。据此则守意者为 Sati-upatthāna。唯安世高所译之《七处三观经》中有守身守口声守意之语，则守意者为 Manokamman Paccupatthitam，据《安般守意经》本文，则意似指末那，或当后译之心字。

　　❷　《五事毗婆沙论》卷上。《杂阿毗昙心论》卷一。《俱舍论》卷二十二。

　　❸　见《出三藏记集》，道安《大十二门经序》。

　　❹　《沙门十慧经》为我国自撰佛书之最早者，今佚。《出三藏记集》仅存其序文。十慧者，即《安般守意经》之十點。

"凡求初禅，先习诸观，或行四无量；或观不净，或观因缘；或念佛三昧，或安那般那，然后得入初禅则易。"萧梁慧皎序："习禅自世高以至于玄高日，出入尽于数随，往反穷乎还净。"则彼时念安般之重要概可知矣。

本篇译文出巴利文《中阿含》，次在第一百十八，题曰《念安般经》（Ānāpānasatisutta）。寻其文义可分三大部：初缘起，二佛说，后总结。佛说又分为三：一奖挹僧伽，二安般主文，三广释主文。此又有四：一修念安般，二修四念处，三修七觉支，四修智慧解脱。此中修安般一段为全篇关键，真可谓"其文虽约，义关众经"❶。南传锡兰诸籍谈念安般者均依此文。北传我国亦多由此推衍。如《杂阿含经》二十九，《大毗婆沙》二十六，均引此文。此即《修行道地经》之十六特胜❷，亦即《达磨多罗禅经》之十六行，即就安世高所译之经亦有所谓十六胜，然文则与此大异小同。此或上座禅法根本要谛原承佛说，故为各家之所同乎。此本文之可研读者一也。复次，《大安般守意经》说四种及六妙门，旧译《解脱道论》念安般一段为本经十六特胜段之广释，亦说四事，而巴利文之《清净道论》释本段时有八事之说。详如次表：

四种	数	相随		止	观			
六妙门	数息	相随		止	观	还	净	
四事	算	随逐		安置即止	随观即观			
八事	数	相随	触	安置	随观	还	净	遍虑

则南传北传固大体相通，此演进之迹大可详究者二也。

本经既若是重要，故其广释亦须研寻。兹于迻译经文之外，取《解脱道论》所言赘为释文。一因《解脱道论》解此已详；二因彼论南传，遵之以见南方上座之面目；三因《解脱道论》之中译所据原文既有不同，而译者复劣，常有讹舛。今比列之以见整理校勘旧籍甚为今日切要之图。此支

❶ 引《安般守意经》谢敷序文中语。
❷ 原稿此处有眉批："参看《大乘义章》十六特胜释。"——编者

那内学院编印藏要,研究典籍,所以为精识宏愿也。

如是我闻,一时佛在舍卫城住鹿母故园大阁,与多数有名上座及弟子俱,如尊者舍利弗、尊者目犍连那、尊者迦叶波、尊者迦旃延、尊者柯底他、尊者迦毗那、尊者纯陀、尊者阿㝹达、尊者阿难,并与其他有名上座及弟子俱。

尔时诸上座比丘教诲新进,有上座比丘教诲十人者,有教诲二十人者,有教诲三十人者,以至有教诲四十人者。彼诸新进比丘经上座教诲,日渐进得特长。

即于尔时当望日布萨之候,夏坐终讫之节,月圆之夜,世尊于比丘僧众围绕中露天而坐。

世尊旷瞩静寂僧众而告之曰:"诸比丘,余坚执此道。诸比丘,余心坚执此道。诸比丘,汝其坚执无上精进信所未信者,得所未得者,实言其虚诳者,余将于四月之望再至舍卫城。"

乡村诸比丘闻此,遂届时咸集舍卫城见世尊。于是诸上座对诸新进加以更上教诲,有教诲十人者,有教诲二十人者,有教诲三十人者,乃至有教诲四十人者。诸新进比丘经上座之教诲,日渐进得特长。即于尔时当望日布萨之候,即四月望月圆之夜,世尊于比丘僧众围绕中露天而坐。

世尊旷瞩静寂比丘僧众而告之曰:"诸比丘,此群众不谈琐屑。诸比丘,此群众不作绮语,力争上流。诸比丘,若斯僧伽若斯群众,应受敬礼,应受施与,并应受问讯,诚举世无上之福田也。诸比丘,若斯僧伽若斯群众,对之薄施即厚施,对之厚施即甚厚施。诸比丘,若斯僧伽若斯群众,世之所难得而欲面晤者。诸比丘,若斯僧伽斯群众,远人闻风亦均负笈而至。诸比丘,此僧伽此群众,如是如是。诸比丘,此僧伽比丘为阿罗汉漏尽圆成。行其所当行,离却负担,止于善果,有结灭尽,正遍智慧,最终解脱,若是者乃此僧伽之比丘。诸比丘,此僧伽比丘灭尽欲界五结,超人间世,于彼圆寂,永不转退至此世间,若是者乃此僧伽之比丘。诸比丘,此僧伽比丘灭尽三结,削除贪

嗔痴,再来此世仅止一次,若是乃此僧伽之比丘。诸比丘,此僧伽比
丘灭尽三结,得不来果,永不转退,必趣正觉,若是乃此僧伽之比丘。
诸比丘,此僧伽比丘常修四念处,常修四正断,常修四神足,常修五
根,常修五力,常修七觉支,常修八圣道,常修慈悲喜舍,常修不净观,
乃至常修无常想定,若如是住乃为此僧伽之比丘,诸比丘,此僧伽比
丘常修念安般,若如是住乃为此僧伽之比丘。

按:以上叙广演念安般之缘起。据《大毗婆沙》卷二十六所引十六特
胜,系出契经,恐为本经之北传本。惟其叙缘起事实大殊,此极简陋,彼则
繁富,此中有无演进关系,不可知也。

原文语句重复极多,佛经文体固然,译时多仍其旧。昔释道安译经有
五失本之说,主张裁除烦重,但今多仍原体,俾存其真。

诸比丘,念安般数数修习,有大果,有大誉。念安般数数修习,可
令四念处完成。四念处数数修习,可令七觉支完成。七觉支数数修
习,可令智慧解脱完成。

按:此段主文,此下广释。

又按:《解脱道论》引此文略异。其文曰:"若人修行念安般成寂寂,成
胜妙,成庄严,可爱,自娱乐。若数起,恶不善法令除灭,身成不懈怠,眼
亦不懈怠,身成不动不摇,心成不动不摇,令满四念处,令满七觉意,令满
解脱,世尊所叹,圣所住止,梵所住止,如来所住止"

诸比丘,如何修念安般,如何数习,如何有大果、有大誉耶?

诸比丘,于此比丘或往林中,或往树下,或往空寂地,结跏趺坐,
持身正直,系念在前。

按:《解脱道论》释末句曰:"谓系念住于鼻端,或于口唇,是出入息所
缘处。彼坐禅人以安念此处,入息出息于鼻端口唇以念观触,或现念令息
入,现念令息出。现于息入时不作意,于出时亦不作意,是出入息所触鼻
端口唇以念观知所触,现念令入息,现念令出息。如人解材以缘锯力,亦
不作意锯来去想,如是坐禅人于入出息亦不作意入出息想,所触鼻端口唇
以念观知。"

彼念出息,彼念入息。

按:据《清净道论》,Assassati 释为出息,Passassati 释为入息,故出先入后。然据《解脱道论》,则入先出后。今姑依巴利文之《清净道论》为正❶

按:《解脱道论》曰:"现念令入息,现念令出息。若坐禅人于出入息作意内外其心成乱,若心起乱其身及心成懈怠动摇,此是过患。若最长息,若最短息,不应作意。若作处最长最短息,其身及心皆成懈怠动摇,此是过患。由出入息种种相故不应作著,若如是作心余缘成乱,若心乱其身及心皆成懈怠动摇,如是过患无边。起出入息以无边触,故应作想如是心不乱。若心迟缓,若心利疾,不当精进。若作迟缓精进成懈怠睡眠,若作利疾精进成起调。若坐禅人若与懈怠睡眠共起,若与调共起,其身及心成懈怠成动摇,此是过患。彼坐禅人以九小烦恼清净心现念入息,彼相得起。名相者,如抽绵,抽古贝,触身成乐触,如凉风触身成乐触,如是入出息风触鼻口唇念作风想不由形色,此谓相。若坐禅人以修多修相成增长,若鼻端增长于眉间于额,成多处住,成满头风,从此增长满身猗乐,此谓具足。复有坐禅人从初见异相,如烟,如雾,如尘,如碎金,犹如针刺,如蚁所啮,见种种色。若坐禅人心不明了,于彼异相心作异想成颠倒,不成出入息想。若明了坐禅人不作异意想,念现入息,念现出息,虽作余想,若如是作意异相即灭。是坐禅人得微妙相,心不放逸,念现入息念现出息彼相自在,以相自在欲起修行,由欲自在念现入息念现出息起喜,已喜自在已欲自在,念现入息念现出息起舍于彼,已舍自在已欲自在已喜自在,念现入息念现出息其心不乱,若心不乱诸盖灭禅分起,此坐禅人已得寂灭胜四禅定,如初广说。复次,先师说四种修念安般,所谓算,随逐,安置,随观。问曰:云何名算? 答曰:初坐禅人从初出息及至入息从一至十过十不算,复

---

❶ assassati 前接字之 a 字有入义,Passassati 前接字之 pa 字有出义,《解脱道论》想据此以译。《清净道论》释此,不知何以恰相反对。今以彼《论》为南传,从之以见南方佛教之真相。参看忽滑谷快天《禅学思想史》卷上,126 至 137 页。

说从一至五过五不算,不令意误,是时当算乃至离算从入出息事念住,此谓名算。名随逐者,摄算以念无间逐出入息,此谓随逐。名安置者,或鼻端,或于唇,是入出息所触处,于彼作风想令念住,此谓安置。名随观者,由触自在当随观相,于此所起喜乐等法应当随观,此谓随观。彼算为觉灭令得出离觉,随逐者为灭粗觉于出入息作念无间,安置者为断于乱作不动想,随观者为受持想为知胜法。"

彼长出息并知'我长出息'。彼长入息并知'我长入息'。彼短出息并知'我短出息'。彼短入息并知'我短入息'。

按:《解脱道论》释长短息颇难探索,或文有错漏。《清净道论》释此有曰:"若象若蛇,因其本性于长程中完成和缓,息息均如此出,是曰长。若狗若兔,因其本性于短程中完成疾速,息息均如此出,是曰短。"

方其出息了知一切身彼力学,方其入息了知一切身彼力学❶

按:《解脱道论》曰:"知一切身我入息如是学者,以二禅行知一切身,以不愚痴知故,以事故。问曰:云何不愚痴知一切身? 答曰:若坐禅人念安般定,身心喜乐触成满,由喜乐触满一切身成不愚痴。问曰:云何以事知一切身? 答曰:出入息者所谓一处住色身,出入息事心心数法名身,此色身名身,此谓一切身。彼坐禅人如是以见知一切身虽有身无众生无命。"

彼《论》又曰:"如是学者谓三学:一增上戒学,二增上心学,三增上慧学。如实戒此谓增上戒学,如实定此谓增上心学,如实慧此谓增上慧学。彼坐禅人此三学于彼事以念作意学之,修已多修,此谓学之。"

方其出息静止身行彼力学,方其入息静止身行彼力学。

按:《论》曰:"令灭身行我入息如是学。云何名身行者? 此谓出入息以如是身行曲伸,形随神动踊振摇,如是于身行现令寂灭。复次,于粗身行现令寂灭,以细身行修行初禅,从彼以最细修第二禅,从彼最细修行学第三禅,令灭无余修第四禅。问曰:若无余灭出入息,云何修行念安般?

---

❶ 按:《解脱道论》译文"知一切身我入息如是学"(下同)系照原文直译。惟了知一切身等为十六特胜,即念安般时力学所得之果,故今改之,俾稍明晰。

答曰:善取初相故。以灭出入息其相得起成修行相。何以故,诸禅相知喜为事。"

方其出息了知喜彼力学,方其入息了知喜彼力学。

按:《论》曰:"彼念现入息念现出息,于二禅处起喜。彼喜以二行成知,以不愚痴故,以事故。于是坐禅人入定成知喜,以不愚痴以观故,以对治故,以事故成。"

方其出息了知乐彼力学,方其入息了知乐彼力学。

按:《论》曰:"知乐我入息如是学者,彼现念入息现念出息,于三禅处起乐。彼乐以二行成知,以不愚痴故,以事故,如初所说。"

方其出息了知心行彼力学,方其入息了知心行彼力学。

按:《论》曰:"知心行我息入如是学者,说心行是谓想受二蕴。于四禅处起彼彼心行,以二行成知,以不愚痴故,以事故,已如初说。"

方其出息静止心行彼力学,方其入息静止心行彼力学。

按:《论》曰:"令寂灭心行我息入如是学者,说心行是谓想受,于粗心行令寂灭学之,如初所说。"

方其出息了知心彼力学,方其入息了知心彼力学。

按:《论》曰:"知心我入息如是学者,彼现念入息现念出息,其心入出事,以二行成所知,以不愚痴,以事故,如初所说。"

方其出息使心欢喜彼力学,方其入息使心欢喜彼力学。

按:《论》曰:"令欢喜心我入息如是学者,说令欢喜,说喜于二禅处,以喜令心踊跃学之,如初所说。"

方其出息使心摄持彼力学,方其入息使心摄持彼力学。

按:《论》曰:"令教化心我入息如是学者,彼坐禅人现念入息现念出息,以念以作意彼心于事令住令专一心教化,以彼心住学之。"

方其出息使心解脱彼力学,方其入息使心解脱彼力学。

按:《论》曰:"令解脱心我入出息如是学者,彼坐禅人现念入息现念出息,若心迟缓从懈怠令解脱,若心利疾从调令解脱学之,若心高从染令解脱学之,若心下从瞋恚令解脱学之,若心秽污从小烦恼令解脱学之,复次若心不著乐令著学之。"

方其出息见无常彼力学,方其入息见无常彼力学。

按:《论》曰:"见无常我入息如是学者,彼现念入息现念出息,其入出息及入出息事心心数法见其灭生,生灭学之。"

方其出息见无欲彼力学,方其入息见无欲彼力学。

按:《论》曰:"见无欲我入息如是学者,现念入息现念出息,彼无常法,彼法无欲是泥洹,入息学之。"

方其出息见灭彼力学,方其入息见灭彼力学。

按:《论》曰:"见灭我入息如是学者,彼无常法如实见其过患,彼我灭是泥洹,以寂寂见学之。"

方其出息见出离彼力学,方其入息见出离彼力学。

按:《论》曰:"见出离我入息如是学者,彼无常法如实见其过患,于彼过患现舍居止寂灭泥洹,使心安乐学之。如是寂寂如是妙,所谓一切行寂寂,一切烦恼出离,爱灭无欲,寂寂泥洹。"

诸比丘,如是修念安般,如是数习,可有大果、有大誉。

诸比丘,如何修念安般,如何数习,可令四念处完成耶?

诸比丘,若彼念出息,彼念入息,彼长出息并知'我长出息',彼长入息并知'我长入息',彼短出息并知'我短出息',彼短入息并知'我短入息',方其出息了知一切身彼力学,方其入息了知一切身彼力学,方其出息静止心行彼力学,方其入息静止心行彼力学。诸比丘,若如是时比丘恒于身观身,热诚精思,常念戒世间之忧患,则于身知身,余即分别出入息,因此则如是时比丘恒于身观身,热诚精思,常念戒世间之忧患。

诸比丘,若方其出息了知喜彼力学,方其入息了知喜彼力学,方其出息了知乐彼力学,方其入息了知乐彼力学,方其出息了知心行彼力学,方其入息了知心行彼力学,方其出息静止心行彼力学,方其入息静止心行彼力学。诸比丘,若如是时于受观受,热诚精思,常念戒世间之忧患,则于受观受,余即分别至善作意于出入息。因此则如是时比丘恒于受观受,热诚精思,常念戒世间之忧患。

诸比丘,若方其出息了知心彼力学,方其入息了知心彼力学,方其出息使心欢喜彼力学,方其入息使心欢喜彼力学,方其出息使心摄持彼力学,方其入息使心摄持彼力学,方其出息使心解脱彼力学,方其入息使心解脱彼力学。诸比丘,若如是时于心观心,热诚精思,常念戒世间之忧患。凡有结者,即余谓其不能修念安般,因此则如是时比丘恒于心观心,热诚精思,常念戒世间之忧患。

诸比丘,若方其出息见无常彼力学,方其入息见无常彼力学,方其出息见无欲彼力学,方其入息见无欲彼力学,方其出息见灭彼力学,方其入息见灭彼力学,方其出息见出离彼力学,方其入息见出离彼力学。诸比丘,若如是时恒于法观法,热诚精思,常念戒世间之忧患,如以智慧见知忧患之除去,则是能舍者矣。因此则如是时比丘恒于法观法,热诚精进,常念戒世间之忧患。

诸比丘,如是修念安般,如是数习,令四念处完成。

按:《论》曰:"问曰:云何得如此?答曰:长出入息所初四处成身念处,知起所初成受念处,知心所初成心念处,见无常所初成法念处,如是修念安般成满四念处。"

诸比丘,如何修四念处,如何修习,可令七觉支完成耶?

诸比丘,若比丘恒于身观身,热诚精思,常念戒世间之忧患,若持此念时可以不乱,若持念不乱时则念觉支坚固,念觉支得以修而修,念觉支亦可趣于完成矣。若彼恒如是念,真知此法,抉择审视,得生圆智。

诸比丘,若比丘恒如是念真知此法抉择审视圆智得生时,择法觉支坚固,并得以修而修亦趣于完成矣。若真知此法,抉择审视,圆智得成,则精进坚固而不摇矣。

诸比丘,若比丘真知此法抉择审视圆智得成精进坚固不摇时,则精进觉支坚固,并得以修而修亦趣于完成矣。若精进坚固,刚离欲喜起矣。

诸比丘,若因精进坚固离欲喜起,则喜觉支坚固,并得以修而修亦趣于完成矣。若有喜意,身心均轻安矣。

诸比丘,若有喜意身心均轻安时,则轻安觉支坚固,并得以修而修亦可趣于完成矣。若身安,则心易定矣。

诸比丘,若身安心易定时,则定觉支坚固,并得以修而修亦趣于完成矣。若比丘如是定,则心善舍矣。

诸比丘,若如是定心善舍,则舍觉支坚固,并得以修而修亦趣于完成矣。

诸比丘,若比丘〔不论〕于受观受,或于心观心,或于法观法,热诚精思常念,〔则均如上七段所说,七觉支得次第完成矣〕(此中删重出一大段未译)。

诸比丘,如是修四念处,如是数习,可令七觉支完成。

按:《论》曰:"云何以修四念处成满七菩提分?修念处时于念成住不愚痴,此谓念觉分。彼坐禅人如是念住知择苦无常行,此谓择法菩提分。如是现择法行精进不迟缓,此谓精进觉分。由行精进起喜无烦恼,此谓喜觉分。由欢喜心其身及心成猗,是谓猗觉分。由身猗有乐其心成定,此谓定觉分。如是定心成舍,此谓舍觉分。以修四念处成满七菩提觉分。"

诸比丘,如何修七觉支,如何数习,可令智慧解脱完成耶?

诸比丘,若比丘令念觉支修习,则依离依无欲依灭尽,并弃灭成熟,则可令念觉支修习矣。诸比丘,令择法精进喜轻安定舍修习[亦复如是]。

诸比丘,如是修七觉支,如是数习,可令智慧解脱完成。"

按:《论》曰:"云何以修七菩提觉分成满明解脱?如是多修行七觉分于刹那道成明满,于刹那果成解脱满,如是修七菩提分成明解脱满。"

佛说如是,诸众比丘皆大欢喜。

按:此为总结。

(原载《内学》第 4 辑第 2 种,1928 年 10 月支那内学院出版)

读慧皎《高僧传》札记

一、慧皎所据史料

梁释慧皎《高僧传·自序》于批评前人所作僧传十余家后,自谓尝以暇日,遇览群作,辄搜检杂录数十余家及晋宋齐梁春秋书史、秦赵燕凉荒朝伪历、地理杂篇、孤文片记,并博咨故老,广访先达,校其有无,取其同异。慧皎著书,可谓尽瘁。梁元帝亦尝自谓曾就慧皎道人聚书。(见《金楼子·聚书篇》)则皎书搜聚甚富。但慧皎用功虽勤,而所采录间似有误。借其前史料丧失几尽,常无从考订。然慧皎以前僧史虽多亡失,犹可就本传自序及他处所引知其所据之史料为可。兹表列之于后:

《高逸沙门传》一卷,竺法济撰。

竺法济乃竺道潜之弟子,当即释道安之友人。居剡东峁山。《内典录》、《法苑珠林》均著录。《世说》、《言语篇》、《文学篇》、《方正篇》、《雅量篇》注引之。

《志节传》五卷,释法安撰。

法安,东平人,曾随王僧虔至湘州,并南适番愚,后止建业中寺。南齐永泰元年卒。本传谓其曾著《净名》、《十地》论疏,并僧传五卷。慧皎自序中所谓"法安但序志节"一行,想即指此僧传也。僧祐《法苑集》卷六引其一段。见《祐录》十二。

《游方沙门传》,释僧宝撰。

本传有三僧宝,附见于僧钟慧次宝亮传中。此僧宝不知何指,往天竺者谓之游方。故《智猛传》谓"余历寻游方沙门,记列道路,时或不同"云云。则此实义净《求法高僧传》之类也。

《江东名德传》三卷,释法进撰。

《隋志》著录。慧皎序中谓法进通撰僧传,实则只叙江东一隅。慧皎《僧传》自宋以后亦于北方僧史叙述极略,此其大缺点也。

《宣验记》三十卷。刘义庆撰。

本书《安清传》引之,《法苑珠林》、《太平御览》、《广记》并引之。(宣又作冥)《初学记》鸟部《艺文类聚》鸟部引鹦鹉救火事,与《御览》羽族部同。

《幽明录》二十卷,刘义庆撰。

《隋志》著录二十卷,《唐志》著录三十卷。此书见引甚多。(如《世说》注、《法苑珠林》)《史通》言唐修《晋书》多取《幽明录》)。

《冥祥记》十卷,王琰撰。

《法苑珠林》引此极多。据之与《高僧传》对校,则神异部《昙霍传》等全引《冥祥记》之文。《法苑珠林》并引王琰《冥祥记》自序。琰太原人南齐建元初撰《冥祥记》,《隋志》、《唐志》均著录,《太平广记》多列之,《御览》兵部虫豸部各引一事。

《益部寺记》,刘俊撰。

法琳《破邪论》下曰:淮南刘俊撰《益部寺记》。悛想即勔之子,齐武帝时为蜀郡太守。

《京师塔寺记》二卷,释昙宗撰。

宗宋孝武帝时居建业灵味寺,著《京师塔寺记》二卷。《隋志》著录谓撰者昙景,景字想即宗之讹,《僧传·安清传》引之,然言实不经。

《感应传》八卷,王延秀撰。

《隋志》、《唐志》均著录。延秀太原人,据《宋书·礼志》,泰始中为祠部郎。

《徵应传》,朱君台撰。

《唐志》有《徵应集》二卷无撰者姓名。《破邪论》曰：吴兴朱君台。

《搜神后记》十卷，陶潜撰。

《隋志》著录。《僧传·自序》称曰"搜神录"。

《抄三宝记》十卷，萧子良撰。

《内典录》著录。书分三部：一佛史，二法传，三僧录。

《僧史》十卷，王巾撰。

《长房录》、《内典录》均称齐司徒文宣王府记室王巾撰《僧史》十卷。《隋志》有王巾法师传十卷，想是一书。

《出三藏记集》十五卷，释僧祐撰。

今存。实为目录。其卷十三、十四、十五为僧传，共三十二人，泰半为传译者。《僧传》译经部多全取之。

《东山僧传》三卷，郗超撰。

据《僧传·支遁传》，东山者当即指郯之诸山，而所谓郗景兴之支遁序传，或即见于《东山僧传》中。

《庐山僧传》，张孝秀撰。

孝秀博涉群书，专精释典，于梁时与刘慧斐共隐庐阜东林寺。

《沙门传》三十卷，陆杲撰。

陆杲字明霞，梁武帝时为御史中丞义兴太守临川内史，素信佛，持戒甚精，曾舍宅为龙光寺，（见陆广微《吴地记》）著《沙门传》三十卷。

《名僧传》三十一卷，释宝唱撰。

宝唱受敕撰《名僧传》，成于天监十三年，凡三十卷，序录一卷。慧皎序文中虽未明言。然谓叙事之中，空引辞费，又谓前代所撰，多曰名僧。证以王曼颖致皎书，（见《僧传》末）实指唱作。按以上均见皎书序文中，论之较详，此下则搜检传文所得。多皎列其名未及多考。而谈理及无关史实者均不录。

而下列诸书慧皎是否均见及，则不可知矣。

《综理众经目录》一卷，释道安撰。

皎书安清支谶、竺慧调诸传均引及《安录》。

《安世高别传》。

《荆州记》,庾仲雍撰。

《安般守意经序》,康僧会撰。

《吴志》。

《康僧会传》谓会生自外域,故《吴志》不载。即陈寿所撰者。

《游履异域传》,释道普撰。

《历国传》四卷,释法盛撰。

《隋志》著录作二卷。

《佛国记》一卷,释法显撰。

见《隋志》,现存,原名《法显传》。

《游历天竺记》一卷,释法显撰。

见《隋志》,已佚。近人谓上列二书乃一书。然《白帖》引《法显记》二段,又《祐录》及《僧传》均载法显见迎叶事,均为《佛国记》所不载,则《天竺记》或别为一书,而《僧传》谓显别有大传记游,岂此事耶。

《历国传记》,昙无竭撰。

《外国传记》,释宝云撰。

《游行外国传》一卷,释智猛撰。

《隋志》著录。《祐录》及僧传均引猛见罗阅宗事。

《名德沙门赞》,孙绰撰。

《世说》注亦引之。

《名德沙门题目》,孙绰撰。

书名见《世说》注。《僧传》道安传中作名道沙门论目,即此书也。于法开传有孙绰为之目曰云云,亦见于《文学篇》注可证也。

《道贤论》,孙绰撰。

《世说》注亦引之。

《喻道论》,孙绰撰。

《人物始义论》,康法畅撰。

《传译经录》，支敏度撰。

　　《开元录》等谓度作《众论都录》一卷。《别录》一部。

《竺法乘传赞》，季颙撰。

《支遁序传》，郗超撰。

　　　　此当在《东山僧传》中

《支遁铭赞》，袁弘撰。

《支遁诔》，周昙宝撰。

《于法兰别传》。

《人物始义论》，支僧敦撰。

《竺法旷赞传》，顾恺之撰。

《远法师诔》，谢灵运撰。

《远法师碑》，宗炳撰。

《众经录》四卷，释道祖撰。

　　《开元录》等著录。系续道流未成之作。

《致刘遗民书》，释僧肇撰。

《道生传》，王微撰。

《诸法师诔》，释僧静撰。

《僧诠碑》，唐思贤撰。

《僧诠诔》，张敷撰。

《昙鉴传赞》，张辩撰。

《法愍碑颂》，释僧道撰。

《七宗论》，释僧济撰。

《经目》，释僧宗撰。

　　《僧传》谓宗著《经目》及《数林》。据《长房录》，南齐有释王宗者撰《佛制名数经》五卷及《经录》二卷。依《祐录》，《佛制名数经》者，抄集众经，有似《数林》。则此王宗者，即昙宗也。查晋释昙邕姓杨名邕，因亦称杨邕，则昙宗或俗姓王钦。又符秦赵整出家名道整。亦可证。

《昙隆法师诔》,谢灵运撰。

《道慧碑》,谢超宗撰。

《玄畅碑》,周颙撰。

《僧远碑》,王俭撰。

《僧柔碑》,刘勰撰。

《慧基碑》,江胤撰。

《智顺碑》,袁昂撰。

《宝亮碑》,周兴嗣撰。

《宝亮碑》,高爽撰。

《宝亮碑》,释法云撰。

《法通碑》,谢举撰。

《法通碑》,萧子云撰。

《赵书》,田融撰。

　　《佛图澄传》引之,作《赵记》。《世说》注亦引同一段。

《单道开传》,康泓撰。

　　王曼颖书有曰:"康泓专记道开",即指此。见《隋志》。《御览》引作"善道开"。

《志公碑》,王筠撰。

《志公墓志铭》,陆陲撰。

《智称碑》,弟子僧辩等立。

《僧祐碑》,刘勰撰。

《僧瑜传赞》,张辩撰。

　　王曼颖书中,所谓僧瑜卓尔独载。想即指此。

《超辩碑》,刘勰撰。

《慧弥碑》。

《昙翼碑》,孔逭撰。

《法献碑》,沈约撰。

　　又皎不称书名,而仅言记曰者甚多,均不知其所指。如《道安传》

有"别记曰"云云。按《世说·文学篇注》,有《安法师传》及《安和尚传》,不悉"别记"指此否。又《世说·言语篇注》引《竺高座别传》,而皎书《帛尸密黎传》之首段与之大同,当即系徵引别传者。又《僧传》于《世说》涉及沙门各条多采用,然《世说》之名则不见于《僧传》。

二、竺法护卒于何地何年

竺昙摩罗刹(法护)传谓晋惠西奔,关中扰乱,百姓流移,护与门徒避地东下,至渑池,遘疾而卒。此均据《祐录》原文。而疑未详校。兹就《祐录》所载《护译经序》及《后记》等,表列护历年所在地如下:

太始元年,在长安白马寺;

太康五年,在敦煌;

太康七年,在长安;

太康十年,在洛阳;

元康四年,在酒泉;

永康元年,不在洛阳;(此据《出贤劫经记》)

永嘉二年,在天水寺。(此据《普曜经记》)

查晋惠西奔在永安元年,其后四年乃为怀帝永嘉二年。则护于惠帝西奔之时后四年,尚在天水寺译经,自非死于惠帝之时。而洛都自元康以后,祸乱相寻。永宁元年,齐王冏等与赵王伦战于洛阳,明年长沙王乂又在洛与冏战,次年张方入洛阳,死者万计,次年为永安元年张方劫帝幸长安。夫元康四年,护已返陇右,而永康元年,护不在洛阳。则此后洛阳扰乱,护似无往东避地之理,且护世居敦煌,长安大乱应即西行。按西晋末关中人士,多避乱凉土,而道安《合放光光赞随略解序》,谓护译《光赞》浸逸凉土者凡九十一年,则凉土或护晚年所在地。而所译诸经,多藏于彼处也。

三、僧伽提婆之毗昙学

《昙摩难提传》谓难提译中增一二阿含,并先所出《毗昙心》、《三法度》

等。而《僧伽提婆传》,谓难提出《毗昙广说》《三法度》等。查难提译中增
一二阿含,可以道安作《增一阿含序》证之,非误,然后亦均经僧伽提婆在
江南更译修改。(此见《中阿含》传)难提译《三法度》,则《开元录》亦以之
入难提录中。惟阿毗昙心据《祐录》所载,未详作者之序文乃道安令鸠摩
罗提婆所出,而后僧伽提婆在庐山所更出者。至若《阿毗昙广说》,即《大
毗婆沙》,据道安序,则僧伽跋澄所译,难提笔受,而后提婆在洛修正者。
(见道慈《中阿含序》)此外尚有《阿毗昙》,即指唐译之《发智论》,则提婆住
长安时所译。初忘其因缘一品,后在江南补译。(《八犍度》、《阿毗昙》、
《根犍度后别记》)此三者均非难提所译者也。盖昙摩难提善阿含学,故
《中》、《增一》及《三法度》为其所译。僧伽提婆善毗昙学,故《阿毗昙》及
《广说》,及阿毗昙心制为其所译或修订。慧皎谓难提译《阿毗昙》等实误
记。又释慧琳《道生法诔》有曰:罗什大乘之趣,提婆小道之要。此即言僧
伽提婆善小乘阿毗昙也。缘道生先游庐山,后至关中,提婆罗什,均曾面
晤,故诔有是语。(诔见《广弘明集》)而《出三藏记》道生传,乃改为道生妙
贯龙树大乘之源,兼综提婆小道之要。《百论》著者,乃视为小乘宗师,则
更可晒矣。

四、鸠摩罗什年表

《鸠摩罗什传》曰:什以秦弘始十一年八月二十日卒于长安,是岁晋义
熙五年也。又曰:什死年月,诸记不同,或云弘始七年,或云十一。寻七与
十一字,或讹误。而《译经录》中,犹有十一年者,容恐雷同三豕,无以正焉
云云。按释僧肇《鸠摩罗什法师诔》曰:什以癸丑之年,年七十,四月十三
日死于大寺,癸丑乃弘始十五年,即晋义熙九年。肇为罗什高足,其所记
当不至误,而罗什年岁之证据,另有数事,均与肇说相符。

(一)《出三藏记》载《成实论》记曰:

大秦弘始十三年,岁次豕韦,九月八日,尚书令姚显请出此论,至来年
九月十五日讫。外国法师拘摩罗耆婆手执胡本,口自传译,昙晷笔受。

据此则罗什至早亦死于弘始十四年九月十五日以后。而《僧传》十一

年之说,实不可信。

(二)僧叡《喻疑论》,亦谓关中洋洋十数年中当是大法后兴之盛。按什以弘始三年至长安,如卒于十一年,则在长安不及十年。

(三)《祐录》又载《比丘尼戒本所出本末序》,谓龟兹有年少沙门,宇鸠摩罗,才大高,明大乘学。考此戒本序,决为道安所作。戒本译于苻秦建元十五年,于其时什尚年少,今以年七十之说推之,则什时年三十六,亦无不合。

(四)《僧传》载月氏北山有一罗汉,谓什母曰:若什年三十五,不破戒者,当大兴佛法。今依肇说推之,则吕光逼什破戒,什年已四十一。亦与肇说不歧异。

兹依肇说,略表什之年历如下:

晋康帝建元元年(343),什生于龟兹。

晋穆帝永和六年(350),什从母出家,时年七岁。

晋哀帝兴宁元年即秦苻坚甘露五年(363),什受戒,时年二十。

晋孝武帝泰元四年即秦建元十五(379),什年三十六。先是僧纯至龟兹,得《比丘尼戒本》,十一月译之。道安作《所出本末序》,称什年少,才大高,明大乘学。

晋孝武帝泰元七年即秦建元十八年(382),什年三十九。苻坚遣吕光征西域。

晋孝武帝泰元九年(384),什年四十一。吕光大破龟兹,逼罗什娶王女。

晋孝武帝太元十年即吕光太安元年(385),什年四十二,随吕光至凉州。

晋安帝隆安五年即后秦弘始三年(401),什年五十八,十二月二十日至长安。

晋安帝元兴元年即弘始四年(402),什五十九岁,二月八日译《阿弥陀经》一卷,三月五日译《贤劫经》七卷,夏始在逍遥园中之西阁,译《大智度论》,五月五日译《坐禅三昧经》三卷,十二月一日在逍遥园译《思益梵天所问经》四卷。

晋安帝元兴二年即弘始五年（403），什年六十。四月二十三日，始译《大品般若》。

晋安帝元兴三年即弘始六年（404），什年六十一。四月二十三日，译《大品》讫。十月十七日在中寺为弗若多罗度语，译《十诵律》。未成而多罗卒。是年又译《百论》二卷。

晋安帝义熙元年即弘始七年（405），什年六十二。六月十二日，译《佛藏经》四卷，十月译《杂比喻经》一卷，十二月二十七日译《大智度论》百卷讫。是年又译《菩萨藏经》三卷，《称扬诸佛功德经》三卷。昙摩流支至长安，什助之续译《十诵律》，前后成六十一卷。

晋安帝义熙二年即弘始八年（406），什年六十三。夏在大寺译《法华经》八卷，是年并在大寺出《维摩经》。于草堂出《梵网经》二卷，融影三百余人同受菩萨戒，又译《华手经》十卷。卑摩罗又至长安。

晋安帝义熙三年即弘始九年（407），什年六十四。闰五月重校《坐禅三昧经》三卷，是年于姚显第译《自在王菩萨经》二卷。昙摩耶舍共昙摩掘多至关中，在石羊寺写出《舍利弗阿毗昙》原文。直至弘始十六年乃译之，其次年方讫。

晋安帝义熙四年即弘始十年（408），什年六十五。二月六日至四月三十日出《小品般若》十卷，是年又在大寺出《十二门论》一卷。佛陀耶舍至长安，与什共译《十住经》，耶舍在中寺译《四分律》，其时佛陀跋多罗，在宫寺授禅法。僧肇致书刘遗民，言及长安佛法之盛。

晋安帝义熙五年即弘始十一年（409），什年六十六。在大寺译《中论》四卷。

晋安帝义熙六年即弘始十二年（410），什年六十七。耶舍译《四分律》成六十卷。

晋安帝义熙七年即弘始十三年（411），什年六十八。九月八日姚显请译《成实论》。

晋安帝义熙八年即弘始十四年（412），什年六十九。九月十五日，译

《成实论》讫,共十六卷。(凡什所译经未知译出年月者,均未列入此表。)

晋安帝义熙九年即弘始十五年(413),岁在癸丑,什于四月十三日薨于大寺,时年七十。

五、释道安与佛图澄

释道安师事佛图澄(安初随师姓竺后改姓释),听澄讲说皆妙达精理研测幽微。(见《澄传》)澄甚重安,而安公亦敬其师。其《道地经序》,叹师殒友折。《僧伽罗刹经序》曰:穷通不改其恬,非先师之故迹乎。《比丘大戒序》,谓至澄和上,戒律始多所正焉。而据《四阿含暮抄序》,安公以八九之年(七十二岁),曾自长安东省其先师寺庙,安公之于澄和尚,眷念亦可谓深矣。

《僧传》曰:太阳竺法济,并州支昙讲《阴持入经》,道安从之受业。然据安公《阴持入经序》及《道地经序》,支昙讲乃人名,并州雁门人,讲字不得作动字读。而《阴持入经序》,亦仅言二沙门,冒寇远集,诲人不倦,遂与折槃畅础,造兹注解云云,安公实不能谓为从之受业。

六、道安避乱之年

《僧传》谓安公先避难濩泽,遇竺法济支昙讲,顷之与法汰隐飞龙山。僧先(一本作光)道护,亦在彼山。后又至太行恒山,且至武邑。年四十五复还冀部。其后石虎死,石遵请其入邺,未久而石氏国乱,安公乃西去牵口山,王屋女机山等语。慧皎似谓安公遮难濩泽隐居恒山在石虎去世之前,实大讹误。道安《大十二门经序》言,《大十二门经》乃汉桓帝世安世高所出,安公所得之本,乃"嘉禾七年在建业周司隶舍写"。缄在箧匮,盖二百年矣。比丘竺道护于东垣界(在今正定县南)贤者经中得。送诣濩泽,乃得流布。查汉桓帝即位之初年,至石虎死年,亦不过二百有二岁。石虎死于晋永和五年,安公在濩泽,至早亦在永和三年。而道安经序,则谓在濩泽时,师殒友折。按佛图澄死于永和四年,则安在濩泽,已在永和四年以后。又慧远见安公于太行恒山,从之出家,当为永和十年(说见后),而安公逝于晋太元十年，年七十四（说见后），上溯至永和五年安公仅年三十八岁，亦与还冀部年四十五之说不合。故濩泽避难，太行隐居，均当在石虎死后，而其所谓避难，实避冉闵之难也。

七、道安年表

《高僧传》谓道安卒于晋大元十年二月八日（即符坚建元二十一年），年七十二。（此据丽本。宋元明三本均无此四字，《太平御览》卷六五五引《高僧传》，有此四字。）此言不知何所本，然据《中阿含经序》，道安实约死于符坚末年（即建元二十一年），而道安作《四阿含暮抄序》，及《毗婆抄序》，均有八九之年（即年七十二岁）之语。考其时约为建元十八年八月至十九年八月，如安公死于二十一年二月则实算七十四岁。兹依此为简表如下：

晋怀帝永嘉五年，道安生于常山扶柳县。

晋穆帝永和五年，年三十八。石遵请入居华林园，旋避难潜于濩泽。

晋穆帝永和十年，安公年四十三。慧远就安公出家，时安公在太行恒山立寺。

晋穆帝永和十二年，年四十五。还冀部，后又西适牵口山，王屋女机山，复渡河居陆浑（洛阳之南）。

晋哀帝兴宁三年，年五十四。慕容恪略河南，安公南投襄阳。（查《僧传》及《世说》注均言事在慕容俊（儁）攻陆浑时，计之当在再前五六年，与安公在襄樊十五年之说不合。）

晋孝武帝太元四年，年六十八。符丕克襄阳。道安遂赴长安。计在襄樊十五年。（道安《比丘大戒序》及《般若抄序》，可参看。）

晋孝武帝太元七年，是年岁在壬午。八月东赴邺，视佛图澄寺庙。

晋孝武帝太元之十年二月八日，卒于长安。实算年七十四。八月符坚被杀，即秦建元二十一年也。

八、释慧远年表

《僧传》谓慧远卒于晋义熙十二年,年八十三。《世说》注,引张野远法师铭,亦谓其年八十三而终。然《广弘明集》载谢灵运远法师诔,则谓远公卒于义熙十三年,年八十四。二说未知孰是。惟《佛祖统纪》载《十八高贤传》,内言义熙十四年豫章太守王虔入山谒道昞,请其为山中主,用绍远公之席,则远确死于十四年前。《僧传》叙远事,常不依年岁先后,兹特略考定远公之年历如下:

晋成帝咸和八年,慧远生于雁门楼烦。

晋穆帝永和十年,年二十一岁,就安公出家,时安公在太行恒山立寺。

晋哀帝兴宁三年年三十二,随安公南投襄阳。

晋孝武帝太元四年,年四十六,别安公东下,先止荆州,后在匡山,住南山精舍。(远公东下,传谓在秦建元九年,符丕寇襄阳之时。但丕寇襄阳,实不在彼年。)

晋孝武帝太元十六年,年五十八岁,仍在南山精舍,其后乃居东林寺(不知在何年)。

晋安帝隆安三年,年六十六,桓玄道经庐山。

晋安帝元兴元年,年六十九,与刘遗民等共誓生四方。

晋安帝元兴三年,年七十一,与桓玄书,论拜俗及沙汰沙门。

晋安帝义熙元年,年七十二,安帝致远公书。

晋安帝义熙六年,年七十七,卢循过庐山相见。

晋安帝义熙十二(或十三)年,年八十三,(或八十四)卒于庐山之东林寺卜居庐阜,三十余年。(语见《僧传》。自太元四年至此为三十七八年。若依《僧传》本传言,慧远于建元九年已东下,则已四十余载,故建元九年东下之说误。)

九、僧肇致刘遗民书

僧肇致刘遗民书,《僧传》引其一段。(全文见《肇论》)述长安佛法之盛,言什法师在大寺(此据丽本他本作大石寺误)出经,禅师(佛陀跋多罗也)于瓦官寺授禅,三藏法师(佛陀耶舍)于中寺出律(四分),毗婆沙师(达磨耶舍、达磨掘多二人)于石羊寺出舍利弗胡本,按此段《出三藏记》亦引之,事在晋义熙四年。所谓瓦官寺者,实为宫寺之误,想即逍遥园,园中有西门阁(门或作明)。《僧传·罗什传》误作二处。参考《智度论记》又《开元录》谓罗什弘始八年在大寺译《法华》,又在草堂寺译《维摩》,实则草堂即大寺之本名。盖此寺中构一堂,缘以草苫,故名草堂,及至北周之初,此寺分为四寺:(一)仍本名,为草堂寺。(二)常住寺。(三)京兆王寺,后改安定国寺。(四)大乘寺(详见《长房录》及《内典录》)。

十、支昙谛

《广弘明集》,有晋丘道护支昙谛诔,言谛卒于晋义熙七年五月某日。《僧传》言谛卒于宋元嘉末,而列为宋沙门,误矣。

十一、佛图澄

传曰竺佛图澄者,西域人也,本姓帛氏。按《世说》注,引澄别传,曰不知何许人也。唐《封氏闻见录》,谓内邱县有碑。后赵光初五年所立也。碑云:大和上佛图澄愿者,天竺大国罽宾小王之元子。本姓湿。所言湿者,思润里国,泽被无外,是以号之为湿云云,均与传所说不同。

十二、魏太武帝毁法

魏太武帝在太平真君五年正月下诏令王公贵人不得私养沙门,违者沙门死,容止者门诛。(《魏书·释老志》载此诏书于真君七年误)同年九月而沙门玄高慧崇被杀,真君六年诏京城内不得瘞沙门,真君七年,太武因征盖吴,至长安,始下诏毁法,即宋元嘉二十三年。此则玄高昙始诸传,均可证也。但《玄畅传》,乃谓灭法在元嘉二十二年,实误记。又僧称昙始者,显即《魏书·释老志》之惠始。二书均言其号白足和尚,曾于赫连氏入长安时显大神通。而《僧传》乃又谓昙始曾于灭法之后,见太武帝,帝怒,欲死之。然剑不能伤,虎不敢近,帝愧惧,因复正教。实则据《释老志》,始早死于太延年中,叙述颇详,决为事实。且太武帝实无再兴正教之事,《僧传》之文,自系附会。

(原载《史学杂志》第 2 卷第 4 期,1930 年 9 月)

唐太宗与佛教

中国佛教之全盛甚难确定在何时。但自冠达舍道之年，爰及武媚授记之日，我国人士取精用弘，宗派繁兴。隋代唐初，尤称极盛。惟佛教势力之增长，抑亦有赖于帝王之外护。唐初佛教依人君之态度言之，则既有武德末年之摧折，复因贞观文治受漠视。比之六朝帝王弘法之热烈，相去甚悬远也。

世颇有误以为唐太宗弘赞释教者。欧阳永叔亦惜其牵于多爱，复立浮屠(见《新唐书·本纪》)。但唐代诸帝中，太宗实不以信佛著称。睿宗时，辛替否上疏有曰：

> 太宗……拨乱反正，开阶立极。得至理之体，设简要之方。省其官，清其吏。奉天下职司，无一虚受。用天下财帛，无一枉费。……不多造寺观，而福德自至。不多度僧尼，而殃咎自灭。……自有帝皇以来，未有若斯之神圣者也。故得享国长久，多历年所。陛下何不取而则之。

及至武宗毁法，其诏书有曰：

> 况我高祖、太宗以武定祸乱，以文理华夏。执此二柄，足以经邦。岂可以区区西方之教，与我抗衡哉！

唐太宗不但未以信佛著称，而其行事且间有不利于释子者。武德末，傅奕致力诋佛，颇倾动一时观听。《法琳别传》作者之彦琮，亦认为当时"秃丁"之诮，闾里甚传，"胡鬼"之谣，昌言酒席("秃丁""胡鬼"均傅奕语）。高祖遂下诏沙汰僧尼，并及道士。凡"有精勤练行，守戒律者，并令大寺观居住，给衣食，勿令乏短。其不能精进戒行者，有阙不堪供养者，并令罢遣，各还桑梓。所司明为条式，务依法教。违制之事，悉宜停断。京城留寺三所，观二所。其余天下诸州各留一所。余悉罢之"。时武德九年五月也（此据《旧唐书》，《新唐书》作四月）。六月而高祖退位，太宗摄政，大赦天下，事竟不行。

太宗虽未行武德毁法之诏，但贞观初年，叠有检校。《续高僧传·明导传》谓贞观初导行达陈州，逢敕简僧，唯留三十。导以德声久被，遂应斯举。又《智实传》曰，贞观元年敕遣治书侍御史杜正伦检校佛法，清肃非滥。又《法冲传》曰，贞观初年下敕，有私度者，处以极刑。（下文又曰，时峄阳山多有逃僧避难，资给告穷云。）又《法向传》曰，贞观三年天下大括义宁（二字原文如此）私度，不出者斩，闻此咸畏。得头巾者，并依还俗。其不得者，现今出家。观此则太宗即位之初，禁令仍严峻也。

自武德九年后，清虚观道士李仲卿、刘进喜猜忌佛法，恒加讪谤。卿作《十异九迷论》，喜著《显正论》。贞观中，释法琳乃作《辩正论》八卷以驳之。有太子中舍辛谞著《齐物论》，破难释宗。慧净、法琳又复作答。当时唐帝自谓为老子之后，故道士之气甚张。而常因定佛道之先后，致生二教争执。贞观十四年道士秦世英指斥《辩正论》，谓实谤皇室。帝下诏汰沙门，并下琳于狱按问。辩答往复，语极质直。其言有曰：

> 窃以拓跋元魏，北代神君；达阇达系，阴山贵种。经云，以金易鍮石，以绢易褛褐，如舍宝女与婢交通，陛下即其人也。弃北代而认陇西，陛下即其事也。

后太宗降敕，谓汝所著论，言念观音者，临刃不伤。朕赦汝七日，尔其念哉。七日旦，复敕问。琳答曰，七日以来，未念观音，唯念陛下。又答曰：

> 但琳所著《辩正》，爰与书史符同。一句参差，甘从斧钺。陛下若顺忠顺正，琳则不损一毛。陛下若刑滥无辜，琳有伏尸之痛。

后太宗卒免其死，放之蜀郡。于道中卒，年六十九。（上见《法琳别传》）

又太宗尝临朝谓傅奕曰："佛道玄妙，圣迹可师。且报应显然，屡有征验。卿独不悟其理,何也?"(奕在贞观朝仍极力反佛。《广弘明集》八曰,贞观六年傅奕上疏,令僧吹螺,不合击钟。)奕曰:"佛是胡中桀黠,欺诳夷狄。初止西域,渐流中国。遵尚其教,皆是邪僻小人,模写老庄玄言,文饰妖幻之教耳。于百姓无补,于国家有害。"太宗颇然其言。(上见《旧唐书·傅奕传》)

盖太宗衷心对于释教并无笃信。其讨王世充,尝用少林寺僧人。及破洛阳,乃废隋朝寺院,大汰僧人。(事载《通鉴》武德四年。《续高僧传·慧乘传》谓此事出于高祖敕旨。)武德中法琳著《破邪论》,上书太子建成,有曰:"殿下往借三归,久资十善。"而上秦王书中,则仅颂其文德,未言信佛。是盖太宗初不信佛之明证。及即皇帝位,所修功德,多别有用心。贞观三年之设斋,忧五谷之不登也。为太武皇帝造龙田寺,为穆太后造弘福寺,申孺慕之怀也。为战亡人设斋行道,于战场置伽蓝十有余寺。(见《法苑珠林》一百)今所知者,破薛举于豳州,立昭仁寺。破宋老生于吕州,立普济寺。破宋金刚于晋州,立慈云寺。破刘武周于汾州,立弘济寺。破王世充于邙山,立昭觉寺。破窦建德于郑州,立等慈寺。破刘黑闼于洺州,立招福寺。(参看《广弘明集》二八。又据《续僧传·明瞻传》,谓瞻对太宗广列自古以来明君昏主制御之术,兼陈释门大极以慈救为宗。帝大悦,遂敕断屠。行阵之所,置昭仁等七寺。)征高丽后,于幽州立悯忠寺。均为阵亡将士造福也。至若曾下诏度僧,想因祈雨而酬德也。(诏见《广弘明集》二十八,计度三千人,参看《续高僧传·明净传》。)贞观初年延波颇译经,或仅为圣朝点缀,但似亦有政治关系(说见下)。综计太宗一生,并未诚心奖掖佛法。此或在僧人之败德,道士如秦世英之进谗(见《法琳别传》。据宋敏求《长安志》曰:"龙兴观本名西华观。贞观五年太子承乾有疾,敕道士秦英祈祷获愈,遂立此观。"秦英想即秦世英,避太宗讳,除世字。《集古今佛道论衡》卷三,谓西华观秦世英者,挟方术以自媚,因程器于储贰云云。太宗想原颇信此道士)。但太宗所以抑佛者,亦有其理由:

(一)帝崇文治,认为佛法无益于平天下。故贞观五年诏僧道致拜父母(见《续文献通考》),则仍以礼教为先。贞观二年语侍臣曰,梁帝好释老,足为鉴戒,"联今所好者,惟有尧舜之道、周孔之教。以为如鸟有翼,如鱼依水,失之必死,不可暂无耳。"(见《贞观政要》卷六)贞观二十年手诏斥萧瑀(见《旧唐书》六三)曰:

> 朕以无明于元首,期托德于股肱。思欲去伪归真,除浇反朴。至于佛教,非意所遵。虽有国之常经,固弊俗之虚术。何则?求其道者,未验福于将来。修其教者,翻受辜于既往。至若梁武穷心于释氏,简文锐意于法门,倾帑藏以给僧祇,殚人力以供塔庙。及乎三淮沸浪,五岭腾烟,假余息于熊蹯,引残魂于雀轂。子孙覆亡而不暇,社稷俄倾而为墟。报施之征,何其缪也!而太子太保宋国公瑀践覆车之余轨,袭亡国之遗风(瑀是梁武后人)。弃公就私,未明隐显之际。身俗口道,莫辩邪正之心。修累叶之殃源,祈一躬之福本。上以违忤君主,下则扇习浮华。

(二)帝虽亦自谓不好老庄玄谈、神仙方术(亦见《贞观政要》卷六),但自以为系李老君之后,故尝先道后佛。贞观十一年诏(见《法琳别传》)有曰:

> 至如佛教之兴,基于西域。爰自东汉,方被中华。神变之理多方,报应之缘匪一。暨乎近世,崇信滋深。人冀当年之福,家惧来生之祸。由是滞俗者闻玄宗而大笑,好异者望真谛而争归。始波涌于闾里,终风靡于朝廷。……遂使殊俗之典,郁为众妙之先;诸夏之教,翻居一乘之后。朕思革前弊,纳诸轨物。况朕之本系,出自柱下。……宜有解张,阐兹玄化。

总之,太宗所为,如为阵亡者立寺,如自称出中华望族,盖皆具有政治作用(参看《佛道论衡》卷三第八太宗对僧人语)。其于佛法,虽"非意所遵",但仍未为傅奕、秦世英谗言所动而毁法者,则一,视之为"国之常经",明主以不扰民为务;二,帝留心学问,旁及释典,亦常与义学僧接。如慧休,如慧乘,如明瞻,如智实,如法顺(均见《续高僧传》。法顺或因以神异显,故召见)。而最有名者,则为玄奘法师。

贞观十九年春,玄奘法师归自西域。凭绝人之毅力,博得西域各国之隆礼。其事功，其学问，其令誉，其风仪（太宗美法师风仪，见塔铭），均足欣动人君。然奘师初到，请立译场，搜擢贤明，上曰，法师唐梵俱瞻，词理通敏，将恐徒扬仄陋，终亏圣典。奘固请乃许。（见《续高僧传》)夫翻译佛典，六朝视为国之大事。遑论"二秦之译，门徒三千"（奘告太宗语），太宗知之已熟。而隋朝兴善上林之规式，犹近在人耳目。太宗果有心提倡，必不至拒奘所请。据此可知其对于译经，非有热诚。按贞观初年，波颇至自西突厥，朝廷曾为之立译场。审波颇初至，太宗适欲远交近攻，思联西突厥。波颇请得叶护信伏，或因此为太宗所垂青。而其译经时，《僧传》虽言礼意优厚，然时沙门灵佳即论其事曰："昔苻姚两代，翻经学士，乃有三千。今大唐译人，不过二十。"而道宣于《波颇传》，亦一则曰："其本志颓然，雅怀莫诉，因而构疾"；再则曰："人丧法崩，归德斯及，伊我东鄙，匪咎西贤。"吾人观乎波颇译经之萧索，而应恍然于太宗谢绝奘师之请之故也。

太宗自征辽之后，气力不如平昔，有忧生之虑，遂颇留心佛法（见慧立《慈恩传》。太宗晚年并信方士药石）。亲制《圣教序》，敕令天下度僧尼（计一万八千五十人，但据辛替否"不多度僧尼"之言，此恐非确），均从玄奘之请也。又曾共师听《瑜伽》大意，论《金刚般若》，其兴趣似首在学问。崩御之年，数告法师曰："朕共师相逢晚，不得广兴佛事。"是可知大宗晚年，因遭遇奘师，或较前信佛。但察其对于奘师所以特加优礼，实亦由于爱才。故曾两次请法师归俗，共谋朝政。此则劝人弃缁还素，与梁武帝之舍道归佛者，自迥不相侔也。

（原载《学衡》第 75 期，1931 年 3 月）

摄山之三论宗史略考

中华三论学,传之者鸠摩罗什,阐之者肇、影、叡、导,人才辈出,实极一时之盛。其后关中叠经变乱,加以魏太武毁法,学士零落,宗风不振。在南朝齐梁之际,斯学复起于摄山。栖霞僧朗谓得关河旧说,其师资已不可考。今日流行之传授说,绝不可信。摄山而外,当时固亦有弘宣三论者,惟仍以僧朗为重镇。继以止观僧诠、兴皇法朗,一变江南之学风。三论宗兴,成实式微,实由于摄山之学者。其重要自不在齐梁造像、隋代立塔下也。

一

世谓三论之学推文殊师利为印度始祖,鸠摩罗什为中国初祖。罗什传之道生,道生传之昙济,昙济传之河西道朗,朗传之摄山僧诠。诠之弟子有兴皇法朗,法朗盖中华三论宗之第六世,其嗣法者即嘉祥大师吉藏也。此说不知始于何时,然甚流行于日本。如凝然大德《内典尘露章》、《三国佛法传通缘起》,载罗什以后传统世系即如上说。

印度之传授,兹不详考。若罗什门下,深擅三论者当为僧肇、昙影、僧叡、僧导等。至若道生虽演空义,然在江南持顿悟佛性诸义,与《涅槃》契合,时人称之为"涅槃圣"(见《涅槃玄义文句》卷上)。其著述中,亦无三论章疏也。

至若昙济,据《高僧传》及《名僧传抄》,知其作有《六家七宗论》,叙罗

什以后谈空者之家数,实为般若性空学者。然其学系得之于什公门下之
僧导。导曾作《三论义疏》,就今所知,乃三论疏之最早者。昙济为河东
人,年十三出家,住寿阳八公山东寺,为僧导弟子,至宋大明二年过江驻锡
建业之中兴寺。其时道生在元嘉十一年早卒于庐山,距昙济至江南已二
十四岁。二人异时异地,曾否谋面,已属疑问,师资相传,决无其事也。

河西道朗如谓为助昙无谶译《涅槃经》之人,则既非昙济弟子,亦不能
为僧诠之师。昙济只知为僧导弟子,于宋孝武帝时,誉动京师。而河西道
朗于北凉玄始十年参与译场时已称河西独步(见《祐录》十四)。而元嘉二
十二年凉州僧人出《贤愚经》时慧朗(当即道朗)称为河西宗匠(《祐录》九
《贤愚经记》)。是道朗为昙济之前辈,无反为其弟子之理。吉藏《涅槃经
游意》中,谓"涅槃"译名宜存胡音,"此远述河西,乃至大济,皆同此说"云
云。此中河西指道朗,大济即昙济(二人均有《涅槃》疏),嘉祥大师固明言
济在朗后也。

至于谓助译《涅槃》之凉州释道朗为僧诠之师,则系因误解吉藏章疏
中言而有此说。盖如《中论疏》卷一曰,河西道朗亦制《中论序》;卷八亦引
河西道朗师义;《大乘玄论》卷三曰,河西道朗与昙无谶共翻《涅槃》,作《涅
槃义疏》。此皆指北凉之道朗也。而如《中论疏》卷四曰,大朗法师教周颙
二谛;卷五曰,大朗法师关内得此义。则皆指摄山之朗即僧诠之师也。后
人不察,竟指译《涅槃》之道朗即僧诠之师。实则僧诠受学之时,已当齐末
梁初,上距译《涅槃》之年,已九十余载。河西道朗必至少寿百二十岁,乃
可为僧诠师也。

二

僧诠之师实为僧朗,在摄山复兴三论之学。僧朗之师名法度。法度
为黄龙人(江南人士谓燕为黄龙),僧朗为辽东人,二人故乡,盖相接近也。
南齐明征君遁迹摄山,刊木架峰,薙草开径,披拂榛梗,结构茅茨(语见江
总持《栖霞寺碑》)。法度南游,征君相与友善。将亡舍宅,请度居之。是
曰栖霞寺。按当时有三法度:一何园寺法度,见于《高僧传》卷九《慧隆

传》。一北魏法度,见于道宣《僧传·道登传》,谓登学于彭城僧渊,后与同学法度北行至洛。此与慧皎载北魏昙度之事相符,当是一人。(据《名僧传抄》载宝唱原书目录卷十七有"伪魏法度")一摄山法度,即僧朗之师也。(《高僧传》有传,亦见《名僧传》第二十二。)而度之师不知为何人。度备综众经,而不以义学见称。江总持碑谓其"梵行殚苦,法性纯备"。慧皎《传》曰:"时有沙门法绍,业行清苦,誉齐于度,而学解优之"。度信弥陀净土,讲《无量寿经》。故僧朗虽为其弟子,而三论之学似不出于度。关于僧朗之记载,以《高僧传》为最早。其文曰:

> 法度齐永元二年卒于山中(江总持碑谓在建武四年,未知孰是),春秋六十四。度弟子僧朗继踵先师,复纲山寺。朗本辽东人,为性广学,思力该普。凡厥经论,皆能讲说。《华严》、三论,最所命家。今上深见器重,敕诸义士,受业于山。

据此则慧皎作书时,朗犹在世。《高僧传》止于天监十八年,朗之死在此年后。江总持《栖霞寺碑》谓梁武帝敕人受学,在天监十一年。其文曰:

> 先有名德僧朗法师者,去乡辽水,问道京华。清规挺出,硕学精诣。早成波若之性,凤植尸罗之本。阐方等之指归,弘中道之宗致。北山之北,南山之南,不游皇都,将涉三纪。梁武皇帝能行四等,善悟三空,以法师累降征书,确乎不拔。天监十一年帝乃遣中寺释僧怀、灵根寺释慧令等十僧,诣山谘受三论大义。

栖霞寺创始于南齐永明七年。至天监十一年,仅有二十三年。据"将涉三纪"一语,则僧朗南止建业在立栖霞寺以前,或在宋末齐初。惟是否偕法度同来,则史书阙文,不可妄断。至隋时,吉藏章疏中数次言及僧朗事迹而加详。如《大乘玄论》卷一曰:

> 摄山高丽朗大师,本是辽东城人,从北土远习罗什师义,来入吴土,住钟山草堂寺,值隐士周颙。周颙因就师学。次梁武帝敬信三宝,闻大师来,遣僧正智寂十师往山就学。梁武天子得师意,舍本成论,依大乘作章疏。开喜亦闻此义,得语不得意。

《二谛义》卷下亦有此一段而较详。其末曰:

梁武……本学成论,闻法师在山,仍遣僧正智寂等十人往山学。

虽得语言,不精究其意。所以梁武异诸法师,称为"制旨义"也。

《中论疏》卷五曰:

次齐隐士周颙著《三宗论》。……大朗法师关内得此义授周氏。

周氏因著《三宗论》也。

吉藏所传,较梁释慧皎、陈江总持加详。而要点有三:(一) 周颙从受学,因作《三宗论》。(二) 梁武得其义而作疏。(三) 朗之三论学,得之关中。日人境野黄洋于此均有卓见,然推断非全精审,兹分论之。

周颙受学,作《三宗论》,恐系虚构。周颙虽于钟山西立有隐舍,然实非隐士。其作《三宗论》,正官于建业。时有高昌郡沙门智林者,著《二谛论》,又注《十二门论》、《中论》,服膺空宗。闻颙将撰《三宗论》,与己意相符。但恐"立异当时,干犯学众",因致书促其速著纸笔。(见《高僧传》卷八及《南齐书·周颙传》)书中有曰:

此义旨趣,似非初开。妙音中绝,六十七载(《南齐书》作六七十载)。理高常韵,莫有能传。贫道年二十时,便忝得此义。……窃每欢喜,无与共之。年少见长安耆老多云,关中高胜,乃旧有此义。当法集盛时,能深得斯趣者,本无多人。……贫道捉麈尾以来四十余年,东西讲说,谬重一时。其余义统,颇见宗录。唯有此途,白黑无一人得者。……檀越天机发绪,独创方寸。非意此音,猥来入耳。且欣且慰,实无以况。……

书中不但谓此义江左罕传,且称周颙主义出于独创。则谓周颙在钟山得其义于僧朗,的是谰言也。《三宗论》不知成于何时。按智林于宋明帝时至京师,周颙当时即亲近宿直。智林后还高昌,卒于齐永明五年。如《三宗论》作于永明中,僧朗当至建业不久。如在宋明帝时,则僧朗应犹未南来也。

梁武帝得朗义作疏,则或有其事,而不免夸大。盖梁武帝曾注解《大品经》(五十卷),所谓疏当即此。《祐录》载其序曰:

朕以听览余日,集名僧二十人,与天保寺法宠等详其去取。灵根寺慧令等兼以笔功。采释论以注经本。略其多解,取其要释。此外或据关河旧义,或依先达故语,时复间出,以相显发。若章门未开,义势深重,则参怀同事,广其所见。使质而不简,文而不繁,庶今学者有过半之思。

《大品经注》作于天监十一年(见《广弘明集》十九陆云《御讲波若经序》,正梁武遣僧十人从朗受学之时。而参赞之灵根寺慧令,江总持碑谓为十人之一。故所谓"关河旧说",或即得之于僧朗者。盖吉藏屡言其宗承关河旧说。而智林书中则谓江南殊少传者。梁武帝作疏时,智林、周颙均已死,亦未闻别有精研关河旧说之人,则谓其所采得之于僧朗,似乎近理。但不能谓全因得朗义舍成论而作疏,如吉藏所传也。(梁武帝之书不传。其序中非难五时,则与吉藏之意合。)

至谓僧朗得三论之学于关中,则有可疑。而自后人误以河西道朗、辽东僧朗为一人后,且谓此学得之于敦煌郡之昙庆法师(见日人安澄《中论疏记》),而谓关河者乃关中与河西(亦安澄说),则为谬见。盖关河一语,本指关中。(如《宋书·武帝纪》"奉辞西旆,有事关河",《范泰传》"关河根本动摇",《南齐书》王融《求自试启》"汉家轨仪重临畿辅,司隶传节复入关河",均可证。)关河旧说,即罗什及弟子肇、影诸公之学。僧朗于齐梁之际,复兴三论,其远凭古说,理无可疑,但系得之师传,抑仅就旧疏抉择发明,则不可考。智林致周颙书中谓关中旧有此义,后妙音中绝。则朗即有师授,不必即在关中。然吉藏屡次申言僧朗之学得自关中者,则别有用意。此不可不先稍明乎摄山三论之发达,及其与成实学者之争执。(上均参看境野氏《支那佛教史讲话》)

三

鸠摩罗什卒于晋义熙九年,其后四年而刘裕入关,又明年赫连勃勃破长安,此时前后又有西秦、后魏之争战,关内兵祸频繁,名僧四散。往彭城者有道融、僧嵩;止寿春者为卑摩罗叉、僧导;昙影、道恒遁迹山林;慧叡、慧观、慧严、僧业南住建业;道生早已渡江;僧肇又先天折。长安法会之凋零,不可尽述。后在北魏,佛法惨遭法难,势甚式微。罗什之学传于江南者,一为《十诵律》,因僧业、慧询、慧观之奖挹,遍行南方,至唐中宗时始革;一为成实论,南朝义学,此号最盛,约可分为二系:一为寿春僧导,一为彭城僧嵩。综计南北朝研五聚者,泰半出寿春、彭城二系。导、嵩二师,俱在宋时。继之者有齐之柔、次二公,梁之开善、庄严、光宅三大法师,陈之建初、彭城二名德。成实之势力,弥满天下,而尤以江左为尤甚。至若般若、三论,罗什宗旨所在,则宋代殊少学者,显著事实,仅知僧导曾作《三论义疏》。中兴寺僧庆善三论,为时学所宗(见《高僧传·道温传》)。昙济作《七宗论》。般若虽稍多学士,而仍不如成论之光大。齐竟陵文宣王即已见当世大乘,陵废莫修,"弃本逐末,丧功繁论"(繁论谓成实论),故于永明七年令柔、次等,略《成实论》为九卷,八年功毕,使周颙作序。(详见《祐录·略成实记》)而周颙心向空理,故其序极叹惜当时之学风,曰:

> 顷《泥洹》、《法华》,虽或时讲。《维摩》、《胜鬘》,颇参余席。至于《大品》精义,师匠盖疏。《十住》(即《华严经·十地品》)渊弘,世学将殄。皆由寝处于论家(谓数论、成论之家),求均于弱丧。

梁武帝《大品经注序》所言,亦可与此相发明:

> 顷者学徒罕有尊重。或时闻听,不得经味。帝释诚言,信而有征。此实贤众之百虑,菩萨之魔事。故唱愈高,和愈寡;知愈希,道愈贵。致使正经沈匮于世,实由虚己情少,怀疑者多。

周颙服膺空宗,与时流异趣。其作《三宗论》,知立异当时,将干犯学众。可见当时般若正道之衰,而成实则直炙手可热。周颙造论,智林作疏,盖三论、成实相争之先导也。

然三论之兴,实由摄山诸师。僧朗未闻有著述,而于三论当有独到。僧朗之师法度已称"备综众经",而僧朗则称"为性广学,思力该普,凡厥经律,皆能讲说"。其于博学外,必于教义有所开发,故梁武敕僧受业。有南兰陵萧眎者,亦朗之友人。陈江总持入栖霞寺,见有朗(僧朗)诠(僧诠)二师、居士明僧绍、治中萧眎素图像(见江氏《入栖霞寺》诗),不知为何如人,然要一时名士。江氏《栖霞寺碑》曰:

南兰陵萧眎幽栖抗志,独法绝群。遁此兹山,多历年所。临终遗言。葬法师墓侧。

夫既命葬僧朗墓侧,其钦佩之忱可知。故摄山僧朗隐居摄山,虽数十年,然因重兴几绝之学,已为人所注目也。

且僧朗不但重振三论,抑并大弘《华严》。盖觉贤译六十卷,巨部罕有精者。宋代虽有法业、玄畅,以斯经驰誉,然隋唐华严大盛,且演为一宗者,则北方不得不归功地论诸师,南方亦颇得力于三论学者。摄山僧朗《高僧传》本谓其"《华严》、三论,最所命家"。《续高僧传》谓僧诠亦讲《华严》,法朗从之学。而嘉祥大师《华严经游意》,亦谓江南梁代三大法师,不讲此经。陈时建初、彭城亦不讲。建初晚讲,就长干法师(三论宗智辩也)借《义疏》。彭城晚讲,不听人问未讲之文。(按上五师均研成实,吉藏于此盖调之。)而讲此经,起自摄山(当指僧诠),实盛一时。其后兴皇法朗继其遗踪,大弘兹典。而嘉祥大师固亦曾讲《华严经》数十遍也。

僧朗虽一身有关于三论、华严二学之兴隆,然仍仅驰名山原,未履京邑。其时在都城为时所最重者,仍属他宗。如开善智藏,善《涅槃》而亦成实论之大家也。尝直上正殿踞法座指斥梁武帝,其脾睨一世之概摄,固非隐遁摄山者所能望也。僧朗之后,弟子僧诠仍隐摄山,居止观寺(止观寺是否即栖霞寺改名,不可考),因称曰山中师,又曰止观诠。初受业朗公(《二谛义》卷下曰,山中法师之师本辽东人),玄旨所存,唯明中观。顿迹幽林,禅味相得。(《续高僧传》卷九)其受学不知在何时。按《法华玄义释签》曾曰:

> 高丽朗公至齐建武来至江南,难成实师。……自弘三论。至梁武帝敕十人上观诠等,令学三论。九人但为儿戏,唯止观诠学习成就。

此言僧诠受学在天监十一年。然此段自据吉藏所传,而更有附益,非必事实。按据《高僧传》,法度卒于齐永元二年(或建武四年),僧朗继纲山寺,僧诠受业,当在此后,即齐末梁初也。诠公弟子数百,中有四人,称为"四友",所谓四句朗、领语辩、文章勇、得意布是也(《法华玄义释签》谓伏虎朗、领悟辩。四人外,诠弟子有慧峰,住栖霞寺,志研律部)。其所讲为《智度》、《中》、《百》、《十二门论》并《华严》、《大品》等经,当甚有声于时。道宣《僧传》,谓"摄山诠尚,直辔一乘,横行出世",又谓"大乘海岳,声誉远闻"。其弟子兴皇法朗,再传弟子嘉祥吉藏,均常举山门义。(其后茅山大明法师承兴皇遗嘱,因亦称山门之致。参看《续传》十五《法敏传》。)如《二谛义》卷中吉藏引法朗说,而申明曰:

> 弹他释非,显山门正义。弹他者,凡弹两人。一者弹成论,二斥学三论不得意者(或指中假师之智辩)。

法朗曾作《中论疏》,又名《山门玄义》。其所谓"山门正义"者,当即承止观诠所说也。(按《二谛义》卷下,有曰,"今山门释者。即四节明并观义"。而解释四节,则引山中师说。可证山门义即诠义也。)山中师因号为摄山大师。(日人安澄《中论疏记》曰,"言摄山大师者,指道朗师,是根本故也"。不知何本。言道朗者乃指僧朗,以意度之,或不然也。)

止观僧诠,顿迹幽林,唯明《中观》。弟子法朗,先住山中,后住扬都兴皇寺。慧勇住大禅众寺。智辩住长干寺。自此而三论之学,出山林而入京邑。止观诠弟子慧布则继居山寺,亦为名僧。然布颇重禅悦,曾游北土,见邀禅师及禅宗二祖慧可,于栖霞请禅师保恭立禅众,而摄山学风丕变矣。法朗大师住扬都时,对于当世学说,想直言指摘,故《中论疏》有曰,"大师何故斥外道,批毗昙,排成实,呵大乘耶"。《陈书》载傅绎笃信佛教,从兴皇受三论。时有大心昺法师因弘三论者,雷同诃诋,恣言罪状,历毁诸师,非斥众学,爰著《无诤论》箴之。绎乃作《明道论》,用释其难。《无诤论》曰:"摄山大师诱进化导,则不如此,即习行于无诤者也"云云。此当叙僧诠也。又曰:"导悟之德既往,淳一之风已浇,竞胜之心,阿毁之曲,盛于兹矣"云云。此当叙兴皇及其党徒驳斥当时流行之学也。傅绎答曰:

> 摄山大师,实无诤矣。……彼静守幽谷,寂尔无为。凡有训勉,莫匪同志,从容语嘿,物无间然。故其意虽深,其言甚约。(上叙僧诠)今之敷畅,地势不然。处王城之隅,居聚落之内(此谓法朗在京内兴皇寺)。呼吸顾望之客,唇吻纵横之士,奋锋颖,励羽翼,明目张胆,

拔坚执锐,骋异家,炫别解,窥伺间隙,邀冀长短。与相酬对,恸其轻重,岂得默默无言,唯唯听命。必须掎撼同异,发摘玼瑕,忘身而弘道,忤俗而通教。

兴皇大师盖英挺之士。如《百论疏》曰,"大师每登高座,常云不畏烦恼,唯畏于我",可见意气之雄杰。其所争辩,首斥者为成实。故傅绎论有曰,"成实、三论,何事致乖"。(据此语则大心愚法师,或成论家也。)而硕法师《三论游意义》曰,"成实论师云,三论师不得破成论;三论师云,得破也。"吉藏《大乘玄论》卷五,述其师读《中论》,遍数不同,形势非一,乃为略出十条。此中第八为区分诃梨所造(《成论》),旃延之作(《婆沙》)。盖成实小乘,而托谈空之名,极易乱大乘中观之正义,一也。二则齐梁以来,成实最为风行,实三论之巨敌。周颙嫉之于前,法朗直斥于后。而三论之学,传至法朗,势力弘大。兴皇讲说,听者云会。挥汗屈膝,法衣千领,积散恒结,每一上座,辄易一衣。帝王(陈文帝)名士(傅 绎以外,孙玚亦常听讲。均见《陈书》)所共尊敬。慧勇登太极殿讲说,百辟具陈,七众咸萃。凡此三论家之尊荣,之广布,因恐支蔓,姑不具述。至是三论、成实,势均力敌,争斗之烈,迥异寻常。《续高僧传》载唐初灵睿在蜀弘三论,寺有异学,成实朋流,嫌此空论,常破吾心,将相杀害,可见倾轧之急。夫成论师,先既睥睨一时,对于复兴之三论,自力加排斥,指为立异。故法朗因不得不于斥破之外申明罗什之系统。故吉藏略出师意十条之六曰:

> 六者,前读关河旧序,如影、叡所作。所以然者,为即世人云,"数论前兴,三论后出"。欲示关河相传,师宗有在,今始构也。

《涅槃经游意》曰:

> 大师云,今解释,此国所无,汝何处得此义耶。云禀关河,传于摄岭。摄岭得大乘之正意者。

吉藏章疏破斥成论之处,指不胜屈。而一方又常引肇、影古说,以证其宗之出于关河。其《大乘玄论》卷三曰,"学问之体,要须依师承习"。《百论疏》卷一曰,"若肇公可谓玄宗之始"。(可见吉藏时,犹未以道生为三论宗初祖。)欲示三论之学,南国所无,故言周颙作论,梁武造疏,均得之僧朗,以明斯学为摄山统系所独得。欲示关河相传,师宗有在,故复言高丽大师传法关中,以征实其正统。学者须知宗派之兴,或出乎师承,或仅由自悟。而学说演进,忽创新说,虽凭借古德,亦由于思想发达,时会所趋,自有程序。于成实分析空论进而谈三论之妙有空,非无其故。研究宗义者,对于师资传授,不可执著,视为首要。而于杂以附会之宗史,亦自当抉出之也。

(原载《史学杂志》第 2 卷 5、6 期合刊,1931 年 4 月)

竺道生与涅槃学

晋宋之际,佛学上有三大事:一曰《般若》,鸠摩罗什之所弘阐;一曰《毗昙》,僧伽提婆为其大师;一曰《涅槃》,则以昙无谶所译为基本经典。竺道生之学问盖集三者之大成,于罗什、提婆则亲炙受学;《涅槃》尤称得意,至能于大经未至之前暗与符契,后世乃推之为"涅槃圣"。(见《涅槃玄义文句》卷上)兹篇分二大段,首述《涅槃》初至时之事实,次略考生公之学说。(1~8 为第一段,9~24 为第二段)深知所陈多简陋支离,然旨在搜集材料,俾便后日之参考云尔。

一、大乘《涅槃经》之翻译

佛藏《涅槃》经典译出至夥,重要者约有二类,一为小乘《阿含·游行经》之异译甚多,姑不详举,一为大乘《涅槃经》之异译,兹亦仅叙其三译:

一为大本,北凉昙无谶所译之四十卷是也。此盖在玄始十年(421)出,乃中国所谓涅槃宗之根本经典,当于下另详之。

一为六卷本,佛陀跋多罗在建业所译,乃法显游西域所得。

《祐录》载其《出经后记》曰:

摩竭提国巴连弗邑阿育王塔天王精舍优婆塞伽罗先见晋土道人释法显远游此土,为求法故,深感其人,即为写此《大般泥洹经》如来秘藏,愿令此经流布晋土,一切众生悉成平等如来法身。义熙十三年十月一日于谢司空石所立道场寺出此《方等大般泥洹经》,至十四年正月二(亦作一)日校定尽讫。禅师佛大跋陀手执胡本,宝云传译。于时坐有二百五十人。

按法显于晋义熙十年(414)归抵青州,同年即南下入京。佛陀跋多罗则自长安被摈后(约在410)南止庐岳;义熙八年(412)至江陵,曾见刘裕(据《通鉴》裕是年十一月到江陵);明年春随裕往建业,止道场寺。十二年(416)十一月法显共佛陀跋多罗译《僧祇律》,乃法显所得本也。此律于十四年二月末乃译讫。而在未译讫此律之前,觉贤兼译《方等泥洹经》六卷,时在十三年十月至十四年二月也(417至418)。

一为二十卷本,乃智猛在华氏邑(即巴连弗邑)得。猛于甲子岁(424)自天竺归,后于凉州译之。隋灌顶《涅槃玄义》谓此二十卷即谶译之前五品,但未必然。(下详)智猛之译,《祐录》谓为阙本,可见其不流行也。

先是谶译《涅槃》,未译后分。元嘉中释道普将往西域,慧观使求之。普因舶破伤足遘疾遂卒。临终叹曰:"《涅槃》后分与宋地无缘矣!"直至二百余年后,唐高宗时,僧会宁共智贤在日南译之,送至中国;但《开元录》已审知为伪作,非译本也。

二、涅槃大本之传译

《涅槃大经》译者为北凉昙无谶。(无或作摩,谶或作忏,《文选注》作昙无罗谶。)据《高僧传》,谶中天竺人。(《魏书》九十九及《释老志》均称为罽宾沙门)初学小乘,后见《涅槃经》,方自惭恨。又擅方术,为王所重。后因事得罪惧诛,乃至罽宾,赍有《大涅槃经·前分》十卷并《菩萨戒经》、《菩萨戒本》等。后复至龟兹。彼二处多学小乘,不信《涅槃》(参看《僧传》及《祐录》十四)乃东入鄯善,(此据《魏书》九十九,并言谶因私通王妹奔凉州。)最后止于敦煌。《祐录》卷八,《大涅槃经序》曰:

　　天竺沙门昙摩谶者,中天竺人,婆罗门种。……先至敦煌,停止数载。大沮渠河西王者,……开定西夏,斯经与谶自远而至。

《祐录》同卷《涅槃经记》曰:

　　天竺沙门昙无谶……先在敦煌,河西王……西定敦煌,会遇其人。

按蒙逊于晋义熙八年(412)迁姑臧,称河西王,改元玄始。至刘宋永初元年(420)灭西凉李氏,取酒泉敦煌。顷之,西凉李恂复入敦煌。明年三月蒙逊率兵复克之,屠其城。昙无谶之至姑臧,或即在是年,即北凉玄始十年也(421)。(据此,则《魏书》言谶自鄯善亡奔凉州,当非事实。)

据此,则谶先居敦煌,于玄始至姑臧。然《祐录》宋元明版均载谶译经有十一部,而其出经年月多在玄始十年以前。

兹录其全目,及年月地点于下:

《大般涅槃经》三十六卷,伪河西王沮渠蒙逊玄始十年十月二十三日译(此系据《祐录》卷八所载道朗序)。

《方等大集经》二十九卷,玄始九年译(丽本无此五字)。

《方等王虚空藏经》五卷。

《方等大云经》四卷,玄始六年九月出(丽本无此七字)。

《悲华经》十卷八,《别录》或云龚上(道龚)出,玄始八年十二月出(丽本无此八字)。

《金光明经》四卷,玄始六年五月出(丽本无此七字)。

《海龙王经》四卷,玄始七年正月出(丽本无此七字)。

《菩萨地持经》八卷,玄始七年十月初一日出(丽本无此十字)。

《菩萨戒本》一卷。《别录》云敦煌出。

《优婆塞戒》七卷,玄始六年四月十日出(丽本无此九字)。

《菩萨戒优婆(塞)戒坛文》一卷,玄始十年十二月出(丽本无此八字)。

案上列宋元明本所注年月,除《涅槃》外,均不见于丽本。而《祐录》卷九所载之《优婆塞戒经记》,谓系丙寅夏四月二十三日河西王世子沮渠兴国与诸优婆塞等五百余人请天竺法师昙摩谶译,七月二十三日讫,道养笔受。丙寅岁即玄始十五年,是则宋元明板所注"玄始六年四月十日出"九字实误。且《长房录》《开元录》均无,三板所注十年以前年月,则费氏及智升所见之《祐录》均无此项年月可知。不知何年时经伧人羼入宋本,元明本因之而误,实无根据也。

《大般涅槃经》据道朗序于玄始十年十月二十三日出，惟未言何时译竣。而《高僧传》则言玄始三年初译，十年十月二十三日讫，慧嵩笔受。(《释老志》作智嵩)但如谶于十年三月后至姑臧，则《僧传》所言亦误也。又《僧传》谓谶于出经之前，先在凉土习语三年，亦不知确否。但据《祐录》卷二，引《别录》谓《菩萨戒本》在敦煌出，则其至凉土前，已能译经。或在凉土习华言三年之说亦妄也。又《祐录》十四谓谶携来《前分》十二卷，后还国，于于阗得经本归凉续译之。而《高僧传》谓谶自携来《前分》十卷，后又往于阗求得《中分》还译之，后又遣人到于阗求得《后分》译之。《祐录》之《涅槃经记》则谓初十卷五品系智猛携至高昌者，次八品则胡道人于敦煌送来。隋灌顶《涅槃玄义》谓前五品二十卷，乃谶与智猛共翻，后遣使外国，又得八品，译之为二十卷。四说各不同。但僧祐、慧皎均言智猛于宋元嘉元年(424)发于天竺，已在谶到姑臧之后。经记所言，想不确也。

谶所译经均属大乘，而所译《涅槃经》开中国佛理之一派，至为重要。迫至沮渠蒙逊末年，北魏强大，太武帝闻谶名，召之。蒙逊不与，并疑谶，遂杀之。(《魏书》九十九谓"帝闻其善男女交接之术，召之。"云云与《释老志》、《祐录》、《僧传》等所载各有不同。)事在义和三年，即宋元嘉十年也(433)。谶译《涅槃》，凉土义学僧人即注意此经。《祐录》卷十四谓北凉当时慧嵩道朗号称独步。而道朗作《涅槃经序》，并有经疏(见吉藏《大乘玄论》)。《释老志》载智嵩为译时笔受，后以新生经论于凉土教授，辩论幽旨，著《涅槃义记》。智嵩当即慧嵩也(《祐录》卷十《毗婆沙序》亦称曰智嵩、道朗)。但当时高僧虽已解新经，然不久凉土兵乱，《涅槃》之学流至江南，乃称盛也。

三、涅槃大本之修改

按北凉昙无谶译大本在玄始十年，即刘宋武帝永初二年(421)。其后至宋文帝元嘉中，此本乃传建业。《三论游意义》谓在元嘉七年(430)始至扬州。其时江南已有六卷译本，义学名僧若竺道生等已大阐佛性之说。大本既至，斯学更盛。《高僧传·慧严传》曰：

　　《大涅槃经》初至宋土，文言致善，而品数疏简，初学难以厝怀。严迺共慧观、谢灵运等依《泥洹本》加之品目；文有过质，颇亦治改。

　　《大般涅槃经》原有四十卷，世称为北本。经治改后，成三十六卷，世谓之为南本。南北本在文字上，不过稍有差别。但前分品目则甚为不同。此则依法显所得六卷本而增改者也。

　　兹表列三本之品目如次，以见其增改之概要（下表分划依《大正藏经》）。

北本	南本	六卷本
(1)《寿命品》之一	(1)《序品》	(1)《序品》
		(2)《大身菩萨品》
《寿命品》之二	(2)《纯陀品》	(3)《长春纯陀品》
	(3)《哀叹品》	(4)《哀叹品》
《寿命品》之三	(4)《长寿品》	(5)《长寿品》
(2)《金刚身品》	(5)《金刚身品》	(6)《金刚身品》
(3)《名字功德品》	(6)《名字功德品》	(7)《受持品》
(4)《如来性品》之一	(7)《四相品》	(8)《四法品》
《如来性品》之二	《四相品》之余	
《如来性品》之三	(8)《四依品》	(9)《四依品》
《如来性品》之四	(9)《邪正品》	(10)《分别邪正品》
	(10)《四谛品》	(11)《四谛品》
	(11)《四倒品》	(12)《四倒品》
	(12)《如来性品》	(13)《如来性品》
《如来性品》之五	(13)《文字品》	(14)《文字品》
	(14)《鸟喻品》	(15)《鸟喻品》
《如来性品》之六	(15)《月喻品》	(16)《月喻品》
《如来性品》之七	(16)《菩萨品》	(17)《问菩萨品》
(5)《大众所问品》	(17)《大众所问品》	(18)《随喜品》(终)
(6)《现病品》	(18)《现病品》	

(7)《圣行品》	(19)《圣行品》
(8)《梵行品》	(20)《梵行品》
(9)《婴儿品》	(21)《婴儿品》
(10)《光明遍照高贵德王菩萨品》	(22)《光明遍照高贵德王菩萨品》
(11)《师子吼菩萨品》	(23)《师子吼菩萨品》
(12)《迦叶菩萨品》	(24)《迦叶菩萨品》
(13)《憍陈如品》	(25)《憍陈如品》

南本依六卷《泥洹》将北本之前五品分为十七品。《泥洹》有《大身菩萨品》第二。惟《泥洹・序品》述佛将入灭时一切大众均来顶礼,大身菩萨为来顶礼者之一,故南本以并入《序品》。而其前十七品当六卷本之十八品也。至若文字上之改治,则常因原文之过质。如北本曰,"犹如慈父唯有一子,卒病丧亡,送其尸骸置于冢间,归还怅恨,愁忧苦恼";南本改曰,"犹如慈父唯有一子,卒病命终,殡送归还,极大忧恼。"(此见《序品》。)但南本亦有时亦有因《泥洹》本而改治者。如北本《寿命品》之二,"啼泣面目肿",而六卷本作"久远忧悲痴冥暗",南本作"恋慕增悲恸"。北本《寿命品》之三佛说偈中有"而与罗汉等",《泥洹》作"量与罗汉等",南本亦然。则南本文字上之改治,亦稍有依《泥洹》者。但如大段文字,《泥洹》所有,而北本所无者,南本例不增入。如《泥洹・序品》有六恒河沙一段,《问菩萨品》首段迦叶问何为菩萨,均北本所缺,而南本亦未敢增加也。至若南本《文字品》开首有佛复告迦叶一语,《月喻品》开首有佛告迦叶一语,均为北本所无,《泥洹》所有,则系因加分品目,而增入者也。总之,南北二本之不同,一为品目之增加,此仅及北本之前五品;二为文字上之修治,则南北本相差更甚微也。

四、竺道生事迹

我国译经自道安之后大盛。道安主持长安之译经,所出多属一切有部。罗什在长安时,所出注重《般若》三论。昙无谶在凉州所译,以《涅槃》为最要。竺道生者盖能直接此三源头,吸收众流,又加之以慧解,固是中华佛学史上有数之人才。刘宋时人王微以之比郭林宗,乃为之立传,旌其遗德。而释慧琳《竺道生法师诔文》推崇亦备至(见《广弘明集·僧行篇》)。文有曰:

> 乃收迷独运,存履遗迹,于是众经云披,群疑冰释,释迦之旨淡然可寻,珍怪之辞皆成通论。聃周之伸名教,秀弼之领玄心,于此为易矣。

竺道生本姓魏。《高僧传》曰钜鹿人,寓居彭城(《诔文》彭城人,《宋书》九十七,《祐录》十五均同)。家世仕族。父为广戚县令(《诔文》、《祐录》同,广戚晋属彭城国,《宋书》作广武则属雁门郡),乡里称为善人。生幼而颖悟,聪哲若神,其父知非凡器,爱而异之。

后值沙门竺法汰(《祐录》丽本作法太道人,《宋书·法大诔文》法汰。)遂改俗归依,伏膺受业。因从时习,故姓竺也。既践法门,俊思奇拔。研味句义,即自开解。故年在志学(《诔文》、《祐录》同,《宋书》作十五亦同),便登讲座,吐纳问辩,辞清珠玉。《诔文》曰:

> 于时望道才僧,著名之士,莫不穷词挫虑,服其精致,鲁连之屈田巴,项托之抗孔叟,殆不过矣。

按竺道生不知寿若干岁及生于何年。按南京瓦官寺立于兴宁年中(363—365,见《僧传》《法汰》及《慧力传》)。竺法汰下都,居瓦官寺。简文帝敬重之,请讲《放光经》;开题大会,帝亲临幸,王侯公卿莫不毕集。按简文帝在位仅二年(371—372),其时瓦官寺创立未久;及汰居之,乃拓房宇,修立众业。(见《高僧传·法汰传》。)是汰之来都在兴宁年后,简文帝之世也。但《世说新语·赏誉篇》载法汰北来未知名,王领车供养之,因此名遂重云云。查王洽卒于升平二年(358),则法汰到京实在立瓦官寺前数年。而汰后卒于南京,系太元十二年。自升平之初至此共三十一年。竺道生出家即在此三十一年间。据《高僧传》,简文帝请法汰讲《般若》,时黑白观听,士庶成群,三吴负帙至者数千。道生之出家,或在是时(371—372)。

又其后若干年，而道生年十五。(如假定在375年，而道生死于434年，则道生寿六十岁。)又其后约五年，当二十岁时，受具足戒。《祐录》曰："年至具戒，器鉴日跻，讲演之声，遍于区夏，王公贵胜，并闻风造席；庶几之士，皆千里命驾。生风雅从容，善于接诱，其性烈而温，其气清而穆，故豫在言对，莫不披心焉。"

《高僧传》谓生与叡公(当为慧叡)及慧严、慧观同学齐名。叡等三人均未闻其为法汰弟子。此曰同学，盖谓同学于鸠摩罗什也。慧观曾师慧远，然生公则未闻为远弟子，且法汰与安公同学，故道生与远公为平辈。至若世传，道生入白莲社，为十八高贤之一。按关于远公立白莲社之传说，多荒唐不可信。而远公与刘程之等誓生西方(402)，在最早记载《祐录》、《僧传》俱无道生之名。亦未可信其在誓生西方百二十三人中也。

《诔文》谓生中年游学，广搜异闻。是生公当于三四十岁时去扬都游学。先至庐山，即在其时得见罽宾义学沙门僧迦提婆。查提婆在安公死(385)后至洛邑，数年后乃至庐山。

于太元十六年(391)在山译《阿毗昙心》。(见《祐录》，该论未详作者序文及远公序。)至隆安元年(397)提婆东下京师。

道生应在太元之末数年至庐，得见提婆，从习一切有部义。按《名僧传抄》，载《名僧传·目录》，其卷十如下：

《名僧传》第十(《隐道下》中国法师六)

晋故章琨山支昙谛一

晋吴虎丘东竺道宝二

伪蜀郡龙渊寺慧持三

(中略)

宋寻阳庐山西寺道生十

(下略)

而《名僧传抄》之《说处》中卷十则如下：

第十

昙谛讲《法华》、《大品》、《维摩》各十五遍事。

惠持九岁随兄(原作兑)同为书生,俱依释道安抽簪落发事。

惠持辞惠远之处,入蜀之时,契以西方为期事。

庐山西寺竺道生事。

慧远庐山习有宗事

(下略)

据《名僧传》卷十,首叙昙谛,内载其讲经事。(《高僧传》亦载之)次为道宝。再次为惠持,内叙其共兄慧远从安公出家,及后入蜀事。及至第十传,则为竺道生。其中乃载有慧远庐山习有宗事。依此推之,竺道生或与远公同从提婆习一切有部之学。不然者,则《名僧传》何以于道生传中,载远习有宗事耶?

据《祐录》载竺道生于隆安中游庐山,则生见提婆应在建业(提婆隆安元年到京师),然与上所述抵牾。且慧皎抄袭《祐录》之传,而隆安中三字则除去,可见皎亦疑之。且如生果于隆安中到匡山,并居彼七年,则其至关中,必远在什公入关数年之后。夫道生闻什之来,当急欲相见,必不若是之迟滞也。

《僧传》曰:"生常以入道之要,慧解为本;故钻仰群经,斟酌杂论,万里随法,不惮疲苦。后与慧叡、慧严同游长安,从什公受学。"而《祐录》谓慧观亦同行。慧皎《传》曰:"睿、观二人先游庐山,闻什公入关,乃自南徂北。"据此则二人者亦当曾与远生二公同习提婆之学,后又共道生入关也。道生《诔文》叙生之见闻曰:

> 中年游学,广搜异闻,自扬徂秦,登庐蹑霍。罗什大乘之趣,提婆小道之要,咸畅斯旨,究举其奥。所闻日优,所见称賾。

生公在关中,僧众称其秀悟。按《续僧传》六,载齐王俭曰:"昔竺道生入长安,姚兴于逍遥园见之,使难道融义,往复百翻,无言不切。众皆睹其风神,服其英秀。"《肇论》载刘遗民与僧肇书曰:

> 去年夏末,始见生上人,示无知论。

肇公答书又曰:

> 生上人顷在此,同止数年。至于言话之际,常相称咏。中途还

南,君得与相见,未更近问,悒悒何言。

按肇公作书应在晋义熙六年八月十五日(见原书)。而刘书则寄于前一年(409)之十二月。而在其前又一年夏末,生公南归至庐山,以肇著之《般若无知论》示刘遗民,盖为义熙四年也。

生公想系下都,路经庐山,不久即东去。故《祐录》曰:"义熙五年还都,因停京师。"(409)道生还都,止青园寺;宋文帝、王弘、范泰、颜延之均敬重之。(见《僧传》)元嘉中年范泰因争踞食,上表文帝,帝并下诏答之。表与诏书均言及慧严、道生、慧观三道人。可见生公与严、观盖朝廷上下所重视者也。

道生还京,《僧传》谓住青园寺。刘宋初有二青园寺。一见于《高僧传》,为道生所住,是晋恭思皇后诸氏所立;本种青处,因以为名,生既当时法匠,请以居焉。一见于《比丘尼传》,业首尼所居;元嘉三年王景深母范氏以王坦之故祠堂地,施与首起立寺舍,名曰青园。此寺似在前寺之东,故《比丘尼传》称为东青园。二寺一立于晋时,一立于元嘉三年也。道生住寺,后改名龙光。据景定、至元二志,龙光寺亦有二。道生所居谓在覆舟山下。宋元嘉二年号青园(此当非确)。另一龙光禅院,在龙光门外(约在今南京旱西门外)。而旧志有以禅院为道生所居者,景定志以为非是。按龙光门,宋及元时金陵城乃有此名。龙光禅院想因门得名。其建立或在宋代后也。又《祐录》谓道生未至庐山之前,已住龙光寺,《僧传》无此语,可见慧皎以为《祐录》误也。且此寺或立于晋义熙中,时恭帝尚未为帝,而生公去庐则在义熙之前也。

生公在匡山,学于提婆,是为其学问第一幕。在长安,受业什公,是为其学问之第二幕。及其于晋义熙五年(409)南返至建业,宋元嘉十年卒于庐山(434),中经二十五年,事迹不详,且不能确定其年月;但其大行提倡《涅槃》之教,正在此时,是则为其学问之第三幕。

法显携来之六卷《泥洹》,于义熙十三年十月一日译出,即在道生还建业后之八年。《涅槃》佛性之说,生公似早有所悟。据《高僧传》曰:

生既潜思日久,彻悟言外,乃喟然叹曰:夫象以尽意,得意则忘象；言以诠理，入理则言息；自经典东流，译人重阻，多守滞文，鲜见圆义，若忘筌取鱼，始可与言道矣。于是校阅真俗，研思因果，乃言善不受报，顿悟成佛。又著《二谛论》，《佛性当有论》，《法身无色论》，《佛无净土论》，《应有缘论》等（《祐录》未言及此五论），笼罩旧说，妙有渊旨。而守文之徒，多生嫌嫉，与夺之声，纷然竞起。

生公立顿悟佛性诸义，不知在何年。惟据文而言，则生因潜思日久，彻悟言外，故立诸义，似与《泥洹》之译无关也。《泥洹》既至京师，当时人必已惊其为异说，初不必待生公之发挥也。《祐录》载之《出经后记》（全文见前）有曰，"愿一切众生悉成平等如来法身"；是译经时，众人已知佛性义为此经之特点。而彼记又曰，"于时坐有二百五十人"，而《喻疑论》谓有"百有余人"；二数虽不同，然当时同情于斯经者，要非只生公一人。斯经译后，引起学界之大波澜。慧叡《喻疑论》曰：

> 今《大般泥洹经》，法显道人远寻真本，于天竺得之，持至扬都，大集京师义学之僧百有余人。禅师（指佛陀跋多罗）参而译之，详而出之。此经云：泥洹不灭，佛有真我。一切众生，皆有佛性。皆有佛性，学得成佛。佛有真我，故圣镜特宗，而为众圣中王。泥洹永存，为应照之本，大化不泯，真本存焉。而复致疑，安于渐照，而排跋真诲。任其偏执。而自幽不救。其可如乎！此正是《法华》开佛知见。开佛知见，今始可悟。金以莹明，显发可知。而复非之，大化之由，而有此心，经言阐提，真不虚也。

慧叡痛斥时人之唯相是非，执竞盈路。《喻疑论》之作，盖在纾时人之疑《泥洹》。而其谈皆有佛性，斥安于渐照，则全同情于道生之言论者。《喻疑论》又曰：

> 此《大般泥洹经》既出之后，而有嫌其文不便者，而更改之，人情少惑。有慧祐道人私以正本雇人写之。容书之家，忽然火起；三十余家，一时荡然。写经人于灰火之中，求铜铁器物；忽见所写经本，在火不烧。及其所写一纸，陌外亦烧，字亦无损。余诸巾纸，写经竹简，皆为灰烬。

此事亦见慧皎之《法显传》中(稍不同)。无论为伪造或误传,而当时信《泥洹》之人,必常见于此经之被疑而取此事证其不妄。(由此可见昙无谶记盗《涅槃经》事亦有同样作用。)且论文言人情少惑云云,必有人疑全书系伪造者。《弘明集》范泰《致生观二法师书》有曰:

> 外国风俗还自不同。提婆始来,义观(亦作义亲)之徒,莫不沐浴钻仰,此盖小乘法耳。便谓理之所极,谓《无生》《方等》之经,皆是魔书。提婆末后说经,乃不登高座。法显后至,《泥洹》始唱,便谓常住之言,众理之最:《般若》、《宗极》,皆出其下。以此推之,便是无主于内,有闻辄变。譬之于射,后破夺先。

此短简数语直概括东晋佛学之全部历史。中国义学僧人先谈《般若》,如道安、法深、法汰、支遁等旨是也。及提婆既来,而庐山南京诸僧(即所谓义观之徒)乃从而竞学。其至且有诽议《般若》者。《喻疑论》曰:

> 慧导之非大品,而尊重三藏。

《三藏》指小乘,慧导者或即因学《有部》而指《方等》为魔书者也。及法显之六卷《泥垣》至,而宗之者亦大有人在。道生、慧叡、慧严、慧观皆信新说,而疑之者亦不乏人。如中兴寺僧嵩信《大品》而非《涅槃》。(《中论疏》卷三)《高僧传》谓其兼明《数论》,末年僻执,谓佛不应常住,临终之日,舌本先烂。(《中论疏》所记颇不同)《祐录》卷五,谓彭城僧渊诽谤《涅槃》,舌根销烂。(此事不见《高僧传》,恐系僧嵩事误传。)

按《喻疑论》不知作于何时。然观其仅言及法显之《泥垣》,则必在昙无谶大本流行以前。范泰之书,系论踞食,同时并有书致王司徒诸公。王司徒者,王弘,字休元。元嘉三年(426)正月为司徒,五年(428)六月降为卫将军。八月而范泰卒。范泰致生、观之书中,亦仅言法显六卷本,则其时大本《涅槃经》仍未行世。时叡公作《喻疑论》,范氏讥信《泥洹》者之无主于内,可见诽议新经之烈。新经之领袖,当为道生。立佛性顿悟义,而性复刚烈(二字见《诔》);锋芒或太露,为时所忌。故《诔文》有曰:

> 物忌光颖,人疵贞越,怨结同服,好折群游。

此盖叙生公被摈事。其被摈之故,《祐录》、《僧传》均谓因立"一阐提皆得成佛"义。传曰：

> 又六卷《泥洹》先至京都，生剖析经理，洞入幽微；乃说一阐提人皆得成佛。于是大本未传，孤明先发，独见忤众。于是旧学以为邪说。讥愤滋甚，遂显大众摈而遣之。生于大众中，正容誓曰："若我所说，反于经义者，请于现身即表疠疾！若于实相不相违背者，愿舍寿之时，据狮子座！"言竟拂衣而逝。

> 初投吴之虎丘山，旬日之中，学徒数百。(《祐录》不载生居虎丘事)。其年夏，雷震青国佛殿，龙升于天，光影西壁，因改寺名号曰龙光。时人叹曰，"龙既已去，生必行矣"！俄而投迹庐山，销影岩岫。山中僧众，咸共敬服。后《涅槃》大本至于南京，果称阐提悉有佛性，与前所说，合若符契。

范泰《致生观二法师书》在元嘉三年至五年顷。生公犹住青园寺。但当在元嘉五六年中即被摈。何以言之？盖谢灵运为与严观二师共修改之大本之人。其修改场所应在京内(严、观均京师僧)。在元嘉三年以后，康乐只到京二次。第一次在元嘉三年，被征为秘书监，至六年乞假东归。此时大本至建业。盖《祐录·道生传》曰，"生以元嘉七年投迹庐阜，……俄而《大涅槃经》至于京都。"而隋硕(亦作碛)法师《三论游意义》，亦谓元嘉七年《涅槃》至扬州。是年谢灵运因孟𫖮陈其有异志。乃驰至京师。因大本至而与严观二法师共改治之。是时生公已自虎丘隐居匡山。故生公之被摈应在元嘉五六年中也(428—429)。

雷震青园佛寺，龙升于天，而道生去京，必为一时佳话。而《祐录》竟无此段。岂疑之乎？据《宋书·五行志》，元嘉四年至九年均有雷震，而尤以五年为甚，谓："震太庙，破东鸱尾，彻壁柱。"而景定《建康志》以为龙见于覆舟山在元嘉五年(但原文所述颇有抵牾)。岂生公之行在五年欤？但《祐录》卷二四均谓景平元年译五分律于龙光寺，道生参与其事。青园如于元嘉时改名龙光，景平时则不应称为龙光也。

道生被摈，居于虎丘。虎丘有法纲法师，想即与谢灵运辩顿悟义之人。纲卒于元嘉十一年十一月。道生卒于其前一月。释慧琳为二人均各作诔。其《虎丘法纲法师诔》有曰:"怀游居之虎丘,悼冥灭之庐岭。"以臆度之,系并哀二僧。或二人素相友善,则道生之居虎丘或在法纲所也。(生公在虎丘说法,顽石点头传说,不知始于何时?《中吴纪闻》谓见于《四蕃志》。《四蕃志》不知何书?《四蕃志》与《苏州府志》等书所记均略有不同。)然据《僧传》生不久即隐遁匡山。《祐录》谓其至庐山在元嘉七年。不久《涅槃》大本至京师,或经修治后,即达庐阜。道生乃即讲之。(《三论游意义》谓观法师请生公讲此。)大本中果有阐提成佛之语,京中僧人不但悟生公之卓识,而信涅槃义者当更多矣。

道生《法华经疏·序》曰:

> 聊于讲日,疏录所闻,述记先言,其犹鼓生。又以元嘉九年春之三月于庐山东林精舍又治定之。加采访众本,具成一卷(一字恐系二字)。

元嘉九年(432)春,生公居东林寺,再治《法华疏》。据《名僧传钞》,宝唱称道生为庐山西寺释,则生常住之处,或实为西林寺也。《祐录》曰:

> 生既获新经,寻即建讲,以宋元嘉十一年冬十月庚子于庐山精舍升于法座,神色开明,德音骏发,论议数番,穷理尽妙。观听之众,莫不悦悟。去席将毕,忽见麈尾纷然而坠,端坐正容,隐机而卒。颜色不异,似若入定。道俗嗟叹,远近悲凉。于是京邑诸僧内惭自疚,追而信服。其神鉴之至,徵端如此。仍葬于庐山之阜。(《僧传》文同,惟十月作十一月当是误写。)

此盖完成其出都时"据狮子座"之愿言,证实其立说之不妄。

南齐大明四年慈法师《胜鬘经序》亦谓生至元嘉十一年于讲座之上迁神异世。(见《祐录》)然宋慧琳《诔文》则毫未言及,事恐未确也。

五、竺道生之著作

生公之著作现已散佚不全,兹列其目于下:

《维摩经义疏》,见《祐录》十五。《东域录》作三卷。按今存之《维摩经注》及《关中疏》,均摘抄生公义疏,惟当未全录。《祐录》曰,关中沙门僧肇始注《维摩》,世咸味玩;及生更发深旨,显畅新异,讲学之匠,咸共宪章云云。按肇公致刘遗民书时,曾附赠其《维摩注》,事在义熙六年。生公之注《维摩》,或更在此年后也。

《妙法莲华经疏》上下二卷❶,见《祐录》十五。收入日本《续藏经》一辑二编乙,第二十三套第四册中。日本《天台章疏录》,《东域录》,均著录。又名《略疏》。

《泥洹经义疏》,见《祐录》十五。此应为六卷本之疏。查《涅槃经集解》中,录有道生之言。则生公另有大本之注疏。

《小品经义疏》,见《祐录》十五。

《善不受报义》,见《祐录》十五,参看《僧传》。

《顿悟成佛义》,同上。此二义生公似各曾为文发挥其义。

《二谛论》,见《僧传》本传。

《佛性当有论》,同上。

《法身无色论》,同上。

《佛无净土论》,同上。

《应有缘论》,同上。

《释八住初心欲取泥洹义》。

《辩佛性义》,上二均见《祐录》所载之陆澄《法论目录》第二帙《觉性集》中。《佛性义》并有注曰:"竺道生;王问,竺答。"按之上文,王系王谧,字稚远。《内典录》载《法论目录》,直作"王稚远问"。

《竺道生答王(休元)问一首》,生公答王弘问顿悟义。现存《广弘明集》中。

《十四科元赞记》,《宋史志》著录(日本《智证请来目录》《东域录》均作"《十四科义》一本")。

又《陆澄目录》第九帙,《慧藏集》中有下列诸项:

《问竺道生诸道人佛义》,范伯伦。

---

❶ 按《四论玄义》末卷,引生法师释白牛车一段,恰出《法华经疏》上。

《众僧述范问》。

《范重问道生》,往返三首。

《傅季友答范伯伦书》。

上四项似一时往返之辩答。傅季友死于元嘉三年,则诸书之作在此前。既称问佛义,或即辩佛性之理也。

又同《目录》第六帙《教门集》有下列一条:

《与竺道生书》,刘遗民。

此书既不存,不知论何事,亦不知生公有答书否。但竺道生曾自长安携肇之《般若无知论》示遗民,则二人甚友好。

六、晋末宋初之研究涅槃者

《涅槃》之译出为北凉之昙无谶,而最初光大之者,仅多由南方罗什之弟子,此中以生公为中心。此外则下列诸人(均卒于元嘉前)均与《涅槃》有关。

慧叡,什公弟子,作《喻疑论》。

慧严,什公弟子,治改北本。

慧观,什公弟子,治改北本,并论"顿悟""渐悟"义。

慧静,东阿人,著《涅槃略记》,《大品旨归》,《达命论》,注《法华》,《思益》,多流行北土,不甚过江。

僧弼,信"涅槃佛性"义,下详。

道汪,远公弟子,善《涅槃》。

谢灵运,述生公"顿悟"义,改治北本。

七、顿悟渐悟之争

顿悟渐悟之争,至宋初而甚盛。六朝章疏分顿有大小。慧达《肇论疏》谓,顿悟有两解,竺道生执大顿悟,支道林、道安、慧远、垔法师及僧肇均属小顿悟;文繁兹不详抄。而隋硕法师《三论游意义》亦曰:

用小顿悟师,有六家也:一肇师,二支道林师,三真安垔师,四邪通师,五匡山远师,六道安师也。此师等云,七地以上悟无生忍也。(合年天子)竺道生(原文夺生字)师用大顿悟义也。(小缘天子)金刚以还,皆是大梦;金刚以后,皆是大觉也。(此中"合年天子""小缘天子"八字,不知何解,疑为衍文。)

分顿悟为两解及数家,当在道生以后。但谓生公前即有顿悟义,则南齐刘虬已言之。其《无量义经序》,言安公道林之言合于顿义。而《世说·文学篇》注曰:

《支法师传》曰:法师研《十地》,则知顿悟于七住。

此《支法师传》如为郗景兴之《序传》,则晋世已谓支公持顿义矣。

僧肇于什公死后作《涅槃无名论》,《难差》第八,《辩差》第九,《责异》第十,《会异》第十一,《诘渐》第十二,《明渐》第十三,均实辩顿渐之理也。顿渐之辩甚流行,可知也(但肇此论或伪作)。

然顿悟之义,究始于竺道生,其余支道林诸说自生公视之当均是渐悟非真顿也。《高僧传》谓生校阅真俗,研思因果,乃言善不受报,顿悟成佛。又谓时人以生推阐提得佛,此语有据。顿悟,不受报等,时亦宪章。《宋书》九十七叙生事曰,及长有异解,立顿悟义,时人推服之。可见生公之声名,因其多独到。而独到处之最有名者,为顿悟成佛义。当时于此,大生争执。《祐录》载陆澄《法论》第九帙《慧藏集》著录下列诸项:

《辨宗论》,谢灵运(《广弘明集》载之)。

《法勖问》,往返六首(同上)。

《僧维问》,往返六首(同上)。

《慧骃述僧维问》,往返六首(同上)。

《骃新(亦作杂)问》,往返六首(同上,"骃新"《广弘明集》作"骃维")。

《竺法纲释慧林问》,往返十一首(同上,"林"《集》作"琳")。

《王休元问》,往返十四首(同上,王问题为"问谢永嘉",谢答题为"答王卫军")。

《竺道生答王问》一首(同上)。

《渐悟论》,释慧观。沙门竺道生执顿悟,谢康乐灵运《辨宗》述顿悟;

沙门释慧观执渐悟(此段二十六字乃小注或系后人羼入)。

《明渐论》,释昙无成。

谢灵运《辨宗论》及下问答共八项,均载《广弘明集》中。据彼论称,乃述新论道士之说。此新论道士当即指道生,其证有二。(一)王弘(字体元,时为卫将军)既与谢辩顿义,往返多次;后即将其问答送示生公,必因生公为原来立此义之人,故以之就正也。(二)陆澄《目录》内称道生执顿悟,谢康乐述顿悟,是谢述生之义也。故慧达《肇论疏》曰:"谢康乐灵运辨(原作弁)宗,述生师顿悟也"(生复王弘书亦谓谢论都无间然;是生公以谢之顿说为然也)。

又据谢致王休元书有曰:"海峤岨回,披叙无期",是可证斯论之作,在康乐为永嘉太守时,即永初三年七月至景平元年秋也。因此道生书中,称康乐为谢永嘉也。而永初元年江州刺史王弘进为卫将军,开府仪同三司,景平二年诏召弘入京;是作论时,谢在永嘉,王在江州也。而据《祐录》景平元年七月(此据卷二,而卷十五作十一月),沙门竺道生、释慧严请罽宾律师佛驮什于京都龙光寺译出《弥沙塞律》等三部三十六卷。《弥沙塞律》乃法显所得本也。据此则景平元年,生在南京。或谢作论之时,生公亦在都邑也。问答诸僧之法纲,或即慧琳为作诔之虎丘法纲。而初庐陵王义真与谢灵运、颜延年、慧琳道人情好款密,朝臣徐羡之恶义真,遂出谢为永嘉太守,慧琳恐亦出都;谢书系与纲、琳二人,则二人恐同在虎丘也。又据康乐《辨宗论》谓同游(游永嘉山水也)。有诸道人。问答之中,有法勖、僧维、慧骃等,当即在永嘉同游者也。王弘书内称此间道人,故有小大不同,当系王曾与江州僧人论顿悟也。因是顿悟义之争辩,广及永嘉、虎丘、南京、江州诸地,亦可谓大观矣。

生公唱顿悟义,康乐演述之,事在永初三年七月至景平元年秋(422—423)。是远在大本《涅槃》南来以前。当时已显分二派。持渐悟者,首称慧观。陆澄《法论》著录其《渐悟论》。(见前)《高僧传·观传》曰:

　　著《辨宗论》,论顿悟渐悟。

此盖即指《渐悟论》;谓论名"辨宗",与谢氏同,则系误记也。昙无成亦著《明渐论》(见前引)成亦元嘉中卒,或亦当时此项论战中之一人。至于与康乐辩论之法勖、僧维、慧骥、法纲、慧琳、王休元以及江州僧人均致疑顿说者。而宗少文亦同时人,并执渐悟。外此尚有僧弼。(见下)至若顿派,则生公、谢侯之外,有慧叡。其《喻疑论》斥疑《泥洹》者安于渐照,则可知其本执顿悟。而顿家又有宋文帝。文帝甚重生公。《生传》曰:

> 宋太祖文皇深加叹重。后太祖设会,帝亲同众御于地筵;下食良久,众咸疑日晚,帝曰:"始可中耳"。生曰:"白日丽天,天言始中,何得非中?"遂取钵便食,于是一众从之。❶ 莫不叹其枢机得衷。

及生公死后,《僧传》谓文帝尝述生顿悟义,沙门僧弼等皆设巨难。帝曰:"若使逝者可兴,岂为诸君所屈?"僧弼盖执渐悟者,卒于元嘉十九年,曾从什公受学;后住建业彭城寺,亦为文帝所敬。据日人安澄《中论疏记》引其所作《丈六即真论》,阐明佛性,盖亦信《涅槃》者。至若生公死后顿渐之争,则于后详之。

八、谢灵运事迹年表

康乐一生常与佛徒发生因缘,曾见慧远于匡庐,与昙隆游嵊嵊,与慧琳法流等交善。著《辨宗论》,申道生顿悟之义。又尝注《金刚般若》。(《文选》注引之,又见《广弘明集·金刚集注序》)与慧严、慧观等修改大本《涅槃》。近日黄晦闻先生论康乐之时,谓其能融合儒佛老,可见其濡染之深。兹考其事迹之特与佛教有关者,为年表如下:

晋孝武帝太元十年,生。

晋安帝义熙元年三月,琅琊王(后来恭帝)受命为大司马,以康乐为大司马参军。同年五月,刘毅为豫州刺史,镇姑熟,爱才好士,当世名流莫不辐凑;康乐当亦经延致(毅又与其叔祖谢琨交结)。

义熙七年,四月刘毅兼江州刺史,命其亲将赵恢领千兵守寻阳。康乐或于此时亦到寻阳,并入山见远公。

---

❶ 《集解》六十五引"记曰:夫斋者过中不食。"

义熙八年,四月诏以刘毅为荆州刺史。毅割豫州文武江州兵力万余人自随,九月至江陵。康乐如未于七年到寻阳,此次当随毅道出江州。毅在此调度军兵,当稍逗留。康乐因得游山,见远公。《高僧传·慧远传》曰:陈郡谢灵运负才傲俗,少所推崇,及一相见,肃然心服,云云。事当在此时,按远公于元兴元年立誓往生,在谢到江州前十一年。世传远公不许谢入莲社,恐无此事。又据谢之《佛影铭序》,谓法显归来(义熙十年)述及佛影,远公闻风摹拟,并令僧人道秉远宣意旨,令谢作铭。(此时谢在京。)则远公非十分鄙夷康乐者。义熙十三年远公卒,谢为作诔,载《广弘明集》中。又东林寺立《远法师碑》,其铭乃出康乐手笔,而序乃张野作,载《佛祖统纪》中。(参看陈舜俞《庐山记》)

同年,十月刘裕率师至江陵讨毅;破之,毅死。十一月裕至江陵。毅府参军申永劝裕贯叙门次,显擢才能。裕从之,因辟名士。康乐为太尉参军。

九年,二月裕东下,系兼程而进。康乐如随行,道出江州,当不能见远公,即见亦不久。

宋武帝永初元年,范泰立祇洹寺,立佛像,致书康乐,请为作赞。谢为作三首。其从弟惠连亦作一首。

永初三年,七月康乐出守永嘉郡,遍游名山水。同行有诸道人。谢于在郡时,作《辨宗论》。

少帝景平元年,秋,康乐称疾去职,后移居会稽。先是有昙隆道人者,初居匡山石门香炉峰,六年不下岭,后在上虞徐山。迨康乐谢病东川时,来从游。同涉崂嵊,共二年。道人逝世,谢为作诔。文有曰:"缅念生平,同幽共深,相率经始,偕是登临;开石通涧,剔柯疏林,远眺重叠,近瞩岖嵌。事寡地闲,寻微探赜,何句不研,奚疑弗析;帙舒轴卷,藏拔纸襞,问来答往,俾日余夕。"此中"开石通涧"等句颇可证《宋书》谢伐木开径之事为不虚。而观其谓"问来答往"且证以谢游永嘉作《辨宗论》之往复问答,可见谢与僧人交好,非徒事闲游也。又据康乐《山居赋》自注,称有昙隆(原本作降)、法流二法师辞恩爱入山绝缘,鱼肉不入口,粪扫必在体,谢遇之东山石门瀑布,相与以西方为期,并恨相见之晚。(按《高僧传·僧镜传》有道流,或即此法流。)

文帝元嘉三年,征谢为秘书监。

元嘉五年,康乐假东归,后免官。

元嘉三年至五年,约在此年中范泰《致书生观二法师》,言及当时义学僧之信《泥洹》,可证道生时仍居青园寺。

元嘉五年至六年,约在此年中,道生被摈,出居虎丘。

元嘉七年,道生徙居匡庐。(此据《祐录》)会稽太守孟颛表陈谢有异志;康乐驰诣阙上表自陈,表中言"居东已三年"。文帝不罪之。是时《涅槃》大经至建业,慧严、慧观与康乐改治之。后文帝以谢为监川内史。康乐之郡,道游匡庐。后得罪,徙广州。

元嘉十年,康乐被杀于广州,年四十九。

元嘉十一年,冬十月庚子,竺道生卒于庐山。

九、存神之论

佛教之三法印,曰"无常",曰"苦",曰"无我"。此中尤以"无我"为佛理之特色。释氏之所以别于外道者,抑亦在乎是。盖一切外道莫不常于生灭无常诸法中,强求其所谓"我"。诸法念念生灭,而凡夫见法之相似,虽念念生灭,乃亦计之为常。于是由其所谓常者,建立其所谓我。依大乘《涅槃》之理言之,则外道凡夫俱未了佛之所谓常乐净我也。(参看北本《圣行品》之四)然佛学当两晋之际,初昌明于中夏。震旦人士观乎报应祸福之说,以及大乘成佛之理,以为必有神在。

范蔚宗《西域传论》评佛教曰:

> 又精灵起灭,因报相寻,若晓而昧者,故通人多惑焉。

袁彦伯《后汉纪》亦曰:

> 又以为人死神精不灭,随复受形。生时所行善恶,皆有报应。故所贵行善修道,以练神精而不已,以至无为,而得为佛也。

袁范盖就其所见闻,述自汉以后之佛理,而皆以神明受报为其要义焉。僧叡《毗摩罗诘提义疏序》亦有曰：

此土先出诸经，于识神性空，明言处少。存神之文，其处甚多。

此所谓存神之文，指关于六道轮回地狱报应诸说也。而鬼神之说，不但常人因祸福报应而生信心，即义学之人，固亦常持存神之说，《般若》诸家，多空形色。支敏度立心无义，则群情大诧。当时凡反对佛教尝持神灭。盖因神之不灭，为其时中国人士认为佛法之根本义也。

试考当罗什以前其所谓"神"者，或不出二义，一为神实沈于生死之我，一为神明住寿。按《四十二章经》曰，"恶心垢尽，乃知魂灵所从来，生死所趣向，诸佛国土道德所在耳。"《牟子理惑论》曰，"有道虽死，神归福堂；为恶既死，神当其殃。"晋郗超《奉法要》曰，"四非常，一曰无常，二曰苦，三曰空，四曰非身"。"非身"者盖"无我"之异译。然既曰非身，则其惟空形色，不达心法之无常非我，可知也。故景兴之解非身曰，"神无常宅，迁化靡停，谓之非身。"神者盖沈于生死，以身为宅府之我也。又《四十二章经》曰，"佛言，阿罗汉者，能飞行变化，住寿命，动天地。"康僧会《安般守意经序》有"制天地住寿命"之语。道安《阴持入经》亦言"住寿成道"。又据《大乘大义章》所载庐山慧远曾以书咨什公，问菩萨可住寿一劫有余。什公答曰，"若言住寿一劫有余者，无有此说，传之者妄。"又曰"《摩诃衍经》曰，若欲寿恒河沙劫者，此是假言，竟不说人名。"自《般若》之学大昌以来，中土学人渐了然于五阴之本无，渐了然于慧叡所言之"识神性空"。住寿之说与法身之理相抵牾，故慧远已疑其为"传译失旨"。夫法身实相，无来无去，同于泥洹，无为无作。（上二语见《大乘义章》卷上）则轮转生死益算住寿之神，谓为佛法之根本义，实误解也。《祐录》陆澄《法论目录》载王稚远问什公，"泥洹有神不？"今虽其文已佚，不知什公何答，然可断言其必谓泥洹有神之说，为"传之者妄"也。

十、佛性常住之说

《涅槃》佛性之说，为《般若》法身实相之引申。《涅槃经》为《般若经》理论应有之结案，即《涅槃经》中，已认其源出《般若》。如北本卷八曰：

善男子,我与无我性相无二,汝应如是受持顶戴。善男子,汝亦应当坚持忆念如是经典。如我先于《摩诃般若波罗蜜经》中说,我、无我无有二相。

又卷十四有曰:

善男子,譬如从牛出乳,从酪出酥,从生酥出熟酥,从熟酥出醍醐,醍醐最上,若有服者,众病皆除,所有诸药,悉入其中。善男子,佛亦如是。从佛出生十二部经,从十二部经出修多罗,从修多罗出方等经,从方等经出《般若波罗蜜》,从《般若波罗蜜》出《大涅槃》,犹如醍醐。言醍醐者,喻于佛性,佛性者即是如来。

中土自魏朱士行远求《放光》之后,《般若》之学,风行海内。至两晋时尤为极盛。《涅槃》佛性之旨,虽《般若》诸经所未明言;但既为《般若经》中题目应有之义,中国明慧妙思之士早悟涅槃之义,亦自非不可能。据《高僧传·慧远传》,则远公已持泥洹常住之说。

其文曰:

先是中土未有泥洹常住之说,但言寿命长远而已。远乃叹曰:"佛是至极则无变,无变之理岂有穷耶?"因著《法性论》曰:"至极以不变为性,得性以体极为宗。"罗什见而叹曰:"边国人未有经,便暗与理合,岂不妙哉!"

考此段系引《祐录》之文,而僧佑则摘自远公碑铭。录及碑文与此皆不同,均未以远公之言与常住之说并比。据此则《僧传》中此段乃已经人增改,或《泥洹经》来后所加之解释也。又慧叡《喻疑论》亦谓什公已持佛性义。但未见经文,未能畅言。其文曰:

什公时虽未有《大般泥洹》文,已有《法身经》,明佛法身即是"泥洹";与今所出,若合符契。此公若得闻此,佛有真我,一切众生,皆有佛性,便应当如白日朗其胸衿,甘露润其四体,无所疑也。何以知之?每至苦问:"佛之真主,亦复虚妄,积功累德,谁为不惑之本?"或时有言:"佛若虚妄,谁为真者?若是虚妄,谁为其主?"'如其所探,今言:"佛有真业,众生有真性,虽未见其经证,明评量意,便为不乖。"而亦曾问:"此土先有经言,一切众生,皆当作佛,此云何?"答言:"《法华》开佛知见,亦可皆有为佛性。若有佛性,复何为不得皆作佛耶?但此《法华》所明,明其唯有佛乘无二无三;不明一切众生皆当作佛。皆当作佛,我未见之,亦不抑言无也。"若得闻此正言,真是会其心府,故知闻之必深信受。

此述叡在长安亲闻之什公辩答语。《涅槃经》所谓一切众生皆有佛性,皆得成佛,虽未见有经文;然亦不抑言无也。《法华·方便品》首言开佛知见。众生有佛知见,道生以后每解作为众生皆有佛性也(佛知见据梵文应为对于如来之知有所见)。

十一、竺道生佛性当有论

夫《涅槃》既出于《般若》,竺道生为深于《般若》者;罗什既曾引《法华》谈佛性之旨,竺道生为罗什入室,而又精于《法华》;故独运慧心而早畅谈《涅槃》之义。其所作佛性当有论已佚,亦不悉作于何时。按生公《维摩经注》已说佛性,此注亦不知作于何年。然肇公之注在义熙六年到江南,《祐录》谓生在肇注后更发深旨,畅显新异;则或在肇注后不久,而在译《泥洹》以前也(译在义熙十三年)。此推论若确,则生公立佛性之说,亦在有《泥洹》之前矣。《维摩经》有曰,"佛身者即法身也"。而生公之注,直陈《涅槃》义。

其文曰:

夫佛身者,丈六体也。丈六体者,从法身出也。以从出名之,故曰即法身也。法身无非法义也。无非法义,即无相实也。

身者,此义之体。法身真实,丈六应假。将何以明之哉?悟夫法者,封惑永尽,仿佛亦除;妙绝三界之表,理冥无形之境。

形既已无,故能无不形。三界既绝,故能无不界。无不形者,惟感是应。佛,无为也。至于形之巨细,寿之修短,皆是接众生之影迹,非佛实也。众生若无感则不现矣。非佛不欲接,众生不致,故自绝耳。若不致而为现者,未之有也。譬月之丽天而影在众器。万影万形皆是器所取,岂月为乎? 器若无水,则不现矣。非不欲现,器不致,故自绝耳。然则丈六之与八尺,皆是众生心,水中佛也。佛常无形,岂有二哉? (下略)

此直言佛有真我,法身独存,为应化之本(《喻疑论》语)。而水月之譬,当时常有类此之言。(如道生《法华疏》下曰《药草喻品》以云为法身,雨为说法,亦可与此参照。)《中论疏记》引彭城僧弼《丈六即真论》之言。文如下:

彼论云,"问且若皆即真,何故见异?"答曰,"(中略)夫水以既异,故受者百品,其实一矣焉,无有二也。但万物各信其所受,故不知其一耳。何以言之? 譬月丽天宫,而万江俱受;清浊不同,故所受各异。感应不同,亦若是也。(下略)"

又《中论疏》曰:

彭城嵩法师云:"双林灭度,此为实说。常乐我净,乃为权说。"故信《大品》而非《涅槃》。……后得病舌烂口中,因改此迷,引悬镜高堂为喻:像虽去来,镜无消灭;然境虽起谢,而智体凝然。

凡此皆同一论调也。世之疑《涅槃》者,常因常乐我净之说与无我义相抵牾。《维摩经》有曰,"于我无我而不二,是无我义。"什公注曰:

若去我而有无义,犹未免于我也。何以知之? 凡言我即主也。《经》云有二十二根,二十二根亦即二十二主也。虽云无真宰而有事用之主,是犹废主而立主也。故于我、无我而不二,乃无我耳。

此言无我重在破执。而肇公注亦曰:

小乘以封我为累,故尊于无我。无我既尊,则于我为二。大乘是非齐旨,二者不殊,为无我义也。

此亦引申八不中道之说也。而竺道生之注则与二师均不同。

文曰:

理既不从我为空,岂有我能制之哉,则无我矣。无我本无生死中我,非不有佛性我也。

竺道生此解,直提出佛性义。夫真我、大我之说,骤视之不但与无我之说相抵牾,而且与世俗所持之神明亦互异其旨。执小乘无我之说以疑《涅槃》者,必大有其人。昙无谶之所以不容于罽宾、龟兹者,盖因其信小乘法也。而中国当世人士所谓之神明,乃生死中我。与生公所谓之佛性我不同。故即在根本义上,生公已必大为世人所非议矣。案道生《法华经疏》开卷即曰:

> 夫微言幽赜,妙绝聆瞩;致使采玩者寡,抚哂者众。岂非道而俗反者哉。

> 此盖亦有感而言也。

中夏《涅槃》之争甚烈,可以《喻疑论》证之。而其理由,则必多因真我与无我及神明之义不同而生疑。按宗性《名僧传抄》卷十三有《问无我与佛性》一段,即分别佛性真义。此段未题为何人所作,但次段录在《渐解实相》段之后。《渐解实相》一段,决出于慧观手。则《无我与佛性》段,或亦慧观所作。该段辩佛性义,当亦因《涅槃》义初出,为释疑而作。其文首曰:

> 又问无神我,曰:经云外道妄见我,名之为邪倒。今明佛性即我,名之为正见。外道所以为邪,佛性以何为正?答曰:外道妄见神我,无常以为常,非邪而何?佛法以第一义空为佛性,以佛为真我,常住而不变,非正而何?问曰:何故谓佛性为我?答曰:所以谓佛性为我者,一切众生皆有成佛之真性。常存之性,唯自己之所宝,故谓之为我。

此辩无我与佛性之本相符契,毫无可疑。大体上犹是"无死生中我,非无佛性我"之意。按《喻疑论》有曰:"《三藏》祛其染滞,《般若》除其虚妄,《法华》开一究竟,《泥洹》阐其实化。"祛其染滞者因小乘无我义,乃在除常人僻执,因计有生死中我,乃染滞之根基也。《名僧传抄》同段进而辟当时之执神我者。中土人士之唱神我,乃因信报应之说,(如上所述)故本段复详辩之。其文曰:

> 问曰:若外道妄见神我,以为邪倒者;未知众生为有神耶,为无神耶?无神恐空修梵行,修道造恶,谁受报应?答曰:众生虽无常住之

神,而有善恶之心。善恶之心,为万行之主。天堂地狱,以心为本。因果相续,由斯以生。故常而不存,灭而不绝,所谓中道者也。问曰:无常之神,虽有善恶之心。善恶之心,念念不住。造善恶之心,既当境自灭。未来之心非造善恶之主。云何使未来之心横受过去之报,有似甲为乙受祸? 冥司幽罚何其熙(?)哉? 答曰:难云,未来之心不造过去善恶之业,何得横受过去善恶之报。三后(复)来难,可谓发明奇唱。夫报应之道不可思议,十住菩萨始(原作"如")能仿佛,岂凡夫未学所可厝坏(怀)? 且依文句,忌言之也。《经》云五道受生,以心为本。无常心者,念念常迁,我有古今之异,前心不待后心,而后心因前而有。生死以之无穷,果报以之不绝。《经》云劫初谷种,能生未来无穷之谷。神无不灭,心无不因,推谷足以知人,知人足悟无神。是以《经》云,一切诸法,本因缘空无主。无主之义,岂非无神之明证哉?

按《涅槃经》亦常辩佛性与外道神我之差别。但晓喻多端,如自"心法""色法"言之,如自"眼识"乃至"意识"言之,如自"歌罗逻"乃至"老死"言之,如自进止俯仰视眴等言之,凡此皆无常,自亦非我。经中反复申明,不止一处,然未有特标出报应者。上段特提出天堂、地狱等语者,乃针砭中国当日之信仰。盖中国当日人士均注重因果,而与《涅槃》佛性之说冲突也。

溯自汉以来,中土人士以神明不灭为佛法之根本义。及《般若》学昌,学僧渐知识神性空,法身无形,不来不住,而始疑存神之论,如僧叡是矣。此学说上之一变也。及至《泥洹》始唱,有佛性常住之说,而与存神之论相径庭。是又学说上之一大变也。因是生公为当世守文滞义者所共非议,被摈之机,导乎此矣。吉藏《大乘玄论》卷三有曰:

> 灵正云,《涅槃》体者,法身是也。寻此法身,更非远物。即昔神明,成今法身。神明既是生死万累之体,法身亦是涅槃万德之体。(参看梁武帝《神明成佛义记》)

灵正者,指梁灵根寺慧令僧正,则至梁时僧人犹有未悟生死中我与佛性我之分别也。

道生所作《佛性当有论》，既早佚失。其内容如何，甚难臆测。即"当有"二字之意为何，亦不可武断。唐均正《四论玄义》卷七有曰：

> 道生法师执云，当有为佛性体。法师意，一切众生即云无有佛性，而当必净悟。悟时离四句百非非三世摄。而约未悟众生，望四句百非为当果也。

据此"当"者，"当来"之"当"。佛性为众生净悟将来有之果，虽在悟后无过未现(道生《法华疏》谓，佛无时不有，无处不在；又北本三十六谓，佛性非三世摄；可参照也)，而对于众生未悟时，得佛性为当来之果也。

又据吉藏《大乘玄论》卷三言释佛性者有十一家。其第八家以"当果"为正因佛性，即是"当果"之理也。又破此说曰：

> 当果为正因佛性，此是古旧诸师多用此义。此是始有义，若是始有，即是作法，作法无常，非佛性也。

按佛性有"本有""始有"之争论。吉藏谓当果义是始有。但佛性本始之辩，乃在六朝群计竞起之后，其强为分别，常至无谓。道生之时，未必有此争论也。

当果正因佛性义，吉藏谓古旧诸师多用此义。然未言及生公。均正谓此为生公所执，未知果何所据。但《大乘玄论》十一家佛性之第六师，以避苦求乐为正因佛性。吉藏破此曰：

> 《胜鬘经》曰，若无如来藏者，不得厌苦乐求涅槃者，此正明由如来藏佛性力故，所以众生得厌苦求乐。何时明厌苦求乐是正因佛性耶？彼师云，指当果为如来藏，以有当果如来藏故，所以众生得厌苦求乐者不然。性品云，我者即是如来藏，如来藏者即是佛性。明佛性本来有之，如贫女宝藏，何劳指当果为如来藏？且当果体犹尚未有。而能令众生厌苦求乐，岂非是漫语者哉！若据人证者，旧来谁作如此释，此是光宅(原文作泽)法师一时推画，作如此解。经无证句，非师所传，故不可用也。

由上所言，则光宅法云有当果为如来藏之说。查《法华义记》虽似非法云所撰，然要亦其弟子所记。彼书卷三释诸佛欲令众生开佛知见，言及当果。其文略曰：

> 今光宅法师解言知见只是一切（原文无切字）众生当来佛果。众
> 生从本有此当果。但从昔日以来，五浊既强，障碍又重，不堪闻大乘，
> 不为其说有当果。此当则有闭义。今日大乘机发，五浊不能为障，得
> 间今日经教，说言众生皆当得佛，此则是开义。

此文最可注意之点有三：第一，《法华》开佛知见自罗什以后即引之以
契合佛性义；第二，此文中明言本有；而第三，此与道生《法华经疏》所言相
合。生公文略曰：

> 故言以一大事因缘出现于世，欲令众生开佛知见，故微言玄（原
> 文作云）旨，意显于兹。此四句始终为一义耳。良有众生本有佛知见
> 分，但为垢障不现耳。佛为开除，则得成之。

而《涅槃集解》卷一引道生之言，则明言本有❶：

> 苟能涉求，便反迷归极。归极得本，而似始起。始则必终，常之
> 以昧。若寻其趣，乃是我始会之，非照今有。有不在今。则是莫先为
> 大。既云大矣，所以为常。常必灭累，复曰般泥洹也。

按上道生法云之言均主本有。吉藏斥当果义为始有，可见其不确也。
且即据均正所言，"生法师意一切众生即云无有佛性"；夫言"即云"云者，
已可见其意实谓众生本有佛性也。

而均正另又引白马爱法师说，谓为生公说之支末。其文略曰：

> 白马爱法师执生公义，云当果为正因，则简异木石无当果义。

> 无明初念不有，而已有心，则有当果性。故修万行克果。故当果
> 为正因体。此师终取《成论》意释，生师意未必尔。

此爱法师实不得生公意。盖既曰"无明初念不有"，则非本有。曰"已有
心，则有当果"，则是始有。《成论》之意，则似执亦本有亦始有。而道生之
说，则言本有也。故均正谓生公，意未必尔也。

---

❶ 集解五十四，经曰："是故佛性常我净"。道生释曰："本有种生，非起灭之谓，
是以常乐无为耳。"

复次,《涅槃》绝百非,超四句。何来本有始有之辩。故均正谓佛性非三世摄者,似得意之言。夫生公尝言象以尽意,得意则象忘。言以诠理,入理则言息。后来种种辩论,生公必谓其多守滞文,鲜见圆义也。生公之谈佛性当有,今不详知,或即如均正所解。但其所谓当来之果者,乃约未悟众生望四句百非而言,实非据究竟圆义。吉藏《大乘玄论》又谓,以当果为正因佛性者,彼言是世谛之理,斯言或可为证乎?(又《涅槃经·师子吼》有"人天无性,因缘和合,乃得见佛",生公当有义亦与之符同,详见下段。)

复次,佛性不惟无本始之别。而烦恼即是菩提。众生不见佛性,则菩提为烦恼。众生见佛性,而烦恼即是菩提。善乎生公《维摩注》之言曰:

> 若投药失所,则药反为毒矣。苟得愈,毒为药也。是以大圣为心病之医王,触事皆是法之良药。

《维摩注》中生公又解"佛法众为二"曰:

> 以体法为佛,不可离法有佛也。若不离法是佛,是法也。然则佛亦法矣。

不但佛法众三宝可作如是观。一切诸法亦尔。故《维摩经》曰,"何等为如来种,六十二见及一切烦恼皆系佛种"。生公疏释,颇可见其对于佛性之真意。其文曰:

> 夫大乘之悟,本不近舍生死,远更求之也。斯在生死事中,即用其实为悟矣。苟在其事,而变其实为悟始者,岂非佛之萌芽起于生死事哉?其悟既长,其事必巧,不亦是种之义乎?所以始于有身,终至一切烦恼者,以明理转扶疏,至结大实也。

夫至极之慧,本以众恶为种。又何必于尘劳之外,为妙极之道另求妙极佛性为因耶?此不但无本有始有过去当来之辩也。

《涅槃》佛性即真如实相。理不可分,故死生寂灭,原无二致。夫于我无我而不二,是无我义。由此则外道之我无常,固是偏执,而以普通之所谓自我,测量佛性者,亦无有是处。此《维摩》、《般若》、《涅槃》诸经之微旨,而生公则深于诸经者也。

生公既立佛性义,乃由此根本义而著《佛身无色论》,《应有缘论》,《佛无净土论》,《善不受报义》。而《一阐提成佛义》及《顿悟说》尤为生公得意之笔,然亦均自佛性义而来。兹于下分别叙之。

十二、法身无色义与应有缘义

道生在《维摩经注》已申法身无色之义。《菩萨行品注》中,言不见有佛,乃为见佛。而见佛者,谓见人佛。故曰:

> 见此人为佛,从未来至现在,从现在入过去,故推不见三世有佛也。过去若有,便应更来。然其不来,明知佛不在过去矣。
>
> 未来若有,便应即去,然其不去,明知佛不在未来矣。现在若有,便应有住,然其不去,明知佛不在现在矣。

此段可证明前述佛性非本非始之义。道生继复明佛与色之关系,其文曰:

> 人佛者,五阴合成耳。若有便应色即是佛。若色不即是佛,便应色外有佛也。色外有佛,又有三种,佛在色中,色在佛中,色属佛也。若色即是佛,不应待四也。若色外有佛,不应待色也。若色中有佛,佛无常矣。若佛中有色,佛有分矣。若色属佛,色不可变矣。

《维摩经》同处复言"如来非四大起,同于虚空"。道生释之曰:

> 向虽推无人相佛,正可表无实人佛耳。未足以明所以佛者竟无人佛也。若有人佛者,便应从四大起而有也。夫从四大起而有者,是生死人也。佛不然矣。于应为有,佛常无也。

此谓法身至极超乎象外(《涅槃》北本第九曰,如来之身无有肉血筋脉骨髓)。佛常无者,即前谓"法身无形岂有二哉"之意也。僧弼《丈六即真》之言,可取为比附。(亦见《中论疏记》)彼论之言曰:

> 问曰:圣人以无心为宗,身一为末。宗既妙则与物绝。故化以接粗,为之不难,何如真化未若其于一也?答曰:为不难而易,故圣人无为,如此虽功高理妙,而玄应普因。然则缘尽则应潜,非水竭则像隐。像隐故而不见者,不可谓之无也。

而好异之人,徒见其无,不知其像隐。徒睹其化灭,不知其即真。可不哀哉!可不哀哉!然则像因水见,像则谓之生。水竭像隐,谓之灭。细而求之,无生无灭,余信久矣。

法身无生无灭,应化接粗,有因缘而有显现,缘尽则应化潜伏。潜伏并非无也。法身寂然,但亦因有心而感应。慧达《肇论疏》有曰:

生法师云,感应有缘,或因(原文是同字)生苦处,共于悲愍,或因爱欲,共于结缚,或因善法,还于开道。故有心而应也。

道生作《应有缘论》,其所争问题,在《涅梁大经·师子吼菩萨品、迦叶菩萨品》均分别之甚悉。道生作论,不知在大本已来之前否。但其所言,似亦与经义符契。盖若一切众生,皆有佛性,自应感佛,何用修道。佛答,譬如七人,浴恒河中,而有没者,有出者,因有习浮不习浮故。众生虽有佛性,而必须藉缘而感应也。(见南本卷三十)众生或因悲愍,或因结缚,或因善法,而发菩提心,则与佛相感相应,所谓有缘乃感应也。佛复尝告师子吼菩萨曰(南本卷二十六):

善男子,汝言众生若有佛性不应假缘,如乳成酪者,是义不然。

何以故,若言五缘成于生酥,当知佛性亦复如是。譬如众石,有金,有银,有铜,有铁,俱禀四大,一名一实。而其所出,各各不同。要假众缘,众生福德,炉冶人功,然后出生。是故当知本无金性。众生佛性,不名为佛。以诸功德因缘和合,得见佛性,然复得佛。汝言众生,悉有佛性,何故不见者,是义不然。

何以故,以诸因缘未和合故。

按此谓石本非金,然因炉冶而得出。众生本非佛,然以因缘和合故见性成佛。均正《四论玄义》演生公意曰:"一切众生即云无有佛性,此犹言石本无金性也"。又曰"当必净悟者,谓因缘和合而发心也"。又曰"约未悟众生望四句百非为当果",即谓约因缘未和合时,见佛性乃当来之果也。

十三、佛无净土义及善不受报义

生公著《佛无净土论》,今已佚。惟《维摩经》注中已有此义。彼经文曰，"菩萨随所化众生而取佛土"。生之注曰：

> 夫国土者，是众生封疆之域。其中无秽谓之为净。无秽为无，封疆为有。有生于惑，无生于解。其解若成，其惑方尽。始解是菩萨本化，自应终就。使既成就，为统国有。属佛之迹，就本随于所化义，为取彼之国。既云取彼，非自造之谓。若自造则无所统，无有众生，何所成就哉。

盖随其所化众生而取净土，何来佛别有净土耶？而据法身涅槃义，更无净秽之可言。佛何尝有净土？故肇注有曰：

> 法身无定，何国之有？美恶斯外，何净可取？取净国者，皆为彼耳。

而生注中亦云：

> 若取出恶之理，则石沙众生与夫净土之人等无有异。又是依佛慧而观，故不往而不净也。

又道生《法华经疏》亦谓，"无秽之净乃是无土之义。寄土言无，故言净土。无土之净，岂非法身之所托哉。"然经中之所以常称净土者则亦有故。盖"净土不毁，且令（原作今）人情欣美尚好，若闻净土不毁，则生企慕意深，借事通玄，所益多矣。"（上引原疏《寿量品》中语）又彼经注《授记品》有曰：

> 然事象方成，累之所得，圣既会理，则纤尔累亡。累亡故岂容有国土者乎。虽曰无土，而无不土。无身无名而身名愈有。故知国土，名号，授记之义者，应物而然，引之不足耳。

> 夫法身一切平等，无秽土净国，自亦无受善恶报之可言。

故生注有曰：

> 无为是表理之法，故无实功德利也。

当因此义，而道生著《善不受报论》。按《名僧传抄说处》，有下二条：

> 因善伏恶，得名人天业，其实非善是受报也事。

> 畜生等有富乐，人中果报有贫苦事。

审此文次第，均出道生传中。然文略不易明。按慧远《释三报论》

有曰：

> 方外之宾，服膺妙法，洗心玄门，一诣之感，超登上位。如斯伦匹，宿殃虽积，功不在治，理自安消，非三报之所及。

此言恶不受报。生公所言，或可与此相比拟。又《涅槃经》曰（北本卷五）：

> 又解脱者断诸有贪，断一切相，一切系缚，一切烦恼，一切生死，一切因缘，一切果报，如是解脱，即是如来。如来即是涅槃。

道生所言要与此义符契，其详则不必妄说也。按陆澄《目录》载有下列一条：

> 述竺道生善不受报义。释僧璩。释镜难，璩答。

僧镜为谢康乐所重，曾著《泥洹义疏》。僧璩乃律师，始住虎丘。宋武帝时乃至扬都。镜亦元徽中卒。二人之问答，当在生公逝世之后也。南齐刘虬亦述善不受报义，顿悟成佛义，当世莫能屈。（见《广弘明集·法义篇》萧子良与刘虬书）则由宋至齐，亦常讨论此问题也。

十四、一阐提皆得成佛义

夫一阐提者，经谓其"病即诸佛世尊所不能治，何以故，如世死尸医不能治，一阐提者亦复如是，诸佛世尊所不能治"，（见北本卷九）譬如堀地，刈草，斫树，斩截死尸，骂詈鞭挞，无有罪报，杀一阐提，亦复如是，无有罪报。（卷十六）阐提如烧焦之种，已钻之核，即使有无上甘雨，犹亦不生。（见卷十）因此六卷《泥洹》本乃无阐提成佛之言。《大经》与六卷本之差别最著亦在此。如六卷本卷三有曰：如一阐提懈怠懒惰，尸卧终日，言当成佛，若成佛者，无有是处。而同处此段在大经北本卷五，则已增改，意义大殊。其文曰：

> 如一阐提究竟不移，犯重禁，不成佛道无有是处。何以故？是人于佛正法中，心得净信，尔时便灭一阐提。若复得作优婆塞者，亦得断灭于一阐提。犯重禁者，灭此罪已，则得成佛。
>
> 是故若言毕定不移，不成佛道，无有是处。真解脱中都无如是灭

尽之事。（下略）

又法显本卷五有文曰：

> 一切众生，皆有佛性。在于身中，无烦恼，悉除灭已，佛便明显，
> 除一阐提。

而北本同段在卷七中其文亦殊。且无"除一阐提"四字。

> 一切众生，悉有佛性。烦恼覆故，不知不见。是故应当勤修方便
> 断坏烦恼。

又六卷本第六有《灰覆火偈》。在此偈后曰：

> 彼一阐提，于如来性，所以永绝。

而在北本卷九《灰覆火偈》后，文甚不同。并有曰：

> 彼一阐提，虽有佛性，而无量罪垢所缠，不能得出。

凡此六卷本与大经皆完全相反。道生于大本未至之前，而先悟其理。夫生公所唱佛性之说既与世俗所谓神明异趣，无净土不受报等尤非滞文者之所敢谈，至于阐提不能成佛，则经且有明文。而生公毅然发此"珍怪之论"，旧学讥愤，以为邪说，不亦宜乎？

生公之悟入阐提成佛，或亦由般若经乎？般若本言烦恼不异菩提，如来平等法身，净染齐一，非已隐示阐提之有佛性欤？

烦恼即菩提，生死即涅槃，众生性即如来性，则一阐提何无佛性欤？《维摩经》曰，"不断烦恼而入涅槃"。生公之注曰：

> 不见涅槃，异于烦恼，则无缚矣。

佛性众生悉有。成佛与否，则在乎见。（参见欧阳竟无师《大涅槃经叙》）夫《泥洹经》既明言一切众生悉有佛性。有心者为众生。除墙壁瓦石之非有情，均有佛性。日本元兴寺沙门宗撰《一乘佛性慧日抄》引《名僧传》卷十之文（文亦见于《名僧传钞》而较简略）曰：

> 生曰，禀气二仪者，皆是涅槃正因。三界受生，盖唯惑果。阐提
> 是含生之类，何得独无佛性。盖此经度未尽耳。

《泥洹经》者，法显之所得，未曾闻其非全豹也。而生公依义不依文，竟敢言经之传度未尽，其独具双眼，诚可敬佩。而《名僧传钞》另有一

条曰：

> 一阐提者，不具信根，虽断善犹有佛性事。

夫阐提断善，而能作佛，以有佛性故。一切众生皆有佛性，而成就悬殊，则在乎见。见者含感应因缘义。七人皆断善，沈没生死，而或近恶知识，或近善知识。得果不同，悉由因缘。生公既立应有缘义，则阐提所以能成佛，可推而知也。《大经》梵行、圣行二品于此反复解释，生公之言或全与默契也。

中国诸章疏中未详引生公原文。日本撰述似亦如是。日人常盘大定《佛性研究》书中，博采彼土章疏；然亦只详论与道生反对者为何人。据其所言，谓有四说：（一）与生公争辩者为智胜。智胜谓阐提不作佛，而屡为生所屈。智胜乃助译五分律者。《祐录》曰：景平元年竺道生等请佛大什译法显所得五分律，佛大什执胡，智胜为译。此乃最澄《法华秀句》引唐僧献诚《涅槃玄谈》之说。（二）与生意见不同者为法显。此元兴寺沙门宗之说。（三）珍海在《三论玄疏》中，则谓慧观斥生公之说，并奏请摈之（但《三论玄意》谓，大本至后，观请生公讲之）。（四）慧心《一乘要决》中，谓泰法师言罗什意主阐提不得作佛，并摈之。此说则最为荒谬。其详可阅常盘氏原书也。

十五、顿渐分别之由来

"顿""渐"之辩，实不始于竺道生也。但生公顿义，孤明独发，大为时流所非议，至为有名，因而知之者多耳。道生以前，渐顿二字亦常见于书卷。如《渐备一切智德经》，乃西晋竺法护所译。道安《十法句义序》，有不新故顿至而不惑之语。（全文见下）而僧肇《涅槃无名论》有诘渐、明渐二章。又有"而谓可顿尽，亦所未喻"之句。至若《璎珞本业经》，有文一段，略如下：

> 尔时敬首菩萨白佛言：世尊，诸佛菩萨大方便平等慧照诸法界，为顿等觉，为渐渐觉。（中略）佛言：（中略）佛子，我昔会有一亿八千无垢大士，即坐达法性，原顿觉无二，一切法，一合相，从法会出，各各

坐十方界,说《菩萨璎珞大藏》。时坐大乘,见一亿八千世尊名顿觉如来,各坐百宝师子吼座,时无量大众亦坐一处,听等觉如来说《璎珞法藏》。是故无渐觉世尊,唯有顿觉如来。三世诸佛,所说无异,今我亦然。

当时经典著述,不但有"顿""渐"二字。且中夏僧已生"顿""渐"之辩,其详情今不得知。但其来源必出于究索三乘十地之说。三乘归于一乘,出《法华经》。十地则见于《璎珞本业》及《渐备一切智德经》等诸经。均当世通行之典也。

十六、三乘与顿悟

《法华》会三归一,妙道既一,则悟证不应三差。故肇《涅槃无名论·难差第八》曰:

> 若涅槃一也,则不应有三,则非究竟。究竟之道,而有升降之殊,众经异说,何以取中乎?

又《责异》第十曰:

> 然则我与无为,一亦无三,异亦无三,三乘之名,何由而生也?

又南齐刘虬《无量义经序》,述顿渐之争;而谓道生就三乘言顿悟。其文曰:

> 既二谈分路,两意争途,一去一取,莫之或正。寻得旨之匠,起自支安。支公之论无生,以七住为道慧阴足,十住则群方与能。在迹斯异,语照则一。安公之辩异观,三乘者始篑之因称,定慧者终成之实录,此谓始求可随根三,入解则其慧不二。

安公之说❶,今不能详知。但其《十法句义(经)序》有曰:

> 人亦有言曰,圣人者人情之积也。圣由积靡,炉锤之间,恶可已乎?经之大例,皆异说同行。异说者,明夫一行之归致;同行者,其要不可相无,则行必俱行。全其归致,则同处而不新,不新故顿至而不

---

❶ 安公顿说参达(慧达)疏(肇论疏)上。

惑。俱行故业萃而不迷也。所谓知异知同,是乃大通,既同既异,是谓大备也。以此考察之,义焉庾哉,义焉庾哉。

此所谓异说似当刘虬所言之异观,而且"说"字或即"观"字之误也。所谓"全其归致,则同处而不新,不新故顿至而不惑",似谓致归致之全,妙道之极,须顿至而不惑。且乘观有三者,乃因圣必由渐积。及至其全,则由顿得。故刘虬曰,此谓始求可随根三,入解则其慧不二也。至于顿得,仍不废渐悟,则持顿说者均如是。安公之言,并非特异也。

支道林亦持有顿悟说,所言似亦有关于三乘。支公有《辩三乘论》。《祐录》卷七载未详作者之《首楞严经注序》中涉及顿悟之理;(详下)而作者自谓其书得力于支道林。文曰:

沙门支道林者,……启于往数,位叙三乘,余时复畴咨,豫闻其一。

而《世说·文学篇》曰:

三乘佛家滞义,支道林分判,使三乘炳然。(下略)

支公分判三乘,既为《首楞严经注》之作者所采,而彼人经序乃隐有顿说。则支公辩三乘必言及顿悟文旨可知也。

十七、十地与顿悟

《菩萨璎珞本业经》中,言有顿觉,而无渐觉(文已于上第十二节中引之)。此经又诠释《十地》。必因此故,而研读此经者,常欲知何时有此顿觉。首先提出此问题者,似为支道林。《世说·文学篇注》有曰:《支法师传》曰,法师研《十地》,则知顿悟于七住。住者地也。当时常称"十地"曰"十住"(元康《肇论疏》曰,关河大德,凡言住者,皆是地也)。《首楞严经注序》有曰:

微旨尽于七住,外迹显乎三权。

此注者似述支公之所讲顿悟在于七住,而又关于一乘三乘权实之别也。而前引刘虬之《经序》,亦曰:

支公之论无生,以七住为道慧阴足,十住则群方与能。在迹虽异，语照则一。

按支公著作中有《本业略例》，《本业经注》，此本业应即谓《璎珞本业经》，而非支谦所译之《菩萨本业经》一卷也。支译《本业》只一品，当《华严净品》、《十住》二品，未言及《十地》，且至简略，支公未必著二书以释之。至若《璎珞本业》有二卷，八品，事数又至繁也。按此经《祐录》未著录，《长房录》始载之，然谓为竺佛念所译。但据《高僧传》，佛念于符秦建元中始译经。支公卒于太和元年，或不及见佛念所译。但长房多以臆度，此所言恐误。且寻此经文法，亦有不似佛念所译。

盖支公细读《璎珞本业》之文，既见其有顿觉之言。又佛经中谓七住始得无生忍。因持顿悟在于七住。前引《三论游意义》之言谓僧肇、支道林、真安琁师、邪通师、慧远及道安均持小顿悟说，即言七地以上悟无生忍也(此文见前)。而慧达《肇论疏》亦有曰：

> 第二小顿悟者，支道琳师云，七地始见无生。弥天释道安师云，大乘初无漏慧，称摩诃般若即是七地。远师云，二乘未得无有；始于七地，方能得也。琁法师云，三界诸结，七地初得无生；一时顿断，为菩萨见谛也。肇法师亦同小顿悟义。（下略）

诸人之说，不能详考。然顿悟于七住实为顿说之一大问题，可谓无疑。《涅槃无名论·难差第八》亦曰，"佛言于儒童菩萨时，于七住获无生忍，进修三位，若涅槃一也，则不应有三"，云云。夫仍须进修三位，则支公所持顿悟，仍为渐悟也。

此当于述生公顿悟时再详论之。且支公于其所谓悟之前，仍不废渐教。此见于其《大小品对比要钞序》中。其文曰：

> 夫至人也，览通群妙，凝神玄冥；虚灵响应，感通无方。建同德以接化，设玄教以悟神；述往迹以搜滞，演成规以启源。或因变以求通，事济而化息。适任以全分，分足则教废。故理非乎变，变非乎理；教非乎体，体非乎教。故千变万化，莫非理外，神何动哉？以之不动，故应变无穷。无穷之变，非圣在物。物变非圣，圣未始于变。故教遗兴乎变，理滞生乎权。接应存物，理致同乎归，而辞数异乎本。事备乎

不同,不同之功,由之万品。神悟迟速,莫不缘分,分暗则功重,言积而后悟。质明则神朗,触理则玄畅。轻之与重,未始非分。是以圣人之为教,不以功重而废分。分易而存轻。故群品所以悟分,功所以成。必须重以运通,因其宜以接分。此为悟者之功重,非圣教之有烦。

夫"神悟迟速,莫不缘分"。"分暗则功重,言积而后语"。而"妙道渐积,损以至无"。由是言之,七地为悟,则七地以前仍须言积功重也。

十八、竺道生顿悟与三乘十地

在生公以前中国佛学界已分辩顿渐。及至道生,其问题所在仍为三乘与十地之研讨。按康乐主顿悟,谓理归一极。一极者对于三乘而言。故道生《法华经疏》曰:

> 既云三乘是方便,今明是一也。佛为一极,表一而为出也。理苟有三,圣亦可为三而出。但理中无三,唯妙一而已。

又曰:

> 譬如三千,乖理为惑。惑必万殊,反而悟理。理必无二。如来道一,物乖为三。三出物情,理则常一。如云雨是一,而药木万殊。万殊在乎药木,岂云雨然乎?

而慧达《肇论疏》曰:

> 唯竺道生执大顿悟云,无量(应是果字)三乘,有因三乘。

夫权智入道之途可殊,故因可有三。至若妙极之果,则仅是一,所谓理不可分也。理既是一非三,则须悟一。悟一则万滞同尽也。此乃据三乘而言。又道生著作中有《八住初心欲取涅槃义》❶,可见其于十地常所究心。而《三论游意义》谓支公等之"小顿悟义言七住得无生忍,而竺道生用大顿悟义也。金刚以还,皆是大梦,金刚以后,皆是大觉也。"

唐均正《四论玄义》有曰:

---

❶　参考《二谛义》卷下,《大乘玄论》卷三,《净名玄论》卷二,《四论玄义》卷九。

故经云,初地不知二地境界,乃至第十地不至(知?)如来举足下
足也。亦是大顿悟家云,至第十地始见无生;小顿悟家云,至七地始
见无生也。

《涅槃集解》卷五十四引道生之言曰:

十住几见,❶仿佛其终也。始既无际,穷理乃睹也。

穷理乃睹,生公之顿悟也(七住未穷理,依生公意,自非真睹)。

何谓大小顿悟耶? 大顿悟者,主张"极慧",谓"理唯一极"。依灭累而
言,不但初地,乃至七地"渐除烦恼",不能名为悟。(上诸语均见道生《法
华经疏》)此即《肇论》所引,谓于七住获无生忍,进修三位,夫即言须进修
三位,则七地之尚有渐进也明矣。故慧达《肇论疏》引生公之言,谓"十地
四果盖是圣人提理令(原作今)近"。可见十地阶差均非悟也。十地菩萨,
"以金刚三昧散坏尘习转入佛慧"。❷ (上语见《法华疏》)

佛慧者,乃真悟也。故慧达引生语又曰,"故知诸佛乃能悟耳"。支道
林等于七地言顿悟,七地以上,非是无余,故曰小顿悟。

道生主佛慧,确然大悟,具一切智,所以为大也。

十九、竺道生之顿悟义

竺道生顿悟之说,为法身涅槃义应有之结论。他人特滞守经文未敢
唱言耳。如《祐录》七,载未详作者之《首楞严经注序》曰:

所以寂者未可得而分也。故其篇云,悉遍诸国,亦无所分。于法
身不坏也。谓虽从感若流,身充宇宙,岂有为之者哉? 谓化者以不化
为宗,作者以不作为主,为主其自忘焉。像可分哉? 若至理之可分,
斯非至极也。可分则有亏,斯成则有散。所谓为法身者,绝成亏,遗
合散,灵鉴与玄风齐踪,员神与太阳俱畅。其明不分,万类殊观,法身
全济,非亦宜乎。故曰不分无所坏也。

---

❶ 十住不见义,详《狮子吼品》。
❷ 金刚时顿断,疑出《婆沙》,见达《肇论疏》上,应详参。

法身既不可分,故灵鉴必顿得乃全。(按"首楞严三昧者"即"金刚三昧",此亦可与生公金刚以后皆为大觉之意,互相发明。)

道生立之顿悟义,盖由其笃信佛性义也。即如谢灵运答琳公难文中有曰:

> 物有佛性,其道有归,所疑者渐教。

此亦明示佛性义与渐悟不相容。盖佛与理本无二致,故生注《法华经》有曰:

> 佛为一极,表一而出也。理苟有三,圣亦可为三而出。但理中无三,唯妙一而已。

> 夫理既为一,则无大慧小慧之别,二乘三乘之辩;故又曰,此经《法华》以大乘为宗。大乘者,谓平等大慧,始于一善,终于极慧是也。平等者,谓理无异趣,同归一极也。大慧者,就终为称耳。若统论始末者,一毫之善皆是也。

因慧无大小,故能得真慧是即顿悟,亦即一念可知一切法也。道生在《维摩注》中已数申此义。一曰:

> 一念无不知者,始乎大悟时也。以向诸行,终得此事,故以名焉。

以直心为行初,义极一念知一切法,不亦是得佛之处乎。

其二曰:

> 既悟其一,则众事皆得。故一为众事之所由也。

由佛性法身义而言理不可分。理不可分。故慧无大小,亦无三乘。照无阶级,故非在七住。是即可谓一念知一切法。妙慧寂照,理不可分。法身佛性亦即圆实之理。若七住而有悟,则理可分矣。理不可分,必至成金刚三昧,断一切细微。必须成就金刚法身,有确然之大悟。故曰"金刚以还,犹是大梦,金刚以后,乃为大觉也。"必至佛位乃为悟,此其所以为大顿,此其所别于七住小顿也。慧达《肇论疏》,引生公之言,应依此读。其文曰(文大都可解,应有讹夺):

> 而顿悟者,两解不同。第一竺道生法师大顿悟(第二为支道林等小顿悟,文见前)云,夫称顿者,明理不可分,悟语极照。以不二之悟,

符不分之理。理智忐(此字不明)释,谓之顿悟。见解名悟,闻解名信。信解非真,悟发信谢。理数自然,如果就自零。悟不自生,必藉信渐。用信伪惑,悟以断结。悟境停照,信成万品。故十地四果,盖是圣人提理令(原作今)近,使夫(?)者自强不息(原作见)。闻(当是问字)信从教生,设(疑是教字)非信是,义同市虎。答曰信实解当窅(冥)由说主所谬,(原文疑有误)圣圣相传,信教冥符,出苦累亡,岂同市虎难。旧云,空若渐见,若信佛性亦渐见,若信佛性平等非渐见者,空亦如是,岂得渐见。故知诸佛乃能悟耳。

　　用此义者什师。注云树王成道。小乘以卅四心成道,大乘中唯一念确然大悟,具一切智也。(此出《维摩注》)。

此段谓悟必言顿者,因"理不可分"。"悟不自生,必藉信渐"。"悟发信谢",累尽照顿。十地四果均为方便。唯诸佛乃可谓悟。夫引佛性平等以明无渐,可见其顿说之根源涅槃佛性义也。又谓顿悟之说即一念知一切。生公自谓得之什师者,此均可注意者也。刘虬《无量义经序》引生公言,可与什师之义参照。

文曰:

　　生公曰,道品可以泥洹,非罗汉之名。六度可以至佛,非树王之谓。斩木之喻,木存故尺寸可渐。无生之证,生尽故其照必顿。

及至顿悟得无生法忍,此前均为大梦,至此乃为大觉。而无生大觉则言语道断。此道生所谓"至像无形,至音无声";谢灵运所谓"悟在有表"也。当其可名可言,犹在大梦,而未悟也。故生公《法华注》有曰:

　　得无生法忍,实悟之徒,岂须言哉。所以广引得悟者,欲美此经体蕴众解,应物无穷,密敦涉求之徒使持法花耳。夫未见理时,必须言津。既见乎理,何用言为?其犹筌蹄以求鱼菟,鱼菟既获,筌蹄何施?(下略)

故《诔文》叙道生之所悟曰:

　　既而悟曰,象者理之所假,执象则迷理;教者化之所因,束教则愚化。是以征名责实,惑于虚诞;求心应事,芒昧格言。

顿悟成佛此据象外而言。故世人号生公为象外之谈。而众人之未能超乎象外者,实因迷惑结缚也。故彼注又曰:

> 譬如三千,乖理为惑。惑必万殊,反则悟理,理必无二。反则悟理,故言顿悟。理既无差,故悟非渐。

《涅槃集解》卷一引道生之言曰(参看同书卷五生公释巨富长者生子段):

> 夫真理自然,悟亦冥符。真则无差,悟岂容易。不易之体,为湛然常照。但从迷乖之,事未在我耳。

夫以神悟符无差之真理;理既无差,则悟岂容有易。不易之常照,谓无阶差之顿悟也。但持顿悟者,不必全弃渐教;盖登高峰者必先平地,千里之行起于足下,当其未在高峰,足达千里之前,虽不能谓为已至。故虽悟发信谢,然悟原籍信,渐之功不可全没也。真悟则必顿起,由信生解,仍有渐也。故生公注《法华》常言渐。如曰:

> 将说《法华》,故先导达其情,说无量义。其既滞迹日久,忽闻无三,顿乖昔好;昔好若乖,则望岸而返;望岸而返者,则大道废也,故须渐也。

又曰:

> 何以渐渐变耶? 所以尔者,欲表理不可阶顿。必要研粗以至精,损之又损之,以至于无损矣。

然渐但可用于有言之教耳。象外则废言谈,亦无阶级矣。故生公又曰:

> 夫圣人设教,言必有渐,悟亦有阶(原作谐)。

而渐教之设。亦因根之利钝。故曰:

> 夫根有利钝,则悟有先后。向正说《法华》,利根之徒,取悟于上矣。昧者未晓,故寄譬说之。理既幽邃,难以一隅,故曲寄事像,以写远旨。借事况理,谓之譬喻。

夫寄譬而说,则其异于大悟可知也。

二十、谢灵运述道生顿悟义

据上所言,道生因理不可分,故立顿说。此亦即一念知一切。原为罗什之义,经生公之精思,与《涅槃》契合,而成为一有名之学说。谢康乐与道生交谊如何,今不可知。但于顿义则甚为伏膺。其《辨宗论》即述生之言。(详前)其对孟颛之言,谓"得道应须慧业;丈人生天,当在灵运前,成佛必在灵运后"。此所谓慧业,要亦顿照之意也。兹略叙《辨宗论》及《问答》之要旨于下。

谢氏自言其顿悟义乃折中孔释二家。其《辨宗论》文曰:

> 同游诸道人,并业心神道,求解言外。余枕疾务寡,颇多暇日,聊伸由来之意,庶定求宗之悟。释氏之论,圣道虽远,积学能至,累尽鉴生,方应渐悟。孔氏之论,圣道既妙,虽颜殆庶,体无鉴周,理归一极。有新论道士,以为"寂鉴微妙,不容阶级,积学无限,何为自绝"。今去释氏之渐悟,而取其能自(至)。去孔氏之殆庶,而取其一极。一极异渐悟,能至非殆庶。故理之所去,虽合各取,然其离孔释矣。余谓二谈救物之言,道家之唱得意之说,敢以折中自许。窃谓新论为然。聊答下意,迟有所悟。

据此道生之新论有"寂鉴微妙,不容阶级,积学无限,何为自绝"数语。而谢氏以其言为然。并兼取孔释之说,而以折中自许。然谢虽折中孔释,而其顿说抑亦源出佛性义,故其《答骁维问》有曰,"唯佛究尽实相之崇高,今欲以崇高之相,而令迷蒙所知,未之有也"。其答琳问有曰,"物有佛性,其道有归,所疑者渐教"。此所谓"实相崇高",即亦其所谓累尽之"无"。夫累尽之后,"无"乃可得,故"悟在有表"。此所谓"物有佛性",即亦其谓"心本无累"。故曰,"至夫一悟万同尽耳"。(上均见答维问)夫"悟在有表",故须一悟万滞同尽,此犹生公所言"理不可分",故须立顿悟之说也。而渐教者,谓除累之学行。累未尽去,则仍在前文所谓之迷蒙也。既未出迷,何能达"有表"之"无"耶? 故曰,"今欲以崇高之相,而令迷蒙所知,未之有也。"

由此方其除累,仅谓之学。累尽至无,乃可言悟。学者渐,为假,为暂,为权,为受教。悟者,又名照,乃顿,(万滞同尽)为真,为常,为智,为见理。慧骥问:"真假二知何异?"谢氏答曰:

> 假知者累伏,故理暂为用。用暂在理,不恒其知。真知者照寂,故理常为用。用在常理。故永为真知。

又问:"理实在心,累亦在心,而不自除,将何以除之乎?"谢之答曰:

> 累起因心,心触成累。累恒触者心日昏,教为用者心日伏。伏累弥久,至于灭累。然灭之时在累伏之后也。

但"伏累""灭累"实不相同。故曰:

> 伏累灭累,貌同实异,不可不察。灭累之体,物我同忘,有无一观。伏累之状,他己异情,空实殊见。殊实空,异己他者,入于滞矣。一无有,同我物者,出于照也。

累灭照生,凡圣之所同也。故答王问曰:"自圣已下,无浅深之照。"此亦心本无累之意也,此亦物有佛性之意也。因物有佛性,故均能顿悟也。

渐学既为假,是则不可废乎?抑亦有其用乎?谢氏谓渐不可废,且有其用。其言有曰:

> 由教而信,则有日进之功。非渐所明,则无入照之分。

竺道生《致王卫军书》,亦具此意。文曰:

> 以为苟若不知,焉能有信?然则由教而信,非不知也。但资彼之知,理在我表。资被可以至我,庸得无功于日进?未是我知,何由有分于入照?岂不以见理于外,非复全昧;知不自中,未为能照耶?

夫渐学虽能伏累,然伏累与灭累不同,已如上言;故谢氏曰:

> 勤未是得,瞻未是至。当其此时,可谓向宗。既得既至,可谓一悟。

盖悟则万滞同尽,出于有表,归于一极。盖物本有佛性,今则顿悟而成佛矣。

总上所言,顿悟之义,一出于道生之理不可分义,盖即《涅槃》法身之意也。一则由谢氏折中孔释之言,言极新颖。北齐颜之推《家训·归心篇》有曰：

> 内外两教，本为一体，渐极为异，深浅不同。

渐极者指渐学与一极，盖引谢氏之言也。

又总上所言，顿渐之争，其枢纽有二：一为七住，二为三乘。前者出于《华严》，后者出于《法华》。

一者十住，因此而支公与道生各立异说。道生谓所谓大觉乃在三界结障除尽之后，即谢氏所指灭累之时也。而《世说注》谓支公悟顿悟于七住，则是小顿义。小顿者谓在三界结障未尽，尚有阶级可登之时，即是所悟。此即不须在"有表"乃悟也。二者均不废渐学。然道生与康乐当均谓"学而非悟，悟在有表"，学悟截然为二。而支道林等则犹有为学日损之意，学悟相续，并非二也。

二者实相理一既不可分，何有大慧小慧之别，一乘三乘之殊？因此道生亦据《法华》会三归一而谈顿悟。反驳生公者，亦须辩三乘之旨。道生曾注《法华》；慧观著《法华宗要》；刘虬亦有《法华注》，而其《无量义经序》，亦辩顿渐之短长。夫生公主顿，刘虬从之，而慧观则弹生公之说主渐悟。观于诸人著作，而其争执所在，抑亦可知矣。渐悟之说，兹于下略叙之。

二十一、慧观渐悟义

竺道生既唱顿悟，一时争执极烈（已见前），加入讨论者甚多。《世说新语·文学篇》曰：

> 佛经以为祛练神明，则圣人可致。（原注曰：释氏经曰，一切众生皆有佛性，但能修智慧，断烦恼，万行具足，便成佛也。）简文云："不知便可登峰造极不？然陶练之功尚不可诬。"

简文帝在泥洹佛性说流行以前，即已知成佛之难。谢康乐《辨宗论》谓释氏圣道之远，亦明其登峰造极之不易也。生公死后，宋文帝尝述其顿悟义，帝王若此，士人可知。惟渐悟为释氏之论，此谢氏亦已言之。生公以前，支遁顿悟在于七住，仍须"进修三位"，乃登峰造极。自生公视之，亦是渐悟。此外则均持渐悟者也。

　　如《涅槃无名论》为僧肇所作,则为持渐以驳顿之最早者。但《涅槃无名论》文笔虽与《不真空论》相似,然颇有疑点,或非僧肇所作。(一) 据《肇论疏》等均谓此论中引及《涅槃经》:按肇死(414)在大经译出(421)之前,《泥洹》六卷本之译(417—418)亦在其后。(二) 肇在什公逝后一年而亡,而其上秦王表中引及姚兴与安成侯书;按彼书中所言,似什公去世已久。(三)《无名论·十演》中反驳之顿悟显为生公说,而《九折》中所斥之渐说则为支公七住顿悟说,是作者宗旨赞成七住说而呵弹大顿悟;据今所知,生公以前无持大顿者,而生公立说想在江南且亦远在肇死之后。(四)《无名论》中有南北之喻;此与《辨宗论》背南停北之譬,虽取义互失,而实巧合。(五)《无名论》非肇作,六朝人似无有疑之者;但《内典录》有下列一条:

　　　　《涅槃无名·九折十演论》,无名子。(今有其论,云是肇作,然词
　　　　力浮薄,寄名乌有)

　　此所谓无名子者,似谓《什演论》托名为无名子所作。若此则道宣已疑之也。

　　《涅槃无名论》虽不为肇公所作,然要亦宋初顿渐争论时所作。兹略叙《难差》以下六章。按有名主顿,无名主渐,兹为醒目,直标为"顿"、"渐"二家。顿家意曰:

　　　　夫涅槃不可分,妙一无差,然经言三乘差别,又曰七住无生再进
　　　　修三位,究竟之道何来升降之殊耶?(以上《难差》第八,显系据生公
　　　　义而谈)

渐家答曰:

　　　　究竟之道,理虽无差,识根不一,智有深浅,故虽俱到彼岸,而升
　　　　降不同。(以上《辨差》第九,谓差异在人,则亦慧观之意也。下详)

顿家又难曰:

　　　　夫理既无差,则体理之人何有差异?(以上《责异》第十)

渐家复答曰:

　　　　涅槃虽一,然仍因幽鉴有浅深,此非我异无为,以未尽无为,故有

三耳。（以上《会异》第十一）

顿家又难曰：

> 累尽鉴生，应无余翳，既曰不二，则不容心异；不体则已，体应穷微，而曰体而未尽何邪？（以上《诘渐》第十二）

而渐家之答，一为反驳顿说，谓：

> 结使重惑，而谓可顿尽，亦所未喻。

一为申明渐义，谓：

> 至理无涯，人智有涯，而各有殊异，何能顿尽？

此仍谓差异在人也。（以上《明渐》卷十三）

就上六段反复陈述，实只因人而差一义也。

反对顿悟之名僧实为慧观。观与生同游匡山，并往关中见什，还江南后亦为世所重。作《渐悟论》以抗生公、谢侯。照《名僧传钞》载《三乘渐解实相》一文，审其次序，当即观作，或并出《渐悟论》中，兹全录而略论之。

> 论曰：问三乘渐解实相。曰：《经》云三乘同悟实相而得道，为实相理有三耶？以悟三而果三邪？实相唯空而已，何应有三？若实相理一，以悟一而果三者，悟一则不应成三。答曰，实相乃无一可得，而有三缘。行者悟空有浅深，因行者而有三。

此相当于《难差第八》、《辩差第九》之文，而观公答言亦持差别在人与《无名论》之说相同。彼文继曰：

> 问曰：若实相无一可得，悟之则理尽，不悟则面墙，何应有浅深之异，因行者而有三？

此与《责异》第十之问相同，《无名论》所答仍谓差别在人，而此文答辞则实较切实。其文曰：

> 答曰：若行人悟实相无相者，要先识其相，然后悟其无相。以何为识相，如彼生死之相，因十二缘。唯如来洞见因缘之始终，悟生死决定相毕竟不可得。如是识相非相，故谓之悟实相之上者。菩萨观生死十二因缘，唯见其终，而不识其始。虽悟相非相，而不识因缘之始。故谓之悟实相之中者。二乘之徒，唯总观生死之法，是因缘而

有,虽悟相非相,不著于生死;而不识因缘之始终,故谓之悟实相之下者。理实无二,因于行者,照有明暗,观彼诸因缘有尽与不尽。故于实相而有三乘之别。

  问曰:菩萨之与二乘,既不穷因缘之始终,何得称缘实相而得道?

答曰:菩萨之与二乘,虽不洞见因缘之始终;而解生死是因缘而有,知生死定相不可得。故能不染著于生死,超三界而得道。云云。

此言须先识其相,然后悟无相,实有至理。生公当时不知如何作答。但《名僧传钞·说处·道生传》诸条中有曰:

  二乘智慧总相观空,菩萨智慧别相观空事。

此必上文之答辩,惜不知其详也。按此皆就三乘而言又可见顿渐争执其关键所在也。

又慧达《肇论疏》亦引观之言一段,系驳《辨宗论》背南停北之喻。其文有讹误。不甚可解,因其亦吉光片羽,并全录以俟后考。

  释慧观师执渐悟,以会斯譬云:发出嵩洛,南形衡去百里,仿佛云岭,路在嵩(崇)朝,岑严游践。今发心而向南,九阶为仿佛,十住为见岑,大举为游践。若以足言之,向南至未至。以眼言之,即有见而未明。但弁(辨)宗者得其足以为五度度,况渐悟者取其眼以为波若之向南之行,而所取之义殊。犹不黾之能,而所用之功异之也。

推观公之意,大举游践虽在登峰之后,而足发嵩洛自远而近,悟之阶级亦不可忽也。吉藏《法华玄论》曰:

  宋道场寺惠观法师著《涅槃序》,明教有二种,一"顿教"即《华严》之流,二"渐教"谓五时之说。

吉藏得见章疏最多,此言当不误。据此,观公亦容许顿教,然其详亦不可妄测也。

二十二、宗炳主渐悟

宗炳作《明佛论》,似在远公逝世之后,即论成于晋末宋初,盖即顿渐相争之时也。论中言法身,言人得成佛,当亦受涅槃流行之影响。论文有曰：

> 神之不灭，及缘会之理，积习而圣，三者鉴于兹矣。

积习而圣，盖谓渐行以至成佛也。故又曰：

> 合以不灭之神，含知尧之识。幽显于万世之中，苦以创恶，乐以
> 诱善，加有日月之宗，垂光助照，何缘不虚己钻仰，一变至道乎？自恐
> 往劫之桀纣，皆可徐成将来之汤武，况今风情之伦，少而泛心于清流
> 者乎？由此观之，人可作佛，其亦明矣。

按宗少文论之末有曰：

> 昔远和尚澄业庐山，余往憩五旬。……凡若斯论，亦和尚据经之
> 旨云尔。

据此则少文述远公之言，是渐悟者亦远和尚之遗旨也。

二十三、竺道生之门下

道生之顿悟义，宋文帝极提倡之；尝于生逝世后，述顿悟义。

沙门僧弼等皆设巨难。帝曰："若使逝者可兴，岂为诸君所屈！"文帝又招致道猷法瑗入京师。二人皆述生之顿义者。

（一）道猷乃吴人，初为生公弟子。随师之庐山。师亡后隐临川郡山。见新出《胜鬘》，披而叹曰："先师昔义，暗与经同。但岁不待人，经集义后，良可悲哉！"因注《胜鬘》，以翌宣遗训，凡有五卷，文烦不行。宋文问慧观，"顿悟之义，谁复习之？"答云："生公弟子道猷。"即敕临川郡，发遣至京。既至，即延入宫内，大集义僧，令猷申述顿悟。时竞辩之徒，关责互起。猷既积思参玄，又宗源有本，乘机挫锐，往必摧锋。帝乃抚机称快。孝武帝升位，尤相叹重，乃敕住新安为镇寺法主。大明六年，敕吴兴郡致送小山释法瑶至京，与猷同止新安寺；使顿渐二悟，义各有宗。孝武帝每叹美猷曰："生公孤情绝照，猷公直峦独上，可谓克明师匠，无忝徽音！"猷于元徽中卒。后有沙门道慈，祖述猷义，删其注《胜鬘》以为两卷。（序见《祐录》九）

（二）法瑗乃陇西人。游学北方，后自成都东抵建业，依道场慧观为

师。后入庐山,守静味禅。顷之,刺史庾登之请出山讲说,后文帝访觅述生公顿悟义者,乃敕下都,使顿悟之旨重申宋代。何尚之闻而叹曰:"常谓生公殁后,微言永绝,今日复闻象外之谈。可谓天未丧斯文也!"文帝孝武帝均优礼之。明帝造湘宫寺,敕为法主。注《胜鬘》及《微密持经》。论议之隙,谈孝经丧服。南齐永明七年卒。

生公之弟子又有僧瑾,隐士沛国朱逮(亦作建)之第四子。少善老庄及诗礼。初事昙因,后从道生。宋孝武帝敕为湘东王师。及王即帝位,敬奉极厚。惟明帝末年,颇多忌讳;故涅槃灭度之翻,于此暂息。凡诸"死亡""凶祸""衰白"等语,皆不得以对。犯忤而致诛戮者十有七人。瑾每匡谏,礼遂薄。后因周颙而帝稍全宥犯者。(详《僧传》)瑾以元徽中卒。

《僧传》又谓龙光寺有沙门宝林,初经长安受学,后祖述生公诸义。时人号曰"游玄生"。著《涅槃记》,及注(?)《异宗论》、《檄魔文》等。林弟子法宝(《名僧传钞》言亦龙光僧人)。亦学兼内外,著《金刚后心论》等,亦祖述生义。"金刚后心"❶疑即论金刚以后皆是大觉,是其所述乃顿义也。《僧传》又谓,刘宋昙斌并申顿悟渐悟之旨。时心竞之徒,苦相雠校。斌既辞惬理诣,终莫能屈。斌曾学于小山瑶;瑶乃主渐者也。

二十四、刘虬述渐悟义

南齐时,荆州隐士刘虬述《善不受报顿悟成佛义》,当世莫能屈。又注《法华无量义》等(《法华注》系集注见《中论疏记》,又《文选注》曾引之),讲《涅槃》大小品等。其著作均佚,仅《祐录》有其《无量寿经序》。序首叙七时判教,明施教依根器不同;次辩顿悟义谓入空则其慧不二;评定顿渐之得失,以渐为虚教,以顿为实说,实具调和之意,因摘录以殿兹篇。其文有曰:

既二谈分路,两意争途,一去一取,莫之或正。

此可见南齐时犹有顿渐争也。虬评之曰:

---

❶ 《集解》宝亮曰:"金刚以还是生死,而后心是常也。"

自极教应世,与俗而差;神道救物,称感成异:玄圃以东,号曰"太一";罽宾以西,字为"正觉"。东国明殃庆于百年;西域辨休咎于三世。"希无"之与"修空",其揆一也。有欲于无者,既无得无之分;施心于空者,岂有入空之照?而讲求释教者,或谓会理可渐,或谓入空必顿,请试言之,以筌幽寄。

立渐者万事之成,莫不有渐。坚冰基于履霜;九成作于累土。学之入空也,虽未圆符;譬如斩木,去寸无寸,去尺无尺。

三空稍登,宁非渐邪?立顿者以希善之功,莫过观于法性。

法性从缘,非有非无;忘虑于非有非无,理照斯一者,乃曰解空。存心于非有非无,境智犹二者,未免于有。有中伏结,非无日损之验;空上论心,未有入理之效。而言纳罗汉于一听,判无生于终朝,是接诱之言,非称实之说,妙得非渐,理固必然。

故刘君之言仍主顿义,其序末曰:

今《无量义》亦以"无相"为本。若所证实异,岂曰无相?若入照必同,宁曰有渐?非渐而云渐,密筌之虚教耳。如来亦云,空拳诳小儿,以此度众生。微文接粗,渐说或允。忘象得意,顿义为长。聊举大较,谈者择焉。

(原载《国学季刊》第 3 卷 1 号,1932 年)

释法瑶

　　释法瑶姓杨,河东人,约生于东晋安帝之世。少而好学,寻问万里。刘宋景平中(约 436)南游兖豫。贯极众经,傍通异部。(《高僧传》本传)有东阿人释慧静少游学伊洛之间,晚历徐兖。至性虚通,澄审有思力。每法轮一转,辄负帙千人。(《高僧传·慧静传》)法瑶当在兖得听东阿静公讲。众屡请复述,静叹曰,吾不及也。(《高僧传》本传)按《科金刚錍序》云,分大经章段始于关内凭小山瑶。又《百论疏》云,宋代道凭法师释此论之元首也。瑶公等并采用为疏。据此瑶恐曾受业关内凭。❶《高僧传·僧远传》云:

　　　　时有沙门道凭高才秀德,声盖海岱。

　　僧远系在江北从凭受学,法瑶如为凭弟子,或亦在江北也。❷ 瑶元嘉中过江。沈演之特深器重,请还吴兴武康小山寺。(本传)演之字台真乃武康人。平生好读老子,日百遍,以义理业知名。(《宋书》卷六十三)瑶居武康,每岁开讲,三吴学者,负笈盈衢。有释昙斌者,亦来从之研访《泥垣》、《胜鬘》,后为宋代法匠。(见《僧传》)瑶在小山寺首尾十有九年。自非祈请法事,未尝出门。(本传)但《宋书·王僧达传》曰:

　　　　吴郭西台寺多富沙门,僧达求须不称意,乃遣主簿顾旷率门义劫

----

❶　慧静为东阿人称为东阿静,则关内凭自当为关内人。
❷　又《超进传》亦有道凭,或是同一人。

寺内沙门竺法瑶,得数百万。

按僧达于元嘉三十年(453)至孝建三年(456)为吴郡太守。如竺法瑶即小山释法瑶,则彼于此诸年中,曾居吴也。❶《高僧传》曰,瑶年虽凄暮,而蔬苦不改,戒节清白,道俗归焉。《名僧传》亦列之于《高行传》中。或者瑶虽受施甚厚,而其自奉则甚薄也。

晋末宋初竺道生为当时法匠,创大顿悟义。其同学慧观持渐悟。谢康乐宋文帝亦伏膺生公之学,谢侯作《辨宗论》,与僧俗难问往复。文皇招致道酞、法瑗使生公之微言复张。❷宋大明六年(462)孝武帝宠姬殷贵妃薨,为之立寺于青溪鸡鸣桥北。因贵妃子子鸾封新安王,故以新安名寺,❸敕名僧居之。先是帝于大明四年自临川招生公弟子道酞下都,申述顿义。❹至此年又于吴兴礼致法瑶,瑶盖主渐。二人同被敕止新安寺,使顿渐二悟,义各有宗。瑶至京师,便就讲席,驾舆降躁,百辟陪筵。(上见《僧传》)释昙斌当亦于其时止此寺,讲《小品》、《十地》,并申顿悟渐悟之旨,而斌原曾从瑶听讲者也。(见《斌传》)计瑶于元嘉中过江,在小山最久,首尾共十九年,中间或曾居吴之西台。大明六年乃至京,住于新安。后于元徽中(473—476)卒,年七十有六。按前废帝杀子鸾毁新安诸寺,驱斥僧徒(465)。明帝践柞,敕令修复,并招还旧僧。(《宋书·天竺传》)法瑶卒时,当仍在新安寺。《高僧传》谓瑶著有《涅槃》、《法华》、《大品》、《胜鬘》等义疏。按东阿静公诵《法华》、《小品》,注《维摩》、《思益》,著《涅槃略记》、《大品旨归》,则瑶之学问得力之处与静公略相同。《胜鬘》乃元嘉十三年译出。竺道生弟子道猷披读,叹其师之旨暗与经会,因为注五卷。(见《祐录》九经序)法瑶亦作《胜鬘义疏》,可见《涅槃》以外,此经为顿渐二

---

❶ 按宋初僧人,原不均姓释。如与法瑶同居新安寺之释道猷,《祐录》九,道慈《胜鬘经序》作竺道攸,可以为证。又竺道生亦宋初人。

❷ 详拙著《竺道生与涅槃学》,《国学季刊》三卷一号。

❸ 见《建康实录》,《宋书·天竺传》及《张融传》。又《高僧传·僧远传》谓寺为子鸾所造。

❹《僧传》谓道猷乃文帝召之入京。此从《祐录》九道慈之序。

家所必争者也。又据吉藏《百论疏》云,瑶公等采凭法师释百论意为疏,则瑶似亦曾为此论作疏也。其所作均佚,惟梁世《涅槃集解》颇录有法瑶之疏,此未注明为何时人,但查其卷一引瑶有曰:

宗(疑是宋字)音无以译其称,晋言无以代其号。

依其以晋宋并言,则自为小山寺法瑶也。❶

宋释岳净《科金刚锌序》曰,"科分《大经》章段,起自关内凭小山瑶,前代未闻也。吾祖章安作疏益详",云云。《大经》者指《涅槃》,章安灌顶有《涅槃经疏》三十三卷。又唐湛然再治章安《涅槃疏》卷一云,"分章段起小山瑶关内凭等,因兹成则"云云。由此可见法瑶曾将《涅槃经》详为科分也。又《法华文句》一上云,"天亲作论,以七功德分序品,五示现分方便品,其余品各有处分,昔河西凭(当即关内凭)江东瑶取此意节目经文。末代尤烦,光宅转细"。又曰齐中兴印小山瑶从庐山龙师受经分文同。❷ 湛然《法华文句记》云,"江东(原作等)瑶即吴兴小山寺",则法瑶于法华亦曾为科分章段也。❸ 又据吉藏《百论疏》谓瑶曾采用凭法师之释,则瑶于凭在《涅槃》、《法华》及《百论》所见均有相同,二人关系之密亦可见也。按科分经文,原出印土。东晋诸师,渐有遵用。❹ 但科分之事,中夏恐始于释道安。吉藏《无量寿经疏》云,"大判经例,则有三段,谓序、正、流通"。而

---

❶ 按《涅槃经游意》《明涅槃义》引有隰师之说,审之即出于上说《集解》所引之文中。隰字盖瑶字之误也。

❷ 《僧传·僧印传》云,"后进往庐山从慧龙咨受法华。龙亦当时著名,播于《法华》宗旨,印偏功构彻,独表新异"云云。小山瑶当与龙同时,而采用其《法华》者。又吉藏《法华玄论》一云,光宅受经于中兴印法师,印从庐山慧龙学《法华》。又湛然《文句记》自云,读光宅法云疏,唯见"文句纷繁,章段重叠"。此所谓光宅转细也。

❸ 其科分大略可于智颛《文句》卷一,吉藏《义疏》卷一,所述僧印之说推得之。

❹ 吉藏《法华义疏》曰,如天亲解《涅槃》有七分,龙树释《般若》无章门,盖是天竺论师开不开之二类也。河西制《涅槃疏》,开为五门。道融讲新《法华》,类为九辙。至如集解《净名》之说,撰注《法华》之文,但拆其玄微,又不预料起尽。盖是震旦诸师开不开两义也。

宗密《盂兰盆经疏》下云，"解本文分三，一序分，二正宗分，三流通分。以三分之兴，弥天高判，冥符西域，古今同遵。"《僧传》谓道安于诸经"寻文比句，为起尽之义"。而弥天释道安著作中有《放光般若起尽解》一书。《法华文句记》一上云，"起尽者章之始末也"。由此言之，"起尽"盖科分最古之名称，道安用之最早，❶而其所创者为三分，后世多遵用之。及至宋初科判益密，而法瑶之说，则至为人所重视也。❷

自竺道生多发"珍怪之言"，而义海大起波澜。释法瑶者盖生公学说之敌人也。蒐辑佚文，法瑶与生公相异之点约有三。一佛性，二渐悟，三应无缘也。兹分别略述之。

唐初均正《大乘四论玄义》卷七言古今论佛性体相有本三家、末十家之异。本三家者，一为道生法师，执当有为佛性体。❸ 二为昙无谶法师，执本有中道真如为佛性体。三为望法师义。其文曰：

> 三于生谶（原文作远今改）之间执云，得佛之理为佛性，是望法师义也。

望法师乃瑶法师之误。《水经注·谷水篇》言及洛阳望先寺，据《伽蓝记》乃瑶光之误，是其确证。又《涅槃经游意》说本有始有共三家：第一灵味宝亮❹之说。第三为开善义。而于其第二师曰：

> 次有障安瑶师云，众生有成佛之道理，此理是常，故说此众生为正因佛性，此理附于众生，故说为本有也。

障安者应作新安。《晋书》六十四道子传章安太守孙泰在《孙恩传》中

---

❶ 梁《法华义记》一谓经无大小，例分序正流通三段，而详言此经三段之"文句起尽"。隋慧远《涅槃义记》称"起尽"为"终始"，亦言诸人多用三分。《胜鬘宝窟》上则称科段为明经分齐。

❷ 按法瑶为《涅槃》、《法华》分段，颇为后人称述。而《胜鬘宝窟》上云，"末代相承，多开章门。以其章门，示经起尽。"则或瑶之《胜鬘疏》亦有科分也。

❸ 原文作昙此远，但吉瑶《大乘玄论》第三言河西道朗承昙无谶作《涅槃义疏》以中道为佛性。所言恰与均正记载相合。故知昙此远乃昙无谶之误。

❹ 原作高高。查照均正所说之末第三家，知为宝亮之误。又《大乘玄论》说佛性之第十家，为和法师亮法师说与均正之末三家同，亦可引为证。

作新安太守,可以推知障安即章安之讹,亦即新安也。查《涅槃集解》卷十八,解《贫女人喻》有云:

> 众生有成佛之理,理由慈恻,为女人也。成佛之理,于我未有用,譬贫也。

同卷又曰:

> 佛性之理,终为心用,虽复暂为烦恼所隐。

> 受教之徒,闻见佛性,方生信解,身中乃有此之胜理,生奇特想也。

又卷七引法瑶说理是常,如曰:

> 常理既显,方如昔旨,旨在于常,譬在水下也。

法瑶以理为正因佛性,此理是常,是本有是以理释本体也。法瑶释《涅槃》云,妙绝于有无之域,玄越于名数之分,❶则常理显时,自超于万惑之外,而理显即是证体也。法瑶之后《涅槃》名师有僧宗者❷亦畅谈理为佛性。《集解》引其言曰:

> 佛性是理,不断此也。(卷十四)

> 性理不殊,正以隐显为异。(卷十九)

> 与理冥符,是出世之法也。(卷四十五)

> 佛性之理,万化之表,生死之外。(卷四十七)

> 性理是常,众生以惑覆故。(卷五十四)

> 非色者,理绝形色也。(卷五十五)

梁时灵根寺慧令僧正亦执理为佛性。《四论玄义》说末十家之二曰:

> 第二灵根令正执望师义云,一切众生本有得佛之理,为正因体。即是因中得佛之理,理常也。故两文为证:一者《师子吼》品云,佛性者十二因缘名为佛性。何以故?一切诸佛以此为性。此明正因性而言诸佛以此为性,故证知因中有得佛之理也。二者亦《师子吼》,菩萨

---

❶ 慧达《肇论疏》引此语,分字作表。且谓为埵法师语。埵字乃瑶之误。

❷ 曾受道于昙斌而斌曾问学于瑶。

问言若一切众生已有佛性,何用修道? 佛答佛与佛性虽无差别,而诸众生悉未具足,此正自有性而无佛故。言未具足亦简异木石等无性也。

《大乘玄论》三述谈佛性有十一家。其第九家以得佛之理为正因佛性,且曰此是零根(零字误)僧正所用。可见法瑶之说从者甚多。❶ 宜可别于竺道生义外,卓然成家。按《玄论》又评理为佛性曰:

> 此义最长,然阙无师资相传。学问之体,要须依师承习。今问以得佛理为正因佛性者,何经所明,承习是谁? 其师既以心为正因佛性,而弟子以得佛理为正因佛性者,岂非背师自作推画耶,故不可用也。

此文最可注意。盖《周易》原有穷理尽性之说。晋代人士多据此而以理率指本体。佛教学人如支道林、竺道生等渐亦袭用。似至法瑶而其说大昌,用其义者不少,吉藏亦赞美其义最长,但初无佛经明文,可作根据也。此于中国哲学理论之发展,有甚深之关系,余拟别为文,详其原委,兹不赘述。

释法瑶不但谈佛性与竺道生不同,而其主张渐悟,则尤与生公学派立异。原夫顿渐之论出于三乘十地之讨论。(详拙著《竺道生与涅槃学》)而尤以十地之解释为尤要。支道林分见理与证体为二,主理可以分。谓七地始得无生,是时已悟理,但至于十地,金刚心现,理全乃证体而作佛。故刘虬曰,支公之论无生,以七住为道慧阴足,十住则群方与能。是谓悟可在七地,后世称之为小顿悟。竺道生合悟理与证体为一,主理不可分。谓"理唯一极","穷理乃睹"。故必至十地,乃可言悟。后世因号为大顿悟。法瑶盖犹用支公旧说。慧达《肇论疏》称僧肇师、支道林、道安、慧远、"埵法师" 执小顿悟。硕法师《三论游意义》谓"一肇师,二支道林师,三真安埵师,四邪通师,五理山远师,六道安师",为小顿悟之六家。此中理山远即庐山慧远。邪通师不详。埵师与《达疏》之埵法师均瑶师之讹。而真安

---

❶ 《集解》卷十八,引梁智秀亦有性理无二之言。

亦新安之误也。《达疏》云：

> 三界诸结，七地初得无生，一时顿断，为菩萨见谛也。

此与硕法师所述小顿悟义相同。《涅槃集解》虽未广钞瑶师此说，❶然吾人观于宋孝武帝召法瑶入京，与生公弟子道猷同止新安寺，使顿渐二义，各有所宗。则法瑶师为渐悟家，可以知矣。

竺道生曾撰《应有缘论》，而释法瑶则主应无缘。慧达《肇论疏》云：

> 生法师云，感应有缘，或同生苦处，共于悲愍，或因爱欲，共于结缚，或因善法，还于开道，故有心而应也。瑶法师盛说无缘。引卢舍那为证，一切诸佛身同一卢舍那，但于迹中异，故彼此不同耳。

佛性义在释体，渐悟义在明证体之由，而感应义则在说体用关系，佛之应化乃就用言。然用不离体，故如一切诸佛，同一卢舍那，但只是迹上有异，故有应之不同。如《肇论》所谓"言用则异，言寂则同"也。均正《四论玄义》六有云：

> 安肇二师与摇法师云，圣人无心而应。

慧达之瑶法师均正之摇法师同系法瑶之讹。其所谓无心而应，亦即应无缘。盖几人之知取相，故有知有心，相生即缘法，缘法非真，故圣人无知，而其应无心也。肇公《般若无知论》释此最妙，兹不必详也。均正谓瑶之旨与肇同，则其说大概可推知也。❷

竺道生千祀之哲，而法瑶亦一代之秀。方其盛时，颇持其说与生公之学抗衡。其后南北朝隋唐之作者，尝有称述，许为名家。惟阅时既久，著作亡佚，书卷所载，复多讹誢。所谓之望法师、隖、摇、瑶或瑶法师，及鄣安瑶，或真安瑶，均新安寺法瑶也。其名亦既湮没不彰，其学自更无人道及矣。

（原载《国学季刊》第 5 卷 4 号，1932 年）

---

❶ 唯其卷十五引有瑶公十地三住处之说，可相发明。

❷ 按《广弘明集》载梁昭明太子《解法身义》，言至人不应，而众生注仰蒙益，亦主应无缘说，可参看。

释道安时代之般若学述略

  自汉之末叶,直讫刘宋初年,中国佛典之最流行者,当为《般若经》。即以翻译言之亦有十余次。最早者为支娄迦谶之十卷《道行》,而竺佛朔(亦作朔佛)之一卷《道行》亦似甚流行。《放光》、《光赞》同为大品。《光赞》东晋时得释道安之表彰,乃稍流传,《放光》于西晋即已行世。及罗什入长安重译大小品,盛弘性空典籍,此学遂如日中天。然《般若》之始盛远在什公以前。而其所以盛之故,则在当时以老庄、《般若》并谈。玄理既盛于正始之后,《般若》乃附之以光大。据《牟子理惑论》及三国时《阴持入经注》均援用流行之老庄玄理,则此事导源甚早。释道安《鼻奈耶序》曰:

   经流秦土有自来矣。随天竺沙门所持来经,遇而便出。于十二部、《毗日罗》(方等)部最多。以斯邦人老庄教行,与方等经兼忘相似,故因风易行也。

  兹篇所述,即在掇拾罗什以前《般若》流行之事实学说,并推言《般若》"因风易行"之迹。盖在此时代中国学术实生一大变动,而般若学为其主力之一也。吾称此时代为释道安时代者,盖安公用力最勤,后世推为正宗也。又表彰斯经诸人,考其年代,多与安公同时,在其前者甚少。据《祐录·渐备经书叙》,谓"《大品》出后,先出诸公,略不综习,深可为恨。但

《大品》顷来东西诸讲习,无不以为业。"此可证在安公时研究《般若》❶明
乃大盛也。

本时代般若学之派别

约在道安之时,《般若》学者既多,而又各抒新义,遂生派别。于法开
与支道林辩即色义,竺昙壹与道恒争心无义。(上见《僧传》)郗超与法汰
辩本无有四首,支道林与王洽(字敬和),王幼恭申即色有二篇。(俱见《祐
录·陆澄法论》中)释僧肇于弘始十一年(409)之后作《不真空论》,(论引
及《中论》,《中论》乃弘始十一年译)其中言及本无即色心无三家。而约在
同时僧叡作《毗摩罗诘堤经义疏》,而为之序,有曰:

> 自慧风东扇,法言流咏以来,虽日讲肆,格义迂而乖本,六家偏而
> 不即,性空之宗,以今验之,最得其实。

格义与性空之宗,留待后详。六家者不知其确指。(按嘉祥《中论疏》
五据肇之三家而曰什师未至长安本有三家义,今叡序已称六家,则长安不
只知三家义也甚明矣)。陈朝小招提寺慧达法师作《肇论序》,有"或六家
七宗爰延十二"之语,唐元康作《肇论疏》,释此句曰:

> 或六家七宗爰延十二者,江南本皆作六宗七宗,今寻记传,是六
> 家七宗也。梁朝释宝唱作《续法论》一百六十卷云,宋庄严寺释昙济
> 作《六家七宗论》。论有六家,分成七宗。第一本无宗,第二本无异
> 宗,第三即色宗,第四识含宗,第五幻化宗,第六心无宗,第七缘会宗。
> 本有六家,第一家分为二宗,故成七宗也。言十二者,《续法论》文云,
> 下定林寺释僧镜作《实相六家论》,先设客问,二谛一体,然后引六家
> 义答之。第一家以理实无有为空,凡夫谓有,空则真谛,有则俗谛。
> 第二家以色性是空为空,色体是有为有。第三家以离缘无心为空,合

---

❶ 据《祐录》十,僧迦罗刹所集经后记"五失如安公《大品序》所载",可见《大品》
即指《放光》,而安公之序则误以《小品》为大也。又安公《般若经序》,序中且亦言为
"胡《大品》也。"

缘有心为有。第四家以心从缘生为空,离缘别有心体为有。第五宗以邪见所计心空为空,不空因缘所生之心为有。第六家以色色所依之物实空为空,世流布中,假名为有。前有六家,后有六家,合为十二家也。故日爱延十二也。

僧镜(即焦镜)之六家,按其内容,并不与昙济相同;此六家为何人之说,亦不可考。但其第一家第二家或均与昙济之第一二家相同。第三或似识含宗。(昙济之第三家)第四第五均不悉何指,第六家则似缘会宗。(昙济之第六家)

昙济之六家,则吉藏《中论疏》,日人安澄《中论疏记》均释之颇详。而《肇论》所破之三家亦谓包摄于昙济之六家中。故唐元康之《肇论疏》,宋净源之《中吴集解》,元文才之《新疏》,亦足资考证。又日本《续藏》二编乙第二十三帙载有《肇论疏》三卷。(日人新作目录谓只上中二卷缺下卷实误)系陈慧达撰,(原录作晋慧达亦误)。盖即作《肇论序》之小招提慧达法师也。《肇论》章疏,盖推此为最早。《中论疏记》之作,始于日本延历二十年至大同元年讫,即当唐德宗贞元十七年至宪宗元和元年(801－806)。书中于解六家时除引达、康之疏外,引古佚书数种。一为《述义》,乃《中论述义》,作者不明。一为《山门玄义》,似即陈《三论》师兴皇法朗作之《中论玄义》,《东域录》著录但言只一卷,然据安澄所引有出卷五者。一为泰法师《二谛搜玄论》,《东域录》称为凡三十纸一卷。泰法师不知为何如人,疏记称为冶城寺泰法师。(见《大正藏》六十五卷八一页)凡此均可供参考。但所宗义与请书互有出入,兹先表列之于下。

(一)肇所破三家:

《肇论》慧达疏	元康疏(《集解新疏》均同)	述义
心无 竺法温	支敏度(《新疏》作道恒)竺法温	
即色 支道林	支道林	支道林
本无 道安	竺法汰	道安

此中最可注意者为慧达以为肇所破之本无义为释道安说,并且引及匡山远公本无论也。

（二）昙济六家七宗：❶

昙济《中论疏》《山门玄义》《二谛论》

本无　道安

本无异　深法师(《肇论》所破)竺法深

即色　关内(肇所破者)第八支道林

　　　　支道林

识含　于法开　第四于法开

幻化　壹法师　第一释道壹

心无　温法师(肇所破者)第一释僧温竺法温

缘会　于道邃　第七于道邃

按安澄谓《二谛搜玄论》，列有十三家。而照上表，《山门玄义》，亦不只引七宗。其中有两第一，必有一为传写之误。所谓六家七宗者，此有三说。（一）元康谓本有六家，本无分为二宗故成七宗。（二）除本无宗为六家。（三）或人除本无异宗，而谓一为深法师，二为关内即色，余为识含等四宗，后二说见安证书中。但以理度之，第一说为是。且元康之说，似最早，故较可信也。

昙济僧镜均为刘宋时人，其所言各家，当均起于晋代。而据上表所列诸人，皆与道安先后同时也。当时宗义之繁，实为奇观。惜所存材料极少，多不知其详。兹请先述格义，再及六家七宗。

竺法雅之格义

大凡世界各民族之思想，各自辟途径，名辞多独有含义，往往为他族人民所不易了解。而此族文化输入彼邦，最初均抵牾不相入。及交通稍久，了解渐深，于是恍然于二族思想，固有相同处。因乃以本国之义理，拟配外来思想，此晋初所以有格义方法之兴起也。迨文化灌输既甚久，了悟更深，于是审知外族思想自有其源流曲折，遂了然其毕竟有异，此自道安

---

❶　叡以六家与性空并列，似可证此说确也。

罗什以后,格义之所由废弃也。况佛法为外来宗教,当其初来,难于起信,故常引本国固有义理以申明其并不诞妄。及释教既昌,格义自为不必要之工具矣。

格义之法创于竺法雅。格义者,即格量也,盖以中国思想,比拟配合,以使人易于了解佛书之方法也。事数者何?据《世说·文学篇注》曰:

　　事数谓若五阴、十二入、四谛、十二因缘、五根、五力、七觉之属。（亦作声误）

而《祐录》九四《阿含暮抄序》云:

　　又有悬数悬事,皆访其人,为注其下。

法雅之所谓事数,或即言佛义之条目名相。《僧传》谓"康法朗等"以之拟配外书,因而生了解,然后逐条著以为例,谓之格义。（详看陈寅恪《支愍度学说考》）《僧传》谓竺法雅"少善外学,长诵佛义",乃最有以内外相比拟之资格者。又谓其弟子"并世典有功,未善佛理",则善诱之方,应在使其由世典以悟入佛理。故用格义,"外典内书,递互讲说",以使生解也。"康法朗等"者应等取道安法汰也。朗内外学若何,僧传无明文。然道安法汰固称为内外兼通者也。

格义既以经中事数拟配外书,使得生解悟,并逐条著之为例,其迂拙牵强可以想见。因此而为有识者之所不取。《高僧传》谓道安在飞龙山时已鄙弃格义。又慧远讲说,引《庄子》为连类,乃似格义之拟配外书。安公听远不废俗书(上均见《僧传》),则其通常令弟子废俗书可知,而废俗书者亦与反对格义同旨也。但格义用意固在融会中国思想于外来思想之中。此则道安诸贤者不但不非议,且常躬自蹈之。故竺法雅之格义,虽为道安所反对。然安公之学,固亦常融合老庄之说也。不惟安公如是,即当时名流,何人不常释教老庄并谈耶?此证极多,姑不详举。

格义之法起于河北。然法雅之格义用之者必不少。《僧传》谓道安非议之,而僧先戒其妄诽先达,则颇为一时人士所重可知。(按道安、于法雅虽为同学,但必年岁较安为长,盖雅之弟子昙习为赵太子石宣所敬,其后安公为石遵所敬,请入华林园,习与安或年相若,而法雅则为前辈也,因此僧先称法雅为先达。)但自道安以后,佛道渐明。世人渐了然释教有特异处。且因势力既张,当有出主入奴之见,因更不愿以佛理附和外书。及至罗什时代,经义大明,尤不须藉俗理相比拟。故僧叡于什公来后,乃申言格义迂而乖本也。而慧叡《喻疑论》中,亦言格义自道安罗什之后废弃不用也。

但《喻疑论》中言及格义一段,亦颇可注意。

> 昔汉室中兴,孝明之世,……当是像法之初。自尔以来,西域名人,安侯之徒相继而至。大化文言,渐得渊照,边俗陶其鄙俗。汉末魏初,广陵彭城二相出家,并能任持大照。寻味之贤,始有讲次。而恢之以格义,迂之以配说。

由此言之,格义拟配之说,道安以前,应甚普通流传,不只一方也。(叡先在长安,后在南方)但《祐录·鸠摩罗什传》有曰:

> 自大法东被,始于汉明。历涉魏晋,经论渐多。而支竺所出,多滞文格义。

此段与《喻疑论》比较,显系节引上段,脱胎成文。但僧祐误以为格者,扦格之格,非格量之格,遂改格义配说为滞文格义。是梁时学僧已不悉格义之意。慧皎《高僧传》虽载法雅创格义事,但其《罗什传》抄袭僧祐原文,仍言滞文格义。此乃慧皎之不精审处。但亦可见在梁时融合内外,虽尚有其风。而格义迂阔之方法,所谓逐条拟配立例者,则已久废弃不用,而忘却矣。

本无宗

昙济六家七宗之第一为本无宗。诸章疏谓此为道安或法汰之说。而慧达于此,且引及慧远之本无义。竺法深所执则为本无异宗。(详见上表)然元康以肇公所破本无属之法汰。而吉藏谓肇公仅破本无异宗。据此则法汰亦属本无异宗也。(详见下)

但本无一义,执者甚广,广义言之,则本无几为般若学之别名。支谶《道行》第十四品,竺叔兰《放光》第十一品均名本无,竺佛念译之第七品亦称本无。支道林《大小品对比要钞》一则曰：

> 尽群灵之本无。

再则曰：

> 还群灵乎本无。

而其著书固曰即色本无论也。《名僧传抄》载昙济《七宗论》有曰：

> 如来兴世，以本无弘教。（弘字原文系佛字此据慧达《肇论疏》校改）故《方等》深经，皆备明五阴本无。本无之论，由来尚矣。

而王洽《与支道林书》（载于《广弘明集》中）有曰：

> 今本无之谈，旨略例坦。然每经明之，可谓众矣。然造精之言，诚难为允。理诣其极，通之未易。岂可以通之不易，因广异同之说，遂令空有之谈，纷然大殊，后学迟疑，莫之所拟。今道行旨归，通叙色空，甚有清致。然未详经文为有明旨耶，或得之于象外，触类而长之乎。

此段所言，本无之谈，即谓般若性空。法性宗典籍，当日已称浩繁。故曰每经明之，可谓众矣。而在魏晋以来，本无性空之说，持之者多，各出异义。故王敬和叹曰，空有之谈，纷然大殊，后学迟疑，莫之所拟。而支道林《道行指归》一书由即色以谈本无，则经典虽多，似未明言，故为可疑。此可见王氏盖以支公义为多数本无义中之一也。窃思性空本无义之发达，盖与当时玄学清谈有关，实亦佛教之所以大盛之一重要原因也。盖自正始以来，世人崇尚虚无之论。晋裴頠因时人无论纷纷，乃著《崇有论》以正之。论谓当世之士：

> 阐贵无之议，而建贱有之论。

又谓其：

> 深列有形之故，盛称空无之美。

但不知：

> 形器之故有征，空无之义难检。

盖裴逸民深患时俗放荡，不尊儒术。何晏阮籍，素有高名于世，口谈浮虚，不遵礼法。（此引《晋书》本传）此辈所凭藉者，为《老》、《庄》、《周易》。故其论有曰：

> 老子既著五千之文，表撝秽杂之弊，甄举静一之义，有以令人释
> 然自夷，合于易之损谦艮节之旨。而静一守本无，虚无之谓也。损艮
> 之属，盖君子之一道，非易之所以为体守本无也。

夫《崇有论》中所斥之"虚无""空无"及"本无"未必不兼指佛家之说。释家性空之说，适有似于老庄之虚无。佛之涅槃寂灭，又可比于老庄之无为。(安世高、支谦等俱以无为译涅槃)而观乎本无之各家，如道安、法汰、法深等者，则尤兼善内外，如竺道深之师刘元真，孙绰谓其谈能雕饰，照足开蒙，盖亦清谈之人物。故其弟子法深，能或畅方等或释老庄。而支公盖亦兼通老庄之人。因此而六朝之初，佛教性空本无之说，凭藉老庄清谈，吸引一代之文人名士，于是天下学术之大柄，盖渐为释子所篡夺也。

又窃思之，晋初之格义，必亦此种学术风气中产生。而格义拟配之外书，必多为老庄虚无之说。如远公谈实相引《庄子》为连类(见《僧传》)，是其一例也。因此而般若各家，盖即不受老庄之影响，至少亦援用老庄之名辞。读今日佚存之书卷，甚为显著，无事详列也。

本无一义既几为般若各家所通用，但昙济之六家七宗论中所谓本无宗者，自不必其包举各家。但原论既失，吾人自不得不信唐人章疏。今从诸说，定本无异宗指法深法汰之说，而本无宗则属道安。但道安又本以性空宗著称，如下所述。

释道安之性空宗义

安公一生于《般若》研究最为致力。观其所撰述，亦可知其宗旨所归。《祐录》载其所著书中，有下列诸项，皆与般若有关也。

《光赞折中解》一卷；

《光赞抄解》一卷；

《放光般若折疑准》一卷；

《放光般若折疑略》二卷；

《放光般若起尽解》一卷；

《道行经集异注》一卷(上均见《祐录》卷五);

《实相义》;

《道行指归》;

《般若折疑略序》(当即第四项之序);

《大品序》(以上见卷十二);

《道行经序》(即第六项之序);

《合〈放光〉、〈光赞〉略解序》(上二出卷七);

《摩诃钵罗若波罗密经抄序》(此见卷八);

《性空论》(见元康《肇论疏》或即上列之《实相义》)。

间常论之,道安平生,可分为四时。第一河北求学时。其在此时,师事佛图澄,而其同学有法和、法汰、法雅、法进等。此诸人者均学通内外,法雅创立格义,(详上)道安必亦常用此法。第二河北教学时。当时安公或特重禅观。故在濩泽则注《阴持入经》,《大十二门经》及《道地经》。(均见〈祐录·经序〉)此时道安当已见《放光》、《道行》二经。而《光赞》亦得其一品。(见《合〈放光〉、〈光赞〉随略解序》)其时并曾讲〈般若〉(见《高僧传·慧远传》),但已屏除格义之法(在飞龙山时系在师死之后)。第三襄樊教学时。此时大讲《般若》。且《光赞》于太元元年由凉州送来。安公寻之玩之,欣有所益。(见同序中)其《摩诃钵罗若波罗密经抄序》曰:

> 昔在汉阴,十有五载,讲《放光经》,岁常再遍。及至京师,渐四年矣。亦恒岁二,未敢堕息。

第四关中译经时。此时安公虽亦讲《放光》,(前四年亦每年二遍)但其所最致力者为译经。译经之中,有《摩诃钵罗若波罗密经抄》。(此亦名《须菩提品》此经实即《小品》。但安公误以为《大品》。故译时与《放光》、《光赞》对校。

安公尽力研究《般若经》,观其《般若》注疏之多,已可想见。《祐录》卷九载有未详作者之《渐备经十住胡名》并书叙。审其文义,并与安公《合〈放光〉、〈光赞〉随略解序》比较,知实为道安致友人书,叙《十住胡名》,及《渐备》与《光赞》译出与送达襄阳(时安公在襄阳)诸事。书中言及《大品》,谓"方欲研之,穷此一生"。亦可见安公之弘愿。又此书叙及《随略解序》,均述其寻求《光赞》之难。缘《光赞》译出,虽先于《放光》九年。但寝逸凉土,不行于世。安公在河北得其一卷。(《随略解序》作第一品)知有此经,而求之不得。及至襄阳,会慧常进行慧辩等,将如天竺,路经凉州,慧常得《光赞》写之。因互市人康儿展转至长安。长安安法华遣人送至互市。互市人于泰元元年五月二十四日送达襄阳付道安。襄阳僧人使僧显写送扬州竺法汰。道安既得《光赞》,即与《放光》校读,谓其互相补益,所悟实多。考《光赞》现存二十七品,比之《放光》缺六十三品。故安公序中,谓其残不具。(《光赞》泰元元年以前中原只有其残卷,故道安仅见一卷。且即在襄阳安公所得亦非全璧)夫得书若是之难,得之又缺失。昔人读书之困苦与其辛勤,可念也。

由上所言,安公一生,均与《般若》有关。叙《喻疑论》曰:

> 附文求旨,义不远宗,言不乖实,起之于亡师。

而僧叡《大品经序》曰:

> 亡师安和尚,凿荒途以开辙,标玄指于性空。落乖踪而直达,殆不以谬文为阂也。亶亶之功,思过其半,迈之远矣。

据此则僧叡谓其师之学,标宗性空也。而其《毗摩罗诘堤经义疏序》曰:"格义迂而乖本,六家偏而不即,性空之宗,以今验之,最得其实。"性空之宗,显即昔日安公之学。而与六家格义之说不同。以今验之者,谓以罗什所译验之也。故元康《肇论疏》有曰:

> 如安法师立义,以性空为宗,作性空论。什法师立义,以实相为宗,作实相论。是谓命宗也。

性空之宗,不但僧叡谓为最得其实。而道安之学,六朝常推为斯教之重心。梁武帝《大品经序》有曰:

> 此经东渐二百五十有八岁。始于魏甘露五年至自于阗。叔兰开源,弥天导江,鸠摩罗什澍以甘泉,三译五校,可谓详矣。

此谓弥天释法师与竺叔兰及什公并美。陈慧达《肇论序》亦有曰:至如弥天大德,童寿桑门,并创始命宗,图辩格致。

及至嘉祥大师,力屏他说,特张三论。其意以为《方等》经论得其意者为道安、罗什、僧肇、僧朗、僧诠、法朗(三人属山门义)也。故《中论疏》卷五,叙六家七宗,而谓本无一家,分为二宗。二宗者,乃道安本无,与琛法师本无也。琛法师本无义待下详,而其叙安公本无曰:

> 什师未至,长安本有三家义。(此乃指《不真空论》所言之本无即色心无三者。但长安未必只知此三家义,已如前说)一者释道安明本无义。谓无在万化之前,空为众形之始。夫人之所滞,滞在未(应是末字)有。若诧(应是宅字或是托字)心本无,则异想便息。(中略)安公本无者,一切诸法,本性空寂,故云本无。此与方等经论什肇山门义无异也。

无在万化之前数语,乃出于昙济《六家七宗论》。《名僧传钞·昙济传》引之较详。文曰:

> 著(原作着)七宗论。第一本无立宗曰,"如来兴世,以本无弘(原作佛)教。故方等深经,皆备明五阴本无。本无之论,由来尚矣。何者,夫冥造之前,廓然而已。至于元气陶化,则群像禀形。形虽资化,权化之本,则出于自然。自然自尔,岂有造之者哉。由此而言,无在元化之先,空为众形之始,故称本无。非谓虚豁之中,能生万有也。夫人之所滞,滞在末(原文作未,误,参看下段)有。宅心本无,则斯累豁矣。夫崇本可以息末者,盖此之谓也",云云。

《肇论·不真空论》破异执第三破本无义。慧达谓为安公义,其所言即略释上段。文曰:

> 第三解本无者,弥天释道安法师本无论云:"明本无者,称如来兴世,以本无弘教。故方等深经,皆云五阴本无。本无之论,由来尚矣。"须得彼义,为是本无。明如来兴世只以本无化物。若能苟解本无,即异想(原文作思异)息矣。但不能悟诸法本来是无,所以名本无为真,末有(此可证吉藏疏未有系末有之误)为俗耳。

据上所言,僧叡称其师之说曰性空宗。昙济《六家七宗论》则称为本无宗。而自僧叡以后,梁朝武帝,陈时慧达,以至隋唐吉藏,均认安公为般若学之重镇。吉藏之时,尚无定祖之说。假使有之,可断言道安必被推为三论宗之一祖也。安公可谓自禅观以趣于性空者也。《阴持入经序》作于濩泽。有言曰:

> 以慧断智,入三部者,成四谛也。《十二因缘论》净法部首,成四信也。其为行也,唯神矣,故不言而成。唯妙矣,故不行而至。

《道地经序》亦曰:

> 其为像也,含弘静泊,绵绵若存,寂寥无言,辩之者几矣。恍忽无行,求以漭乎其难测。圣人……乃为布不言之教,陈无辙之轨。

《安般注序》(不悉作于何时)曰:

> 寄息故无六阶之差,万骸故有四级之别。阶差者,损之又损,以至于无为。级别者忘之又忘,以至于无欲。

在《人本欲生经注》内,释想受灭尽定曰:

> 行兹定者,冥如死灰,雷霆不能骇其念,火焦不能伤其虑,萧然与太虚齐量,恬然与造化俱游。

所谓无言无为静寂逍游,语虽出于老庄,而实同于安公之《般若》。盖据真如游法性冥然无名者,智度之奥室也。(见《道行序》)而泊然不动,湛尔玄齐(见《随略解序》),亦何异于冥如死灰,故安公之空,发于禅也。

吉藏《中观论疏》曰,安公明本无者,一切诸法,本性空寂,故云本无。又曰安公谓无在万化之前,空为众形之始,夫人之所滞,滞在末有,若托(原作诧)心本无,则异想便息。据此,安公之意,大义有二。一空者,空无。二空无之旨,在灭异想。此中空无,究为何义,典籍不详,颇难测知。然安公实非谓有无之无,则甚明。《名僧传钞》引第一本无宗之言曰:

> 非谓虚豁之中,能生万有也。

但此不言无辙之教,无以名之,名之曰无。无者真谛,盖对于俗谛之有而言。故慧达解曰,本无为真,末有为俗。安澄亦曰,别记云,真谛者,为俗谛之本,故云无在元化之前也。又安公《合〈放光〉、〈光赞〉随略解序》曰:

> 般若波罗密者,成无上正真道之根也。正者,等也,不二入也。

等道有三义焉。法身也,如也,真际也。故其为经也,以如为首,以法身为宗。如者尔也。本末等尔,无能令不尔也。佛之兴灭,绵绵常存,悠悠无寄,故曰如也。法身者,一也,有无均净,未始有名。故于戒则无戒无犯,在定则无定无乱,处智则无智无愚。泯尔都忘,二三尽息,皎然不缁,故曰净也,常道也。真际者,无所著也。泊然不动,湛尔玄齐,无为也,无不为也。万法有为,而此法渊默,故曰无所有者是法之真也。由是其经万行两废,触章辄无也。何者,痴则无往而非徼,终日言尽物也。故为八万四千尘垢门也。慧则无往而非妙,终日言尽道也。故为八万四千度无极也。所谓执大净而万行正,正而不害,妙乎大矣。

道安之状般若法性,或可谓为常之至极,静之至极欤。至常至静,故无为,故无著。故解无为曰渊默,曰泊然不动。解法身为一,为净,而不缁,谓泯尔都忘,二三尽息。解如曰尔,尔者无能令不尔,所谓绵绵常存,悠然无寄也。故自安公视之,常静之极,即谓之空。空则无名无著,两忘玄莫,隤然无主。由是而据真如,游法性,冥然无名。由是而痴除而尘垢尽。除痴全慧,则无往而非妙,千行万定,莫不以成,药病双忘,辙迹齐泯。(参看《道行经序》)故空无之旨在灭异想。举吾心扩充而清净之,故万行正矣。凡此常静之谈,似有会于当时之玄学。虽安公曾斥格义,虽其《道行序》有曰:"执道御有,卑高有差,此有为之域耳",然融会佛书与《老》、《庄》、《周易》,实当时之风气,安公之学说,似仍未脱此习也。

按肇公《不真空论》成于晋时,其时僧叡只举六家。昙济《六家七宗论》作于宋代,则似就叡之六家加性空之宗,而分本无为二。但自肇叡二师之时言之,则或无分为二宗之说。而僧肇所破,必通举持本无之诸师,未必详为分别,仅破其中某一人也。及至陈时慧达《肇论疏》,犹谓肇公所破,即安与远两师义。惟在隋吉藏《中论疏》中,就昙济分本无为二之说而言肇公所破,乃本无异宗。嘉祥大师所言,虽或如理。盖肇公所破本无,谓情尚于无宾服于无者,似指于虚豁之生万有。(说见下)而安公则曰:"非谓虚豁能生万有也。"但吉藏又谓安公本无"与《方等》经论什、肇山门义无异"，则未免言之太过。盖如安公以至静至常状法相。则肇公《物不迁论》正非此义。盖肇谓"动静未始异"，"必即动而求静"。即"乾坤倒覆，无谓不静，洪流滔天，无谓其动"。安公所说，吾人虽因文献不足，不能测其全。但决无即动求静之旨。肇公对之，当只认为亦是"人情之惑"欤。

本无异宗

《中论疏》谓本无一家，分为二宗。一为道安本无义，如上所述。一为琛法师义。据日人安澄《中论疏记》，谓此即竺道潜，字法深，而其作琛字者乃误也。并谓有琛法师，即《中论疏》之所谓北土三论师，安澄并见其所作《中论疏》。(《大正续藏》六十五卷二十页)据此则琛法师另有其人，在罗什来华之后，非东晋初之竺法深也。竺法深善《放光》、《般若》，师中州刘元真。年二十四即讲《法华》、《大品》。现存南北朝书籍中未言其学说如何。然深为般若学者，而本无似为当时般若学之通称，则谓深法师执本无说者，自无不可。但据唐元康《肇论疏》，则谓肇公《不真空论》所斥之本无义，乃竺法汰说。法汰道安之同学，在建业讲《放光经》，在荆州驳道恒之心无义。而《祐录》中陆澄《法论目录》中有此一条：

《本无难问》，郗嘉宾，竺法汰难并郗答往反四首。

而《高僧传·汰传》亦曰：

> 汰所著义疏，并与郗超书论本义，皆行于世。

按郗超似系主张支道林即色义者，本无义应为法汰之说也。

《中论疏》五，引琛(应作深如前说)法师之言曰，本无者，未有色法，先有于无，故从无出有，即无在有先，有在无后，故称本无。僧肇论本无论曰："本无者，情尚于无多(元康安澄解为情尚于无者实多)，触言以宾无。非有有即无，非无无即无。"(谓非有则无，非无亦无)据《中论疏记》曰：

> 《二谛搜玄论》十三宗中本无异宗，其制论曰，夫无者何也，豁然无形，而万物由之而生者也。有虽可生，而无能生万物。故佛答梵志，四大从空生也。《山门玄义》第五卷，《二谛》章下云，复有竺法深，即云诸法本无，豁然无形，为第一义谛，所生万物，名为世谛，故佛答

梵志,四大从空而生。

此宗谓万物从无而生。其所谓无者,不详包举色心二者否。观其所谓壑然无形,又引四大从空而生,似亦偏空色法。而心神为无形者,则似不空心神也。但此宗特点为肇等所注意者,似在执著有无二字。故僧肇又谓其"执非有者无此有。非无者无彼无"。执有无若实物,故生穿凿。僧肇因而斥为好无之谈也。故《中论疏》解此说曰,若无在有前,则非有,本性是无,即前无后有,从有还无。疏并引《大品经》三十七成就众生品之言驳之。《经》曰,若法前有后无,即诸佛菩萨便有罪过。今本无之说,谓先无后有,是亦有罪过也。

据此则此宗执实无。其所谓空者,非"非有非无",而为"先无后有"。似直以有无之无释空,所以与安公空寂之说,截然为二派也。

法汰同时有竺僧敷者,学通众经,尤善《放光》、《道行》。沙门道嵩与道安书,称为非吾等所及。在其死后,法汰曾与安公书曰:"每忆敷上人,周旋如昨。逝没奄复多年,与其清谈之日,未尝不相忆。思得与君共覆疏其美",云云。汰并与安书,数述敷义。(上均见《高僧传》)则竺僧敷之学说,当亦与法汰本无义有契合处耶。

支道林之即色义

昙济之《六家七宗论》中,即色义为第三宗。《中论疏》谓此有二家。一者关内即色空,谓色无自性,即僧肇所呵。二者支道林即色是空,此谓即安公本性空寂之说。但陈慧达及唐元康《肇论疏》,均谓肇所呵之即色义,即支道林说。而《中论疏记》曰:

康达二师,并云破支道林即色义。

元文才之《肇论新疏》,亦言肇所破者支道林说。文才似据唐光瑶禅师疏,则陈至唐时人,多如此解。吉藏之言实误也。

支遁谈理作品,依现所知者列下:

《即色游玄论》《王敬和问支答》;

《释即色本无义》(王幼恭问支答);

《道行指归》(按此亦明即色义,王洽读之有疑,作书问之。书载《广弘明集》中。支公乃答以《即色游玄论》);

《大小品对比要钞》(《祐录》存其序);

《辩著论》;

《辩三乘论》(支辩三乘滞义见《世说新语》);

支书《与郗嘉宾》;

支道林《答谢长遐》;

《本起四禅序》并《注》;

《本业略例》;

《本业经注序》(以上见《祐录》十二);

《圣不辩知论》;

《释朦论》;

《安般经注》(以上见《高僧传》);

《妙观章》(《世说注》引之谓出支道林集中);

《逍遥论》(《世说注》引之);

《通渔夫》(见《世说》);

《物有玄几论》(见慧达《肇论疏》)。

此外载于现存之《支遁集》(邵武徐干本)有诗文若干篇。而上列各书均佚。仅《要钞序》尚全存。《广弘明集》载王洽与林法师书,盖《即色游玄论》所附之王敬和问也。《本业经》者,当谓《菩萨璎珞本业经》,支公注意此书,乃在申顿义。盖支公安公均有顿悟说,但兹姑不详之也。支道林于《般若经》,用功盖甚勤。曾就大小品之同异,详为研寻,作《对比要钞》。此所谓《大品》者,当指《放光》。《小品》或即支谶之《道行经》。(支序文谓出之在先)二本详略互异,常有致疑者。支公以为理无大小。虽教因人之明暗,而有烦约。然其明宗统一,会致不异。又研《般若》二经,往往断章取义,致失原义。"或以专句推事,而不寻旨况。或多以意裁,不依经本。故使文流相背,义致同乖,群义偏狭,丧其玄旨。或失其引统,错征其事。巧辞辩伪,以为经体。虽文薄清而理统乖宗"。以是因由,支公作《对比要钞》。是故"推考异同,验其虚实,寻流穷源,各有归趣。而小品引宗,时有诸异。或辞倒事同,而不乖旨归。或取其初要,废其后致。或签次事宗,例其首尾。或散在群品,略撮玄要。时有此事,乖互不同,又大品事数甚众,而辞旷浩衍。本欲推求本宗,明验事旨,而用思甚多劳,审功又寡。且稽验废事不覆复急。是故余今所以例玄事以骈比,标二品以相对。明彼此之所在,辩大小之有光。虽理或非深奥,而事对之不同。故采其所究精粗,并兼研尽事迹使验之有由。"(上均引《要钞序》)《要钞》一书其用意甚佳,而用功极勤可知也。

郗超为支公之信徒。二人言论甚相契合。超曾与亲友书曰,林法师神理所通,玄拔独悟,数百年来,绍明大法,令真理不绝,一人而已。而支公亦称嘉宾为一时之俊。(见《世说》)郗超因与林公理义符契,故于竺法汰之本无义,于法开之识含义,均破斥之。超之佛教著作列下:

《本无难问》竺法汰难并郗答往返四首;

郗《与法濬书》;

郗《与开法师书》;

郗《与支法师书》;

《奉法要》;

《通神咒》;

《明感论》;

《论三行上》;

《叙通三行》;

郗《与谢庆绪书》往返五首;

《论三行下》;

郗《与傅叔玉书》往返三首;

《全生论》;

《五阴三达释》(以下均见《祐录》载陆澄《法论》目录);

《支遁序传》;

《东山僧传》(均见《高僧传》,但《支遁序传》当即在《东山僧传》中)。

郗超著作均佚,惟《奉法要》载《弘明集》中。《论三行》诸作不知其确指。但《文选·天台山赋注》,引郗敬舆(亦超之别号)与谢庆绪(名敷)书,论三幡。文曰:

> 近论三幡诸人犹多欲既观色空,别更观识。同在一有,而重假二观,于理为长。

则三行或即色色空观及识识空观之三幡也。超论三行,固亦谈及色空也。

僧肇谓其所呵之即色空曰:

> 即色者,明色不自色,故虽色而非色也。

唐元康谓此言不见于支道林之《即色游玄论》,而实载于其集中之《妙观章》。该段原文,《世说·文学篇注》引之较详,亦谓见于《支遁集·妙观章》中。文曰:

> 夫色之性也,不自有色。色不自有,虽色而空。故曰色即为空,色复异空。

但慧达《肇论疏》引此言则稍异。其文曰:

> 支道琳法师《即色论》云,吾以为即色是空,非色灭空。(此引《维摩经》。《肇论·不真空论》引之为色之性空非色败空)此斯言至矣。何者,夫色之性,色不自色(三字依上段加),虽色而空。如知不自知,虽如恒寂也。

《中论疏记》引《山门玄义》,文字上又稍不同:

> 第八支道林著《即色游玄论》云,夫色之性,色不自色。不自,虽色而空。如(原文无如字,今依达疏加)知不自知,虽知而寂也。(原文无也字,今依上段加)

此三段文字虽有出入。然观其文义,支公之说,实即肇公所呵。而所谓关内即色义,即有其义,亦仍祖述林道人之说也。惟所谓执关内即色,或竟无其事,亦未可知。盖支公与道安声名扬溢,或有曲为之解者。谓肇与支安持义无异。故既谓肇未斥安公本无,复言亦呵支公即色。而且谓肇在长安所破者,为长安之三家义。故吉藏《疏》曰,长安本有三家义,又谓另有关中即色也。实则恐无其事也(此种误传或即出于吉藏之揣测亦未可知）。

　　支公著述，除《要钞序》外，余均佚。故支公即色义尤不能详。慧达、元康、净源、文才、安澄之解释，确否难定。兹姑妄议之。所谓色不自色者，即明一切诸法无有自性。（慧达语）此盖色与一切法均因缘而成。按《宗少文答何承天书》中，言即色空，可引为连类。文曰：

　　　　夫色不自色，虽色而空。缘合而有，本自无有。皆如幻之所作，梦之所见，虽有非有。将来未至，过去已灭，现在不住，又无定有。

此谓缘合而有，故色即空。故待缘之色，可谓如幻如梦，本自无有。是盖空者，因其待缘，因其不自色（此指色果）。而不知色本非色，本性是空（此指色因）。故肇公破曰：

　　　　因其无有自性，故《肇论》继述支公语意，（此据元康疏）云。"夫言色者，但当色即色，岂待色而后为色哉。"此直语色不自色，未领色之非色也。❶

元康释后二句，或得原意。文曰：

　　　　此林法师，但知言色非自色，因缘而成。而不知色是空，犹存假有也。

　　支法师即色空理，盖为《般若》本无下一注解，以此证明其本无之旨。盖支公宗旨所在固为本无也。如其《要钞序》曰：

　　　　夫般若波罗密者……明诸佛之始有，尽群灵之本无。登十住之妙阶，趣无生之径路，何者耶，赖其至无，故能为用。

此谓至极以无为体。因须证无之旨，支公特标出即色空义。然其所以特标出即色者，则实因支公持存神之义。其《要钞序》一曰"神王之所由，如来之照功"。又曰"智不足以尽无，寂不足以冥神"。又曰"神悟迟速"。又曰"质明则神朗"。通篇之言及神者如此类甚多。而支公之理想人格，常

----

　　❶　此中不待色色而后为色乃谓：色无自性，亦即"色不自色"。"色不自色"即谓色不待有色色之本性而后为色也。色本因缘假有，本性空无，当此因缘假有之色，即是色非另有色色之自性也。

曰至人。而至人也者,在乎能凝守精神,其神逍遥自足(自足者以凝也守也)。故同序又曰:

> 夫至人也,览通群妙,凝神玄冥。灵虚响应,感通无方。建同德以接化,设玄教以悟神。述往迹以搜滞,演成规以启源。或因变以求通,事济而化息。适任以全分,分足则教废。故理非乎变,变非乎理,教非乎体,体非乎教。故千变万化,莫非理外,神何动哉。以之不动,故应变无穷。

《世说注》引支氏《逍遥论》曰:

> 夫逍遥者,明至人之心也。(中略)至人乘天正而高兴,游无穷于放浪。物物而不物于物,则遥然不我得。玄感不为,不疾而速,则逍然靡不适。此所以为逍遥也。(下略)

盖心神本不动,自得其得,自适其适。苟能自得自适,则应变无穷。自人方面言之,则谓之圣。自理方面言之则名曰道。道乃无名无始,圣曰"无可不可"。无可不可,亦《逍遥论》自适至足也。亦《要钞序》所谓之"忘玄故无心"也。无心者,似即色论中所谓知不自知,虽知而寂。盖亦以神为不动之体,故不自知。然果能凝此冥寂之心知,则神朗。神朗则逆鉴,是真无所不知矣。是抑亦应变无穷也。苟能神朗,忘玄无心,则智全言废,即所谓还群灵于本无也。

郗超《奉法要》有文一段,似可与上述相发明。

> 夫空者,忘怀之称,非府宅之谓也。无诚无矣,存无则滞封。有诚有矣,两忘则玄解。然则有无由乎方寸,而无系乎外物。虽陈于事用,感绝则理冥。岂灭有而后无,偕损以至尽哉。

或者此之宗义,由即色而谈本无。即色所空,但空色果,而空者无者,乃无心忘怀逍遥自足,如支氏所写之至人之心也。

于法开之识含宗

七宗之第四为识含宗,谓为于法开之说也。开为于法兰弟子,以医术称奇,善《放光》、《法华》。晋哀帝曾征之讲《放光》。凡旧学抱疑,莫不因之披释。支道林讲《小品般若》，开尝使其弟子法威难之，又每与支道林争即色空义。庐江何默，申明开难。高平郗超，宣述林解。《祐录》载陆澄《法论》目录中，有郗与开法师书。识含义者，乃比空于梦幻，悉起于心识。《中论疏》曰：

> 三界为长夜之宅，心识为大梦之主。今之所见群有，皆于梦中所见。其于大梦既觉，长夜获晓，即倒惑识灭，三界都空。是时无所从生，而靡所不生。

《中论疏记》曰：

> 《山门玄义》第五云，第四于法开著《惑识二谛论》曰，三界为长夜之宅，心识为大梦之主。若觉三界本空，惑识斯尽，位登十地。今谓以惑所睹为俗，觉时都空为真。

据唐均正《四论玄义》，述梁武帝之说，与上言相同：

> 彼（指梁武帝）明生死以还，唯是大梦，故见有森罗万像。若得佛时，譬如大觉，则不复见有一切诸法。

按梁武帝作《神明成佛义记》，谓神明未成佛时，惑识未尽，谓之无明神明。及既成佛，则无明转变成明。于法开之说，似亦可引此为连类。盖当时于精神与心识之关系已为研讨之问题。如陆澄《法论目录》载有王稚远问罗什精神心意识，慧远辩心意识等，想均论此。而法开所谓识者，与神明分为二事。神者主宰，识者其所发之功用。识含一语，据宗少文《明佛论》，乃谓识含于神（原文曰知慧恶亡之识常含于神矣）。宗氏文中有数语，或可发明法开识含二字之用意。其言曰：

> 然群生之神，其极虽齐，而随缘迁流，成粗妙之识。

于法开说，或即谓三界本空。然其所以不空者，乃因群生之神，当其有惑识时，即如梁武帝所谓之无明神明，所睹皆如梦中所见。及神既觉，知三界本空，则惑识尽除。于是神明位登十地，而成佛矣。此说根据神识之划分，而诠释本空之外象所以幻为有也。

幻化宗

七宗中之第五为幻化宗。吉藏谓为壹法师说。壹法师不知指何人。竺法汰有弟子昙壹及道壹。时人呼昙为大壹,道为小壹。竺法汰在荆州时,曾令昙壹攻难道恒心无义。大壹或确守师说者(本无义),则幻化义者,或为道壹之说。《中论疏记》亦谓此为道壹之主张。《中论疏》云:

> 壹法师云:世谛之法,皆如幻化。是故经云:从本以来,未始有也。(据《疏记》此节引《大集经》九)

《中论疏记》,谓此说但空诸法,不空心神。其文曰:

> 玄义云,第一释道壹著《神二谛论》云,一切诸法,皆同幻化。同幻化故,名为世谛。心神犹真不空,是第一义。若神复空,教何所施,谁修道,隔凡成圣,故知神不空。

据此则道壹主张,亦有存神之意。而与下言心无之说,相径庭也。

支敏度❶之心无义

七宗之第六为心无宗。吉藏谓为温法师义。实则此说起于支敏(亦作愍又作慜)度。陈寅恪先生《支愍度学说考》论之极翔实。兹述之于下。《世说新语·假谲篇》曰:

> 愍度道人始欲过江,与一伧道人为侣。谋曰,用旧义往江东,恐不办得食,便共立心无义。既而此道人不成渡。愍度果讲义积年,后有伧人来,先道人寄语云,为我致意愍度,无义那可立,治此计权救饥尔,无为遂负如来也。

伧道人(《世说·雅量篇注》引《晋阳秋》曰,吴人以中州人为人伧,《晋书》陆玩致王导笺曰:仆虽吴人,几为伧鬼。此伧道人亦中州人)事,未必即实。但据此,心无义乃支敏度所始立。唐元康《肇论疏》亦谓此义为支

---

❶ 敏原应作愍,避唐太宗讳改。按唐法琳《辩正论》三晋愍帝作敏帝,明藏乃续改为愍。

敏度说。《高僧传·竺法汰传》有曰：

> 时沙门道恒颇有才力,常执心无义,大行荆土。汰曰,此是邪说,应须破之。乃大集名僧,令弟子昙壹难之。据经引理,析驳纷纭。恒拔其口辩,不肯受屈。日色既暮,明旦更集。慧远就席,攻难数番,问责锋起。恒自觉义途差异,神色微动,麈尾扣案,未即有答。远曰,不疾而速,抒柚何为。坐者皆笑。心无之义,于此而息。

而安澄《中论疏记》,谓道恒执心无义,得之法温,后支敏度亦追学前义。此则依《中论疏》,谓心无为温法师所执,并谓道恒得之法温,而支敏度后乃追学此义。但此实为臆度之谈。盖《中论疏》所言之温法师,安澄所谓之法温,实即竺法深之弟子竺法蕴。《中论疏》记引《二谛搜玄论》曰：

> 晋竺法温为释法琛法师之弟子也。

按竺法深有弟子竺法蕴,《传》谓其悟解入玄,尤善《放光》《般若》。据此则蕴亦般若学者。其执心无义,自无足怪。依上所言,执心无义者,有支敏度,有道恒,有竺法蕴(即温法师或法温)。经陈先生之详考,支敏度之年最早(但陈先生所定法汰到荆州之年似误)。故定支为始创此说之人。而《世说》与元康之言不误。

支敏度之著作列下：

《合维摩诘经》五卷(《祐录》卷七载其序文)；

《合首楞严经》八卷(《祐录》卷八载其序文)；

《经论都录》一卷(见《房录》《开元录》等)；

《经论别录》一卷(同)；

《修行道地经序》(见《房录·安世高录》中,《开元录》同)。心无之义创者支敏度,传者道恒法蕴。虽法汰使昙壹并慧远破之,然并不如僧传所言,谓心无之义,于此而息。盖《祐录》十二陆澄《法论目录》载,有下列二条：

> 心无义　桓敬道　王稚远难　桓答
>
> 《释心无义》刘遗民

据此则桓玄及刘程之,俱为宗心无义者,且在道恒之后也。又《中论疏记》引宋僧弼《丈六即真论》曰,圣人以无心为宗云云,则僧弼或亦用心无义者乎。

僧肇《不真空论》,破心无义。元康谓为敏度之说。论原文曰:

> 心无者,无心于万物,万物未常无。此得在于神静,失在于物虚。

此言心无义,据吉藏《二谛义》上,空心不空色。

(一)不空境色者,谓万物未常无也。元康《疏》释之曰:

> 然物是有,不曾无也。

《中论疏》亦解之曰:

> 不空外物,即外物之境不空。

而不空外物,非佛法之正义。故元康曰:

> 不知物性是空,故名为失也。

(二)空心者,即心无之谓,所谓无心于万物也。元康曰:

> 但于物上不起执心,故言其空。

而吉藏《二谛义》曰,以得空观故言色空,色终不可空也。其《中论疏》亦曰:

> 其意谓经中说诸法空者,欲令心体虚妄不执,故言无耳。

而支敏度之心无义,《世说》谓与旧义不同。刘孝标注释之曰:

> 旧义者曰,种智是有,(原文作有是)而能圆照。然则万累斯尽,谓之空无。常住不变,谓之妙用。而无义者曰,种智之体,豁如太虚。虚而能知,无而能应。居宗至极,其唯无乎。

据此则旧义谓尽累之谓空。此正吉藏所言之虚妄不执也。而敏度乃已屏弃旧义,而推求心之体以为豁如太虚,虚而能知,无而能应。则元康吉藏之解,犹未见其全也。

至若竺法蕴或温法师之说,则见于慧达《肇论疏》及《中论疏记》所引。宗旨仍在空心不空境。其慧达《肇论疏》曰:

> 竺法温法师心无论云:"夫有有形者也,无无象者也。有象不可言无。无形不可言有。而经称色无者,但内止(原作正)其心,不空外色。"但内停其心,令不想外色,即色想废矣。

《中论疏记》所载,有一段曰:

> 《山门玄义》第五云,第一(此一字误说见下)释僧温著《心无二谛论》云:"有有形也。无无象也。有形不可无。无象不可有。而经称色无者,但内止其心,不空外色。"此壹公破,仅明色有,故为俗谛,心无故为真谛也。

另又有一段曰:

> 《二谛搜玄论》云,晋竺法温为释法琛法师之弟子也。其制心无论云,夫有有形者也,无无象者也。然则有象不可谓无,无形不可谓有(原文是无字)。是故有为实有,色为真色。经所谓色空者,但内止其心,不滞外色。外色不存余情之内,非无而何。岂谓廓然无形,而为无色者乎。

二段引温法师之言,小有不同。然其宗旨在空心不空境,甚明也。

第一段"此壹公破"云云,壹公骤视之,似为昙壹。盖因其曾破心无义也。但实则此指执幻化义之道壹。盖幻化义者,谓物同幻化,而心神真有,与心无义恰相反。故曰此壹公破,仅明色有心无云云也。据此则玄义述壹说必在温说之前。故上引第一段中"第一"二字应为第二之误也。按肇论只破三家义,本无为法深法汰之说,即色为支遁之说,均世之大师。而心无义盖亦甚流行,肇因亦破之。三者为肇所特别提出,可见其为当时所重视也。

缘会宗

七宗之第七为缘会宗。吉藏谓为于道邃之说。邃为于法兰之弟子,与于法开盖为同学。竺法护称其可为大法梁栋。与兰公共过江。后随往西域,于交趾遇疾卒,年三十一。其著作学说均不明。《中论疏》曰:

> 第七于道邃明缘会故有,名为世谛。缘散即无,称第一义谛。

《中论疏记》释此曰:

> 玄义云,第七于道邃著《缘会二谛论》云,缘会故有,是俗。推折无,是真。譬如土木合为舍,舍无前体,有名无实。故佛告罗陀,坏灭

色相无所见。

缘会故空,《般若经》常言之。宗炳《明佛论》以神之不灭,缘会之理,积习而圣,三者为佛法之根本义。宗氏虽在宋时,然晋代即如支遁辈,何尝不用缘会之理。于道邃偏重缘会,不详其旨也。然据《玄义》引坏灭色相之言,或亦重色空欤。吾人于此所知资料最少,其说果如何,尤不可臆测也。

于道邃之学说虽不明,然其人固当时名士之一也。过江后,谢敷大相推重。支遁、孙绰均有文赞美。孙绰以七道人比竹林七贤,作《道贤论》。以竺法护比山巨源,白法祖比嵇叔夜,竺法乘比王濬冲,竺道潜比刘伯伦,支遁比向子期,于法兰比阮嗣宗,于道邃比阮仲容。孙绰又曾曰,近洛中有竺法行,谈者以比乐令。(此语亦见《明佛论》)江南有于道邃,识者以对胜流。(《高僧传》谓此语出孙氏《喻道论》,查彼论无此段说,然据宗炳答何衡阳书可信,乃孙绰所言,但不知出于何处。)宗炳亦称美于道邃之贤。(见《明佛论》及答何书)于氏盖亦僧人中之清谈玄理家也。盖在东晋之初,天下骚动,士人承汉末谈论之风,三国旷达之习,何晏、王弼之老庄,阮籍、嵇康之荒放,均为世所乐尚。约言析理,发明奇趣,此释氏智慧之所以能弘也。祖尚浮虚,佯狂遁世,此僧徒出家之所以日多也。当时佛理袭玄学之风,因而大张,前已言之。而佛徒为人之风格,亦复与清谈家符契。如竺道壹好整饰音辞。孙绰赞之有曰,驰骋游说,言固不虚,唯兹壹公,绰然有余。康法畅执麈尾,每值名宾,辄清谈尽日。曾著《人物始义论》,月旦人物。于法开之弟子法威,清悟有枢辩。而孙绰曾题目法开曰,才辩纵横。竺法深内外俱瞻,复能言说。有旷大之体,兴公比之刘伶。竺法汰形长八尺,风姿可观,含吐蕴藉,辞若兰芳,而沙门支遁以有正始遗风,几执江南名士界之牛耳。世谓其神情隽彻,易言之即有名士风流。又谓其寻微之功,不灭辅嗣,易言之即是清谈领袖。世尚老庄,而道林谈《逍遥游》,标揭新理。《通渔夫》一篇,才藻俊拔。(孙绰以支遁向秀雅尚《老》、《庄》,故以之相比。)游览山水,爱马饲鹤,善草隶。(竺法深弟子康法识善草隶,作王右军书,人莫之能别。)一时名士,如王洽、刘恢、殷浩、许询、郗超、孙绰、桓彦表、王敬仁、何次道、王文度、谢长遐、袁彦伯、王濛、王羲之均与为友。(上均杂见《世说》并注及《高僧传》)夫当时名僧既理趣符老庄,风格类清谈,宜名士之乐与往来也。自佛法入中国后,由汉至前魏,名士罕有推重佛教者。尊敬僧人,更未之闻。而《世说》载支道林还东,时贤并送于征虏亭。蔡叔子前至,❶坐近林公。谢万石后来,坐小远。蔡暂起,谢移就其处。蔡还,见谢在焉,因合褥举谢掷地,自复坐,云云。世风前后不同若此,诚可证中华学术之大变也。以上所述之于道邃竺道壹、康法畅、于法开、于法威、竺法深、竺法汰、支道林均确知其与般若研究有关,且均显然具清谈者之风度,则此学术大变之主要理由,不能不谓在乎般若与玄学之同气也。

总　结

《般若经》之传译,始于汉末,及晋惠帝时,朱士行所得《放光》行世之后,斯学遂转盛。而般若本无,玄学贱有,因契合而益流行。格义沟通内外,般若新兴,此法当有所助力。道安时代,东西诸讲习,遂无不以《般若》为业,而安公提倡亦最著辛劳。姚秦时僧肇破异计有三,所谓心无、即色、本无也。僧叡已言及六家,然不知其何指。刘宋昙济乃著(六家七宗论》。依今考之,其名目与人物列下:

六家　七宗　主张之人
本无　本无　道安(性空宗义)
　　　本无异　竺法深　竺法汰(竺僧敷)
即色　即色　支道林(郗超)
识含　识含　于法开(于法威　何默)
幻化　幻化　道壹
心无　心无　支敏度　竺法蕴　道恒(桓玄　刘遗民)
缘会　缘会　于道邃

六家七宗盖均中国人士对于性空本无之解释也。道安以静寂说真际,法深法汰偏于虚豁之谈。其次四宗之分驰,悉在辩别心色之空无。即色但空色因,不空色果。识含以三界为大梦。幻化谓世谛诸法皆空。三者之空,均在色也。而支公力主凝神,于法开言位登十地。道壹谓心神犹真,三者之空,皆不在心神也。与此三相反,则有心无义。言无心于万物,万物未尝无,乃空心不空境之说也。至若缘会宗,既引灭坏色相之言,似亦重色空。综上所说,般若各家,可分三派。第一为二本无,释本体之空无。第二为即色识含幻化以至缘会四者,悉主色无。而以支道林为最有名。第三为支敏度,则立心无。此盖恰相当于《不真空论》所呵之三家。观于此,而肇公破异计仅限三数,岂无故哉。

　　道安时代,《般若》本无,异计繁兴,学士辈出,是佛学在中夏之始盛。西方教理登东土学术之林,其中关键亦在乎兹。惟原著全缺,窥测实难。斯篇旨在采辑佚文,俾后来之参究。至若妄加论断,支蔓必多。尚冀贤者烛其谬而正其阙也。

(原载《哲学论丛》1933 年 5 月)

大林书评

序

匡山寺有三林。一东林,远公所居。一西林,竺道生晚年于此注《法华》。一为大林,道信禅师留止十载,由是而入黄梅,遂下启东山法门。其于中华释教之重要不在东西二林之下。余多年讲席少暇,读书乃多在夏日。酷暑中常卜居于大林峰之左近。浏览所得,辄以笔记。暇时整理为评跋若干篇,兹复编集名为《大林书评》。时当丧乱,犹孜孜于自学。结庐仙境,缅怀往哲,真自愧无地也。

评《考证法显传》

《考证法显传》,日人足立喜六氏所著。此书利用多种版本,校合考订,成一定本,并且详加考证注解,附以地图多幅,其对于研究此书者,裨益实非鲜浅。近经介绍谓在《佛国记》的研究史上,可称为划出一新纪元之根本著作,此评语并非太过。即本书载有石田斡之助序,亦谓西洋人研究颇多错误,中国人著作又简略,今得足立氏此书出世,至为可喜。实在讲起来,自从法人 Rémusat 在 1836 年刊印其译注之后,到今年恰经一百年。此一世纪中东西洋研究此书者比中国人多,而且较有成绩。现在国内学界扰乱不安,读书无心,救国乏术,其学问前途之无进步,不问可知。吾人对于日人整理汉籍之新成绩,不禁愧杀。

足立氏此书校合日本现存各种古本,实与学者一极大便利,氏所根据之原本为北宋版东禅寺与开元寺本,而以石山寺写本以及丽本共五种作参证。北宋东禅寺本特异之点,在其中记叙侜夷国少十二字,毗舍离国少三百余字,师子国少十三字。按丽本毗舍离国多放弓仗一段三百余字,初见于《水经注·河水篇》中所引之《法显传》。今北宋本既缺此段,丽本所多之三百余字系后人抄录《水经注》窜入,抑系北宋本印行时原有脱简,实为一问题。足立氏因北宋版最古,既缺此段,则余本多此一段谓系后来加入。其所陈理由,并不甚充足。如丽本叙侜夷国事曰:

> 侜夷国僧亦有四千余人,皆小乘学,法则整齐。秦土沙门至彼都,不预其僧例(自秦字下十二字北宋本所无)。法显得符行堂公孙经理,住二月余日。

按此谓侜夷国戒律整齐,中国沙门来,不能入其僧伽,受供给。法显到此,幸而有符公孙之经理,而得住二月余。北宋版缺"不预僧例"一句,遂使人不能明了何以法显须受符公孙之供给。因此北宋本缺此十二字,实是刊印脱误,并非丽本(及他本)刊行时此十二字自他处窜入也。(叙师子国丽本多十三字,文义亦较完足。)盖版本年代甚早,固有价值。但版本之善否,不能全依年代断定。按丽本(即高丽新雕本)源出于北宋官版,并且曾与丹本等校勘。据今日所存守其的校勘记说起来,其工作时颇为审慎。故丽本之佳良,实应不下于北宋东禅寺刊本也。因此作者校勘多以所见之北宋本为主,未见其甚确当也。

作者虽不能于《法显传》所有之问题一一详加解答,材料搜集亦稍见遗漏,但其考证上常有创获。而其谓法显海行归国后曾在京口夏坐,再往建康,则为全书最新颖处。然吾人于此,不能完全赞同。按《法显传》原文叙其将著陆时情形曰:

> (上略)昼夜十二日到长广郡界牢山南岸,便得好水菜。但经涉险难,忧惧积日,忽得至此岸,是藜藋依然,知是汉地。(中略)此青州长广郡界,统属晋(晋一作刘)家。(中略)太守李嶷敬信佛法,闻有沙门持经像泛海而至,即将人从至海边迎接经像,归至郡治。商人于是

还向扬州。刘法青州请法显一冬一夏。夏坐讫,法显远离诸师久,欲趣长安。但所营事重,遂便南下向都,就禅师出律(此据北本宋版,他本律作经律,似较妥)。

作者据《通鉴》一一六卷,义熙八年九月庚辰(十三日)以道怜为兖、青二州刺史,镇京口,适在法显归来之后;又因刘道怜可称为刘兖州(但《通鉴》同卷所言之刘兖州系刘毅从弟藩,足立氏谓系道怜,非也),似可称为"刘兖青州",而上文"刘法青州"云云,法字乃沇字之误,沇字与兖通;故刘法青州请住一冬一夏者,乃指道怜也。因此作者断定法显于义熙八年七月十四日到北青州后,复由海道南下(参看原书附图五),至京口得见道怜。明年夏坐讫,乃至建康(时已九年七月)。此说虽辩,但仍有疑点:(1)法显经涉险难,忧惧积日,甫得着陆,方庆更生,何堪仍循海路南下。(2)传云,法显夏坐后,"欲趣长安,但所营事重,遂便南下向都"。夫京口在建业之东稍偏北,似不能曰"南下向都"。又法显如先已自山东境南下至京口,乃忽欲趣长安,亦甚可怪。按法显归国后首次夏坐不在京口,实在彭城。《水经注·泗水篇》云:

> 又东南过彭城县东北。泗水西有龙华寺,是沙门释法显远出西域浮海东还持《龙华图》首创。此制法流中夏,自法显始也。其所持天竺二石,仍在南陆东基堪中,其石尚光洁可爱。

此故事虽不可尽信,但郦善长上距法显之世不远,约百年有余,所记不能全属子虚。据此,法显在牢山上陆后,必系由陆路南下,道过彭城,并在此逗留颇久,因而有故事之遗传。又按《宋书》五十一《刘道怜传》,谓道怜于义熙七年加北徐州刺史,移镇彭城。合以《通鉴》所载,则道怜七年在彭城,至八年九月十三日奉命为兖、青州刺史,至早在此月后,移镇京口。而法显则疑于八年七月中在长广郡。郡守李嶷或即李安民之祖父(安民幼在山东,且信佛法)。自刘裕收复青、徐州后,北方倚道怜为重镇,李嶷或原为刘家部将,彼既见法显,因资助其南往彭城见道怜。其时道怜尚未南去,因留供养(或即住于龙华寺)。及道怜去后,刘怀慎以辅国将军监北徐州诸军事,镇彭城(《宋书》四十五)。此地仍属刘裕势力范围(故传文谓统属刘家,亦是实录),自有人资给。而彭城西通关洛(刘裕义熙十三年即自彭城西进伐秦),法显在彭城安居之暇,徘徊歧路,故欲西趣长安,亦与事势相合。但因彭城以南,均属晋土,自此发迹下都,其事顺便,故于九年遂南下,约在秋冬之际到达也。(按道怜在义熙十一年,始解兖、青刺史。而依作者意,《法显传》作于十年,书中称道怜为"刘兖青州",固亦无不可也。)

本书印刷精美,而标点甚多错误。例如下:

(页四一)非夫弥勒大士继轨释迦,孰令三宝宣通。(句)边人识法(无标点)固知冥运之开。(句)本非人事。(读——下略)

(页二六九)是以不顾微命,浮海而还。(句)艰难具,(读)更幸蒙三尊威灵,危而得济。

凡此类句读错误,疑非均由于手民之疏忽(原书每句下空一字,上文"通"、"开"二字下皆然)。此虽细事,但此书主旨原在校勘,于标点似亦不应轻率也。

(录自《微妙声》第 3 期)

评日译《梁高僧传》
——日本《国译一切经》《史传部》第七

梁慧皎《高僧传》近经常盘大定博士译为日本文,去年(昭和 11 年,1936)十一月出版。缘数年前日本学者发愿先将中译佛经重译为日本文,费时七年而即完成,称为《国译一切经》。近又拟将中国撰述择要译出,并附以注释,以便彼邦人士之研读。常盘博士为东陆研究中国佛教史学者之泰斗,今此《梁高僧传》乃其所译,应甚佳妙。其译文如何,吾辈华人,可勿置论。其注释据言系学士龙池清所助成。翻阅一过,疏漏极多。或常盘博士因年高未亲加指导,因之所采材料,所考事实,所用版本,均有问题。不似中国佛教史专家研究有得之作。故注释方面恐于初读此书者益处甚少。

　　为史传作注释,引用材料可详可略。略则尽可将相关之记载择要列出,而只记其卷数,以备学者之自行参订。如《高僧传》开首《摄摩腾传》,其相关之记载应列入者有:(一)《弘明集》牟子《理惑论》。(二)《祐录·四十二章经序》。(三)《广弘明集·笑道论》所引之《化胡经》。(四)袁宏《后汉纪》十。(五)范晔《后汉书》卷百十八。(六)《珠林》十三引王琰《冥祥记》。(七)《祐录》二所记。(八)陶弘景《真诰》卷九。(九)《佛道论衡》等所引之《汉法本内传》。(此外《水经注》、《伽蓝记》等较略之记载,但亦重要,似亦可言及。)今观常盘氏书之注,只译录《四十二章经》及《佛祖历代通载》各一段。按《通载》所言系节取《法本内传》之文,注释内应提《内传》,俾读者知其说之所从出。或应径引《内传》而不言《通载》,以免枝蔓。又《高僧传》所载永平求法事迹,与王琰《冥祥记》所载最相同,而与《祐录》二、袁、范诸记颇有不同。今此注仅录《经序》,而于他书概不列出,既不能显求法事传说纷歧,又不能示《梁传》所载最早见于何书(依大体言,传所记出于《冥祥记》者多,而根源《经序》者少)。据此,则本书此处注释实甚陋略。

　　为史传作注释,如欲求详,则可择录相关记载之文,或并加以考订。常盘氏之书颇具此意,然其疏略实甚可惊,如于白马寺则只注言《佛祖通载》谓以白马载经,故以名寺。但此可补充之点有四:(一)白马载经之说,实早见于《伽蓝记》。(二)白马寺之名已见于西晋竺法护《魔逆经记》(《祐录》七)。(三)马绕塔之说已见于《牟子》。(四)《名僧传抄》称摩腾住兰台寺,不言其为白马寺僧。又如于竺法兰译经则只注曰《房录》,谓其亦译有《二百六十戒合异》二卷,按此可商之点亦有三:(一)《二百六十戒合异》,据《祐录》十一所载之序,乃竺昙无兰所作,人乃西晋人,书乃会译。注者毫不加察,而妄引《房录》。(二)《祐录》无竺法兰,只言及摩腾译经。(三)《冥祥记》等亦无竺法兰之名,据今所知,《名僧传》始有此人。此上所言均在常盘氏书第一页中,其错误失考之处乃如此,吾人不必翻毕全书而知其无当于用也。

　　本书于地名类加以今释,然常有讹误。兹仅择录数条于下:

（一）广州　广东省番禺县,今之广东。（页三）

　　　交州　广东省番禺县。（页二五）

　　　交趾　法属安南河内西方地方。（页十）

（二）彭城　江苏省沛县。（页三五）

　　　徐州　江苏省铜山县。（页六一）

（三）雍州(京兆新丰)　湖北省襄阳县。（页六九）

（四）中州(刘元贞)　山西大宁县。（页八四）

（五）飞龙山(道安在河北时所住)湖北省麻城县北三十里。（页九九）

（六）高昌(西域)江西省吉安县西五十里。（页四八）

（七）东莞(山东)广东省东莞县附近。（页一〇七）

本书之首有《梁高僧传解题》,当为常盘博士所自作,其中所论并少佳义,而且需补充之处颇多,略记于下:

（一）论《高僧传》所用材料,常盘氏不知法安所作名《志节传》（《祐录》十二引其名）。法进所作名《江东名德传》（《隋志》）。

（二）混宋临川康王义庆与康泓为一人。

（三）田融《赵书》本皎序所谓之"荒朝伪历",乃以为是"孤文片记"。

（四）作《东山僧传》之郗景兴即郗超。而页一〇九所列超之著作无此书,似不知景兴即超。

（五）因慧皎与王曼颖书中有"君白"云云,乃误以君白即慧皎之字。

（六）论(僧传)资料中漏略极多。

常盘博士于译时所依版本为《高丽藏》,但丽本之误字每失于校正,略举数例于下:

（一）页一六,宋元明本之"化道周治",乃依丽本作"周给"。

（二）页二九,三本之"王女为尼",依丽本作"王子为尼"。

（三）页七〇,三本之"每禅观七日不起",依丽本作"游观"。

（四）页一七〇及一七五,三本作"法瑶",依丽本作"珍"。而页三三二,即依丽本亦作"瑶"。

（五）页二三五，三本之"西域人来此土"（应指南方），依丽本作"北土"。

按日本人士为发扬国光，开始翻译中文一切经，进行极速。举众多之人才与财力以赴之，务克期而成书。而于常盘氏之译注则在广告中特为宣扬，然其结果乃大失人望，是诚欲速不达，世之著述者可以鉴矣。

（原载《微妙声》第 8 期）

《唐贤首国师墨宝》跋

《唐贤首国师墨宝》，有正书局于民国十一年用珂罗版印行，系法藏大师致新罗法师义湘书。《三国遗事》亦载之，墨迹字之不可辨者，颇可用以订正。且《遗事》并载有别幅，附原书之后，为《墨宝》所未有。文曰：

> 《探玄记》二十卷，两卷未成，《教分记》三卷，《玄义章》等杂义一卷，《华严梵语》一卷，《起信疏》两卷，《十二门疏》一卷，《法界无差别论疏》一卷，并因胜诠法师抄写还乡。顷新罗孝忠遗金九分，去是上人所寄。虽不得书，顶荷无尽。今附西国军持澡灌一口，用表微诚，幸愿检领。谨宣。

书中所谓"和尚章疏"，指其师智俨之《华严经搜玄记》；"勒成义记"，系《华严经探玄记》。据别幅所言，则二十卷中，寄书时尚有两卷未成。法藏致书不知在何年。墨迹年岁磨损不可读。据浮石本碑，湘武德八年生，龙朔元年入唐，其后七年即总章元年，其师智俨迁化，咸亨二年湘还新罗（上见《三国遗事》），其离长安或在此前一年。书中谓别来二十余年，是致书应则天长寿岁之后。别幅中之《华严梵语》当系译八十卷本时所作，则致书最早亦在圣历二年也。

义湘，《贤首国师传》并《义天录》作"义想"，《墨宝》元人十二跋从之。惟《宋僧传》、《三国遗事》、《东域录》均作"义湘"。《宋僧传》谓为鸡林府人，出家后于永徽元年或元晓同伴欲西来，至高丽，有难而返。龙朔元年，又相与浮海至登州，终俱趋长安。元晓就玄奘法师受学。义湘在终南山至相寺,就智俨三藏综习《华严经》,盖与康居沙门法藏同门也。

智俨实中国华严宗之创始者也。华严无尽缘起、十玄门、六相圆融、五教分齐之说,据《华严经传记》所载,似均出于智俨。《传记》法藏所撰,经其门人稍加修治者。法藏乃智俨门人,其说当较晚唐圭峰宗密推杜顺为祖者为可信。盖智俨虽因神僧杜顺之请而出家,然学华严则在至相寺智正法师所。智正广学善讲,而杜顺则未尝以义学见称。后世所传之杜顺撰述,道宣《续高僧传》及《华严经传记》皆不著录。道宣尝在终南山,与杜顺所居(长安南义善寺)不远。《续传》终于贞观十九年,上距神僧卒年只五载,而不言顺曾著书,可见其不确也。

隋代唐初中国佛教多新兴之宗义:曰三论宗,高丽慧灌、百济观勒传之日本。曰天台宗:传者新罗有玄光,高丽有波若。曰戒律:新罗有慈藏弘之。曰法相宗:传于新罗者首推元晓。至若《华严经》之研究,盖亦起于萧梁之末。在南方三论学者,摄山相承,并讲"大经";北土地论师人,更精研斯典。地论元匠慧光僧统之后裔有昙迁法师者,先学北之地论,后开南之摄论,而且究心华严者也。智正似即迁之高足,其学亦兼涉摄论、华严二者。当时华严与摄论、唯识之学,盖互有密切之关系也。玄奘门下,唯识之学,可分为二大派:一为慈恩基师,一为西明圆测。圆测属新罗王族,立学与华严实相近。而元晓亦著华严章疏颇多。基之弟子淄州沼,尝驳西明门下道证之说。道证亦有疑为新罗人者。而其后有新罗太贤,著述亦不废圆测之学,故在海东,法相宗盖亦深有契于华严宗义也。

隋末唐初,海东之来华者,深注意华严之教。慈藏法师游于五台山。五台相传为文殊道场,贤首宗名山也。兹藏之来谓已慕华严教化。慈藏归后不久而义湘偕元晓入唐。二人均重华严。又至相寺智俨十圣弟子别有智通者,亦新罗人(见《法界图记丛髓录》卷上之一)。或华严已为东方当时所风尚也。义湘归国后,常往太伯山浮石寺(海东之人故称之曰浮石尊者),为新罗文武王所重。其著述见于《义天录》、《东域传灯录》、《宋僧传》者颇多,现存者亦有数种。敷扬华严,相传颇著灵感。而法藏致湘书中有曰:"是知如来灭后,光辉佛日,再转法轮,令法久住者,其唯法师矣。"推崇可谓备至。夫华严经典虽源出天竺,行于于阗,但贤首宗实震旦之学。法藏为西域康居人,义湘为海东新罗人,共学于中国天水赵氏至相和尚之门。其后法藏在华推为华严三祖,而湘谓是海东华严初祖,诚异数也。虽"烟云万里,海陆千重",而两师间犹复互相投赠,深致拳拳。此《墨宝》者不但书家所欣赏爱玩,吾人读此,缅怀旧日一大事因缘,亦应为之低徊不已也。

(原载《微妙声》第 3 期)

矢吹庆辉《三阶教之研究》跋

　　三阶教由信行禅师开创。魏州信行,生于梁武帝大同六年,终于隋文帝开皇四年。后其教流行国中,虽经隋唐二代四次敕断,仍绵延约至四百年,教籍且远传入高丽、日本。有宋初叶,乃渐绝响,并其名亦湮没不彰。迨信行死后一千三百三十二年,而日人矢吹庆辉所撰《三阶教之研究》出世。矢吹氏盖因悉莫高窟古卷之散在伦敦、巴黎、北平、日本者,中有三阶教之残卷,遂两次往欧洲抄集,复广搜我国典籍中之史实,勒成此书。除强半叙教史、教义外,并附印敦煌残余及日本所存三阶教籍之全部,合订一巨册,都六百余纸,可谓美矣备矣。

　　书中详述武则天时《大云经》谶事,极饶兴味,但与三阶教毫无干系。盖谓《开元录》"天授立邪三宝"之语系指《大云经》谶,著者实误解原文。缘《开元录》卷十八《伪经》中著录三阶撰述,而谓此宗:"即以信行为教主,别行异法,似同天授,立邪三宝。"夫天授明即提婆达多,破释迦僧伽之人,非指则天年号。况唐朝人民无直斥武后之理。即如下文"我唐天后证圣之元"云云已可证。提婆达多别行异法,据法显、玄奘所传,自晋及唐,印土尚有信者,则所谓"邪三宝"也。书中并录大英博物院藏敦煌写本一卷,乃疏《大云经》弥勒授记事,卷首残缺,不省书名及作者姓名。按《东域传灯录》,载《大云经神皇授记义疏》一卷,则此书或原标是名。又其疏末有来年正月癸酉朔之语,矢吹氏谓是咸亨元年,岁在癸酉。然此自系天授二年,其正月朔日,恰为癸酉。按载初元年七月沙门薛怀义等表上《大云

经》。至九月九日武则称帝,改元天授。此残卷之作正在斯年,或亦怀义
等之所表上也。

书中详叙信行弟子,而未载灵琛。琛俗姓周,弱冠出家,即味《大品》
经论。后遇禅师信行,更学当机佛法,居相州慈润寺。(《八琼宝金石补
正·慈润寺故大灵琛禅师灰身塔铭》)相州为信行早年所在地。慈润寺为
唐慧休住寺。武德中,玄奘曾游相州从休学。灵琛则于贞观三年卒于慈
润寺,是玄奘或得见之。又三阶教居士除裴氏有数人外,又有管氏。唐万
安令管均卒于乾封元年,其子僧嗣泰在调露元年收骨起塔于终南山鸱鸣
埠禅师林左。管真卒于显庆四年,亦同时在同处起塔。二人均城阳人,显
属一族(墓志皆载《八琼室金石补正》)。三阶教僧死后恒葬于信行塔侧
(事不知起于何时。宋张茂中《游城南记》之续注谓始于裴行俭妻,非是)。
则管均、管真、嗣泰皆服膺信行之教者也。(又《续僧传》载禅师慧欢卒于
大业六年,遗命舍形寒林,并葬梗梓谷。均三阶僧送死常例。慧欢亦姓管
氏。但传又言为京兆云阳人,系县崇弟子,则恐非与管均等同族同信
仰也。)

建无尽藏实始于梁武帝。《祐录》十二谓皇帝造《十无尽藏记》是也。
至嘉祥大师尝用财施充十无尽藏,委付昙献,资于悲敬。而唐玄琬亦撰有
《无尽藏仪》。据《南海寄归传》,善遇法师曾在齐州营无尽藏食供养无碍。
所受檀施咸随喜舍。吉藏、玄琬,俱一时名德,善遇乃义净之师,均非三阶
教徒,可知无尽藏固一时风尚也。至于玄奘弟子神昉,确与三阶教有关。
大英博物馆藏有上元三年(系高宗时)《法华经》写本,校者有慈门寺无及、
化度寺法界,均三阶寺僧。阅者有太原寺嘉尚、慧立,皆玄奘弟子。慧立,
《宋僧传》谓为魏国寺沙门,按此即崇福寺,原名太原及魏国。《开元录》亦
言慧立高宗时为太原寺主。嘉尚之在斯寺无考。法相名宿固亦曾共三阶
教人校阅写经也。

评《小乘佛教概论》

《小乘佛教概论》系高井海所著,昭和三年(民国十七年)日本京都山城屋出版。全书共二十章,分叙小乘根本上座、大众二部及其支派十八部之略史与学说。第一章绪论,末章结论,第二、三、四章述根本二部之分裂,第五章至十一章分述大众二部之教义,第十二章至第十九章分述上座部之说一切有部等之学说。其部分大体上依中译《异部宗轮论》、《部执异论》、《十八部论》、《文殊师利问经》等,故本书后附有此一经三论异译对照,颇便学者之研寻。按小乘佛教各派虽为东西洋学者所甚注意,但综合之叙述不得不首推此书。

本书所用之材料,纯采中土汉文及日本所传。其间引巴利文及西藏文书籍,则本于榊博士(《异部宗轮论讲义》)及岛地大等(《佛教研究法》)诸人之著作。高井氏未直接研究原来巴利文西藏典籍,故未能充分利用一切原料。例如巴利文《论事》(katha Vatthu)一书,记载小乘(并及大乘)各派宗义颇繁,于每一异执均引上座分别说之主张,加以辩难,不特可见上座此派之理论,且可推知各不同宗义之根源。高井氏之书,只引《论事》一次,并语焉不详(页十九)。又梵文《大事》(Mahavastu)一书,本属说出世部律藏,其中所载,不但可以考见此派之学说,并尤可见由小趣大之一种线索(如佛陀说,如十地说),高井氏于此书则未言及。至若中土汉文佛典中可取之材料,亦遗漏甚多。如于一切有部则不但未采用《婆沙》、《显宗》、《正理》诸巨著,即此部简明纲要书籍,如《心论》及《杂心论》,亦未整理加以略述。此书遂于保存最完全之小乘宗派,只陈述十二页,故即"一切有"一义,亦未见发挥,而此宗学说前后之变迁更未论及矣。

叙述小乘佛教各宗派最难。而最须注意者有二事:一为各部学说之不同,一为诸部间变迁之线索。就各宗之异义研究,则旨在显其特殊之精神,如迦旃延执一切有,则言一切法三世有皆有自性;经部反一切有,则主一切法非三世有而蕴处假界实,因此而二宗对于心色不相应行等各有自成系统之理论。就部执间之线索言之,则旨在表明佛陀教化之一贯精神,

如一切有部言一切诸法皆有自性,大乘方广主一切诸法皆无自性,言虽径
庭而义实相成,盖谈有谈空,固均发挥佛陀三法印之玄趣也。近代学者往
往特别注重佛教各宗之不同,而诸部遂似为互相凿枘之派别,而不能窥佛
法全体之真相。玄奘法师上高昌王表有曰:"双林一味之旨,分成当现二
常;大乘不二之宗,析为南北两道。纷纭争论,凡数百年。"其于中国佛教
之分派,至为痛惜,然及其周历印土,广习异义,归国所携经论,所译佛典,
大小诸宗兼备,可见奘师于中土学派之纷纭虽所不满,而于天竺各宗,仍
认其俱为佛陀精神之表现也。高井氏之书,取材未广,陈义欠精,然用功
已称甚勤,但若以上述二事绳之,则既不能于各部均显示其特点,又不能
就佛法全体上明诸异说之根源,则小乘佛学整个面目之陈露,实犹待于后
人之继续尽力也。

(原载《微妙声》第 8 期)

评《唐中期净土教》

《唐中期净土教》,家本善隆著(昭和八年十二月东方文化学院京都研
究所报告第四册)。本书乃著者在东方文化学院京都研究所研究隋唐净
土教所得结果之一部分,系以法照为中心,叙述唐中期之净土信仰。全书
分为十二章:首章论中国佛教之性质与净土教,次三章略述代、德二宗时
佛教之情形及净土教之发达,次二章《法照传》之研究,次为第七章叙法照
之著述,第八章关于五会念佛,第九章关于《五会法事赞》广略二本所载之
诸赞,第十章述飞锡与少康之念佛教,第十一章批判法照之净土教,第十
二章论其与日本净土教之关系。书中并有图版及插图多幅,都一百三十
余纸。

本书取材甚为丰富,最堪注意者除金石文字外,为敦煌石室遗文,主
要材料为法照所撰《净土五会念佛诵经观行仪》中下二卷(缺上卷)。盖法
照著作,向止谓其仅存《净土五会念佛略法事仪赞》一卷,至若三卷本之
《五会法事仪》在一卷中虽曾提及,但久已亡失。日人矢吹庆辉氏前在伦

敦、巴黎广阅敦煌残本,发见此书之中下二卷,审知即系旧所谓之《法事仪》本书。七、八、九三章多用此等新得之材料。夫敦煌残卷固取自我国,而日人之东方文化学院,亦资赖庚款。吾人今读此书,于中国佛教史黑暗中得光明(本书松本文三郎序中语),虽亦遥致钦佩,但回望神州,当不禁感慨系之焉。

本书印刷颇精,但亦有误字。有数处当系手民误排,但在一五一及一五五两面引《净土五会念佛诵经观行仪》原文一段,排印句读错误则显出于著者之误会,因其稍有关系,故照原书抄列于下:

> 法照……白佛言……若依行之(指五会念佛)以后。未审,一均众生,见闻之者。发菩提心。念佛名号。不入深禅定。不疾证菩提,不有大利益不。

著者据此文推论(见一六五面)称当世禅定流行,世人尝以"念佛名号"与"入深禅定"对立,进指念诵名号(及读诵佛经)为无益之事,法照因之而疑"念佛名号"而"不入深禅定"之无有利益。实则法照原文系疑众生见闻五会念佛法后,能发菩提心念佛名号否,入深禅定否,疾证菩提否,有大利益否,并无唱号不入定则无益之意。且日宣佛号与坐禅之分离对立,起于法照禅师之后。在中唐之世,尚无言徒唱弥陀而求往生西方者,如后代俗僧之所信也。

旧称法照为梁汉沙门,又曰南梁人,著者论之颇详,而决定其为今四川北方人,但于梁汉一名,则不甚了解,此名盖首见于《北周书·崔献传》,指梁州与汉中。据此则法照确为剑北地方萧梁所置之南梁州人也。按法照与其师承远俱生于蜀,游于南方,远在南岳。而照则谓曾自东吴至庐山,后乃至衡峰师事承远。此事亦颇有关系。盖世所推崇之净土大师昙鸾、善导、道绰均生于淮水之北,行化亦限于北方,故于南方最早崇事净土之匡山慧远,罕有述及(如道绰《安乐集》卷下历叙此土大德,不言远公)。法照之后,庐山莲社故事乃大传于世。(与法照同时之飞锡著《念佛三昧宝王论》始言及远公在山立誓事,然所记不涉及莲社高贤故事。)相传法照慕远公遗迹,乃至匡山。则此故事之流行,即不起于法照,然要必与彼之巡礼有关。又唐代关于远公神话甚多,但可分二类:一为远公上生兜率(见禅月大师诗),一为立社期生净土。中唐以前,弥勒似犹见奉行,故弥陀派著论尝辟之。但法照之后,兜率往生之思想已渐渐灭,故匡山结社共生西方各种传说,乃独见知于后世。著者似犹信白莲社之神话,故余推论及之。

著者于叙述法照时代背景,详陈当世帝王士大夫奉佛之奢侈,然忽略上流阶级与净土教发达之关系。溯自两晋佛教隆盛以后,士大夫与佛法之关系,约有三事:一为玄理之契合,一为文字因缘,一为死生之恐惧。即如慧远与刘遗民等书,一则曰"沈冥之趣以佛理为先",此指道俗同赏之玄致也;再则称"笃律寄之情,作来生之计",此远公与刘等之所以共立誓期生净土也;末则曰"染翰缀文可以托兴",此亦许文字上之唱酬也。及至唐时帝王公卿以及士人,虽与释子文字之因缘犹盛(如韩文公亦作送浮屠序),而谈玄之风尚早已衰灭(唐朝上流奉佛者自唐临至白香山,几专言冥报净土,求其如姚兴、萧衍、谢灵运、沈约等之能谈玄理,已不可见)。士大夫根本之所以信佛,即在作来生之计,净土之发达以至于独占中华之释氏信仰者盖在于此。不然者姚兴叔侄、萧衍父子奉佛之奢侈,恐不下于唐之代、德二宗,而净土信仰之发达不在南北朝而在唐代,此其中必有甚微妙之关系也。冢本君之书叙述详赡而少能在大处综论,后之学者如能继冢本君之芳踪,而特察世运推移之因果,则幸甚矣。

(原载《大公报》1934 年 3 月 17 日)

中国佛史零篇

一、三国时之佛学

汉代佛教与道术同气。及至汉末牟子虽未入教门,而酷好浮屠之道,且以之与老子五千言相印证。于是佛学与玄学之合流乃滥觞于兹。三国时康僧会与支谦虽系出西域,而深染华化。译经尚文雅(支谦译《微密持经》之咒语,不用音译,而以意译)。遂常掇拾中华名辞与理论,羼入译本。其学虽未全脱离汉代"佛道"之面目,然已下启两晋佛教玄学之风气。三国时之佛学,盖亦为中国佛史上之一大关键也。

汉末洛都佛教有二大系统,至三国时传播于南方。一为安世高之禅学。偏于小乘。其重要典籍为《安般守意经》,《阴持入经》,安玄之《法镜经》及康氏之《六度集经》等。安之弟子有严浮调,临淮人也。此外有南阳韩林、颍川皮业及会稽陈慧,而生于交趾之康僧会,会从三人问学。现存藏经中有《阴持入经注》其作者不明(标题为陈慧,但序中自称为密)。但仍出于安世高之系统,而为西晋前作品也(其所引经均汉魏人译。惟所引《中心经》,据《开元录》等谓为晋竺昙无兰译,惟竺氏译经之记载,均少可信)。二为支谶之般若。乃大乘学。其重要典籍为《道行经》、《首楞严经》及支谦译之《维摩》与《明度》等。支谶之弟子支亮,支亮之弟子支谦。世高与谶同在洛阳。僧会与谦同住建业。二系虽互相有关涉,但在学说及传授上固甚为分明也。牟子者处于南方,颇喜老子之玄致,与支谦一系之学说颇为契合也。

安世高康僧会之教主养生成神。支俄支谦之学主神与道合。前者与道教相近,上承汉代之佛教。后者为玄学先导,两晋以还所流行之佛学实上接二支也。

养生成神,安世高之学禅数最悉。禅之用在洞悉人之本原。数之要者,其一为五蕴。蕴义本为积聚,谓人本为五蕴聚也。故唐玄奘译为"蕴",东晋罗什尝译为"众"。(《祐录》僧叡《大品经》序)但溯自汉以后则译为"阴"。(《翻译名义集》五蕴条引《音义指归》语,可参看。)安世高译《阴持入经》云:"积为阴貌",仍得蕴之原义。但不知中土人士何以译为"阴"。(按支谦译《梵志阿飏经》云"五阴覆人令不见道",译者或原本此义。)阴原与荫通。《玉篇》云:"幽无形,深难测,谓之阴。"汉代以来,阴阳五行家盛倡元气之说。谓五行之气为人之本原,而且恰可谓为幽无形深难测。故汉魏佛徒必以之与五阴相牵合。支谦译《佛开解梵志阿飏经》曰:

> 天地人物一仰四气,一地,二水,三火,四风。人之身中,强者为地,和淖为水,温热为火,气息为风。生借用此,死则归本。

康僧会《六度集经》卷八《察微王经》曰:

> 深睹人原始,自本无生。元气强者为地,软者为水,暖者为火,动者为风。四者和焉,识神生焉。上明能觉,止欲空心,还神本无,因誓曰:"觉不寤之畴。神依四立,大仁为天,小仁为人。众秽杂行,为蜎飞蚑行蠕动之类。由行受身,厥行万端。识与元气,微妙难睹。形无系发,孰能获把。然其释故禀新,终始无穷矣。"王以灵元化无常体,轮转五途,绵绵不绝。

又《阴持入经注》解五阴种云:

> 师云:"五阴种身也"(师或即安世高)。灭此彼生,犹谷种朽于下,栽受身生于上(康僧会《安般序》云:"一朽于下,万生乎上。"牟子云:"但身自朽烂耳。身譬五谷之根叶,魂神如五谷之种实")。又犹元气,春生夏长,秋萎冬枯。百谷草木丧于土上。元气潜隐禀身于

下。春气之节，至卦之和，元气悄躬于下，禀身于上。有识之灵及草
木之裁，与元气相舍，升降废兴，终而复始，转三界无有穷极，故曰
种也。

身本乎无形之元气，而神识亦微妙难睹。康僧会《安般经·序》云：

> 心之溢荡(此指心之发动，即意也)，无微不浃。恍惚仿佛，出入
> 无间，视之无形，听之无声，逆之无前，寻之无后，深微细妙。形无丝
> 发，梵释仙圣所不能照明。默种于此，化生乎彼，非凡所睹，谓之
> 阴也。

而《阴持入经注》有曰：

> 识神微妙，往来无诊，阴往默至，出入无间，莫睹其形，故曰阴。

据此僧会所持入阴，实与佛义破我相违。而仍系承汉代佛教神明住寿之
说。至若佛经之"无我"，则旧译本作"非身"。如《阴持入经注》称四法印
为非常、苦、空、非身。而其释非身曰：

> 身为四大(地水火风)，终各归本，非己常宝，谓之非身。

此则所谓身者形体，言人死形虽分散，而神灵不灭。神识身体虽均禀于元
气。惟形体粗质人死分散而复归于元气。神识微妙，则轮转三界，周而复
始也。

人身乃阴阳之精气。(阮籍《达庄论》语)神识之昏明亦视元气秉赋之
多少。(嵇康《明胆论》语)此乃中华固有之学说。而天地自然自亦为元气
所陶成。日月之运行，寒暑之推移，悉依于元气之变化。如元气失其序，
则阴阳五行不调适。人身之气不和，而疾病生。大藏经中有吴竺律炎共
支越译佛医经，其大意即如此。总之人身之安泰，谓依内外元气之调
和也。

至若人心之病，则在为内外情欲之所扰乱，为五阴所蔽，致失其本有
之清明。故康僧会《安般序》曰：

> 情有内外，眼、耳、鼻、口、身、心，谓之内矣。色、声、香、味、细滑、
> 邪念，谓之外也。经曰："诸海十二事"谓内外六情之受邪行，犹海受
> 流，饿夫梦饭，盖无满足也。

内外情欲牵引而受邪行。欲邪行之不生,当治之于未发。如是而守意之说尚矣。《后汉纪》谓佛教在"息意去欲。"《四十二章经》谓"佛言,慎无信汝意"。而汉魏间有《十四意经》、《不行守意经》。《安般守意经》为汉晋间最流行之经典。

汉魏佛经中"意"字,原当梵文二字,一指心意(谓末那也),一谓忆念。所谓安般守意者,本即禅法十念之一。非谓守护心意也。言其为守护心意,乃中国因译文而生误解。盖中国意字本谓心之动而未形者。如《春秋繁露·循天之道篇》云:"心之所之,谓意"。《天道施篇》"万物动而不成者意也。"而《安般守意经》曰:"以未起便为守意,若已起意便为不守"。意者即《安般序》所谓"心之溢荡"也。夫心神扰乱,当治之于动而未形之时。然心意之动极速(康僧会《安般序》曰,一日一夕十三亿意),而难知(僧会比之如种子,因其未成形难知而为行为之根也),守护极难。故《阴持入经注》云:"意危难护,其妙难制。"治意之方,则在行安般禅法。

守意之说乃中国道家养生所常谈。《春秋繁露·循天之道篇》本为养生家言(非董子所作)。其言曰:"意劳者神扰,神扰者气少,气少者难久矣。"又曰:"君子闲欲止恶以平意,平意以静神,静神以养气。"道家养气之方曰吐纳。吐纳者亦犹佛之安般也。现存《安般守意经》亦多杂入道家言。如曰:"安为清,般为静,守为无,意名为,是清静无为也。"汉末以来,安般禅法,疑与道家学说相得益彰,而盛行于世也。

道家养气则以不死而仙,佛家行安般亦可以成神。盖禅法之旨,在端心壹意,去恶除蔽。荫蔽(五阴乃荫蔽)既消,心识以澄,于是如明镜精金。明镜之普照,精金之炼器,均可从心所欲。(上见《六度集经》卷七首段)康僧会《安般序》曰:

得安般行者,厥心即明。举眼所观,无幽不睹。往无数劫,方来之事,人物所更,现在诸刹,其中所有,世尊法化,弟子诵习,无遐不见,无声不闻。恍惚仿佛,存亡自由,大弥八极,细贯毛厘,制天地,住寿命。猛神德,坏天兵,动三千,移诸刹。八不思议,非梵所测。神德无限,六行(谓六妙门也)之由也。

按佛法禅定,效果有二。首在致解脱,入涅槃。次为得神通。汉魏禅家,盖均著重神通,盖亦受道家成仙说之影响也。

总之,神气微妙,非凡所睹,与元气相合,而有身形。释故禀新,周而复始。人生之祸患,外因四大之不调,而生疾。内因心识之扰乱,而堕邪僻,邪僻之对治,在乎守意。意者心之动而未形者也。意正则神明,神明则无不照,无不能,而成佛矣。

神与道合。支谶主大乘学,其译品汉魏所流行者,为《道行般若》与《首楞严》等。安世高康僧会之学在明心神昏乱之源,而加以修养。支谶支谦之学则探人生之本真,使其反本。其常用之名辞,与重要之观念,曰佛,曰法身,曰涅槃,曰真如,曰空。此与老庄玄学所有之名辞,如道,如虚无(或本无)者均指本体,因而互相牵引附合。《牟子理惑论》释"佛"曰:

> 佛乃道德之元祖,神明之宗绪。佛之言觉也。恍惚变化,分身散体,或存或亡,能小能大,能圆能方,能老能少,能隐能彰,蹈火不烧,履刀不伤,在污不染,在祸无殃,欲行则飞,坐则扬光,故号为佛也。

《牟子》又释"道"曰:

> 道之言导也。导人致于无为。牵之无前,引之无后,举之无上,抑之无下,视之无形,听之无声,四表为大,蜿蜒其外,毫厘为细,间关其内,故谓之道。

佛与道之关系,《牟子》虽未畅言,然于佛则曰恍愧,曰能小能大,于道则曰无形无声,曰四表为大,蜿蜒其外,毫厘为细,间关其内。则"佛"之与"道"固无二致。特举能则谓之为佛,言所则号称曰道。实则佛之能弘与道为所弘,固亦不可相高。故《牟子》曰"佛乃道德之元祖也。"又《牟子》所谓无为者,泥洹之意译。(按《牟子》第一章中首谓佛"泥洹而去",继谓凡人持戒"亦得无为",可证无为即指泥洹。)人"致于无为"(即谓入泥洹也),谓之得道。而成佛者,即与"虚无恍馆"之道(语见《牟子》第四章)为一体也。按汉边韶《老子铭》有曰:"老子先天地而生。"(《道德经》曰"有物混成,先天地生"。)又曰"老子离合于混沌之气,与三光为终始"。是《老子》与道亦一而非二。与《牟子》所言佛为道德之元租,旨趣相符也。(上文所引《牟

子》二段名词多取之《老子》书中)

《牟子》对于"佛"之解释,亦见于支谦所译之(大明度经)
第一品。其文略曰:

> 善业(支谦主张译经不用胡音,善业者乃须菩提也)言,如世尊
> 教,乐说菩萨明度无极,欲行大道,当自此始。夫体道为菩萨,是空虚
> 也。斯道为菩萨,亦空虚也。(中略)吾于斯道无见无得,其如菩萨不
> 可见,明度无极亦不可见。彼不可见,何有菩萨,当说明度无极。若
> 如是说,菩萨意志不移不舍,不惊不怛。不以恐受,不疲不息,不恶不
> 难,此微妙明度与之相应,而以发行,则是可谓随教者也。

此文与汉支谶秦罗什所译迥然不同。且显系援用中国玄谈之所谓道,以
与般若波罗密相比附。玄学家谓道微妙虚无。此曰道亦空虚。亦犹《牟
子》所谓无前无后之道也。玄学家谓至人淡泊无为。此曰菩萨体道,是空
虚也。与道相应,不移不舍,不惊不怛。亦犹《牟子》谓佛在污不染,在祸
无殃也。

魏末阮嗣宗《老子赞》曰:

> 阴阳不测,变化无伦,飘摇太素,归虚反真。

又作《大人先生传》有曰:

> 夫大人者,乃与造化同体,天地并生,逍遥浮世,与道俱成。变化
> (《牟子》佛恍惚变化)散聚(《车子》分身散体),不常其形(《车子》能小
> 能大)。天地制域于内,而浮明开达于外。

牟子所言,支谦所译,与步兵之文,理趣同符。其间不必有若何直接袭取
之关系。实则因老庄教行,诸人均染时代之风尚。故文若是之相似也。
(按《晋书·阮籍传》谓大人先生指孙登。但此说不见《魏氏春秋》恐不确。
实则阮所谓大人先生即老子也。或本指老子。且以自励也。)

边韶《铭》云:"老子先天地生"。(《道德经》"有物混成,先天地生"本
指道。)《牟子》谓佛乃道德之元祖。而阮步兵所谓与道俱成,均同一意义。
(基督教合犹太之耶稣,与希腊哲学之 Logos 为一体,与此相类。)按支谦
《大明度无极经》第一品原注有曰:

师云,菩萨心履践大道,欲为体道,心与(原作为误)道俱,无形故
言空虚也。

原注疑为谦所自撰(若然则师为支亮)。此中谓体道者心与道俱,亦显即
与道俱成之意也。而所谓无形故空虚者,因道常无形,而心神亦非可
睹也。

道为虚无之本体故亦名曰本无。"本无"一语,在魏晋玄谈及佛学至
为重要。魏世何晏王弼祖述老庄以天地万物皆以无为本。《晋书·王衍
传》)晋裴頠《崇有论》始见"本无"之名辞。但在佛经中,则汉时已常用之。
支谶《道行经》第十四品(支谦译《明度经》十四品,秦竺佛念译之第七品均
同)名为本无品。但此即当于罗什译小品之第十五则称为大如品。在宋
译《佛母般若》为第十六,则称曰真如品。梵文八千颂,此品名为 Tathatā
parivavta。盖"本无"者乃"真如"(或如)之古译。而梵文之 Tashatā(义
即如或真如)。在中文原无固有名辞与以相当。但真如指体,与老子之所
谓道相同。而真如性空,道亦虚无,尤似极契合。因而号为万物未有,道
体为无。(《安般经》有曰,"有者谓万物,无者谓疑亦为空也。"疑字似谿或
豀之误,此亦谓万物为末,虚无为本。)又支谶所译,常有佛亦本无(真如)
之言。

如本无品曰:

一切皆本无,亦复无本无,等无异。于真法中本无诸法,本无无
过去当来现在。如来亦尔。是为真本无。

是则支谦认一切皆本无,如来亦本无。故佛与道为一,而本无与如来亦不
二也。又自汉以来,道家如《淮南子》已言道即元气,故神与道合者,亦即
归于元气,所谓归虚反真是也。按康僧会《法镜经序》亦言神与道俱,而其
所译《察微王经》并言人生自本无,归乎本无。(已见前引)则因其采用元
气之说,而其立论因与支谦学系可相通也。

但僧会终主养神,故重禅法。支谦主明本,故重智慧(般若)。禅法所
以息意去欲。智慧乃能证体达本。自此以后,玄风渐畅。禅法渐替,而造
成两晋南朝之佛学风气。吾人实可谓之为僧会学说之衰微,而支谦学说

之光大也。大藏经有《法律三昧经》,《开元录》谓为支谦所译。其中言有
所谓四谛本,弟子本,各佛本,如来本。而谓弟子本不解本无,如来本不离
本无。可见支谦特重本体之学也。又言有如来禅与外道五通禅之别。其
解外道禅曰:

> 外诸小道五通禅者,学贵无为,不解至要。避世安己,持想守一。
> ……存神道气,养性求升。恶消福盛,思至五通。寿命久长,名曰仙
> 人。行极于此,不知泥洹。少后福尽,生死不绝。是为外道五通
> 禅定。

按汉代佛教养生除欲,以守一修定为方法。以清净无为住寿成道为鹄的。
与《太平经》教同为黄老道术之支流。安世高康僧会之学,虽亦探及人生
原始,但重守意养气,思得神通,其性质仍上承汉代之道术。及至大乘般
若之学兴,始于支谶,逮至支谦而颇盛。其说乃颇附合于五千言之玄理。
此虽亦为道家,但学问之士,如牟子之流,乃认在九十六种中,此道最尊。
牟子鄙养气辟谷而伏膺老子之经,以之与佛法并谈。是亦已见汉代以来,
旧佛道之将坠,而两晋之新佛玄之将兴。上引《法律三昧经》自其所用之
名辞言之(如"无为""避世""守一""存神道气""养性求升"等等),恐系译
人(支谦),针对汉代之佛道而发也。

二、本末真俗与有无

魏晋玄学者,乃本体之学也。周秦诸子之谈本体者,要以儒道二家为
大宗。老子以道为万物之母,无为天地之根(根本也)。天地万物与道之
关系,盖以有无诠释。无为母,而有为子。无为本,而有为末。(参看《老
子》五十二章王注)本末之别,即后世所谓体用之辩。(体用二字对用,见
于《老子》三十八章王注。)魏正始中,何晏王弼祖述老庄,其立论以天地万
物皆以无为本。(《晋书·王衍传》)及至晋世,兹风尤甚。士大夫竞尚空
无,凡立言藉于虚无,则谓之玄妙。(裴𫖮《崇有论》语)遂大唱"贵无之
议",而建"贱有之论"。本无末有实为所谓玄学者之中心问题。学者既群
趋有无之论,而中国思想遂显然以本体论为骨干。至若佛教义学,则自汉

末以来,已渐与道家(此指老庄玄理,而非谓道教方术)合流。般若诸经盛言本无,乃真如之古译(支谶已用此语。谶虽在何王之前,然般若是否对于正始玄谈有影响,现不能断定)。而当时所谓本末者亦真俗二谛之异辞。真如为真,为本。万物为俗,为末。则在根本理想上,佛家哲学已被引而与中国玄学相关合。《安般守意经》曰,"有者谓万物,无者谓空。"释道安曰,"无在万化之前,空为众形之始。"本无一辞,疑即般若实相学之别名。于是"六家七宗,爰延十二",其所立论枢纽,均不出本末有无之辩,而且亦均即真俗二谛之论也。六家者,均在谈"无"说"空"。世传于法开著《惑识二谛论》,道壹著《神二谛论》,僧温著《心无二谛论》,于道邃著《缘会二谛论》。而依今观之,本无,即色,固亦真俗本末之辨也。十二者均在辨空有。空为真谛,有则俗谛。僧镜所述之实相十二家,固亦均依二谛以释有无问题也。

中国之言本体者,盖未尝离于人生也。所谓不离人生者,即言以人生之真之实证为第一要义。实证人生者,即所谓返本。而归真,复命,通玄,履道,体极,存神,等等均可谓为返本之异名。佛教原为解脱道。其与人生之关系尤切。大法东来以后,汉代信士主精灵之不灭。但因业报相寻,致落苦海。解脱之方,在息意去欲,识心达本,以归无为。归无为者,仍返其初服之意也。及至魏吴而神与道合之说兴。盖谓安则有危,得则有丧,会少而离多,乐往而哀来。三界皆苦,无可乐者。苦难相侵,由于欲滞。心滞于有,众邪并至。有道之士,惧万有之无常,知迁化者非我。(郗超《奉法要》曰,神无常宅,迁化靡停,谓之非身。"无我"一义自汉以来,多作此解。)于是禅智双运,由末达本。(参看《祐录》道安《道地经序》)妙道渐积,损以至无。无物于物,故能齐于无。无智于智,故能运于智。因诸佛之玄鉴,还神明于本无《祐录》支道林《大小品序》。夫般若经中,已有佛即本无之说。归乎本无,即言成佛。《老子经》曰,道法自然,无为而无不为。所谓成佛,亦即顺乎自然。顺乎自然,亦即归真返本之意也。按汉代佛法之返本,在探心性之源。魏晋佛玄之返本,乃在辨本无末有之理。此中变迁之关键,系乎道术与玄学性质之不同。又按返本之说,即犹今日所谓之实现人生。故汉代已来,佛徒说色空者多,而主心空者极少。(无我一义,亦取《老子》外其身之说解释之。)观乎六家中所谓心无,大受当代名人之攻难,可以知矣。

夫轻忽人事,逍遥至足,晋代名士与名僧之心胸本属同气。贵无贱有,返本归真,则晋代佛学与玄学之根本,本无区别。由是而僧人行事之风格,研读之书卷,所用之名辞,所采之理论,无往而不可与清谈家一致。凡此诸端,史证甚多,须另详之。

三、五朝本末之争

魏晋以来,学问之终的,在体道通玄。曰道、曰玄,均指本源。三玄佛法均探源反本之学。释李之同异,异说之争辨,均系于本末源流之观念。崇释者多斥李为末,尊李者每以释不得其本。而当时又常合玄佛为道家,以别于周孔之名教。道训与名教之同异,亦为本末之别。因均是本末之争,故须伪造故事,以定其先后。道士曰,孔子曾学于老聃,而浮屠亦在其教化之列。佛家曰,老子闻道于竺乾古先生。古先生者,佛也。《弘明集》、《正诬论》又曰,佛遣三弟子震旦教化。儒童菩萨彼称孔丘。光净菩萨彼称颜渊。摩诃迦叶彼称老子。(道安《二教论》,引《清净法行经》,僧顺《释三破论》亦引之。)因是而自道教言,则老氏之教玄虚,而其入关授胡者乃仅形像之化(见刘概《灭惑论》及僧顺《释三破论》)自佛家言,则释迦实达空玄无形之真境,而五千文只于导俗,神仙张陵更为下劣。(《灭惑论》)范泰及谢灵运皆称六经典文本在济俗为政,必求性灵真奥,岂得不以佛经为指南耶。(《北山录》十引,参看谢氏《辨宗论》所谓"救物"与"得意"之别。)明僧绍作《正二教论》,谓释迦所发乃"穷源之真唱"。周孔老庄乃"帝王之师"。又谓"经世之深,孔老之极","神功之正,佛教之弘"。又言"佛明其宗,老全其生。守生者蔽,明宗者通"。故孔老之教可以"资全生灵而数域中"。佛氏"超宗极觉,寻流讨源"真能通玄履道,明乎天人之际矣。此明尊佛之穷源尽性,而仅许孔老之善权救物也。张融《门律》以为"道也与佛,逗极无二,寂然不动,致本则同"。周颙难之,意谓般若法性,老子虚无,为本一末殊,本末俱异耶。若谓本一,则佛老必有一为本,一为末。若谓本末俱异,则将有二本耶。是二教之先后,仍为本末之争。而周氏之意老子之虚无,实不及佛法之即色非有。本固无二,致本者释,而非李。是本末之辨,固仍即有无之分也。

又一本之说玄学佛法之所同信。魏晋以来,玄谈佛法所求者道,道一而矣。刘勰之言曰:"至道宗极,理归乎一。妙法真境,本固无二。"(《灭惑论》)萧子良曰:"真俗之教,其教一耳。"(《与孔中丞书》)孔稚圭曰:"推之于至理,理至则归一。置之于极宗,宗极不容二。"(《答萧司徒书》)明山宾曰:"教有殊途,理无二致。"(《答敕问神灭论》)朱昭之曰:"苦甘之方虽二,而成体之性不二。"(《难夷夏论》)颜延之曰:"天之赋道,非差戎华。人之禀灵,岂限外内。"(庭诰,上均见《弘明集》)信佛之刘虬曰:"自极教应世,与俗而差。神道救物,称感成异。玄圃以东,号曰太一。罽宾以西,字为正觉。东国明殃庆于百年,西域辨休咎于三世。希无之与修空,其揆一也。"(《祐录·无量义经序》)道士孟景翼作《正一论》曰:"宝积云,佛以一音广说法。老子云,圣人抱一以为天下式。一为之妙,空玄绝于有境。神化赡于无穷,为万物而无为,处一数而无数,莫之能名,强号为一。在佛曰实相,在道曰玄牝。道之大象,即佛之法身"(见《南齐书·顾欢传》)。梁武帝《会三教诗》曰,"穷源无二圣"。(《广弘明集》)沙门慧琳作有《均善论》,居士沈约作有《均圣论》。盖自玄风飙起,殊途同归之说,即大盛。故向子期以儒道为一,应吉甫谓孔老可齐。(谢灵运《辨宗论》语)袁宏《后汉纪》之论,皇侃《论语》之疏均常合名教自然为一。是非佛徒一方之言也。《梁书·徐勉传》曰,勉以孔释二教殊途同归,撰《会林》五十卷。夫"心源本无二,学理自归真"。(《广弘明集·智藏和武帝会三教诗》)是谓同归一本。但心之感受不同,见理深浅殊异。故救物之方,行化之迹,各有殊异。明其本者直探心性之源,循其迹者各设方便之术。前引《三破论》谓老明虚无,佛仅形像。孙绰《喻道论》谓周孔教极弊,佛教明其本。二者各尊其所信之道达心源之本,而鄙他教为末。道士孟景翼谓佛之法身,即老之大象。宗炳《明佛论》言无为而无不为即法身无形普入一切。是均言本只有一,而二教均了达此本也。谢灵运作《辨宗论》谓佛主一极,孔言能至。合之而有顿悟之说。此则截短取长,合二者而明新义,说虽新奇,然其认两教一体,固甚显然也。

魏晋玄学以老庄为宗。圣人本无,故般若谈空,与二篇虚无之旨并行而亦视为得本探源之学。周孔圣人虽亦体无。然名教乃帝王行化之术,遂常视为支末。刘宋以后,儒学渐昌,上受朝廷之奖励,而士大夫玄谈所资,不仅濑乡,兼及洙泗。中国学人所研读之材料虽不同,然其谈儒术仍沿玄学之观点,与王弼注《周易》何晏解《论语》固为一系。梁世皇侃作《论语集解义疏》,其行文编制颇似当世佛经注疏。而其称圣人无梦(见卷四),则佛典本有其说。弋钧之解(卷四),见于慧远之书。(《答何镇南书》)论者谓其直"刻画瞿昙,唐突洙泗"。(黄侃《汉唐玄学论》)又其引缪播曰:"学末尚名者多,顾其实者寡。回则崇本弃末"。(卷三)而考颜回之所以崇本者,则谓其心"屡空"。而空者犹虚也,言圣人体寂而心恒虚无累(此承何晏之说见卷六)。又解颜回"不违如愚"有曰"自形器以上名之为无,圣人所体也。自形器以还,名之为有,贤人体之"。(卷一)似乎皇疏之意,以为颜子贤人,庶几乎以无为体,但心复为未尽,故仍不超于形器之域也。总之此仍为本末有无之辨,而以虚无为本,则仍是玄学。故就此书观之,则所讨论之中心问题,释孔之徒固亦同也。

五朝之所谓本末,略当后世之所谓体用。本末既为当世所讨论之中心问题。故他种之争论,往往牵涉及此。慧远论沙门不致敬,谓求宗体极者不顺化。"盖幽宗旷邈,视听之外,不变之体,超乎世表,故可抗礼万乘,高尚其事。"其论沙门袒服,亦就求宗不顺化立论。郑道子为反对踞食与沙门书,有云:"夫圣人之训,修本祛末,即心为教。因事成用,未有反性违形而笃大化者也。"此均据本末体用之说也。至若《夷夏论》谓"圣道虽同,而法有左右"。"佛是破恶之方,道是兴善之术"。则夷夏道本固同,而其异者方法之支末耳。

本末之分,内学外学所共许。而本之无二,又诸教之所共认。此无二之本,又其时人士之所共同模拟追求。模拟未必是,追求未必得。但五朝之学,无论玄佛,共以此为骨干。一切问题均系于此。因此玄学佛教故为同气。其精神上可谓契合无间。故其时之佛玄合一,而士大夫之所以与义学僧人交游亦为玄理上之结合。此南朝佛教之特质,吾人所当注意者也。

四、竺道生在佛学上之地位

竺道生者其四依菩萨软。四依者此言法四依,依法不依人,依了义经不依不了义经,依义不依语,依智不依识。生公湛思入微,慧解敏锐,深有得于般若之学。彻悟实相,以理为宗。彼盖确有见于理之有不可易者,故不执著于名相,不守滞于经文,直抒所见,虽多骇俗之论,而毅然不顾,此真有契于四依之真谛矣。慧琳《诔文》述生之言曰:

> 既而悟曰,象者理之所假,执象则迷理。教者化之所因,束教则愚化。是以徵名责实,惑于虚诞,求心应事,芒昧格言。

《高僧传》亦云:

> 生既潜思日久,彻悟言外,乃喟然叹曰:"夫象以尽意,得意则象忘;言以诠理,入理则言息;自经典东流,译人重阻,多守滞文,鲜见圆义,若忘筌取鱼,始可与言道矣"。于是校阅真俗,研思因果,乃言善不受报,顿悟成佛。又著《二谛论》,《佛性当有论》,《法身无色论》,《佛无净土论》,《应有缘论》等,笼罩旧说,妙有渊旨。而守文之徒,多生嫌嫉,与夺之声,纷然竞起。

生公在佛学上之地位,盖与王辅嗣在玄学上之地位,颇有相似。汉代京焦易学,专谈象数,黄老道家本重方术。辅嗣建言大道之冲虚无朕,因痛夫前人推致五行之弥巧,而失原愈甚。(《易略例》曰,互体不足,遂及卦变。变又不足,推致五行。一失其原,巧愈弥甚。)于是主贞一,忘言象,体玄极,黜天道。而汉代儒风一变而为玄学。其中关键,盖在乎《周易略例·明象》一章。大象无形,大道无名,而盛阐得意忘象,得象忘言之说。竺道生盖亦深会于般若之实相义,而彻悟言外。于是乃不恤守文之非难,扫除情见之封执。其所持"珍怪之辞"忘筌取鱼,灭尽戏论。其于肃清佛徒依语滞文之纷纭,与王弼之菲薄象数家言,盖相同也。

般若涅槃,经虽非一,理无二致。(涅槃北本卷八,卷十四,均明言涅槃源出般若。)般若破斥执相。涅槃扫除四倒。般若之遮诠,即所以表涅梁之真际。明乎般若实相义者,始可与言涅槃佛性义。而中华人士则每不然。(一)《涅槃经》曰:"我《涅槃真我》无我《般若空执》无有二相"。(北本卷八)而中华人士或执般若之空,以疑涅槃之有(如僧嵩等疑佛性义者)。或持神灵不灭以与佛性之说相较(如梁武帝)。(二)般若尽除封惑,用显实相、法身。法身绝形色,离合散,美恶斯外,罪福并舍。于是生公乃唱言,法身无色,佛无净土,善不受报。而当时人士,与夺之声,乃纷然竞起。(三)涅槃佛性直指舍生之真性(即本性、心性)。阐提是含生之类,何得独无佛性。言阐提无佛性,则理有所必不然,而当时旧学因乏经证,以为邪说,而生公乃被摈矣。

生公之学,先得般若之熏陶,后与涅槃相印契。般若主扫相显体。涅槃乃本性之学。夫体既无相,则常理原不可分,而悟体之慧,岂能谓有阶差。性既本有,则见性原发自我,而自证本原,又岂能与渐进之信修无别。以有阶差而外铄之悟,符彼本有不分之理,据情则有不然。是则见性成佛必须顿得自悟,亦理之不可易者矣。而小顿悟家如支道林等。一方知理之妙一,而一方又言悟之可有渐进。是不知大悟以还,皆为信修。而证体之悟,必为极慧也。按王辅嗣袖领玄宗,开一时之风气。而竺道生孤明独发,非议者多。其学虽为有识所赏,而未得普遍之接受。则在学术地位上,二人对于旧学扫除之功,或可相比。而其影响所及实不相类。但生公没后,微言未绝。至于有唐,顿悟见性之说大行,造成数百年之学风。溯其源头,固出于竺道生也。(按菩提达磨之学,亦融合般若无相与涅槃本性二义,与生公同,说见下。)

生公没后,门下道猷法瑗谓能继其学。宝林法宝亦主生义。此外宋齐间名僧少有祖述。惟南阳刘虬深称美顿悟之义。(见其《无量义经序》)虬有子之遴。之遴师后梁僧正法京。(《续传习禅篇》有传)《广弘明集》载其《吊京法师亡书》有曰:

顿悟虽出生自公,弘宣后代,微言不绝,实赖夫子。

按之遴自言从京五十余年。则其父与京当为故交。虬之主顿,恐亦得之于京也。京乃禅师,驻锡江陵。其弟子智远慧嵩《续传》俱有传,并于陈隋之际游建业、荆州。京恐系般若学者(刘书比之于什肇融恒林安生远),而行定业。嵩系出摄山三论宗(乃茅山明法师弟子),陶练中观禅法(语出《续传》,按江南重义学,轻禅法,惟摄山一脉定慧并重),而楞伽禅师法冲曾从嵩学。(《法冲传》)顿悟之义与禅宗人发生关系,据史所记,于此微见其端焉。

五、竺道生顿悟义

生公说法以涅槃为基础,以般若为骨干。般若主扫相,谓相不可得;生公称得意,得意则象忘。扫相所以显体,忘相乃所以表性,言象纷纭体性不二,"万法虽异,一如是同"。(生公《法华疏》)真如法性妙一无相,于宇宙曰实相,于佛曰法身,于众生曰佛性。实相也,法身也,佛性也,等真不二,绝言超象。"三界受生,盖为惑果"。(《名僧传抄》载生公语)由诸惑妄,乃生横计。于是沉溺于骄慢,"横计于我,自以为善知"(《涅槃集解》十九引生公语);沉溺于生死,而自居横造(《法华疏》云:"生死横造");沉溺于希求,或受人天而横计之为福(《集解》九所引,此乃善不受报义)。如来大圣以大悲心深悯众生沉溺惑海,于是以言说为方便,而教人不著;以化诱为善权,而令人自悟。知教化为善权,故净土报应之说皆接引之言(此佛无净土及善不受报义);知言语乃方便,则实相超象之意益显。众生若能了实相之自然,诸法之本分(《维摩注》引生云法性者法之本分也)。悟经教"言虽万殊而意在表一"(《法华疏》),于是"返迷归极,归极得本"(《集解》卷一),得本即曰般涅槃,涅槃即返于实相,成就法身即见性成佛,竺道生曰:"一切众生莫不是佛,亦皆泥洹"。(《法华疏》)扫除封执,即显实相,返迷彻悟,即入涅槃。

佛性之义,涅槃经反复譬解,不厌求详(详解乃惧人之误认佛性而转堕八封惑也)。生公陈义,要言有三:一曰理,一曰自然(域曰法),一曰本有。《涅槃集解》卷一引生公曰："真理自然"，生注《维摩》曰："理既不从我为空"（此句下文提出"有佛性我"义），《法华注》曰："穷理乃睹"。（穷理见法身之全也，睹者顿悟也。）皆所以状佛性也。此开后来以理为佛性之说，而于中国学术有大关系。《集解》五十四引生公曰："夫体法者，冥合自然，一切诸佛莫不皆然，所以法为佛也。"又曰："作有故起灭，得本自然无起灭矣"（此言佛性常住）。然则诸法实相超乎虚妄（偏见），湛然常真（《集解》同卷引生曰："不偏见乃佛性体，不偏则无不真），故曰自然。自然者，无妄而如如也"。因又曰法，法者，无非法也（佛即法故实相曰法身）。无妄则去惑，无非法则无相（亦生公语）。盖生公深有得于《般若经》扫相之义，而处处确然于象外以体会宇宙之真，故其学称为"象外之谈"也。又宇宙真理，事本在我，不须远求，生公解佛性八德《集解》五十一)有曰："善性者，理妙为善，反本为性也'。又曰"涅槃惑灭，得本称性"盖佛性本有，反本而得，然则见性成佛(是曰顿悟)者，即本性（或本心）之自然显发也，涅槃之学，由生公视之，盖真本性之学矣。（佛性为人生之本性，故阐提自亦有性，并能成佛。）

综上所言，大义有二：一般若无相义，一涅槃佛性本有义。无相无差别而体不可分，本有非外铄，故见性必自我，合此二义而生公说顿悟。盖真如实相，无二无别，非见其全不能言悟。（故悟须顿，而小顿悟家谓七住顿悟乃非是。）佛性本有，非言教所得，故言教虽可接粗（渐教只可接引），而证真则在于我（故悟须自悟）。生公专论顿悟之文已不存，惟《涅槃集解》卷一载其《泥洹经序》，其开宗明义已具见其顿悟说之要旨，文曰：

夫真理自然，悟亦冥符。真则无差，悟岂容易（故悟须顿）。不易之体，为湛然常照，但从迷乖之，事未在我耳（故悟系自悟）。

慧达《肇论疏》引生公之言曰：

而顿悟者两解不同，第一竺道生法师大顿悟（第二为支道林等小顿悟）。云：夫称顿者，明理不可分，悟语极照。以不二之悟符不分之理，理智恚（此字不明）释，谓之顿悟（故悟须顿）。见解名悟，闻解名信（故悟者自悟，返本之谓悟，此说本出于佛法信解脱与见到之别，其

　　详尤常见于毗昙。生公或于毗昙大师僧伽提婆早得此义)。信解非
　　真,悟发信谢。理数自然,如果熟自零。悟不自生,必藉信渐。用信
　　伪(伪字疑是伏字)惑。悟以断结。悟境停照,信成万品,故十地四
　　果,盖是圣人提理令(原作今)近,使夫(疑是行字)者自强不息(原作
　　见,此下原文更多讹误略之)。

盖真理自然,无为无造,佛性平等(此亦慧达引生公语)湛然常照,无为则
无有伪妄,常照则不可宰割。寻夫本性无妄,而凡夫因无明而起乖异;真
理无差,而凡夫断鹤续凫以求通达;是皆迷之为患也。除迷去妄,唯赖智
慧,而真智既发,则如果就自零,是以不二之悟,符彼不分之理,豁然贯通,
涣然冰释,是谓顿悟,然悟不自生,自藉信渐。悟者以种智(自有)冥符真
性,真性无分故悟无阶级。信者修行(故称信修)闻教而生解,非真心自然
之发露,故非真悟。故道生言及工夫有顿有渐,顿者真悟(极慧大悟),渐
者教与信修(教可渐,修可渐,而悟必顿)生公《法华注》云:

　　　　此经(法华)以大乘为宗。大乘者,谓平等大慧。始于一善,终于
　　极慧是也。平等者,谓理无异趣,同归一极也。大慧者就终为称耳。
　　　　若统论始末者,一毫之善皆是也。

此终成之大慧(极慧)乃指顿悟,而一毫之善则为渐修。此文言法华归一
之旨,固未废渐教也(又同注曰"将说法华,故先导其情,说无量义。其既
滞迹日久,忽闻无三,顿乖昔好,昔好若乖,则望岸而返,望岸而返,则大道
废也,放须渐也"),此亦言教须渐。又其《维摩注》云:

　　　　一念无不知者,始乎大悟时也。以向诸行,终得此事,故以名焉。
　　　　以直心为行初,义极一念知一切法,不亦是得佛之处乎。

一念无不知者(什公《维摩注》言大乘唯一念豁然大悟具一切智),是即大
悟而得佛,乃能终得此事。至若诸行,则由闻生解,有初终后,此文明渐修
亦不可废也。(又同注云,理不可顿阶,必要粗以至精,损之又损,以至于
无损,云云,亦言有渐修。)

　　古之持顿悟者,皆未言全废渐教渐修也,支道林、释道安、竺道生、谢
灵运所言均同。盖登极峰者必先平地,千里之行,始于足下。当其未造极

峰未达千里之前,虽不能谓为已至,然前此行程均不可废。但行虽有渐,而至则顿达,已造极峰,则豁然开朗,而修行言教之渐阶,皆是引人入胜之方便法门,故生公曰十地四果皆圣人提理令近,使人能自强不息。盖真悟符不分之理,故顿而无渐,而十地四果之各阶以至六波罗密三十七道品之众行,皆近于理而未至,故非真悟。刘虬《无量义经序》云:

> 生公曰:道品可以泥洹,非罗汉之名。六度可以至佛,非树王之谓。斩木之喻,木存故尺寸可渐。无生之证,生尽故其照必顿。

实相无生,尽生则无生顿显。尽者言得其全也。无生实相,不可分割,无丝毫之伪妄,故证无生亦必得无生之全,而必须顿悟,然则顿悟者,尽乎无生也。而且斩木之喻木尽则无生,则无生固未尝离于生,竺道生曰:"大乘之悟,本不近舍生死,远更求之也"。又曰"不易之体,湛然常照,但从迷乖之,事未在我耳"。然则实相,法身,涅槃,佛性,原不舍生死,事本在我(事在我者,谓佛性本有也)。但从迷乖之耳。吾人若藉信修以进于道(进者尽也),则是真理自发自显,如瓜熟蒂落,豁然大悟,故生公曰:"见解名悟,闻解名信"。闻解由人(由教而信),而见性成佛,则事确在我也(注重真理之自然显发,乃生公顿说之特点。而其说固源出于佛性在我义也)。事既在我,则十地四果,都为方便;二乘三乘,俱是权教;十地以还,均为大梦。生公《法华注》云:

> 得无生法忍,实悟之徒,岂须言哉。(中略)夫未见理时,必须言津。既见乎理,何用言为。其犹筌蹄以求鱼菟,鱼菟既获,筌蹄何施。
> (下略)

然则得无生法忍超乎言象,支公等谓七住可得无生者,是不知佛之方便说法,而以指为月,得筌忘鱼也。世称生公之学为象外之谈,亦因此也。

生公驳小顿悟家之言,已不详。然现存书中,则亦常见其辨三乘十地之说,如《法华疏》曰:

> 譬如三千,乖理为惑,惑必万殊。反而悟理,理必无二。如来道一,物乖为三。三出物情,理则常一。如云雨是一,而药木万殊。万殊在乎药木,岂云雨然乎。此言乘可有三,而理唯一极(谢康乐言理

归一极,义本取之生公)。故疏又有曰:

> 佛为一极,表一而出也。理苟有三,圣亦可为三而出。但理中无
> 三,惟妙一而已。

夫理既为一,则涉求之始,可以有三因,而终成则悟理自无有二。故慧达《肇论疏》曰:

> 唯竺道生执大顿悟,云无量(应是果字)三乘,有因三乘。

夫权智入道之途可殊,故因可有三。妙极之果,则仅是一,所谓理不可分也。理既是一非三,则须悟一,悟一则万滞同尽也。此乃据三乘而言。又道生持十地之后乃有大悟。吉藏《二谛义》引其言曰:

> 果报是变谢之场,生死是大梦之境。从生死至金刚心,皆是梦。
> 金刚后心,豁然大悟,无复所见也。

豁然大悟,即是顿悟,在十地以前无有真悟。七地自不能见无生。故唐均正《四论玄义》曰:

> 故经云,初地不知二地境界,乃至第十地不知(原作至)如来举足
> 下足也。亦是大顿悟家云,至第十地始见无生。小顿悟家云,至七地
> 始见无生也。

《涅槃集解》卷五十四引道生之言曰:

> 十住几见,仿佛其终也,始既无际,穷理乃睹也。

穷理乃睹,生公之顿悟也。(七住未穷理,依生公意自非真睹。)

总之,竺道生实能善会罗什昙无谶所传之学。道生生于般若风行之世,后复得什公之亲传,故其于《泥洹》、《涅槃》先后译出,能以般若之理融合其说,使真空妙有契合无间。刘宋以后之谈涅槃者,皆未知般若,因多堕于有边(如谓佛性是神明者皆是也),而离于中道。而生公顿悟,更能理会大乘空有二经之精义。般若宣说无相,理不可分,故极慧冥符,胡能有渐。而涅槃直指心性,不易之理,事本在我。故"见解名悟",是真理之自然顿发,与闻解者不同。是其与后日禅宗谈心性立顿悟者,不得不以生公为始祖矣。《高僧传》曰:"生公笼罩旧说,妙有渊旨"。而实则其发明"新论",更为中华学术开数百年之风气也。

六、谢灵运述道生顿悟义

据上所言,道生因理不可分,故立顿说。又因见解之事在我,而言信非是悟。般若无相义,经生公之精思,与涅槃心性之理契合,而成为一有名之学说。谢康乐与道生交谊若何,今不可知。但于顿义,则甚为伏膺。《辨宗论》即述生之言。谢曾谓孟顗曰:"得道应需慧业。丈人生天,当在灵运前,成佛必在灵运后"。此所谓慧业想亦顿照之意也。兹略叙《辨宗论》及问答之要旨如下:

谢氏自信其顿悟义乃折中孔释二家。《辨宗论》曰:

> 同游诸道人并业心神道,求解言外。余枕疾务寡,颇多暇日,聊申由来之意,庶定求宗之悟(故论名辨宗,宗者宗极也)。释氏之论,圣道虽远,积学能至,累尽鉴生,方应渐悟。孔氏之论,圣道既妙,虽颜殆庶,体无(王弼云,"圣人体无",系指孔子,参看皇侃疏不违如愚句)鉴周,理归一极(一极一语首见于王弼论语注,看皇侃疏一以贯之句下。生公尝用此语。此处谢盖采生公之意)。有新论道士以为"寂鉴微妙,不容阶级(盖因理不可分,而归一极)。积学无限,何为自绝。(积学非无限,故能至而不自绝)"今去释氏之渐悟而取其能至,去孔氏之殆庶,而取其一极。一极异渐悟,能至非殆庶。故理之所去,虽合各取,然其离孔释矣。余谓二谈救物之言(谢答勖云:"华人易于见理,难于受教,故闭其累学,开其一极。夷人易于受教,难于见理,故闭其顿了,而开其渐悟"云云。孔释二谈均随方救物)。

> 道家之唱(新论道士之说)得意之说。敢以折中自许。窃谓新论为然。聊答下意,迟有所悟。

据此,道生之新论,有"寂鉴微妙,不容阶级,积学无限,何为自绝"数语,而谢氏以其言为然,并兼取孔释之说,而以折中自许。然谢虽折中孔释,而其顿说,源出道生,故其《答骥维问》有曰:"唯佛究尽实相之崇高,今欲以崇高之相,而令迷蒙所知,未之有也"。其答维问有曰:"阶级教愚之谈,一悟得意之论"。此所谓实相崇高,亦即其所谓累尽之"无"。夫累尽之后,

"无"乃可得,故悟在"有"表。有表者即生公之象外。此所谓阶级教愚之谈。即谓理不可分,而无差异,故一悟乃得意之论。而悟在有表,象外无相,故须"一悟万滞同尽"。此全承生公意立说也。而渐教者,谓除累之学行,累未尽去,则仍迷蒙,既未出迷,何能达有表之无耶? 故曰:"今欲以崇高之相,而令迷蒙所知,未之有也。"

由此言之,方其除累,仅谓之学,累尽至无,乃可言悟。学者为渐、为假、为暂、为权、为受教。悟者,又名照,乃顿(万滞同尽),为真、为常、为智、为照、为见理。慧骥问真假二知何异。谢氏答曰:

> 假知者,累伏,理暂为用。用暂在理,不恒其知。真知者,照寂,故理常为用。用常在理,故永为真知。

骥又问理实在心,累亦在心而不自除,将何以除之乎。谢答之曰:

> 累起因心,心触成累。累恒触者心日昏,教为用者心日伏。伏累弥久,至于灭累。然灭之时,在累伏之后也。

但伏累灭累,实不相同。故曰:

> 伏累灭累,貌同实异,不可不察。灭累之体,物我同忘,有无一观(按小顿悟家因七位并观有无,而言七住顿悟,此主大顿悟,成佛乃并观)。伏累之状,他己异情,空实殊见。殊空实,异己他者入于滞矣。一无有,同我物者,出于照也。

伏累者有所滞,故非真悟。真悟者得其全,物我双忘,有无并观,故一悟万滞同尽矣。

渐学既为假,然则将不可废乎,抑亦其用乎? 谢氏谓渐不可废,且有其用。其答僧维曰:

> 由教而信,则有日进之功。非渐所明,则无入照之分。

但渐之为用,非以有祛有。(凡夫滞于有,自不能再以有祛其惑。)而乃以无伏有。众生皆封于有,故须用无治之,有之病须凭无之药也。其答纲曰:

> 夫凭无以伏有,伏久则有忘。伏时不能知,知则不复辨,是以坐忘日损之谈近出老庄,数缘而灭(择灭无为)经有旧说。如此岂累之

自去,实无之所济。

无者,宗极之谓。凡人未至宗极,而可由教示之宗极以发信心。行者乃行坐忘数灭之工夫,以近此宗极。方此之时,是曰"向宗"。然"向宗"者未至,既得既至,乃可谓真悟。

宗极者,不分无二(谢曰宗极微妙)。超乎象外,在于有表。于宇宙称之曰实相,而非迷蒙滞有者所知。于众生号之曰佛性,而非渐教之所能达。(谢答琳曰,物有佛性,其道有归,所疑者渐教。)宇宙众生之实体,盖唯源于此妙一之宗极耳,亦以此故又名为一极。生公《法华疏》曰:"三乘是方便,佛为一极",盖三乘者,方便亦筌蹄耳。佛为一极,则忘象之言(一极象外)而为得意之说也。宗极妙一,与此宗极冥符之悟,自无有二。故刘虬曰:"忘象得意,顿义为长"也。又谢侯答勔曰:"孔老二教,权实难同,而用各异。昔向子期以儒道为一,应吉甫谓孔老可齐,皆欲窥宗,而况真实者乎"。此认孔释所体无异,但于用有殊(因随民情而立教故),而道一而矣。向应二子之齐孔老,实"窥宗"之言。在南朝玄风盛时,佛道儒诸家,类认其宗极(亦曰本,亦曰体)相同,而高下不过在能证此宗极与否。(因体一故,南朝常有齐三教之言。)《辨宗论》者,明示吾人以各教之宗极是一(如三乘只有一极),而其所辨者则只在"定求宗之悟"也(即顿渐之辨)。按谢侯顿悟之义,源于生公理不可分义,而其特点,则在折中孔释之言,言极新颖。梁释智藏和武帝《会三教诗》云:"安知悟云渐,究极本同伦"(此亦由一极义齐三教)。北齐颜之推《家训·归心篇》有曰:"内外两教,本为一体,渐极为异,深浅不同"。(此虽引谢之言而稍误会其旨。盖一极之体,依谢意固内外教所同也。)渐极者,指渐学与一极,均引谢氏之言也。

总而言之,生公顿悟大义有二:(一)宗极妙一,理超象外,符理证体,自不容阶级。支道林等谓悟理在七住,自是支离之谈。(二)佛性本有,见性成佛,即反本之谓。众生禀此本以生,故阐提有性,返本者,真性之自发自显,故悟者自悟。因悟者乃自悟,故与闻教而信修者不同。谢灵运分辨顿悟与信修,多由生公之第一义而谈,而于第二义无多发挥。(谢曰心本无累,又曰物有佛性,其道有归,均已隐藏有此义,但其辨顿渐则少就此发挥。)谢答王弘问难中言及顿悟与信修之别,谓渐修者知假,亦可谓不知。王弘以其书送竺道生。而生公乃答曰:

> 以为苟若不知,焉能有信。然则由教而信,非不知也(此驳谢氏信修乃不知之说)。但资彼之知,理在我表。资彼可以至我,庸得无功于日进。未是我知,何由有分于入照。岂不以见理于外,非复全昧,知不自中,未为能照耶?

知若自中则豁然贯通,见性成佛(见解名悟)。由教而信,则理在我表,必不能见性(闻解名信)。顿悟渐修之分,生公以为应如此说。竺道生于读谢论之后,而特补充此一义,可见其认康乐所言,尚未圆到,而"反本为性"之义,则自认其非常重要也。

七、北朝东方佛法与经学

释教东被,至晋而学理始称盛。初有法护,末有罗什,佛学中心,本在关西。但姚秦败灭,祸乱继起。太武毁法,始于长安。雍秦经教,扫地尽矣。及文成以后,三宝再兴。唐僧神清《北山录》曰,"南都尚华,北魏风淳"。盖北方重修行,与南方之重玄谈者异其趣。然就北朝论之,则关西佛法,更为朴质。自关以东,则义学较盛。孝文以后之洛,孝静以后之邺,均为义解名僧辐凑之所。《续僧传》曰:"邺都构席相拒二百有余,听者常过一万。"东方之淫于学,可以知矣。

东方义学之光大不但由于名僧之辈出,帝王之提倡,而亦由于其与南方之交道。彭城本为南北交通之枢纽,亦且为北方义学之渊泉。罗什弟子多避地淮北。道凭僧嵩并在徐州。其后有僧渊、慧静、道登、慧纪、昙度。凡此诸人,均与南方通声气。宣武之世,洛都朝臣之善佛义者,据各种史籍所载,有崔光、王肃、王翊、孟仲晖、冯亮、裴植、裴粲、徐纥数人而已。然除孟以外,诸人均系出江南而北徙者也。及至魏齐之际,士大夫为学颇重谈论,与南方之风从同。孝静帝召名僧于显德殿讲说佛理。杜弼、杨愔、邢邵、魏收并侍法筵。杜弼升师子座,当众敷演。昭玄都僧达及僧道顺并缁林之英,问难锋至,往复数十番,莫有能屈。弼耽好玄理,尝与孝静帝谈佛性法性。又在齐文宣时与邢邵扈从东山,共论名理。辩神形之生灭。孝静帝读《庄子》,弼注《庄子》、《周易》并注《老子》,且表上之。孝静帝诏答有曰,"卿息栖儒门,驰骋玄肆,既启专家之学,且畅释老之言"。盖其时北朝君臣已略具江南之格调矣。《续高僧传》叙魏末佛教有云,"山东江表乃称学海(菩提流支传)"盖不但山东义学之盛,有似江表,而二地学风至南北朝末叶,已渐相同,因此而可并称也。

但概括论之,南北二朝究有不同。南朝之学,玄理佛理实相合流。北朝之学经学佛学似为俱起。合流者,交互影响,相得益彰。俱起者,则同因学术之发达,儒释之学各自兴盛,因而互有关涉。盖魏自道武帝以后,即重经学。至孝文帝益崇儒术。于是北方经学,崇尚与南方不同。(参看《北史·儒林传序》)而且亦较江左为盛。(参赵瓯北《江十二史札记》卷十五北朝经学条)至宣武时,天下承平,学业大盛。如燕齐赵魏之间,横经著录不可胜数。(迨及隋初,齐鲁赵魏儒学负笈者尤多。语均见《北史·儒林传序》。)儒风极盛之区,亦即佛教义学流行之域。此必因北朝文治此而大兴,儒经佛义同时在山东并盛,而非由乎二者互有影响而俱光大也。但北朝经术既与佛义俱弘,因而儒师乃不免与僧徒发生学问上之因缘。最初知名者高允,颇信佛法。刘献之注《涅槃经》。(《魏书·本传》)孙惠蔚正始中侍讲禁中,夜论佛经,有惬帝旨。诏使加"法师"之号。卢果裕在邺寓托僧寺,听讲不已。李同轨兼读释氏又好医术。在洛平等寺与僧徒论难往复可观。(上均见《北史·儒林传》)崔暹颇好佛经。(令沙门明藏著《佛性论》)而儒者权会馆于其家。(《北史·本传》及《儒林传·会传》)名僧昙迁乃会之甥,受其舅之《周易》,长于卜筮。曾言"《周易》辨阴阳,仍儒学之本"。杜弼好名理,知佛义,而亦通经术(见本传)。释道宠俗姓张,名宾。释僧范,俗姓李,名洪范。原俱游学于大儒熊安生之门。("熊"《续僧传》原作"雄"。按《北史》熊安生传云,"安生将通名,见徐之才、和士开。以徐讳雄,其父名。和讳安,亦父名。乃自称触触生",云云。则熊雄二字同音相讳,而续传之雄安生即熊安生也。)时人语曰:"相州李洪范解彻深义,邺下张宾生领悟无遗。"二人后并背儒入释,均为地论大师。《续高僧传》曰:"僧范旋趾邺都,可谓当时明匠。遂使崔觐注《易》咨之取长。(崔瑾受《易》于徐遵明,见《北史·儒林传序》。觐即瑾也。)宋景造历,求而舍短(宋景即《北史·艺术传》之宋景业,造天保历)。"则似范出家以后,乃讲儒术也。《传》又曰,大儒徐遵明李宝顶等(李铉字宝鼎,乃遵明弟子)一见信于言前,授以菩萨戒法。按熊安生受礼经于李铉,铉则传遵明之业。如范为安生弟子,则徐李受戒之说,恐不可信。然道宠僧范甚通经术,则当系实情,并非诬罔也。此外兖州沙门昙衍,定州沙门灵裕亦并早修儒书,后乃出家。而大师慧光门下称有十哲,儒生冯衮亦入此数。(定兴北齐石柱颂与昙遵同学居士冯昆,字叔平,当即衮。昙遵本慧光弟子。)衮本冀人,通解经史,被贡入台,往候光师,因而笃信。(慧光本为律学元匠。僧范、冯衮均为儒生,从之出家。而当时儒之三礼,释之戒律,俱盛行于世。疑此中亦有关系。但证据缺乏,未敢臆说也。上均见《续传》。)魏齐之际,儒佛二家常生关系,亦可谓至显著之现象也。

北朝经学本杂谶纬,而元魏僧人亦颇知术数。最初姚秦之鸠摩罗什凉州之昙无戏均亦以方术知名,释道安妙善七曜,谓曾注素女之经。(见《续僧传·道辨传》)魏世殷绍自言以姚秦之世受九章要术于游遁大儒成公兴(即寇谦之之师,见《释老志》)。后又问术数于阳翟九崖岩沙门释昙影(或即罗什弟子),及道人法穆。约在文成之世有沙门昙靖出《提谓经》,揉杂阴阳五行五方五常五脏十二月与五戒等。(参看法琳《辨正论》一及《房录》九)又李修学医术于沙门僧坦,略尽其术。崔彧在青州逢隐逸沙门教以《素问》九卷,及《甲乙》,遂善医术(医术本为阴阳之学)。僧氏识星分,案天占,以言灾异。沙门灵远有道术,预言成败。綦母怀文有道术。遇一胡沙门及一蠕蠕客,客有异算术。(上均见《北史·艺术传》。又胡沙门即勤那漫提,见《续僧传》。此外有檀特师善法术。而精术数之陆法和自来江南,则行迹本类一沙门。)胡太后曾使沙门惠怜咒水疗百姓病。清河王怿上表谏,谓为张角之法。(见《魏书》二十二)释僧范原业儒,亦精七曜九章天文筮术。崔觐注易,宋景业造历,均有所咨禀。(已见前引)而元魏之世,多有奸人假名佛法,兼用方术以谋叛乱。(散见《魏书·本纪》)《续高僧传》超达传曰:"魏氏之王天下也,每疑沙门为贼"。又曰"魏帝(不知是何帝)禁图谶尤急,所在搜访。有人诬达有之"。据此则沙门当尝藏图谶善术数也。及至北周甚重经术,而阴阳术数之学亦流行。萧吉博学多通,尤精阴阳数术。阇那崛多译经曾为笔受。而《五明论》(一声明,二医方明,三工巧明,四咒术明,五符印明)婆罗门天文亦在关中译出。又周僧卫元嵩善术数,能预言。原奉释教,后乃破僧。并著《元包》,幽赞易学。则亦以一身而兼习释教及图谶之学也。由此言之,阴阳谶纬为北朝经师以及沙门释子之所尝同习。则二者之所以常生关系,其故应亦在乎此也。

　　总之,中国溯自汉兴以来,学以儒家为大宗,文化依中原为主干。而其所谓外来之翟昙教化,方且附庸图谶阴阳之说,以争得地位于"道术"之林。汉末以后,世风渐变。孔教衰微,庄老兴起,中朝文物经乱残废,北方仕族迭次渡江。于是魏晋释子袭名士之逸趣,谈有无之玄理。其先尚有与正始之风留迹河洛,后乃多随永嘉之变,振锡江南。由是而玄学佛义和光同流,郁而为南朝主要之思想。返观北方,王、何、嵇、阮本在中州,道安、僧肇继居关内。然迭经变乱,教化衰熄,其势渐微,一也。桓灵变乱以讫五胡云扰,名士南渡,玄学骨干不在河洛,二也。胡人入主,渐染华风,而其治世翻须经术,三也。故自罗什逝世,北方玄谈因之消沉。后魏初叶衣冠士族,多滞迹于北燕,儒师抱晚汉经学之残缺于陇右,而燕陇者又为其时佛法较盛之地。则佛教之于经学,在北朝开基已具有因缘,及北方统一,天下粗安,乃奖励文治,经术昌明,而昌明经术之帝王,又即提倡佛学最力之人。于是燕齐赵魏儒生辈出,名僧继起,均具朴质敦厚之学风,大异于南朝放任玄谈之习气。其所谓儒学仍承炎汉通经致用之义,终成北周之政治。而致用力行乃又北方佛子所奉之圭臬也。元魏经学上接东都,好言无道,不免杂以谶纬。而阴阳术数者乃北方佛子所常习,则似仍延汉代佛道之余势者也。及至隋帝,统一中夏,其政治文物上接魏周。而隋唐之佛学虽颇采取江南之学,但其大宗固犹上承北方。于是玄学渐尽,而中华教化以及佛学,乃另开一新时代。夫佛学在北之与经学,固不如其在南与玄学之密契。然俱起俱盛,其间转移推进最相同。故在全体文化上,此一大事因缘实甚可注意也。

八、周颙三宗论

《续高僧传》载僧旻曾曰"宋世贵道生,顿悟以通经。齐时重僧柔,影毗昙以讲论。"盖在魏晋般若风行之后,南朝先则群讲涅槃经,后乃宗尚成实论。及至齐梁之际,摄山诸师始再兴安远什肇之学。三论乃得与成实对抗,而卒使研习最普遍之成论一蹶不振。齐世周颙谈客之秀,伏膺玄学。其风度学问最与魏晋佛玄相契合。故甚于般若三论之再兴有所助力。其所作《三宗论》,盖实三论学者对于成论人下攻击之第一声也。《高僧传》云:"智林申明二谛义,有三宗不同。时汝南周颙又作《三宗论》,既与林意相符,深所欣慰。"《隆兴佛教编年通论》五云:"时京邑诸师立二谛义,有三宗,宗各不同,于是汝南周颙作《三宗论》以通其异"(此与《僧传》所言少异)。据此则《三宗论》者,论当时二谛诸义有三宗不同也。(通论)又载智林与颙书有曰,"《三宗论》钩深索隐,尽众生之情,廓而通之,尽诸佛之意。"而周颙答张融书(《弘明集》)有曰,"是吾三宗鄙论所谓取舍驱驰,未有能越其度者也。"据此则周之论不但会合当世诸说,而且亦自谓尽摄一切佛学也。《南齐书·周颙传》云:

> 著《三宗论》,立"空假名"(第二宗)。立"不空假名"(一宗)。设"不空假名"难"空假名"。设"空假名"难"不空假名"。"假名空"(三宗)难二宗,又立"假名空"(此言假名空宗乃并难前二宗。因难二宗而又立假名空也。又最后五字疑原在立不空假名句下)。

据此则斯论由浅入深。而三宗则最胜义,为前二宗所不及也。又《般若》、《中观》畅言二谛中道。此外则《成实论》亦以此义为其学之骨干(盖此论本小乘经部人受大乘中观之影响而作也)。而《中论疏记》卷二有曰:

> 有人传曰,依均正玄义者"空假名""不空假名"(即前二宗)俱是成实师(现均正书已残缺,故无此说)。

据此则斯论前二宗者成实师说,而周颙乃据其所信之三宗难之也。然则其第三宗(即假名空)者,当为般若三论之正说也。

吉藏《大乘玄论》卷一云:

> 次周颙明三宗二谛,一不空假,二空假,三假空。

吉藏《二谛义》卷上亦言及三宗,次序相同。而其《中论疏》亦云:

> 次齐隐士周颙著《三宗论》,一不空假名,二空假名,三假名空。

可见斯论初叙不空假名,次空假名,后乃述假名空也。

不空假名又称为鼠喽栗义(又名不空二谛,或不空宗)。《大乘玄论》卷一云:

> 不空假名者,但无性实,有假,世谛不可全无,为鼠喽栗。

均正《大乘四论玄义》卷五云:

> 或云虽得第一义,犹不失世谛。但世是假,无复有实,如鼠喽(原作娄)栗也。

此第一宗乃谓法无自性(此谓得第一义)但有假名。而世谛是有(此谓犹不失世谛)然为假有,无有真实之自性。此则虽言自性空,而不空假名。故吉藏《二谛义》解曰:

> 鼠喽栗二谛者,经中明色色性空,彼云色性空者,明色无定性,非色都无,如鼠喽栗,中内尽,栗犹有皮壳,形如宛然,栗中无肉,故言栗空,非都无栗,故言栗空也,即空有并成有也。

《中论疏》亦云:

> 不空假名者,经云色空者此是空无无性实,故言空耳。不空于假名也。以空无性实,故名为空,即真谛。不空于假,故名世谛。晚人名此为鼠喽(原亦作楼)栗义。

又《中论疏记》亦云:

> 又均正玄义第三云,不空二谛者,不坏假名而说诸法实相。明诸法无自性,故所以是空。而自不无诸法,假名可以为有(下略)。

此宗但空色之自性,而不空其宛然之相(即假名)。色之性空,而假名是有。真谛空而世谛不空。此与晋时即色宗所谓色无自性虽色而空之义相同。故吉藏谓此"空性而不空假"与前即色义无异也。

按一切有部谓法体实有。成实主无体而有相。大乘般若乃言体相皆空。此不空假名空自性而不空假名,疑出于成实之说。其《论门品》曰:

论有二门,一世界门,二第一义门。以世界门故说有我(中略)。

第一义门皆说空无。

其《灭法心品》云:

五阴实无,以世谛故有。所以者何。佛说诸行尽皆如幻如化,以世谛故有,非实有也。

凡此诸言,疑成实论师常引之为第一义空,世谛是有之根据。故慧远《大乘义章》第一《二谛门》中,言二谛义可分四宗(此四宗亦见于《中论疏》一所引旧地论师之说)。其第二为"破性宗"。(破性者,即谓法无自性。其第一宗毗昙人说名"立性宗",即谓诸法各有体性。)其释曰:

言破性者,小乘中深宣说诸法虚假无性。(中略)法虽无性,不无假相,此宗当彼成实论也。

又曰:

第二宗中因缘假有以为世谛。无性之空,以为真谛。

此所述成论师言恰与不空假名之宗相合也。

安澄《中论疏记》云:

《山门玄义》第五卷云,第三(三字似误)释显亮《不空二谛论》云,《经》曰"因缘诸法,有佛无佛,性相常住",岂可言无哉。而经云"诸法空"者,所谓内空无主。以无主诸法名世谛。诸法无主是真谛。此即数部三藏意,明事理二谛。三集无为(谓蕴处界之三聚有为也。此作无为乃字误)。为俗谛。其中十六真理(谓四谛各四圣行,合为十六)是第一义谛。旧铭为鼠喽(原作楼)栗义。此一师即第一不空宗(谓不空二谛宗也)。

《山门玄义》所述显亮之说谓法无主故空。而无主之法则非无有。其义与前述相同。显亮者《高僧传》谓何园寺慧亮,本名显亮。但所言似误。查宋北多宝寺道亮法师因性刚忤物,遂显于众,被徙南越。当因此道亮遂被称为显亮。道亮著《成实疏》八卷(按道亮亦即《涅槃集解》之僧亮。《集解》三十八引僧亮曰,法从因缘得以无性名空也。意亦与上义相合),为最早成实师之一。复按《名僧传抄》宋僧觉世善《泥洹》、《大品》立二谛义,以不空假名为宗,与慧整齐名(整善三论,二人均附见《僧传·道猷传》,则宋时研《般若》者曾立此义也。又《玄义》谓不空二谛宗即数部三藏义。按《大乘义章》卷一所述之毗昙宗二谛,谓事理相对,事为世谛,理为真谛。事谓阴界入,理谓十六圣谛。即所谓数部三藏之事理二谛也。但《义章》又言此宗说诸法各有体性(安澄《疏记》卷一释四宗条亦云,毗昙宗言法无自性云云。但毗昙是一切有部。一切有者即言一切诸法皆有自性。安澄之说恐误)。并不主法无自性,与不空假名宗不相合也。

空假名宗又称为案苽义(又名空有宗,或空有二谛义。此言有者,谓假名也)。(大乘玄论)卷一云:

> 第二空假名,谓此世谛举体不可得。若作假有观,举体世谛。作无观之,举体是真谛。如水中案苽(原作爪误下同),手举苽令体出,是世谛。手案苽令体没,是真谛。(《四论玄义》卷五,《三论略章》,均有此文,而较略)。

此宗持诸法假名而有,是俗谛。然体性不可得故无,是真谛。以俗真相对而解有无。此义于《成实论》中亦所常见。如曰"说四大四大所因成者,四大假名故有"。《色名品》"故佛于假名中以四大为喻,故是四大义"。(《明本宗品》)"五阴实无,以世谛故有"。(《灭法心品》)"如经中说,诸法但假名字。假名字者,所谓无明因缘诸行乃至老死诸苦集灭,以此语故,知五阴亦第一义(真谛)故空"。(《灭法心品》)此均以法假名有,而第一义则空(有者苽出,空者苽没)。查《成实》此意乃主分析空,即言诸法因缘所成。若分析诸缘求之,则体不可得故空。故吉藏《二谛义》卷上曰:

> 次《成论》……明诸法有为世谛,析法空为第一义谛。

又其《中论疏》云:

> 空假名者,一切诸法众缘所成,是故有体,名为世谛。折缘求之,都不可得,名为真谛。晚人名之为案(原作安)苽二谛。苽沈为真,苽浮为俗。难曰,前有假法,然后空之,还同"缘会"。故有"推散即无"

之过也。

"缘会"者指晋于道邃之缘会宗。(安澄引《山门玄义》谓于道邃支道林均空有宗,旧名此师为案苾义,云云。谓支道林属此宗误。)因缘假有,推散即无,是则假有时非无,而无时非有。故后人斥为案苾义。《中论疏记》云:

> 均正《玄义》第三云,山门等目名"空有二谛"为案苾二谛。明苾没之时,举体并没。若出之时,举体并出。出时无没,没时无出。何异明(原作时)空之时无纤毫之有。明有之日,无纤毫(原夺纤字)之空。

夫谓俗谛假有,真谛空无,分谈二谛,是不知相即义。周颙与张融书(《弘明集》)论佛优劣,谓道家知有知无,而不能尽有尽无。盖亦只许老子属于第二宗。其致张书有曰:

> 夫有为有,物知其有(知俗谛为有)。无知为无,人识其无(知真谛为无)。老之署有题无,无出斯域。是吾《三宗》鄙论,所谓取舍驱驰,未有能越其度者也(世俗之说,不出前二宗)。佛教所以义夺情灵,言诡声律,盖谓即色非有(即有即无),故擅绝于群家耳(佛义在老子及世学之上)。

周颙以后,三论宗师谓开善二谛义亦属空假名。《大乘玄论》卷一曰"空假者,开善等用。"开善亦号为《成论》大师,其说散见三论宗旧籍,多评其分理为二。如《玄论》卷二明三种中道,而谓开善义为真俗合中道,并引开善《义疏》(按此乃《成论疏》)语曰:

> 二谛中道云何谈物耶。以诸法起者,未契法性也。既未契故有,则此有是妄,以其空故是俗也。虚体即无相,无相即真也。真谛非有非无而无也。以其非妄有故俗虽非无,非无以其假有故也。与物举体即真,故非有,举体即俗,故非无。则非有非无,真俗一中道也。真谛无相故非有非无,真谛中道也。俗谛是因假,即因非即果,故非有;非不作果,故非无,此非有非无俗谛中道也。(《玄论》五明中道条,可参看)

智藏言有三种中道,俗谛体虚而是妄有(妄有故非无而有,亦即假有)。真谛无相,而非妄有(故曰非无而无也)。体虚是妄,无相非妄,二谛相对,于是合则有真俗一中道,分则有真谛中道,与俗谛中道。以此似谓体虚是俗理,无相是真理,既为二理,即是二物(此吉藏破开善语)。不知中道即"一如"义,即"相即"义。必顺真而不逆俗,非去有(假名)而存空(实相)。如言"举体即真",则似去有而存空。而"举体即俗",则顺俗而道真。故譬之于苨沉,举体没;苨浮,举体真也。

智藏所谓真俗一中道者,乃谓二谛一体。一体亦即谓相即(见《玄论》卷一,《玄义》卷五)。周颙之论亦明二谛以中道为体(见《二谛义》卷下)。吉藏谓三论师自始即用此义。(见《玄论》一论谛体,及《二谛义》下)故吉藏又曾谓开善用假名空义。如《二谛义》下曰:

> 次周颙明三宗二谛,一不空假,二空假,三假空。野城寺光大法师(未详)用假空义。开善亦用,用中最不得意者(吉藏《玄论》卷一,《二谛义》卷下均谓开善曾闻《山门义》,然得语不得意)。

因开善与山门用语相同,而义实相异。故吉藏屡辨之(《二谛义》下破之尤详)。兹就二点说明三论人何以破开善义。(一)问曰,若用中道为体,则中道为是二谛摄,为是二谛外物。答曰,开善明二谛摄一切法尽。中道还是二谛摄。但此中道无名无相真则非俗(俗则非真),而即亦是以真谛为体。如此则真俗相对而失中道(《二谛义》下)。(二)开善序曰二谛者"一真不二之极理"。此似指谛为理。谛如为理,则俗理非真,真理非俗。是仍为二理,不知二谛是教,因对二见根深之众,设此教。故二谛乃以表不二之理,如指指月,意不在指,意今得月。(此见《二谛义》下)因其是教,故唯一实谛,方便说二。如唯一乘,方便说三。(此见《玄论》一)总之,开善虽似言相即,而实为真俗为二,亦如老子虽知有知无,而仍是案苨义也。

按吉藏《中论疏》释《三宗论》谓晚人名不空假名为鼠嘍栗,空假名为案苨。安澄《疏记》释曰,"晚人者僧诠师也"。又澄引均正《玄义》第三云,山门等目名空有二谛(指空假名)云云,而谓山门亦指僧诠。又澄引《山门玄义》(据安澄所书《山门玄义》似即兴皇法朗所作)云,旧铭空假名为案苨义。则摄山诸师僧诠法朗尝引《三宗论》之说。又安澄《疏记》并云：

> 问，均正《玄义》以周颙为不空二谛（安澄曾引均正谓不空假名即
> 周颙义，云云）。今何名假名空耶（何以名周义为假名空耶）。答，有
> 人传云，均正《玄义》约未了时义而言。今约已了时义而言，"今"谓准
> 《山门玄义》，释显亮师名为不空假名义，于法邃名为空假名，周氏名
> 为假名空。此得理说，故以为第三也。

此言前二宗为未了时义，第三宗为已了。已了者，乃得理之说，为周彦伦
所主之义。此亦可见周氏之论由浅入深，而以第三宗假名空为佛家之正
义也。

假名空乃持业释。假名故空，空故假名，空假相即，乃周颙之所以难
前二宗。第一宗法自性空，犹存假有，故失相即。第二宗空则无相，假则
妄有，析而为二，亦失相即。又因空假相即，周氏所以黜老氏。张融致周
书有曰：

> 法性虽以即色图空（佛教），虚无诚乃有外张义（老子）。

张少子此言亦许佛家法性即色是空，体用一如。而老子则诚于有外，别张
无之宗义。宗极之无，在于有外。是与佛之有无相即不同。但老氏非不
知即色，惟人情恒滞于有，故且不先言即色，而姑渐因有以尽无。故其书
又曰：

> 直以物感既分，应物难合。令万象与视听交错，视听与万象相
> 横。著之既已深，却之必方浅。所以苦下之翁，且藏即色。顺其所
> 有，不震其情。尊其所无，渐情其顺。及物有渐去，人时欲无。既可
> 西风昼举而致南精，夕梦汉魂中瘵，不其可乎。

周之答书则曰：

> 苦下之藏即色，信矣斯言也。更恐有不及于即色，容自托于
> 能藏。

其意直以为老氏之藏即色，乃因未悟于即色，即体即用，因自托于能藏，以
资讳饰。而

> 佛教之所以义夺情灵，言诡声律，盖谓即色非有，故擅绝于群

家耳。

"即色非有"则不外有,亦不外无(周氏曰老氏之神地悠悠,自悠悠于有外)。有无相即,故体性尽无,而亦尽有(尽者,完也,备也)。固非仅于有则知其为有,无则识其为无也。故周氏复书又有曰:

> 尽有尽无,非极莫备(至极之体,并尽有无,即于尽有,且亦尽无)。知无知有,吾许其道家。唯非有非无之一地,道言不及耳(并尽有无,则非有非无)。非有非无,三宗所蕴(谓第三宗乃言非有非无)。傥赡余虑,唯足下其盼之。

由此言之,周氏之第三宗,谓诸法非有非无,不存空以遣有,亦非坏假以显实。盖即僧肇之学。故吉藏《中论疏》曰:

> 第三假名空者,即周氏所用。大意云,假名宛然,即是空也。寻周氏假名空,原出僧肇《不真空论》。《论》云,虽有而无,虽无而有。虽有而无,所谓非有。虽无而有,所谓非无。如此即非无物也。物非真物也。物非真物,如何而物。肇公云,以物非真物,故是假物。假物故即是空。大朗法师关内得此义授周氏,周氏因著《三宗论》也。

僧肇所谓之"不真空",亦持业释,不真故空,空故不真。周氏假名空一语,与之同义。故《大乘玄论》曰:

> 假空者……虽空而宛然假,虽假而宛然空,空有无碍。

空有无碍,故非有非无,而不偏于有,不偏于无。故《中论疏》又曰:

> 大朗法师教周颙二谛。其人著《三宗论》云,佛所以立二谛者,以诸法具空有二,所以不偏,故名中道。

此所述虽简略不明显,然证之上来所言,则谓相即故不偏是亦中道义也。

推周氏之意,本性空寂,无名无著,世人著有,固为有失,若著于无,亦为未得。惟释迦究竟义乃无所著,乃为大圣。其致张少子书有曰:

> 但纷纷横沸,皆由著有。迕道沦俗,兹焉是患。既患由有滞,而有性未明。矫有之家,因崇无术。有性不明,虽则巨蔽。然违谁尚静,涉累实微。是道家之所以有稗弘教,前白所谓"黄老实雄"者也(道家因世人著有,而尚虚无,亦有益教化。周前与张书中,称"黄老

实雄"盖因此也)。王、何旧说皆云老不及圣。若如斯论,不得影响于
释家矣。

据此则老氏矫有,因崇空无(佛家则言空以遣有,非去有以存空)。虽不及
圣,而有稗世道。然则周颙之论,对于前二宗,当亦非完全抹杀,而并有所
称许。惟体用兼备,则只许第三宗耳。

九、菩提达磨

元魏禅师以菩提达磨为有甚深智慧,而其影响亦最大。中国禅宗推
达磨为初祖。唐代晚出禅宗史籍所叙达磨事迹,不可尽信。今日所存最
可据之记载有二。一为杨衒之《伽蓝记》所载。一为道宣《续僧传》之《菩
提达磨传》。杨衒之约与达磨同时。道宣去之亦不远。而达磨之学说,则
有昙琳所记之《入道四行》(日本《续藏》收载)。此文经道宣引用,知其在
唐初以前即有之,应非伪造。兹据此诸书,略述菩提达磨之平生及学说
如下:

菩提达磨者,南天竺人(《续传》本传),或云波斯人(《伽蓝记》)。神慧
疏朗,闻皆晓悟。志存大乘,冥心虚寂。通微彻数,定学高之。(《续传》)
其来中国,初达宋境南越。末又至魏。(此段出《续传》。据此可知达磨于
宋时至中国。)在洛见永宁寺之壮丽,自云年百五十岁,历涉诸国靡不周
遍,而此寺精丽遍阎浮所无也。极佛境界,亦未有此。口唱南无,合掌连
日。又尝见洛阳修梵寺金刚,亦称为得其真相。(上均见《伽蓝记》)达磨
先游嵩洛。(见《续传·慧可传》。后世传其住少林寺)或曾至邺。(《续
传·达磨传》题为北齐邺下南天竺僧。又慧可亦邺中僧。)随其所止,诲以
禅教。常以四卷《楞伽》授学者。于天平年(534—537)前,灭化洛滨。(《续
传》)或云遇毒卒。(《旧唐书·神秀传》及《宝林传》)其弟子知名者列下:

慧可,一名僧可,虎牢人。在嵩洛受达磨之禅,并四卷《楞伽》。师亡
后,天平年初北至邺授禅。其弟子有那禅师、粲禅师等。而南方摄山之慧
布在邺亦曾遇之。

道育(《法冲传》作慧育),受道心行,口未曾说《法冲传》语)。

　　僧副,太原祁县人。传谓其性爱定静。游无远近,裹粮寻师,访所不逮。有达磨禅师,善明观行,循扰岩穴,言问深博,遂从而出家。此达磨当即菩提达磨。副后于南齐建武年南下(故达磨至迟当于宋末已北去)。

　　昙琳作《入道四行》,应为达磨弟子。其时在洛参与译经者,亦有昙林,并作经记多篇,或即此人。又《续传·慧可传》有林法师,或亦同为一人。

　　菩提达磨以四卷《楞伽》授慧可曰:"我观汉地,惟有此经,仁者依行,自得度世"。可禅师每依此经说法。那(可弟子)、满(那弟子)等师,常赍四卷《楞伽》以为法要(此见《可传》)。可师后裔盛习此经(《法冲传》语)。达磨一派因称为楞伽师。(唐玄赜有《楞伽人法志》,其后净觉有《楞伽师资记》。)按《续传·法冲传》云,冲先于三论师慧暠(茅山大明法师弟子)听《大品》、《三论》、《楞伽》。又以《楞伽》奥典,沉沦日久,所在追访。

　　　　又遇可师亲传授者,依"南天竺一乘宗"讲之。……其经本是宋代求那跋陀罗三藏翻,慧观法师笔受。故其文理克谐,行质相贯,专唯念慧,不在语言,于后达磨禅师传之南北。忘言忘念,无得正观为宗,后行中原。慧可禅师创得纲纽,魏晋文学,多不齿之。领宗得意者,时能启悟。

据此达磨一脉宗奉宋译《楞伽》。其学因颇与时人不同,故遇讥嫌。慧可后裔亦自知其法颇与世异,其讲此经,谓乃依"南天竺一乘宗"。以此可知当时讲者有不依此宗者。又《法冲传》叙楞伽师承,谓有迁禅师出疏四卷,尚德律师出《入楞伽疏》十卷(《入楞伽》乃菩提流支译),均"不承可师自依《摄论》"。则"依摄论"者乃"不承可师",亦即非依"南天竺一乘宗"也。故此"南天竺一乘宗"者,自有其玄旨,与迁禅师、昙迁乃地论师,并擅《摄论》等之依《摄论》者不同。而其玄旨何在,大为可注意之事。

　　"南天竺一乘宗"即上承《般若》法性之学。何以言之? 南天竺者,乃龙树空王发祥之域。佛法自大众部之小空,以至《般若》之大空,均源出南印度(《楞伽经》亦出自南印)。达磨国籍难定,但或本南天竺人,故受地方学风之影响。龙树之学出于《般若》,扫尽封执,直证实相。此大乘之极诣。不但与小乘宗有者异趣,且与大乘谈有者(如《地论》、《摄论》等法相宗义)亦殊途(然法相之指归,固与法性同)。《续僧·传习禅篇》论僧稠与达磨两宗之禅法曰:

> 然而观彼两宗,即乘之二轨也。稠怀念处,清范可崇。磨法虚宗,玄旨幽赜。可崇则情事易显,幽赜则理性难通。

《续传》言僧稠习《涅槃》圣行品之四念处法。《涅槃》虽属大乘,而四念处法,原为小乘最胜之方便(览《毗昙》可知)。僧稠因习此法,故与取法于大乘虚宗者不同(虚宗一辞本有二义,一指大乘,一指法性学)。故曰即乘之二轨也(大小二乘,乃二轨)。四念处法,见断修断,灭诸烦恼,得无为果。其阶藉所由,步骤井然,故易于遵行,而情事易显。大乘虚宗以无分别智无所得心,悟入实相,依此正观,故其旨玄妙幽赜,而常人视其理性难通,必领宗得意者,乃能启悟也。(《法冲传》语)

《楞伽经》者所明在无相之虚宗(如百八句即明无相)。虽亦称为法相有宗之典籍(中已有八识义),但其说法处处著眼在破除妄想,显示实相。妄想者如诸执障,有无等戏论。实相者,体用一如,即真如法身,亦即涅槃。菩提达磨由行禅观,证知实相。因须契合无相之真如,故其观行在乎遣荡一切诸相。空有兼忘,罪福并舍。必心无所得,必忘言绝虑。故道宣之论又有曰:

> 属有菩提达磨者,神化居宗,阐导江洛。大乘壁观《灯录》引《别记》云,达磨教二祖曰:"外息诸缘,内心无惴,心如墙壁,可以入道"。宗密《禅源诸诠》二上所述达磨安心法亦同。"壁观"乃禅法名称),功业最高。……审其所慕(原夺所字),则遣荡之志存焉。观其立言,罪福之宗两舍。详夫真俗双翼,空有二轮。帝网之所不拘,爱见莫之能引。静虑(禅之意译)筹此,故绝言乎。

达磨所修大乘禅法名曰"壁观",达磨所证,则真俗不二之中道。壁观者喻如墙壁中直不移,心无执著,遣荡一切执见。中道所诠,即无相之实相。以无著之心,契彼真实之理,达磨禅法,宗旨在此。

然所谓契者,相应之谓,不二则相应。彼无著无得之心与夫真实之理,本无内外。故达磨又拈出心性一义。心性者即实相即真如即涅槃,并非二也。宗密曰,达磨但说心。(《禅源诸诠》下之一)故心性一义乃达磨说法之特点,而与后来禅宗有最要之关系。四卷《楞伽》曰:

> 如我所说涅槃者,谓善觉知自心现量,不著外性,离于四句,见如
> 实处。

又曰:

> 虽自性清净,客尘所覆故,犹见不净。

涅槃真际与善觉自心本非二物。自见心性即证涅槃。涅槃之与心性并事绝百非,而常净者也。

昙林所传《入道四行》要旨即如上所说。其文(此下均据《续传》之文)开首陈总纲云:

> 如是安心,谓壁观也。如是发行,谓四行也。如是顺物,教护讥
> 嫌。如是方便,教令不著。然则入道多途,要惟二种,谓理行也。

达磨言入道之途有二,一为理入,即是壁观。二为行入,即指四行(如是顺物,如是方便,均属行入)。一理入者:

> 藉教悟宗,深信含生同一真性。客尘障故。令舍伪归真,凝住壁
> 观,无自无他,凡圣等一,坚住不移,不随他教(《楞伽师资记》引此作
> 更不随于言教),与道冥符,寂然无为,名理入也。

理入以无所得心(无所得故坚住不移,心如墙壁,忘言绝虑),悟入实相。宇宙实相,即含生同一之真性。大乘壁观旨在令舍伪妄归真性。而此本性与道冥符,忘言绝虑,寂然无为。

二行入者为四行。其文曰:

> 行入者四行,万行同摄。

> (初)报怨行者,修道苦至,当念往劫,舍本逐末,多起爱憎。今
> 虽无犯,是我宿作,甘心受之,都无怨诉。《经》云,逢苦不忧,识达故
> 也。此心生时,与道无违,体怨进道故也。

> (二)随缘行者,众生无我,苦乐随缘。纵得荣誉等事,宿因所
> 构,今方得之,缘尽还无,何喜之有。得失随缘,心无增减。违顺风

静，冥顺于法也。（《师资记》作喜心不动，冥顺于法。按坐禅最忌风动，违风顺风各有四，详见敦煌本《五方便论》。《师资记》改原文，不可据。）

　　（三）名无所求行。世人长迷，处处贪著，名之为求。道士悟真，理与俗反，安心无为。形随运转，三界皆苦，谁而得安。《经》曰有求皆苦，无求乃乐也。

以上三行，想即上文所谓之如是顺物，教护讥嫌。而报怨行当修行苦至，随缘行则苦乐随缘，无所求行则戒贪著惑，本此三义，而达磨一派甚重头陀行。

　　其第四行名称法行。原文曰：

　　（四）名称法行，即性净之理也。（此依《续传》之文）"称"者相当义，相应义。法者宇宙之真，亦即性净之理。行道时事事与真实相应。

宇宙实体无染无著，无此无彼。入道者当任运而行。如是修行方便，"教令不著"，是与法相应。故曰称法行。此与"理入"原无二趣，惟"理入"者乃禅观，而"行入"乃指日常之道行也。

　　四行者盖如《华严经》之十行。（晋译卷十一）于日常行事触事而真，念念顺法，事事应理。入道多途，要唯二种。大乘壁观（禅法）直指心性，与道冥符，寂然无为。大乘行业（四行）当随顺事机，称法而行，任运而赴。守护根门（教护讥嫌是其一端），修道苦至。以不著应物，以贞静宅心。于日常行事，苦下工夫。念念省察，性净之理自然流露。夫恼乱莫甚于爱憎。欲望皆起于苦乐。心形胶执，长堕迷惘，悉由贪求，致永缚结。若能于行业细自体理，断爱憎，泯苦乐，息尔贪求，无为任运，而又能事事应法而行。则亲怨平等，苦乐随缘，不企求，应理而动。如是则虽行只四，而直可摄万行。虽为行业，而其为入道要途，与壁观固无异也。

　　由上所陈，达磨宗义乃大乘空宗。空宗者，主体用一如。真如与宇宙万有本无差别。差别之生，乃由妄想。空诸妄想，故以空为宗。《续传》载向居士致慧可书曰：

影由形起,响逐声来。弄影劳形,不知形之是影。扬声止响,不识声是响根。除烦恼而求涅槃者,喻去形而觅影。离众生而求佛,喻默声而寻响。故迷悟一途,愚智非别。无名作名,因其名则是非生矣。无理作理,因其理则争论起矣。幻化非真,谁是谁非。虚妄无实,何空何有。将知得无所得,失无所失。未及造谈,聊伸此意,想为答之。

可命笔答曰:

> 说此真法皆如实,与真幽理竟不殊。
>
> 本迷摩尼谓瓦砾,豁然自觉是真珠。
>
> 无明智慧等无异,当知万法即皆如。
>
> 愍此二见之徒辈,伸词措笔作斯书。
>
> 观身与佛不差别,何须更觅彼无余。(无余,涅槃也。)

万法皆如,身佛无别。谓有差别,乃是迷惘。诸法实相空一切相,断一切差别,灭一切迷惘。所谓本性清净,封执本空而无实也。故《续传》云:

> 满(那禅师弟子)每说法云,诸佛说心,令知心相是虚妄法。今乃重加心相,深违佛意,又增论议,殊乖大理。

真如无相,故不可以形事显,不可以言说求。故禅宗人自达磨以来即主张忘言。达磨曰不随于言教。(此据《师资记》)道育受道心行,口未曾说。可禅师后,粲禅师等并口说玄理,不出文记。(上均《法冲传》)楞伽师法冲曰义者道理也,言说已粗,况舒在纸,粗之粗矣。盖实相本空,若著之言语纸笔,则必分别安立,是于心上著相(如满禅师所说)。著相则须辨析,于是议论纷纭,殊乖大理。《续传》又云:

> 每可(慧可)说法竟曰,此经四世之后,变成名相,一何可悲。

此慧可"悬记"疑指其后裔之为《楞伽经》作疏者。据《续传·法冲传》可师之后有疏及抄十部,五十余卷(不承可师者除外,均详见原传),计前后不及百年,见于记载者已若是之多。道宣论达磨后裔曰:"诵语难穷,精励盖少。"(语见《习禅篇论》)疑楞伽诸师至唐初已多偏于经文生解,而少能于禅法精进不懈。大鉴禅师之所以痛言不立文字者,殆以此欤。(古今禅学之别,兹不详。)

　　菩提达磨以四卷《楞伽》授学者。大鉴慧能以后,则偏重金刚般若。由此,似若古今禅学之别在法相与法性。然而不然。达磨玄旨,本为《般若》法性宗义,已如前述。在史实上此有六证:(一) 摄山慧布三论名师,并重禅法。于邺遇慧可便以言悟其意(谓布得可之意)。可曰,法师所述,可谓破我除见,莫过此也。(见《布传》)(二) 三论师兴皇法朗教人宗旨,在于无得。达磨所教《楞伽》,亦以忘言忘念无得正观为宗。(《法冲传》语)(三) 道信教人念《般若》。(见本传)(四) 法融禅师受学于三论元匠茅山大明法师(兴皇弟子)。而禅宗人认为牛头初祖。此虽不确(因彼非道信弟子),然三论与禅之契合可知。(五) 慧命禅师曾著《大品义章》(命为天台慧思友人,思亦重《大品》)。其所作《详玄赋》,载于《广弘明集》中。而禅宗之《楞伽师资记》误以为僧粲所作。可见宗《般若经》之慧命,与楞伽师之僧粲义理上原无异致。(六) 法冲楞伽师也。然其初学于三论宗安州慧嵩(亦茅山大明法师弟子)。后学慧可之《楞伽经》义(冲曾听嵩之《楞伽》学)。据上六事,可知北方禅宗,与摄山三论有默契处(天台宗亦崇《般若》。故道信弟子法显、善伏均与天台师有关系)。二者均法性宗义,并崇禅法。达磨禅法后传播南方,未始非已有三论之流行为之先容也。且《般若》经典由于摄山诸师,而广行于南方。禅宗在弘忍之后,转崇《金刚般若》,亦或受南方风气之影响。而且《楞伽》经典蕴义深广,号称难读。北学深芜究其枝叶,必渐至为文字所拘束,而不能发明其精神。《金刚》能断简短直入,依之讲解,陈义可以自由,于语文上可少所牵涉。故此二典虽同以无相为宗。而大鉴以后,复兴达磨之精髓,而遂舍深博之《楞伽》,取简略之《金刚》也。按印度吠檀多大师乔达巴达恢复《奥义书》之古学,而取曼都基亚《奥义书》为之释、说者谓其因此书简短,解义时可少文字上之限制。(见 Dasgupta《印度哲学史》第四二九页)南宗之崇《金刚般若》,其事或与之相似欤。

(原载《燕京学报》第 22 期,1937 年 12 月)

《隋唐佛教史稿》绪言

　　研究佛教史而专说隋唐二代,特为方便之假设,学者不可胶执也。盖政治制度之变迁,与学术思想之发展,虽有形影声响之关系,但断代为史,记朝代之兴废,固可明政治史之段落,而于宗教时期之分划,不必即能契合。就隋唐佛教之宗派言,则慧文时属北齐,智者亦生于梁代,天台宗不必即起于开皇之初也。即就一宗言,则禅宗不惟有南北之分,且东山法门与曹溪血脉亦复异其趣。学者于区分佛教史之时代,当先明了一时一地宗风之变革及其由致,进而自各时各地各宗之全体,观其会通,分划时代,乃臻完善,固非可依皇祚之转移,贸然断定也。

　　然自宗派言之,约在陈隋之际,中国佛教实起一大变动。盖佛教入华,约在西汉之末,势力始盛在东晋之初。其时经典之传译未广,学者之理解不深。及道安以后,输入既丰,受用遂胜。此中发展之迹,不能详言。自陈至隋,我国之佛学,遂大成。三论之学,上承般若研究,陈有兴皇法朗,而隋之吉藏,尤为大师。法相之学,原因南之摄论,北之地论,至隋之昙迁而光大。律宗唐初智首、道宣,实承齐之慧光。禅宗隋唐间之道信、弘忍,上接菩提达磨。而陈末智嚼大弘成实,隋初昙延最精涅槃,尤集数百年来之英华,结为兹果。又净土之昙鸾,天台之智颛,华严之智俨,三阶佛法之信行,俱开隋唐之大派别。且自晋以后,南北佛学风格,确有殊异,亦系在陈隋之际,始相综合,因而其后我国佛教势力乃达极度。隋唐佛教,因或可称为极盛时期也。

及至唐末,唯识、俱舍虽有学者,相部、东塔虽相争执,然其极盛之时约均在开天年间。禅宗兴起,势力甚盛,然唐末大起分化,而五派并立。德宗至文宗时,湛然、澄观、宗密更兴天台、华严之教,然不久遭武宗之法难,即其经典亦埃灭少存。密宗自金刚智、不空二人弘法之后亦大张,至唐末日本僧人圆仁、圆珍犹相继来学,然武宗以后,亦遂式微。盖会昌法难至为酷烈,且继以五代之乱世,及周世宗之毁法,因而唐代灿烂光辉之佛教,再不能恢复矣。

依上所言,佛教史之分期,盖据势力之盛衰而言。势力之消长除士大夫之态度外,亦因帝王之好恶。隋炀帝之尊智者大师,唐太宗、高宗之敬玄奘三藏,武后之于神秀,明皇之于金刚智,肃宗之于神会,代宗之于不空,佛教最有名之宗派均因之而兴起。而有开元之禁令,三阶教由之而亡;有会昌之法难,我国佛教其后遂衰。宗教与政治社会之关系,固甚重要,因本此旨,述本期佛教势力之消长第一。

佛教源出异域,传译因居首要:一、开发宗派,如法相之学至护法而详密,论理之法至陈那而精审。玄奘入印,恰在其后,故唯识、因明由之大弘。二、决定盛衰,中唐以后,印度之佛教渐衰,中印之交通亦甚阻隔。唐末以来,佛法衰败,亦此之由。而方隋唐佛法盛时,翻译不但广博完善,且有华人主持。隋之彦琮,唐之玄奘、义净是矣。斯亦本期之特色,爰述传译之情形第二。

中国佛教,虽根源译典,而义理发挥,在于本土撰述。注疏论著,表现我国僧人对于佛理之契会,各有主张,遂成支派。而宗义之变迁,首当明其事实经过之迹辙,及佛典翻述先后与其性质。故分为注疏、论著、纂集、史地编著、目录五项,述本期佛教撰述第三。

隋唐佛教,承汉魏以来数百年发展之结果,五花八门,演为宗派。且理解渐精,能融会印度之学说,自立门户,如天台宗。禅宗,盖可谓为纯粹之中国佛教也。因分述本期宗派之概略第四。

汉晋之间,佛教来自西域,月氏、于阗、龟兹为其时重镇。此后,多因我国僧人冒万苦入印,得佛教之真传,中上亦渐为传法之中心,高丽、日本遂常来求法,唐时甚盛,由是而述本期佛法之传布第五。

汉唐佛学纲要

（讲课提纲）

分期

一、佛道(宇宙)。

二、佛玄(本体)。

三、系统、宗派、宗教(综合)。

第一章　佛(教)道(术)时代

一、名——佛道

(四十二章经》、《牟子》。

为道、行道、学道：

奉法,学佛。

修行,修持。

(庄子·天下篇)。

司马谈,(汉·志)。

方仙道。

《淮南子》。

养气……道家(王充)。

阴阳图谶。方士＝道士。

九十六种,佛最尊。(牟子)

佛不过道术之一种：

1. 楚王英；

2. 桓帝；

3. 襄楷；

故佛教而道术化。

二、道术

特点：

1. 政治的目的——治国。

2. 宇宙(观)的结构。

3. 行为之矩范——顺乎宇宙之自然。

天人感应 $\begin{cases} 方术(外)，求雨。 \\ 修养(内)，无为而治。 \end{cases}$

学术之行用——惩劝。

4. 结果——成道、养生、长生、飞升、成神。

5. 崇拜之神——传教之主。

显示宗教。

神授。

1. 目的

《史》、《汉》

道 $\begin{cases} 可以为治。 \\ 君人南面之术。 \end{cases}$

阴阳五行——通经致用。灾异与治术。

易学。《泰阶六符》三阶平则阴阳和，风雨时——天下大安，是为太平。

《包元太平经》——成帝时：甘忠可、夏贺良。

《太平清领书》——顺帝时：于吉、宫崇、襄楷。

"吾乃为太平之君作经。"

2. 宇宙的结构

《淮南子》——道、元气、运行有常。

"道始于一，一而不生，故分为阴阳，阴阳和合而万物生。"

《董子》元气、运行有常。

不易自然。

不易之理。道者适于治之终也。

法天而立道。

道之大原出于天,天不变,道亦不变。

一元者大始也。

一者万物之所从始也。

天地之气合而为一。

阴阳虽两所资一气也。

阳——水加火。

天地之气,阴阳相半,和气周回,朝夕不息。

阴阳消长而为四时(判为),激荡而为五行(列为)。

人受命于天。

和者天之正也。

法天而立道。

象(天垂象)数(物有数)。

结构、位分、象数。

《太平经》see pamphlet p. 9

元气、仁。

3. 行为之矩范

顺乎宇宙之自然;

不易自然;

天人感应;

和气致祥,乖气致戾。

类因相召
气同则合 《吕览》。
声比则合

物类相动
本标相应 } 《淮南子》。

阳隧取火于日,方诸取水于月。

天之与人有以相通也。故国危亡而天文变,世惑乱而虹蜺见,万物有以相连,精祲有以相荡也。

方术:

土龙祈雨,

致物下神——囷see lecture notes,

图谶符咒,

养生、养气、服气、吐纳。

清净无为,

少嗜欲——戒律(礼,十善)。

惩劝。

和——仁。

省欲去奢
禅 } see notes 50—51　仁、守一。

4. 结果

养生:飞升,尸解。

养神:烦气为虫,精气为人。

是故精神天之有也,骨骸地之有也。

"以神为主者形重而利,以形为制者神从而害。"

佛 see notes

(1) 精灵起灭;

(2) 佛陀祭祀;

(3) 三明——六通。

5. 神授

《包元太平经》,《太平清领书》。

神人下降:远及夷狄,皆受其奇辞殊策。

建安末,丁氏之妻忽如中疾,便能胡语。

补前:

《吕氏春秋》——贵生(亏生)"虽贵富,不以养伤身;虽贫贱,不以利累形。"

《淮南子》:"精神者天之有也,而骨骸者地之有也。""烦气为虫,精气为人。""精者,人之气。神者,人之守也。""养形之人。""人生而静,天之性也;感而后动,性之害也。物至而神应,知之动也。知与物接,而好憎生焉。好憎成形,而知诱于外,不能反己而天理灭矣。""以神为主者,形重而利,以形为制者,神从而害。"

第二章 序论:佛玄时代

一、时代潮流之变迁

道术与玄学:

道 VS 玄;

术 VS 学。

术 VS 学:

汉代之信佛者。

汉晋之信佛者:襄楷、牟子、康、支、竺叔兰、乐广、石崇、桓景、刘元真(谈能雕饰,照足开曚)。

道 VS 玄:

道——天 Physics	玄——远 metaphysics
质料 what	本体 that
宗教	哲学
天道	心性、本性
吉凶福祸	虚无、有形
科学宗教之混合	哲学本体论
祠祀	存本之学
丹药、服食、咒符	心性之学、安心返本之学

禅　　　　　　　智

故虽俱为道,用语同一,而

虚无 ⟨ 天之极,无极;
无名、无状,不可言说。

无为 ⟨ 少嗜欲;
心扩然无虑 —— 任达 —— 放荡。

道 ⟨ 元气 —— 天理 —— 天道;
道。

一 ⟨ 诚、"一明";
无名 —— 无对。

自然 ⟨ 元气(physical nature);
不易之理、无妄、无非法。

顺乎自然 ⟨ 丹术、食气;
精神修养 ① 少欲,② 心胸、人格。

桓谭、王充、牟子:

天地尚不得长久(不死而仙)。

辟谷之法——行之无效,为之无征。蝉之不食,君子不贵。

蛙蟒穴藏,圣人不贵。

神仙之书——以为虚诞,常以五经难之。

大道之所不取,无为之所不贵。

《典论》:生之必死。

郗俭等、淮南王,黄初五年诏。

《辩道论》:意在诫帝王之信佛,帝亦不奖励方术,而王何嵇阮之学乃反为曹党所庇护。

秘康《养生论》:神仙禀之自然,长生在修性保神。

王弼:

1. 巧历不能定其算数。

变又不足,推致五行,一失其原,巧愈弥甚。

天地任自然,无为无造。

2. a. 太上谓大人也。大人在上,故曰太上。大人在上,居
无为之事,行不言之教。

圣王虽大,以虚为主。

上德之人,唯道是用。

圣人——又何为劳一身之聪明,以察百姓之情哉?

圣人之于天下,歙歙焉心无所主也。(明象:寡者众
之所宗也)

b. 物无妄然,必由其理。

3. 言、象、意。

二、佛玄时代之分期

(一) 过渡时期。

(二) 极盛时期(谈空时代)。

(三) 说有时期。

(四) 空谈复兴时期。

三、三国时之佛教(过渡时代)

支谦与康僧会。

避难南迁,正始之风。

支谦、支越、支恭明

月支人、父以灵帝世来中国、河南。

十岁学书,十三岁学胡书。

支谶、支亮(纪明)支谦

《道行》　　　《大明度无极》

《首楞严》　　《首楞严》

　　　　　　《维摩》

　　　　　　《法句经》

　　　　　　《微密持经》

　　　　制梵呗,以韵入管弦。

注《了本生死经》。

愍度云：才学深微，内外备通。

康僧会——父因商移交趾

《六度要目》。

《泥洹梵呗》。

注《安般守意》、《法镜》、《道树》，并制经序。

《六度集经》。

《阴持入经注》。

世高——严佛调：南阳韩林；

颍川皮业；

会稽陈惠。

康僧会。

上二系统

大乘　　　　小乘❶

大禅法　　　小乘禅法❷

守意　　　　般若

心神(psychology)　　　道本体(metaphysics)

养生　　　　　体道

养生成神

1. 道安曰："其所宣敷，专务禅观"，"博闻稽古，特长阿毗

昙学，其所出经，禅数最悉。"数"阿毗昙"。

2. 见《零篇》。❸

神与道合：汉代 theism，但早有泛神思想。

(一) 庄子。《齐物》："至人神矣，大泽焚而不能热，河汉沍

---

❶　据上下文，"大乘"与"小乘"当互换。——编者

❷　据上下文，"大禅法"当为"大乘禅法"，且与"小乘禅法"互换。——编者

❸　指《中国佛史零篇》——编者

而不能寒,疾雷破山,飘风振海而不能惊。若然者,乘云气,骑日月,而游乎四海之外。死生无变于己,而况利害之端乎。""天地与我并生,万物与我为一。""之人也,……将旁薄万物而为一。"

(二)人与元气,人与道。

(三)王阜——老子者,道也。"乃生于无形之先,起于太初之前,行于太素之元,浮游六虚,出入幽冥,观混合之未判,窥清浊之未分。"

(四)《老子铭》——"离合于混沌之气,与三光为终始。"

体道归真:牟子,支谦。

反乎本无——本无:一切皆本无。如来亦本无。

支谦与佛道。

第三章 两晋玄学之兴盛

一、时势与学术

1. 外族大乱。

王符《潜夫论》:"周回千里,野无孑遗。"

黄巾,五胡。

2. 学风之变:道术至玄学。

汉末,大儒之综经,德性之涵养。

自觉,思想之解放。

二、清流兴起

1. 忧患之心——魏武重才识,轻德行。

(生)(嗟)

　　党锢

性忌。崔琰(门若市)。

三世严刑。荀彧。

孔融(客常满)。

杨修。

曹植。

许攸。

娄圭。

夏侯玄。何晏。邓飏。

李胜。李丰。

嵇康。吕安。

欧阳坚石。

石崇。

荀爽与李膺书:以直道不容于时。

阮籍咏怀诗:"一身且不保,何况恋妻子。"嵇康幽愤诗:

"春秋非有保,富贵焉常保。"

2. 任达。忧世。自得 $\Big\rangle$ 不经世务,不守礼法。

不讲阶级:王子博(门卒),王尼(兵)。

　　　　　　　胡毋辅之所奉。

3. 嘉遁。山水之乐。豪放 $\Big\rangle$ 放浪形骸之外。

方外与方内。

4. 品藻——器宇、气神味、学问。貌、神、心胸。

5. 玄虚、求真、寄心玄远、超乎形器。

归本↖

适性　顺天;

无畏无惧;

扩大之体;

名僧与名士:

1. 忧生之嗟。

竺佛图澄。

2. 任达。

竺叔兰饮酒;

支孝龙:"托一以逍遥,唯寂以致诚。""彼谓我辱,我弃彼荣。""故无心于贵(足)而愈贵(足)矣。"

吉友(高座),王珉:风领朗越,仁孝忠诚。

法深:朱门、蓬户。

3. 嘉遁。

于法兰 于道邃

法潜 支遁

慧远

4. 品藻。

康法畅:《始义论》。

孙绰:《道贤论》。

法深:名士胸中柴棘三斗许。

支遁:通《逍遥游》。

5. 玄学。

本无。

安般。

道安:1❶

　　　　　　2

本末——真俗。

人生。

第四章　道安时代之般若学

道安时代

1. 道安(312～385):怀帝——孝武。

法和,法汰,慧远。

2. 般若之流行。

3. 道安与般若。

六家七宗。

---

❶ 此处原稿缺,同下。——编者

三家。

三系统(王弼——何晏)。

Ⅰ. 王弼:天地万物皆以无为本——本无(抱一)。

嵇康:"宁如老聃之清净微妙,守玄抱一乎? 将如庄周之齐物,变化洞达,而放逸乎。"《卜疑》

本无异。

Ⅱ. 向秀郭象——天地万物本无自性"空寂"。

即色(逍遥)

缘会

识含 但识神性空明言处少,存神之文其处均少。

幻化

Ⅲ. 心无——识神是无。

① 此处原稿缺,同下。——编者

王弼:(1)"复者反本之谓也,天地以本为心者也。凡动息则静,静非对动者也;语息则默,默非对语者也。然则天地虽大,富有万物,雷动风行,运化万变,寂然至无,是其本矣。"

(2)"物各得此一以成,既成而舍以居成,居成,则失其母。"

(3)"何以尽德? 以无为用。以无为用,则莫不载也。故物无焉,则无物不经;有焉,则不足以免其生。是以天地虽广,以无为心。圣王虽大,以虚为主。"(《老子注》三十八章)

(4)"夫大之极也,其唯道乎。自此以往,岂足尊哉。故虽盛业大,富而有万物,犹各得其德。❶ 虽贵以无为用,不能舍无以为体也。❷ 不能舍无以为体,则失其所以为大矣。所谓失道而后德也。"

故顺乎天顺。

圣人与天地合其德。

---

❶ 执一家之量者,不能全家;执一国之量者,不能成国。穷力举重,不能为用。

❷ 有以无为用,此其反也。

无为无造。

任运而行,必由其理。

无为于万物,而万物各适其用。(开物成务)

故重"因"。

(5) 万物以自然为性,故可因而不可为也,可通而不可执也。

本无

(一) 本无——即般若学。

(二) 道安——性空宗义"如来兴世,以本无弘教。……"

(《名僧传抄·昙济传》)"阶差者,损之又损之,以至于无为。级别者,忘之又忘之,以至于无欲也。"(《全晋文》第一五八卷〈安般注序〉)"何者,执道御有,卑高有差,此有为之域耳,非据真如游法性,冥然无名者。"(《全晋文》卷一五八,《道行般若多罗密经序》)"般若波罗密者,成无上正真道之根也,正者,等也,不二入也。"(《全晋文》卷一五八,《合放光光赞略解序》)

(抱一)

本无异宗。真谛。空。

看《论丛》。❶ 俗谛。有(假名)。

(一)"非唯无不得化而为有也,有亦不得化而为无矣。是以夫有之为物,虽千变万化而不得一为无也。不得一为无,故自古无未有之时而常存也。"(《知北游》注)

(二)"此所以明有之不能为有,而自有耳,非谓无能为有也。若无能为有,何谓无乎?"(《庚桑楚》注)

(三)"夫老庄之所以屡称无者何哉? 明生物者无物而物自生耳。"(《在宥》注)

(四)"天籁者,岂复别有一物哉? 即众窍比竹之属,接乎有生之类,会而共成一天耳。无既无矣,则不能生有,有之未生,又不能为生。然则

---

❶ 即 1933 年出版的《哲学论丛》,参见汤用彤(理学·佛学·玄学)第 181—182 页。——编者

生生者谁哉？块然而自生耳。自生者,非我生也。我既不能生物,物亦不能生我,则我自然矣。自己而然则谓之天然。天然耳,非为也,故以天言之。以天言之,所以明自然也,岂苍苍之谓哉?"(《齐物论》注)

(五)"天地者万物之总名也。天地以万物为体,而万物必以自然为正。"(《逍遥游》注)

(六)"世或谓罔两待景,景待形,形待造物者。请问造物者有耶无耶? 无也,则胡能造物哉? 有也,则不足以物众形。故明乎众形之自物而后始可言造物耳。……"(《齐物论》注)

(七)"然则凡得之者,外不资于道,内不由于己,掘然自得而独化也。"(《大宗师》注)

(八)"物各有性,性各有极。皆如年知,岂跂尚之所及哉。"(《逍遥游》注)

(九)"任其至分而无毫铢之加,是故虽负万钧,苟当其所能,则忽然不知重之在身。"(《养生主》注)

(十)"若乃任驽骥之力适迟速之分,则虽足迹接乎八荒之表,而众马之性全矣。"(《马蹄》注)

即色:(一) 支道林《妙观章》中曰:"夫色之性也,不自有色,色不自有,虽色而空。"

(二) 王洽"与林法师书"论即色义,见《祐录》卷十二。

(三) 支与庄。

1. 通《逍遥》、《渔夫》注。

2,支遁、向秀,雅尚老庄(孙兴公《道贤论》)。

(四) 即色义:支道林著(即色游玄论)云:"夫色之性,色不自色。不自,虽色而空。"(《中论疏记》引《山门玄义》)

自性——无实际。

假名——有。

即色本无。

即色故本无。

即色游玄。

即色空为游玄(逍遥)之张本。

(五) 郭注《知北游》。

(六) 逍遥游。游玄。

"不际者虽有物物之名,直物之自物耳。物物者竟无物也,际其安在哉?"

缘会宗。

识含宗。

幻化宗。

上均看另文。

心无义:

1. 佛之无我与存神之论。

2. 养生即养神。

3. 神与道合。

4. 心无义。

5. 罗什。

第五章　罗什时代之般若学

罽宾有部之学:

1. 有部学——"有"。

2. 历史——印度。

3. 传至中国。

数论。道安在长安。

有宗——与庐山。

数论之性质。如有部。

言意关系论:

1. "有雷同君子问于违众先生曰:世之论者以为言不尽意,由来尚矣。至乎通才达识咸以为然。若夫蒋公之论眸子、钟传之言才性,莫不引此为谈证。"(欧阳坚石《言不尽意论》)

2. "夫言非自然一定之物,五方殊俗,同事异号,举一言以为标识耳。"(稽康《声无哀乐论》)又谢敷《安般守意经序》曰:

"……众虽济而莫脱,将废知而去筌矣。"(《全晋文》卷一三八)

"形不待名,而方圆已著;色不俟称,而黑白以彰。"(《全晋文》卷一〇九《言尽意论》)

郭注庄子《齐物论》(一与言之二)又《秋水》(注:言论意致),《山木》(注:寄言出意),《知北游》(不言之标,寄言于黄帝)。

殷融著《象不尽意论》见《世说注》。

郭注——寄言。

逍遥——尧与许由、尧丧天下。

大宗师——孔子方内,许由、意而子。

天地——三圣。

天运——七日不火食。

3.《庄子·外物》"筌者所以得鱼,得鱼而忘筌;蹄者所以在兔,得兔而忘蹄;言者所以在意,得意而忘言"。

4. 王弼"言象意"。

5. 僧叡《十二门论序》:"……丧我在乎筌;筌忘存乎遗寄。筌我兼忘,始可以几乎实矣。"(《全晋文》卷一六〇)

6. 昙影《中论序》:"像教之中,人根肤浅,道识不明,遂废鱼守筌,在指忘月,睹空教便谓罪福俱泯,闻说相则谓之为真。"(《全晋文》卷一六五)

7. 道生。得意忘象。

玄学贵无。

大乘佛法

1. 诸法性空——现象论。

2. 忘言超象——秘密论:非谓另有秘密之实体(interpretational facts)。

不能忘言超象,则不能性空,因此而分心分物。

物各有实。

生灭有住。

无常而有住:矛盾 hypostatize。

上述之 $\begin{cases} 1.\ 反王弼 \\ 2.\ 反向郭 \end{cases}$ 俱不离体用,而其旨悬殊。

王非有。向郭非无。佛非有非无。

(用即体)(体即用)(即体即用)

鸠摩罗什

1. 学历:龟兹:罽宾;沙勒 $\begin{cases} 佛陀耶舍 \\ 须利耶苏摩。 \end{cases}$

龟兹:雀离大寺,读大乘经。

2. 其学

(1) 重般若三论;

(2) 斥小乘有部;

(3) 法无定相,相由感生,即谓法无自性,缘感而起。

僧肇

1. 诸论

宝藏论 $\begin{cases} 有道教之气,非僧肇之作。 \\ 佛(玄)家 —— 道 —— 理 —— 无。 \end{cases}$

肇公三论。

第六章　宋齐时代之佛学

涅槃——常——果。

顿悟以通经。

成实——数论。

影毗昙以通论。

佛性——二问题。

1. 正因体——何为佛性。

吉藏《大乘玄论》卷三:正因佛性。

十一家。

《涅槃游意》:本始、三家。

元晓:佛性体。

六师。

均正(四论玄义)卷七:本三家末十家。

(1) 真如性为正因:谶、宝亮。

(2) 理为正因:瑶、慧令。

(3) 神为正因:梁武。

(4) 心有避苦求乐性为正因:光宅法云。

(5) 心有冥传不朽之义为正因:法安。

(6) 众生为正因:旻法师。

2. 当现之辩

始本

(1) "佛果从妙因生","从乳有酪,乳中无酪"——众生当

有佛性,而本来无有。

(2) 本有者"暗室瓶瓮",本自有之非适今也。

(3) 本有于当。"众生本来必有当成佛之理。"

(4) 地论师——理性(理非物造故本),行性(行藉修成故始)。

(5) 地论:理　体　缘起;
　　　　　　隐　显　用。

第七章　竺道生之佛学

竺道生之平生:

1. 罗什大乘(般若)之趣,提婆小道之要,咸畅斯旨,究奉其奥。

2. 泥洹——涅槃。

在佛学上之地位:

1. 四依:得意忘象,以理为宗(激进)。

2. 有性与有"我"无我。

3. 法身无色、佛无净土、善不受报。

4. 阐提有性。

5. 顿悟(大,小)。

佛性义:

1. 般若、扫相,看首段❶。

2. 涅槃——本性,看末段❷。

法身无色:

1. (阿閦佛品)注。

2. 应适方便。

佛无净土:

1. 无土之净。

2. 欣美好尚,若以为化(教化)。

善不受报:

1. 因善伏恶。

2. 化诱。

综论。

阐提有性:

1. 经文。

2. 涅槃本性之学。

顿悟义:

1. 由来。

2. 生公义。

3. 谢(灵运)义。

---

❶ 此处"看首段"指《汉魏两晋南北朝佛教史》中之"竺道生佛性义"的"一实相无相"一段,即该书第六三三页至六三五页。(1938 年 6 月初版,商务印书馆本)——编者

❷ 此处"看末段"指《汉魏两晋南北朝佛教史》中之"竺道生佛性义"的"五生公说之要义"一段,即该书第六四一页至六四三页。(1938 年 6 月初版,商务印书馆本)——编者

第八章

理为佛性。

神明为佛性。

第九章　三论之复兴

成实与三论：

1. 《成实》之流行。

2. 摄山三论：僧朗、僧诠、法朗。

3. 无得、正观。

4. 成实之消沉：周颙、梁武帝、陈武。

5. 三论、天台、禅。

周颙《三宗论》。

第十章　南朝争论

本末之争：

1. 本末。

2. 一本。

3. 圣人。

4. 诸种争论。

夷夏之争：

1. 佛玄泯夷夏。

2. 佛教与道教。

3. 汉化胡，维摩。

　　　　顾欢：

　　　　　　(1) 法有左右。

　　　　　　(2) 破恶与兴善。

神不灭之争：

1. 神明成佛：宗炳，梁武帝。

2. 神明与因果。

自然与因果：(自然——本性)。

1. 自然——理之必然。

慧远《明报应论》:"……是故失得相推,祸福相袭,恶积而天殃自至,罪成则地狱斯罚,此乃必然之数,无所容疑矣。何者,会之有本,则理自冥对。兆之虽微,势极则发。是故心以善恶为形声,报以罪福为影响,本以情感而应自来,岂有幽司,由御失其道也。然则罪福之应惟其所感之而然,故谓自然。自然者,即我之影响耳。"(《全晋文》卷一六二)

2. 自然——块然而自生。

第十一章　北方之佛学

一、北方佛学之性质

禅法。

戒律,因怵因果报应之威。

施与功德,同上。

延寿益算,自首。

净土,持念,口念(咒)。

二、五戒十善、人天教门

北方之教:

1. 上承汉代之余气。

2. 下启唐之教派(系统)。

人天教:(1) 华严宗:五教。

　　　　(2) 天台宗:人乘天乘。

契嵩:世教,出世教。

1. 人天教:释名。系统宗教,摄入儒家或民众道德,特重戒律。诸恶莫作,众善奉行。

2. 昙靖时代,与《提谓波利经》。

(1) 一卷本。

(2) 人天善根。

(3)"人天教"。《义章》谓一卷本无此教,所以乃中国名称。

(4) 五常……配合。

（5）天神察善。

3. 所以人天教——

（1）上承汉代。

（2）下启隋唐。

（3）（系统化）。

（4）末法时代,遵戒之行。

信行之三阶教：

（1）末法时代:施与,戒行,弃尸。

（2）分阶:依时分,依人分。

北方禅法：

流行。

影响。

（1）可以救佛教之滥。

（2）影响南方。

（3）兼主义学:宗门,师承。

菩提达磨。

北方四宗：

（1）判教。

（2）四宗。

（3）毗昙宗：

　　（a）学理；

　　（b）流传。

（4）成实宗：

　　（a）学理；

　　（b）流传。

（5）般若：

　　（a）学理；

　　（b）流行。

（6）地论华严涅槃：

　　（a）学理；

　　（b）流行。

（7）四宗与华严判教：

　　（a）人天教；

　　（b）小乘教：众缘和合为人；

　　（c）大乘法相教：说八识转变，说都无实法；

　　（d）大乘破相教：能变亦妄，一切真性空寂；

　　（e）一乘显性教：常住真心性。

整理者按：此提纲为用彤先生在西南联大时期之讲课提纲。

论中国佛教无"十宗"

中国佛教史料中,有所谓"十宗"、"十三宗",本出于传闻,并非真相。本文主旨在指出其虚妄,讨论其由致。然由于相关汉文的书籍浩繁,草此文时,虽逾两月,并得青年同志相助,但限于体力,只能查阅,未行细读,因之论据当有漏略,论断可能有误。纠谬补正,亟希望于读者。

甲 略述佛教"宗"之形成

本文所说的"宗",仅与中国及日本佛教宗派有关。"宗"字之意义甚多,基本上有尊崇的意思,所信仰之主义,所主张之学说,可谓之宗。(故在因明中,推理之结论亦称为"宗")印度佛教在西汉末传入中国,而在东汉末至晋,般若空宗的经典陆续译出,因此种大乘佛学与为中国统治阶级服务的玄学相合而大为流行。但是印度佛教所谈的"空",中国知识分子则有各种不同的理解,因而有各种不同的学说(主义)。遂有所谓"六家七宗"。所说的"家"就是"宗",像"儒家"、"道家"之"家"。因此所谓的"本无宗"就是"本无家","心无宗"就是"心无家"。在当时清谈的时代,这些理论都是通过谈论表达出来的,有时也用笔写,因此"本无宗"可称为"本无之谈"或"论","心无宗"可称为"心无之义",因为这些意见是各自所主张的,所以名为"宗"。从佛教的眼光说,这些意见应该是不违背般若经典。东晋僧叡在《喻疑论》中赞美他的老师道安曰:"附文求旨,义不远宗,言不乖实,起之于亡师。"此处所说的"文",是般若之文,"宗"就是"空宗"(或

"虚宗"),就是玄学家所尊崇的根本的学说。六家七宗是在清谈中产生,有时也发生较激烈的争论,如东晋时本无家竺法汰驳斥道恒之心无义是也。但究竟乃个人间之争辩,非宗派间之攻击也。

中国佛教之宗派,应说是大起于隋唐,是经过南北朝经论讲习之风而后形成的。兹先述讲习之情形,再论宗派之开始。

(一)"宗"——经师、论师

南北朝时,佛教因帝王士大夫的大力提倡,译出经典益多,有大乘,有小乘。大乘空宗有般若三论、《维摩》、《法华》,大乘有宗有《华严》、《涅槃》;小乘既有沙婆多(一切有)的诸论,又有《成实论》之空理。出经既多,译人复有传授,因而特别在南朝讲习经论之风大盛(即诵经、唱导也是功德,故《高僧传》十科中列有诵经、经师、唱导三科)。在东晋佛学还尚"清通简要",主张"得意忘筌",是以道生《注法华》只有二卷,到了齐梁时代,僧人务期兼通众经,盛行讲说,法云的《法华义疏》现存八卷,刘虬的《法华注》著录十卷。从前僧人以能清谈玄理见长,现在以能讲经知名,于是国内有很多知名的经师、论师。现在姑举当时的两三僧人为代表说明讲习情况。下文系摘录慧皎《高僧传》卷八(《大正藏》卷五十)原文,括弧内的字引者加改的。

"释慧基初随慧义法师,宋文帝为设会出家,舆驾亲幸,公卿必集(慧义曾在鸠摩罗什的门下,并有功于文帝之父刘裕,故其弟子出家,也由皇帝出面)。基学兼昏晓,解洞群经。游历讲肆,备访众师,善《小品》、《法华》、《思益》、《维摩》、《金刚波若》、《胜鬘》等经,皆思探玄赜(原误作颐),提章比句。及慧义亡后,资生杂物,近盈百万,基法应获半,唯取粗故衣钵(老和尚财物很多,死后弟子虽依法可得一半,但只拿了衣钵,可见此时衣钵非传法之象征)。遍历三吴,讲宣经教,学徒至者千有余人。后周颙(名士)莅剡,请基讲说。刘瓛(经学家)、张融(名士)并申以师礼,崇其义训。司徒文宣王(萧子良)致书殷勤,访以《法华》宗旨,基乃著《法华义疏》,凡有三卷。及制门训义序三十三科,并略申方便旨趣,会通空有二言,及注《遗教》等(这些著作均与

《法华》有关）。乃敕为僧主，掌任十城，盖东土僧正之始也。基弟子
德行、慧旭、道恢（三名与目录不合，德字应作僧），并学业优深，次第
敷讲，各领门徒继轨前辙（他的弟子也讲经，并领门徒）……"

据此，当时佛教势力扩展，经论之讲习甚盛，僧人广访众师听讲，而本
人亦渐以讲经知名，并各自有所专精，得统治阶级各方面支持。慧基在社
会活动，因其对于《法华经》独步一时，但是也不过是"提章比句"，并非自
有创造。因此他的弟子亦不过四处听听，也自己讲讲，并不一定是继续发
挥他的老师的学说。慧基的弟子慧集就是如此。《僧传》卷八《慧集传》
略曰：

> 释慧集年十八出家，随慧基法师受业，学勤昏晓，未尝懈息，遍历
> 众师，融冶异说，三藏方等并皆综述，广访《大毗婆沙》及《杂心》《犍
> 度》等，以相辩校，故于《毗昙》一部擅步当时。每一开讲，负帙千人，
> 沙门僧旻、法云并名高一代，亦执卷请益。今上（指梁武帝萧衍）深相
> 赏接。著《毗昙大义疏》十余万言，盛行于世。

据此慧集和他的老师慧基的情形全同，只是老师专精《法华》，而弟子则以
《毗昙》知名而已。而且由此可见，当时所谓义学僧人，只擅长讲经，并未
开创新说，可以继承也。

因为当时的风气如此，故僧人讲经次数之多，实可惊人，而讲经既多，
于是章句甚繁，而有集注产生。《僧传》同卷《宝亮传》说："亮继讲众经，盛
于京邑，讲《大涅槃》凡八十四遍，《成实论》十四遍。《胜鬘》四十二遍，《维
摩》二十遍，其大小品十遍，《法华》、《十地》、《优婆塞戒》、《无量寿》、《首楞
严》、《遗教》、《弥勒下生》等亦皆近十遍，黑白弟子三千余人。开章命句，
锋辩纵横。"宝亮讲经次数之多，或有夸大，但足见刘宋后僧人的风气。同
时梁武帝亦自讲经，又敕撰《涅槃集注》有七十一卷，所集注疏十九种。这
都标志着佛教经学之形成也。

南朝佛教讲说既风行，因此有所谓涅槃师、成实师或成论人、毗昙师
或数人等名称。虽然讲涅槃者所宗为《涅槃经》，讲成实者所宗为《成实
论》，讲毗昙者所宗之经为《杂心论》等。但实际上隋唐以前中国佛教的撰

述中,涅槃宗、成实宗、毗昙宗实极罕见。兹据所知,引书三条如下:

1.《续僧传》卷十隋《靖嵩传》云,嵩在北齐时因"唯有小乘,未遑详阅,遂从道猷法诞二大论主,面受成、杂两宗"。此处谓成实宗、杂心宗显然指着这两部论所说的理论而已。

2. 日本僧人安澄于公元 801 至 806 年撰的《中论疏记》卷一述旧地论师所说的四宗略曰:

"一、因缘宗,后人诐毗昙宗,二、假名宗,后人诐成实宗(下略)。"

又按窥基(632—682 年)的《法苑义林》叙四宗有曰:

"夫论宗者,所崇所尊所主名为宗。古大德总立四宗,一、立性宗,《杂心》等是,二、破性宗,《成实》等是(下略)。

合上抄两段观之,安澄所谓的毗昙宗,即窥基之"《杂心》等"论也,安澄之成实宗,即窥基之"《成实》等"论也。又失名之《摄大乘义章》卷四数言"成实论宗"(《大正藏》卷八十五,第 1 037 页),可知成实宗即是"成实论宗"之省文也。又安澄书中引有宗法师《成实义章》,聪法师《疏》、《成实论大义记》、基师《阿毗昙章》,这些当即安澄所指之"后人"名为成实宗、毗昙宗也,亦即成实师、毗昙师之说也。

3. 按中国隋唐章疏论述当时的学说时如言"《成论》云"或"《成实论》云"、"《杂心》云"或"《毗昙》云"则系引用译出的经论的学说,但是叙述中国经师、论师的理论时则通常称曰"成实师云"或"成论师云"、"毗昙师云"、"涅槃师云"或"某某人云"等。吉藏的著作中常见这样的记载,例如《中观论疏》卷十六中有一段关于相续的文章,先说"成实师释相续有二家:一接续,二补续。接续有三释",接着说了开善、庄严、班师三家之说。并言:补续"是光宅用"云云。由此可知,开善寺的智藏,庄严寺的僧旻,光宅寺的法云(以上所谓梁朝的三大法师)以及招提的慧琰等均是所谓"成实师"也。又吉藏《二谛义》卷下关于相即义有曰:'"光宅无别释,此师《法华》盛行,《成论》永绝也。"此处所说的是关于法云的《法华经义疏》和《成实论义疏》,而据上面两条看来,在吉藏的时候,尚得见南朝成论的诸疏,但是法云的《成论》已不通行。

就上面三条来看,齐梁时佛教经论讲习甚盛,注疏因之甚多。当时常讲的经论如《成实》、《毗昙》、《涅槃》各有许多名师的不同的说法,而"成实师"、"毗昙师"、"涅槃师"极常见,至于"成实宗"等则甚罕见。而在《续僧传》的《靖嵩传》及安澄的《中论疏记》中均指着《成实论》的哲学体系,并不构成一个成实的宗派也。

吉藏通常言及"毗昙师"、"杂心师",但亦曾用"毗昙宗"之名。《三论玄义》卷上有曰:"依毗昙宗三乘则同见四谛,然后得道。就成实义,但会一灭,方乃成圣。"很显然此文的毗昙宗即毗昙理论,而成实义的"义"字尽可改为"宗"字也。"涅槃宗"最早见于《涅槃经集解》卷六,其文引;南齐道慧曰"佛开涅槃宗"。其次唐朝元康之《肇论疏》有曰"依涅槃宗,而说涅槃也"。此两处显然都是指着《涅槃经》的宗义。

附带说一下,在南陈北齐时,《地论》、《摄论》、《俱舍论》先后译出,并颇流行。在中国撰述中,遂常引用此诸论,并有"地论师"、"摄论师"或"摄大乘师"(见湛然《维摩疏记》卷三)等名称。但"地论宗"、"摄论宗"、"俱舍宗",则亦甚罕见。《续僧传》卷一《法泰传》先叙法泰等参加真谛的译场,译出中土所无的《摄大乘论》、《俱舍论》等。后说彭城静嵩远来见泰"昼谈恒讲,夜请新宗"。这就是说他们白天谈平常所讲的书,夜晚嵩就请泰讲授新译的《摄论》、《俱舍论》的宗义。又卷十一《辩义传》说"沙门道岳命宗《俱舍》",此不过说道岳研求《俱舍》多年,成为《俱舍论》的大家(看卷十三《道岳传》可知),犹之乎同卷《法护传》谓"彭城嵩以《摄论》命家"也。至于"俱舍宗"一词,在中国人的撰述中则只见于《宋僧传》卷四《法宝传》,其义显然是谓《俱舍论》的理论也。

(二)"宗"——教派之发生

综上所说,"宗"本谓宗旨、宗义,因此,一人所主张的学说,一部经论的理论系统,均可称曰"宗"。从晋代之所谓"六家七宗"至齐梁周颙之"三宗"都是讲的宗教学说上的派别,这是"宗"的第一个意义。

"宗"的第二个意义就是教派,它是有创始,有传授,有信徒,有教义,有教规的一个宗教集团。

　　两晋以来盛行的学派的"宗"和到隋唐时教派竞起的"宗",两者的区分尚待研究。它们有相同之点,也有相异之点,主要的分别,似可说学派之"宗"是就义理而言,教派之"宗"是就人众而言,它们是一个历史的发展。在南北朝初期佛教势力已经扩大,佛经讲习盛行,陈至唐初,教派乃渐渐萌芽。现在且略述两点说明教派之酝酿。

　　第一,在南北朝初期,固然常闻名师讲说经论,听者成千,而尚未见有师徒成一集团。《宋书·天竺传》云"都下为之语曰,斗场禅师窟,东安谈义林"。这不过说当时斗场寺坐禅的人多,东安寺谈理的人多,并不是它们各持理论,自成团体。又如梁朝三大法师,俱以《成实》名家,但是法云的"《法华》盛行,《成论》永绝"(见上引吉藏语)。至于开善智藏亦谓"以《涅槃》腾誉"(见《法华玄义释签》)。智藏著名的弟子为龙光僧绰,吉藏常引绰之涅槃。绰与其弟子舒亦善《成论》(见《续僧传》之《慧暅传》)。因此,所谓成论师并非专宗《成论》,而且开善寺也并非《成论》或者涅槃的中心也。至于一寺因一师专讲一经而成为中心,则首见于隋初。开皇时文帝(杨坚)敕立众主(立五众,如《续僧传·慧迁传》,又立二十五众主,如《三宝记》十二之僧粲、僧琨、慧影),其名目有摩诃衍匠(《僧粲传》),有讲律众主(洪遵),十地众主(慧迁),涅槃(童真、法聪、善胄),大论(宝袭)众主。又开皇二年(582年)建都龙首,有敕于广恩坊给地,立延法师众,四年又令改"延众"为延兴寺(见《续僧传》卷八《昙延传》)。"延众"者乃昙延法师所主之集团,昙延最精《涅槃》。唐释道宣于公元664年撰《三宝感通录》卷下亦记此事,并曰"门人现在",并记其弟子道逊死时正讲《涅槃》,据此,昙延的团体活动了约八十年(582—664年)。道宣在《续僧传》并论曰"风靡之化,昙延复远"(卷十五末),可知昙延当时已为有影响、有多年历史之集团之主矣。

　　第二,佛学既重经论之讲说,一方面同一经论讲者极多,义理自有分歧,有演变。《续僧传》(卷十五末)论及成实论师先曰"梁氏三师,互指为谬",此言云、旻、藏所说亦不同也。后曰"琰嚼盟腾光于五湖",此言慧琰、庄严寺智嚼(亦作爝)发展了成实新宗义也(《续僧传·智脱传》谓嚼"《成论》之美名实腾涌",《智聚传》谓矙之"新实一宗,鹰扬万代")参看《智琰传》,《慧乘传》。另一方面,印度的经论、义理本有差异,流行中国遂生争执。例如三论、成实俱为罗什所译。三论大乘空宗敌视有部,成论小乘经部亦斥破毗昙,罗什尊崇大空,兼破小有,故两译之,其弟子僧导著《成实》及三论义疏,但经过多年研讲,梁陈之际,南方的三论、《成实》两方学僧竟成对立。理论上《成实论》既"兼总大小"(见《广弘明集》卷二十、《成实论义疏》萧纲序),三论是纯粹的大空,自必龃龉。而在《陈书·傅绰传》有文曰"成实、三论何事致乖",显然的,这不仅是理论上之不同,而且已成为宗派的争执。吉藏亦曾自称三论大宗(见《大乘玄论》),夫三论师摄山僧朗以后四世相传,自谓得大乘之正意,呵斥《成实》。(拙著《汉魏两晋南北朝佛教史》753—760页已论之)而兴皇法朗、隋吉藏相继斥"中假师"(法朗同学长干辩等),唐初法相宗道伦《瑜伽论记》(金陵版卷八十二、八十三)曾驳"三论学",此皆三论已成为教派之标志。

约在同时,北方《地论》兴盛,因八识、九识传说不同,净染二心,佛性当现二常,均有争论,南北两道,由是而分,后又来《摄论》,与北道合流。在此经论讲说盛行之后,义理纷乱之时,玄奘法师遂西行取经,企图求得印度的原文。法相一宗由是而兴。而为着结束混乱,需有新的总结,《大乘起信论》于是出世,这是中国自己的一大创作。这些均已表示佛教由经论讲习进入教派之建立。

隋唐教派风起,因每派各有自己的理论和教义,故通称为"宗",如"法相宗"、"华严宗",又可称为"教",如"三阶教"、"天台教",各立自己的办法达到解脱,故称"门"或"法门",如"禅门"、"净土门"。"禅宗"在最初之时,为楞枷师,此可说明教派之兴,系继经论讲习之后。隋唐所谓"宗"(教派),遂有新的气象。

魏晋以来中国佛学,南方盛行义理,北方较重行为,隋代统一以后,南北学术交流,因此提倡定慧双修。天台、华严之创始者不仅重义学,并且是禅师,而且有些宗派专主修行,如净土之念佛,密宗之真言,而禅宗顿门,不立文字,竟是搁置经典,三阶教主普法,一切经典同样看待,此皆经论师所不能许也。

如上所言,经论研求既久,诸师意见可生分歧,理论可有发展。隋唐诸宗的学说不仅非确守经说,且有创新,如天台宗之十如是,华严宗之十玄门,并非印度的原说。

齐梁佛学固亦重师承,隋唐教派则更重道统,自谓得正法,受真传,而着重传授之历史。禅宗本来起于东山法门,或大鉴慧能,而必追述至达摩、迦叶;天台教义智颛所创,而必上溯至慧文、慧思,遂大搞"定祖"争道统之事。禅宗的西方二十八祖,中土六祖,争执甚烈;天台九祖,至宋初还须由帝王确认。而在祖传以后,仍分支派,所谓"衣钵"、"血脉"、"传灯"、"法嗣",皆因重道统观念也。因各宗特重道统,故一则各宗互相攻击,如窥基的《法华玄赞》竟否定天台的十如是。天台之《法华五百问》,评法相之《法华玄赞》,而法相又作《慧日论》申自宗(种姓义)。二则在一宗内也有衣钵真传之争,如禅宗之北宗南宗,天台之山家山外。法相亦有基测二家之不同。

隋唐以后,宗派势力既盛,僧人系属于各宗,有时壁垒森严,澄观曾受学于天台湛然,后华严人推为四祖,天台人愤激,至詈之为"叛出"。(见《释门正统》)寺庙财产亦有所属。隋唐的时候,有所谓三阶院,以及中储财物之"无尽藏"皆属于三阶教;江浙一带的寺院多属于天台宗,而且因智颛的关系,天台山是属于天台宗派;因澄观的关系,五台山是为华严宗之圣地。抗战时期,我在云南看见佛寺内很多和尚的神主上题"临济宗第几十几代某某之神位"云云,可见该寺久已自称属于禅宗矣。但古代佛教宗派组织,寺庙经济情形还不明了,需要详细研究也。

隋唐之际,宗派蔚起,佛教已从印度经论讲说之风行,进入中国教派之建立,此时之"宗"与过去所谓"宗"是两样不同的事。

乙 有哪些宗——史料中之疑问

上文所言,印度佛教来华以后,经典译出渐多,中国信徒对这些经论(主要的是般若)有不同的了解,提出各种主张,这就叫作"宗"。其后经论的研究日趋发达,因此有"涅槃经师"、"成实论师",以及其他经师、论师。这些经论的理论,有时也称为"宗"。及至陈隋,经论讲习既久,遂生变化。不但有新创的理论,且有新起的集团,于是以后的佛教就有各种教派,也称为"宗"。

现在我们讨论中国佛教的历史中哪些是宗,有几宗。首先必须指出,既然说有学派的"宗",有教派的"宗",但前者属佛学史,后者属于佛教史,两方互有关联,而且随时代变迁。因此如不区别其性质,划分其时代,而问"中国佛教有几宗",实是一个不能草率答复的问题。此段仅陈述主要有关汉文的史料,指出其中的疑问讨论一下。而中国近七十年来之记载系抄袭日本,因先述日本记载于下:

日本记载

日本僧人关于诸宗的记载甚多,但我们尚未整理,姑且先述其重要之点供参考。

中国佛教传至日本以后,七世纪初,圣德太子所撰《三经义疏》尝引用光宅法云谢寺次法师(二人均论人)之说,及僧肇之《维摩注》,可见中国经师论师之学已传入,《三经义疏》未提及《成实论》、三论,而言及五时教。日本古书记太子知经部、萨婆多两家,或者系因其读过《成实》、《俱舍》二论也。七世纪末期乃有古京(南都)六宗,到九世纪有八宗,据圆珍(814—891)撰《诸家教相同异集》(《大正藏》卷七十四)曰:"常途所云,我大日本国总有八宗,其八宗者何? 答:南京有六宗,上都有二宗,是为八宗也。南京六宗者:一、华严宗,二、律宗,三,法相宗,四、三论宗,五、成实宗,六、俱舍宗也。上都二宗者:一、天台宗,二、真言宗。"

空海、最澄约于公元 805 年来华。空海(公元 774—835 年)为日本密宗的开宗者。最澄(公元 767—822 年)乃日本天台宗之创始人。上文"上都二宗"之立是他们归国后的事。至九世纪,安然(公元 841 年生)作《教时诤》(《大正藏》卷七十五),则加禅宗合为九宗矣。

当中国佛教教派初传日本时,其国内的僧人往往对新来的宗派发生疑问。天台宗传日本甚早,但据《元亨释书》卷一,公元 807 年最澄上奏加天台宗,并当时大乘四家华严、法相、三论、律为五宗,此为日本天台宗成立之始。密宗传入日本后,据圆珍《大日经指归》(《大正藏》卷五十八)载叡山学徒曾致书中国天台山的广修、维蠲怀疑《大日经》之地位(其问答见《万字续藏》天台著述部中,问者系国澄)。至于禅宗、净土宗在其传入时,日本亦曾讨论其是否是宗。

佛教传入日本,系在由梁至唐之世,即恰值佛教由经论讲习甚盛到教派兴起之时,最初传入的学说当是三论、《成实》、《俱舍》,着重点在经论之讲习,师说之传授。其后唐初教派大起,天台、华严、法相、律、真言等新教,亦均东去,为日本统治阶级所承认,将先后所传的宗派等量齐观,并称为八宗。此八案中,成实、俱舍实极微弱,分别附属于三论、法相,称为"寓宗",其他三论、天台、华严、法相、律、真言六宗为本宗。相传天长七年(公元 831 年)敕诸宗各撰述其宗要,遂有所谓六本宗书(名目见《大正藏》卷七十四,四至五页)。但成实、俱合并未撰有书,可证其原不盛行也。又据《元亨释书》卷一最澄于延历二十五年奏准,"每年罩渥外加度者十二人,五宗各二、俱舍、成实各一"可知小乘二宗的人本有限也。八宗流行以后,至宋代日僧来华又多,导致净土宗、临济宗在日本之成立。

佛教历史之日本主要著述家为凝然(公元 1240—1321 年),原系华严宗人,号称通诸宗之学,著书有一千一百卷之多。他根据当时日本流行的宗派的情形,结合两国的书籍著作,大谈印度、中国、日本宗派历史,主要有《八宗纲要》(二卷)、《三国佛法传通缘起》(三卷)。

《八宗纲要》系撰于文永五年(公元 1268 年),书中主要叙述日本自中国所传入的八宗。如前所云。但是书末附有禅宗、净土宗一节,并谓"日本近代,若加此二宗,即成十宗"。

《三国佛法传通缘起》撰于应长元年(公元 1311 年),书中叙述印度、中国、日本三国佛教传通的事绩。于日本佛教仍只载八宗,于中国则依弘传次第举十三宗:"一、毗昙宗,二、成实宗,三、律宗,四、三论宗,五、涅槃宗,六、地论宗,七、净土宗,八、禅宗,九、摄论宗,十、天台宗,十一、华严宗,十二、法相宗,十三、真言宗。"此中毗昙宗包括俱舍。

以上所述有些是关于日本佛教之历史,但可供中国佛教宗派史的参证,故并记及。

中国记载

中唐至北宋,中国佛教宗派缺乏明确综合的记载。但首先可提一下判教,当时判教者极多,各宗各据主见,对印度的经论,评其大小权实。虽列许多宗名,但不反映中国情况,因可不重视,但现在述其一种,以供参考。1958 年日本出版《敦煌佛教资料》220 页载有无题失名残卷二十二行,文首略曰:"世间宗见有三种:一者外道宗,二者小乘宗,三大乘宗",次略述外道、小乘宗及大乘三宗义。按其所说外道即"十六异论"。小乘原有二十部,但"毕竟同一见,执一切法有实体性",此显主要指毗昙有宗。大乘三宗者,按其文"一胜义皆空宗",似指三论或天台,"二应理圆实宗",是法相唯识,"三法性圆融宗",当指华严也。据本书作者的考证,此文与八世纪之法成、昙旷所言有些相同,可能是九世纪初作品,此虽亦是一种判教,但开首既说"世间宗见",则可说是八世纪以前中国有上述各宗义,而可注意者则是无《成实》、《俱舍》、《涅槃》等义也。

南宋僧人始撰中国佛教通史,宗鉴著《释门正统》八卷,志磐继之,作《佛祖统纪》五十四卷。二人均以天台宗为正统,并述及余宗,其概略如下:

宗鉴之书系纪传体,列有本纪、世家,载佛教教主及印度、中国的天台祖师的事迹。立有八志,有顺俗志,叙民间净土的崇拜,在弟子志中,除天台"正统"以外,并及其他五宗。另仿《晋书》为"僭伪"(即他五宗)立《载记》。所谓《禅宗相涉载记》、《贤首相涉载记》、《慈恩相涉载记》、《律宗相关载记》、《密教思复载记》。

志磐之书自谓撰写十年,五誊成稿,亦系纪传体,其中有《法运通塞志》十五卷,是中国佛教的编年通史。另有《净土立教志》三卷,《诸宗立教志》一卷,此二志则系述净土教及达磨(禅宗)、贤首(学严)、慈恩(法相)、灌顶(真言)、南山(律)五宗的史实。

宗鉴之书自序作于嘉熙元年(公元 1237 年),志磐之书自序成于咸淳五年(公元 1269 年)。二者均比上述凝然所著为早。及至明朝天启元年(公元 1621 年)释广真(吹万老人)《释教三字经》只述七宗,实沿志磐所说,即天台、净土二教及达磨等五宗也(吾未见此书,但此系据黎锦熙先生编《十宗概要》)。

及至清朝末叶,海禁大开,国人往东洋者甚多,发现日本存有大量中国已佚的佛书,佛教学者一时视为奇珍。日人关于中国宗派的记载,亦从此流传。戊戌以后,梁启超在日本刊行《新民丛报》,忆其中有文列中国佛教十三宗,约在同时,石埭杨文会(仁山)因凝然所著《八宗纲要》重作《十宗略说》,从此凝然所说大为流行。《辞源》十宗条载有十宗《辞海》佛教条有十三宗。最近岑仲勉《隋唐史》亦称有十宗,但是"成实"在唐初已极衰微,而旧说本非言隋唐有十宗也。

疑问的讨论

观上所述,日本、中国的记载差别很大。主要的问题,是日本记载说中国佛教有三论宗、成实宗、毗昙宗、俱舍宗、涅槃宗、地论宗、摄论宗等。但是在中国记载中,这些名称甚为罕见(而常见者则为成论师、摄论师等)。即偶有之,亦仅指经论的宗义,或研究这些经论的经师、论师。其中只有三论可说已形成教派。而且假使我们称经论或经论师为宗的话,则中国流行之经论亦不只此数。如南齐南颙《抄成实论序》记当时经论流通的情形,有曰"《涅槃》《法华》,虽或时讲,《维摩》《胜鬘》,颇参余席"(《大正藏》卷五十五,七八页)。中唐梁肃《智者大师传论》叙佛去世后事有曰"故《摄论》、《地持》、《成实》、《唯识》之类,分路并作"(《大正藏》卷四十九,四四〇页)。如以流行甚广为宗,则查《续僧传》,隋唐研讲《地持》者极多,而吉藏《百论疏·破空品》开始有曰:"大业四年为对长安三种论师,谓摄论、十地、地持三种师,明二无我理,……"夫凝然既谓有地论、摄论二宗,何以独无地持宗耶?如以学说特殊为宗,《胜鬘》特主如来藏,则亦应有胜鬘宗矣。而且《俱舍》、《成实》自智恺作《俱舍论序》以来,许多撰述均言《成实》、《俱舍》同属经部,理论虽有差别,但在印度固出于一源也。然在中国"十宗"中成俱分为二宗,在"十三宗"毗昙却包括俱合为一宗,这类可疑之点,均待研寻。

由此可见,如成实论师。涅槃经师诸学派与天台、华严诸教派相提并论,则中国佛教必不只十宗或十三宗也。按凝然在《三国佛法传通缘起》(《佛教全书》本一〇九页),于述震旦十三宗后论曰:

> "古来诸师随所乐经,各事讲学,互立门辈,弘所习学。若以此为宗,宗承甚多焉。或从天竺传来弘之,或于汉地立宗传之,建立虽多,取广玩习不过十三。如上已列虽十三宗,后代浇漓,渐次废怠,所学不多。"

据此,凝然自言以经论之讲习为宗,而数目亦不定是十三,但其竟列为十三者,亦无具体说明,不过说"取广玩习"耳。依我的初步意见:

第一,凝然学说之来历,实为有关日本佛教史的问题,尚待研究。然据我所知,在中国齐梁之世经论讲习至为风行,成实论师,南北均多。真谛来华,译经于广州,《俱舍》亦流行于南北。两者传入日本后,日本僧俗掌权者俱认为宗,而成实、俱舍之为寓宗及每年度人规定名额,均系由朝廷下诏规定。日本佛学史,遂将此二宗与华严宗等并列,肯定为中国传入之宗派。而凝然因此认为既然成实与俱舍论师有宗,则涅槃、毗昙等等亦应为宗矣,遂有"十三宗"之说。但是,必须指出凝然之师宗性,曾抄录中国《名僧传》、日本《高僧传》,实未言及十三宗。宗性尝著《俱舍论本义抄》四十八卷之多,并未特别提及所谓"俱舍宗"及其史实。而且与凝然同时的日本著作《元亨释书》只述及日本有三论等七宗,而称成实、俱舍、净土为寓宗。并未提到中国有摄论等宗,亦无十三宗之说。此均不能不令人怀疑凝然之说出于自造也。我们对于日本佛教史,尚须更细致地调查研究,乃能搞清楚这些问题。

第二,关于中国佛教之宗派,我们认为,主要应根据宗鉴、志磐之说,除天台宗外,有禅宗、华严、法相、真言、律宗等五宗。至于三论宗,虽已形成教派,但传世甚短。三阶教隋唐盛行于民间,应可认为教派。至于净土。则只有志磐谓其"立教",但中国各宗均有净土之说,而且弥陀弥勒崇拜实有不同,亦无统一之理论。又慧远结白莲社,只有唐以后之误传,日本僧人且有认净土初祖是昙鸾,并非慧远,而所谓净土七祖历史乃南宋四明石芝宗晓所撰,并无根据。(见《祖僧统纪》卷二十六)因此,净土是否为一教派实有问题,可见中国各种教派情形互异。我们欲窥其全豹,必须广搜史料,从各代笔记小说、寺院碑文、僧人墓志、地方志书等,就各宗的经济情况、社会基础、与政权之关系、在政治上的作用、规章制度、教理历史等加以切实研究。

1961 年冬至日

中国佛教宗派问题补论

中国佛教宗派的历史,史实复杂,记载纷歧,其真象有待于深入地探讨。去岁曾就中国佛教有所谓"十宗"、"十三宗"的问题加以论列,并写了一篇《论中国佛教无"十宗"》,载 1962 年第 3 期《哲学研究》。一年以来,在搜集中国隋唐佛教史料时,也留心到宗派问题,有些中国和日本的资料可以作为前文的补证。因此草成本文。主要是提出些资料加以论述,只是读书札记而不是科学论文。不敢敝帚自珍,提出以供参考。

本文拟分下列三部分论述:

(甲) 晋唐间流行的佛教经论的一些相关资料;

(乙) 略论从学派到教派;

(丙) 日本的一些资料。

甲　晋唐间流行的佛教经论的一些相关资料

在上次的文章中,我们认为中国佛教宗派,即古来汉文资料中所称为"宗"者,本来有两个意思:一是指宗旨之宗,实际指的是学派。例如中国僧人对印度般若佛学各种不同的解释,又如讲习各种经论的经师论师的学说,用现代的话说,这都是学说的派别;另一个是指教派,它是有创始人、有传授者、有信徒、有教义、有教规的宗教集团,如隋唐时的天台宗、禅宗、三阶教以及后来的白莲教等,用现代话说,都是宗教的派别,实际上所谓宗派者指此。隋唐以前中国佛教主要表现为学派的分歧,隋唐以后,各派争道统之风渐盛,乃有各种教派之竞起。根据这种意见,则所谓"十宗"、"十三宗"并不符合中国佛教实际情况。中国佛学的派别,当然出于传译经典的研究,在这一章内我们叙述晋唐间经论流行的情形,并附带说一下学派分歧的一些现象。

（一）在鸠摩罗什到长安以前,较流行的佛经主要的有两种:首先为安世高所译的小乘毗昙,最主要的是安般的禅法,据道安《安般注序》谓"安世高者博闻稽古,特专阿毗昙学,所出经禅数最悉";次为般若经(大乘方等),主要的是《道行》、《放光》、《光赞》,按《渐备经……叙》"大品出来虽数十年,先出诸公略不综习,不解诸公何以尔。……《大品》顷来,东西诸讲习无不以为业。……"(见《出三藏记集》卷九),此谓大品出来研习的人少,当系因《小品》较为流行,即以《世说·文学篇》中言及《小品》者三四次,而未言及《大品》,亦可知矣。至于般若所以流行的原因,道安说的很明确:"以斯邦人庄老教行,与方等经兼忘相似,故因风易行也"(见《鼻奈耶经序》。《大正藏》卷二十四,851页)。般若说"空",中国人对此有种种解释,王洽与支道林书"因广异同之说,遂令空有之谈纷然大殊……"(见《广弘明集》。《大正藏》卷五十二,323页),僧肇在《不真空论》中亦说"故顷尔谈论,至于虚宗(即空宗)每有不同"(《肇论》)。在当时虚宗不同的谈论已有六家(见僧叡《维摩经序》,《出三藏记集》)。所谓"空有之谈",即包括清谈玄学,贵无崇有之争,而在道安晚年罗什未至之际,小乘有部毗昙亦有译出。《世说·文学篇》记提婆在东亭第讲阿毗昙,僧弥更就余屋自讲。东亭、僧弥均王洽之子,都参预了有部阿毗昙的译出,则王洽所谓"空有之谈"因亦包括佛学中之般若与毗昙也。

（二）从晋末至南齐,周颙又概括当时谈空的学派为"三宗",三宗中已包括《成实论》的小乘空,不只是般若大乘空教也。永明七年齐竟陵王(萧子良)招集京师名僧数百人讲经及《十诵律》。当时周颙作《钞成实论序》(见《出三藏记集》卷十一)略曰:

寻夫数论之为作也,虽制兴于晚集,非出于一音(此所谓数论,是指毗昙和成实,是佛去世后印度论师的撰集,而不出于佛的'一音'

也)。顷《泥洹》、《法华》,虽或时讲(说当时《法华》、《涅槃》,常有讲说),《维摩》、《胜鬘》,颇参余席(说这两种经讲的也不少),即于《大品》精义,师匠盖疏(说能讲般若经的名师不多),《十住》渊弘,世学将殄(说时人学华严《十住》的几乎没有),皆由寝处于论家,求均于弱丧(这乃因为小乘的《成实论》是当时经常所研究的典籍)。

据此,可以知道南朝宋齐间佛学讲习的大概情形。又按《高僧传》卷八"智林传"有智林致周颙书曰:

……贫道捉麈尾以来,四十余年,东西讲说,谬重一时,其余义统,颇见宗录,唯有此途,白黑无一人得者。

此所谓的"义统",今可译为"义理的系统","宗录"是为人所崇奉录取,"此途"按智林书中并有"关中旧有此义",后来"妙音中绝"等语,实际指的是周颙"三宗论"的第三宗,即指罗什在关中所译之《中》、《百》、《十二门》三论的理论(唐道液纂集《净名经关中疏》,亦是指罗什之学。见《大正藏》卷八十五,四三六页)。智林这几句话是说他所讲习的学问,都为时人所研习,只有《中论》、《百论》、《十二门论》的理论尚未为人所注意。我们据上述周颙的《钞成实论序》可以知道当时所注意的学问,除《十诵律》以外,有《泥洹(涅槃)》。《法华》、《维摩》、《胜鬘》、《大品》、《十住》、《成实》等,而并没有提到三论。按智林曾注《十二门论》、《中论》,他说的"白黑无一人得"的理论,当由其研究《十二门》及《中论》所得来的,可知当时对三论研究注意的人是很少的。

(三) 在南齐中,北方黄龙人法度及其弟子辽东人(高句丽)僧朗南来,始在摄山弘三论之学。僧朗之弟子僧诠(即止观师)讲大品读三论,不开《涅槃》与《法华》。诠弟子兴皇法朗于江北得《大智度论》(即大品般若的释论),始用之讲大品(见吉藏《大品经义疏》卷一及《涅槃游意》)。可见《大智度论》南方原不流行,而摄山之讲四论(《中》、《百》、《十二门》及《大智度》) 始自兴皇法朗。《续藏经》现存有《大智度论疏》一卷,原题"蜀地潼州迁善寺慧影撰",此慧影当是《续僧传·北周道安传》中所说"传灯大论"之慧影,吉藏在《中论疏》中有"关内姚道安学《智度论》",此道安即慧影之师。(按潼州系西魏置,至隋改称。)可见北朝此论之流行也。

隋炀帝(杨广)为晋王时与三论的吉藏和天台智𫖮均有来往。据吉藏《维摩玄论》自言"陪从晋王至长安";智𫖮为广授菩萨戒,予法名"总持"。广曾请求智𫖮讲经义,智𫖮以自己"颇持禅慧,经论功浅"辞之(见《国清百录》四十九),他又作书详细说到他考虑可学的经论曰:

> 若习毗昙,则滞有情著;若修三论,又入空过甚;《成实》虽复兼举,犹带小乘;《释论》、《地持》,但通一经之旨,如使次第遍修,僧家尚难尽备,况居俗而欲兼善。当今数论法师无过此地,……(见《国清百录》五十)

所谓"数论法师",应指江都智脱(见《续僧传》卷九)。《释论》即《大智度论》,乃是《大品经》之释论,《地持》即《出瑜伽十地论》本地分中的《菩萨地》,隋慧影谓"《地持》是弥勒世尊所造,以释十地",亦为当时北方盛行之经典。上文扬广所言,虽非当时所讲经典的全面分析,但亦可看出当时的风尚了。

(四)吉藏《百论疏》(金陵版卷十三)曰:

> "大业四年,为对长安三种论师,谓摄论、十地、地持三种师,明二无我理及三无性,为论大宗,今立此一品(破空品),正为破之,应名破二无我品及破三无性品……"

下文有曰:

> 吉藏昔在江左陈此品有十七条,年老多忘,故略述一二数耳。

据此可知吉藏在南方曾讲破空品,到了大业四年在长安又讲。上文所谓"大宗",即指其所主张之三论宗义,而他在长安所讲论的是对北方所流行的摄论、十地、地持三种论师讲的,而这三种论师所根据的论,都谈二无我,三无性,吉藏盖用他自己的三论理论来纠正当时那些人的理论,所以下文又说"建立三论,欲申正教"的话。可知吉藏以三论为正教,而其他宗义如摄论师等,则非正教,而是"小宗"。

吉藏于仁寿之终,奉命撰《维摩经义疏》即《广疏》,文中曰:

> 问:义宗已盛谈不二,未详不二是何等法?

答：有人言不二法门即真谛理。也此成实论师所用也

有人言不二法门谓实相般若。实相是真谛理，能生般若，故名般若。此智度论师之所立也

有人言不二法门阿梨耶识。此云无没识，此旧十地论师之所用也

有人言不二法门阿摩罗识。此云无垢识摄大乘师真谛三藏之所用也

四宗之内初二的境，后二据心。

（见《大正藏》卷卅八，九一二页。引文内小字夹注原文如此）

按文中"义宗"即为义理之宗，也就是理论的派别。文中说了四宗即：成实论师、智度论师、旧十地论师及摄大乘师，很显然四宗即四种论师。据查阅各书结果，隋时吉藏概用成实论师或成论、毗昙师、数论师等。均正《四论玄义》用成实论师等亦特多，言某某宗时很少（多在卷十），但是卷六言《成实论》等义宗（三十三页）或成实论师宗（卷八，五十六页）或诃梨宗（卷十，九十九页），但是此并不多见。而这些"宗"字并不指宗派，不过说诃梨所著的《成实论》学说或讲《成实论》者的学说而已（《四论玄义》作于隋朝，下文另详）。隋智𫖮《摩诃止观》、中唐湛然《辅行弘决》均收材料甚多，但亦未言成实宗等，只有成论。成论师、摄师、地师（或地人）、摄大乘、数人（毗昙师）等，而且不多见。因此，安澄《中论疏记》（约作于801—806年）论北方四宗时有："后人诺毗昙宗"，"后人诺成实宗"云云，这意思是说早先所称之成实论或成实论师等，后人乃称为"成实宗"等矣（按铭与名通用，吉藏书中已如此）。我的意见是：中国书中本来例称成实论师、昙论师、个别地方有成实宗、昙宗字样，也只是指成实、民昙的学说而已。等到佛教传入日本后，有了天台、禅这样的宗派出现，原来的毗昙、成实，也被认为是一些宗派了。

又按上文所谓"不二法门"，本来是大乘佛教最根本的理论，而主要与真俗二谛论有关。三论以及《成实论》均大谈二谛，当时的佛教界以为它是宗教上有决定性的问题。有一次梁昭明太子（萧统）解二谛义，简直说："若迷其方，三有不绝；若达其致，万累斯遣"，就是说不悟这个道理的堕入轮回，而懂这个道理的即可摆脱一切烦恼。当时就有道俗二十二人和他

问难,几近百次(俱载《广弘明集·法义篇》),可见当时此项争论之烈。智颛《法华玄义》曾言及此事(《大正藏》卷三十三,七〇二页)。一方面是因《成实论》及般若三论大为流行,不二之理所主张的最后是宇宙和人心的不二,客观主观的不二,色心的不二,现象实体的不二,如是等等。而根本上是因为以玄学作为上层建筑以来,中国的学术界"把世界的全部丰富性都包括在假象里面,而你们又否认假象的客观性!"后来的三论宗和天台宗的理论也由此出发(参看侯外庐主编《中国思想通史》卷四上册三章二节)。

(五)从上面(三)、(四)二节所提出的资料,可以知道在隋朝时,如上面所引杨广说的有:毗昙、三论、《成实》、《释论》、《地持》诸种经论的学问。吉藏说有:摄论师、十地论师、地持论师、大智度论师和成实论师等。这些可以说是隋朝佛教主要的学问。而三论和《大智度论》(即《释论》或称《大论》)都是印度龙树的学问,常合起来讲说,遂有"四论师"之称。其实在义理上与三论师并无不同,其著作仅存有《四论玄义》。

《四论玄义》一书,《东域录》著录"《四论玄义记》十二卷",(并有注云"均正又云均僧正十四卷……")《三论宗章疏录》亦著录十二卷。《续藏经》收有此书,据其新作目录只存十卷,卷一、卷三、卷四阙文,卷八前有阙文,卷十有注谓"或卷十二钦"。此书题名为《无依无得大乘四论玄义记》,只在卷十题下有"均正撰"三字,卷五至卷十尾有跋云"显庆三年岁在戊午年十二月六日兴轮寺学问僧法安为大皇帝及内殿故敬奉义章也"(卷五戊作戌,误)。则此书原系唐高宗时写本,"敬奉内殿"者(其时皇后为武氏)。

按此书作者生平不详,"均正"可能是慧均僧正之简称,例如"令正"是灵根寺慧令僧正的简称,《东域录》亦称作者为"均僧正"。僧正通行于南朝,日本因之,北朝则称为沙门统。慧均可能在南朝末年任僧正。又按书中曾说到昆仑三藏法师翻《摄论》(卷七,四十五页)及真谛来广州为诸学士说经部(卷十,九十五页)等事,则其著书时应已在真谛死后矣。据跋文此书为"义章"体,就是按佛教的义理分章。有:十地义、金刚心义、梦觉义(文阙,此据卷二,二页,卷九,八十四页)及现存之二谛义、佛性义等十义。

现存义章体裁的佛教撰述,最早是隋慧远之《大乘义章》,其次有吉藏之《大乘玄论》。均正的《四论玄义》是续吉藏《玄论》之后,将三论学说分门别类加以叙述,于每一义均一方面建立自己的学说,一方面破斥当时流行的理论。如卷二(二页)"明断伏义"开始就说:

> ……十地义成实论师推与庄严家也,周齐二国盛明十地义……后时菩提、勒那两三藏来翻《十地论》,功用由两师也,今《成实论》释十地,断伏义不同,一庄严家……二少庄严,龙光传开善义……

本来吉藏书中常常破斥成实论师,如庄严、开善等,均正此书原是继承吉藏的作法。在驳他的论敌时,常常提出"地摄两论,成毗二家"(即《十地论》、《摄大乘论》、《成实论》、毗昙),每次提到这四种论时,通称为"诸论师",或称"'地摄等四家",并说他们与"大乘不同",就是说与"三论"的学说不同,亦即全书是从"三论"的学说来破斥"四家"。总的讲来,三论学者与四家(有时亦称为四论)的分别,在于他说自己是"无所得",而其余论师都是"有所得"。他不但主张一切皆空,而且并亦空空,不但破有,亦当破空,不破有固然是有所得,而不破空也是有所得。他们以为小乘毗昙成实比较持有,大乘偏于说空,《十地》、《摄论》虽为大乘,但不是彻底的空,是有所得的大乘,而三论则主张空,并且空空,因此自以为是无依无得的大乘也。反对他们的人就说他们太死板了,斥之为"恶取空"、"邪空"。唐湛然在《止观辅行》(《大正藏》卷四十六,二一〇页)中说:"淮北河北邪空之人滥称大乘,人恶无观"似指此类学说。均正的学说从何而来呢? 他在卷五(十八页)解二谛大意时说:

> ……略有五家,有所得《成实论》小乘,第一光宅寺云法师……第二庄严寺旻法师……第三开善寺藏法师……第四宋(原作宗误)国北多宝寺广州大亮法师(以上四法师均成实论师)……第五摄岭栖霞寺无所得三论大意(大意二字疑衍)大师诠法师……今依大师说……

卷七(四十三页)又曰:

> 兴皇大师云必须语无依无得…为宗

由此可见均正系继承摄山僧诠、兴皇法朗的无所得之说,而反对有所得的

成实论师。摄山的学说常称为"山门义",因此下文(卷五,十九页)说:

> 山门义与成论等师常有异义

又曾强调说:

> 山门义……与数论等永异……

其在"释五乘义"中有云:

> 一家关河相传屋(屋应误)摄岭高句丽口(原文不明)朗法师等云……。(卷十,一○○页)

此段明言摄岭之学系关河相传,自高句丽朗法师等(包括僧诠及其弟子兴皇法朗)。均正提到别人只称"论师"、"法师",而于法朗则称"兴皇大师"而不称名,并有一次说"兴皇大师有时云"(卷八,六十一页),由此推测作者均正可能是兴皇法朗的弟子,所以他能说出法朗有时说了什么。(据凝然《内典尘露章》,《大日本佛教全书》本,谈三论传授次序略曰:"……次兴皇法朗,次嘉祥寺吉藏大师并慧均僧正也"可证)。又均正在卷二,二页提到"周齐二国",在卷十,九○页言"朱(朱字或系宋或周之误)齐二国",在卷八,六十八页又言"吴鲁国大德"。据此,作者当在刘宋、萧齐以及北周、北齐之后,长江上两中游地区的僧人。

按吉藏《百论疏·破常品》中,论四种涅槃时,也是引大小乘义,《成实》、《数论(毗昙)》、《地论》、《摄论》。均正书中未提及吉藏,但所用方法与吉藏相同,亦即所谓"弹他斥非,显山门正意"。又吉藏《大乘玄义》述佛性十一家,《四论玄义》则说佛性义宗,本三家,末十家,反复讨论,其文甚长,可见当时涅槃佛性义争执甚烈。在均正破斥十家(大部分是成实论师)之后,卷七,四十七页有文曰:(文中括弧的字是引者加的)

> "(成实)问:十家亦引经,汝亦据经,何独汝是他非耶?(三论成论互相争执,俱引经据典,遂引起道统问题)

> (三论)答:此事如世娘婢二子诤父家业,(道统之争变为谩骂,实际反映财产继承之争,此语甚可注意)为岂相类也。又今家(现在自己的学派)禀南天竺学摩诃衍龙树之风,(大乘龙树之学)彼依罽肩(当是罽宾)学小乘诃梨之论(他们是诃梨所撰的《成实论》的小乘之

学）。又地摄两论学有得，大乘师宗已是悬绝，（地摄虽亦大乘，但系有所得的大乘，差的很远），汝学成毗（原作讫误）与地摄论，我学三论，我论初命章《十二门论》云'今当略解摩诃衍'，《中论》初亦云'如摩诃般若波罗蜜中说'（我们三论是引的大乘经），汝论（《成实》）初命章云'何故造此论我欲正论三藏中实义'（你们的《成实》引的小乘经）。

> （成实）问：若尔，岂悬绝？……"（答辞从略）。

谩骂了一阵，也只能分开大乘小乘，说对方差的多。虽然对方是摄、地、成、毗诸师，但主要还是成实论师，所以着重提出成实是小乘之学。学说的分歧发展至此，已形成宗派纷争了。

（六）中国佛教学说之争执，最后表现为传法定祖的问题。三论学在摄山时代已力言其为"关河相承"，后来又提出他们是龙树的嫡传。到了隋朝硕法师《三论游意义》始具体地说到它们传法的次第。文略曰：

> 传持法藏，始末有三十二人也，始自迦叶，终于狮子比丘也……马鸣付属何人……提婆去世，付属罗什，如是相承乃至师子比丘也。"（此段系据《付法藏因缘传》，但将鸠摩罗什放在提婆之后，师子比丘之前，乃是硕法师的臆造。）

下文又有人问法胜的《毗昙》与诃梨的《成实》等是何人所付属，答这些论师都是佛教内的异端，非传法藏，而为龙树之所破斥也。至于四论，则书中称之为"圣大宗，同申佛大教也"。

前面所述只能表示各各不同年代有些什么佛教经典学说流行。要研究这个问题，当然不能仅靠这些材料，还要将经典翻译的次数、研究的人数、讲席的盛衰等方面综合起来，才能弄清楚。而况一个经典之流行，也可与中国当时风尚有关。从佛教的修行方法讲，例如东汉末叶的《安般守意经》的风行，则因安世高之学本借医术流行，而安般本与中国导引行气之术相通也。又例如北朝造像多奉弥勒，南北朝末期对观音崇拜特盛，当因此而弥勒诸经及《法华经》为大众所奉也。

上述六节资料，虽然比较零星，但已可约略看出一点：

在南北朝特别是南方,事实上还只是有不同学说的流行,而无宗教派别的建立。起初中国僧人对于印度佛教各人有不同的理解,提出不同的主张(称为"义门"或"义宗"),如"六家七宗论"及"三宗论"所列。盖只能说是学说上有这些派别,而不是宗派也。及至佛教势盛,译经甚多,讲师辈出,每一讲席,听众动辄千人,于是有各种经论的经师、论师,最知名的有"成实论师"及"三论师"等等。他们中间理论分歧,如上所说曾至形成了道统之争,但这也还只能说是学说的派别(学派),而不能说是宗派(教派)。至于学派和宗派的分别以及宗派如何发生,当于下面略论之。

乙　略论由学派到教派

以下先就成实论师、天台宗阐明学派与教派之不同,并一些其他有关事实。

南朝经论讲习之风盛行,遂有各种经师论师出现。兹举成实论师为例略述一下,以说明论师是什么样性质。顾名思义,成实论师是指一些讲习《成实论》并有关于《成实论》著述的名僧。由现存有关资料看来,最著名的成实论师是梁朝的三大法师,即:庄严寺僧旻,开善寺智藏,光宅寺法云。但他们对佛教的理论并无统一的解释,例如于涅槃佛性种种方面各有各自的说法,并不相同,甚至相反。天台智顗《摩诃止观》卷三上提到成论师,并批评庄严、开善二家曰:

> 昔庄严家云佛果出二谛外,此得片意,而作义不成;……开善家云佛果不出二谛外,……作义复不成,……古来名此为"风流二谛",意在此。……

按照湛然《止观辅行》卷三之三解释说,这两位成实论师,不懂得人有利根钝根,一个庄严说佛果出二谛外,一个开善说佛果不出二谛外,都是片面的,都不能成立,古人称之为"风流二谛","风流者乃动止合仪"。智顗特别提出这样的事,可以说是讥诮成论人的并无一致的学说也。灌顶在《涅槃玄义》卷上论及此事亦曰:

> "此皆成论师说,自相矛盾,不惬人情"云云。(《大正藏》卷三十

八，七页)

这些成实论师是否都只是《成实论》的专家呢？也不一定。吉藏的《法华玄论》曰"爰至梁始三大法师……大集(集应作习)数论(成论)，遍释众经。但开善以《涅槃》腾誉，庄严以《十地》《胜鬘》擅名，光宅《法华》当时独步……"(《大正藏》卷三十四，三六四页)，则是三个最著名的成论师，于大乘经均各另有专长也。古来相传成实判教为五时，此说本创自刘宋时的道场慧观，原与成论无关。又相传成实师讲的是八十四法，但《成实论》并无此说。据弘一法师《名相别考》说成实宗八十四法并无明文记载(见《南山律在家备览》附录)，则此说或出于佚书中如百济沙门道藏之《成实论疏》乎？周颙说《成实论》是小乘，萧纲在《成实论疏序》(见《广弘明集》)说它是小乘兼大乘，三大法师都说它是大乘。总之，齐梁之世，讲《成实论》是佛教最盛行的一个风气，也可以说是佛教学说的一大流派。但是它没有一个统一的理论，不成一个体系，既没有一个创始的人(三大法师也没有师承的关系)，也没有一定发祥地点，《四论玄义》有所谓"开善门徒"，"庄严等门徒"，也不过是指两法师的弟子而已。无论如何，只能说它是一个学派，而不能说它是宗派。其余论师的有关材料不多，但其性质应与成实论师大致相同。

上面说过，三论师他们一方面有着共同的学说，坚持自己是无所得的大乘，反对小乘及一切有所得的大乘；另一方面坚持他们自己是正教，已不仅是一个学派，而具有教派的性质了。至于真正的教派，我们在下面也只以天台宗为例，以说明教派的性质。

智颛(即智者大师)所创立之学说，主要以《法华经》为依据。中唐湛然《法华经大意》云，此典"多有诸家，今暂归'天台宗'，'天台宗'"之名，始见于此，则天台宗固原为法华经师中之一家也。日本又称"天台宗"为"法华宗"或"天台法华宗"。宋天台沙门法照著有《法华三大部读教记》，所谓"三大部"就是指智颛所著的《法华玄义》、《法华文句》及《摩诃止观》，因此天台宗与《法华经》之关系可知矣。

智颛本是禅师，但晚年(隋开皇十七年)三论学者嘉祥吉藏曾致书请其讲《法华经疏》(《国清百录》一〇三)。按吉藏在《法华统略》说:"……少弘四论,末专习一乘,私众二讲将三百遍(据《续僧传》作三十遍)。……"由此可知三论大师晚年始注重《法华》,而且很佩服天台智颛的《法华经疏》也。隋朝这两位名僧,虽然都大讲《法华》,而其作风则各有不同。第一,吉藏为要证成三论学说,破斥他家实甚多;智颛为要建立自己的系统,费了很多精力,但极少提到当时其他学说。我们比较一下他们两个的著述,这种分别是很显然的。"天台宗"多有自己的创造,而"三论师"则偏于经论的发挥。第二,吉藏博学,偏重理论的研讨;智颛是禅师,注意的是"止观法门"。按《续僧传》列吉藏在《义解篇》中,列智颛在《习禅篇》,亦说明两人不同之所在。

《摩诃止观》开始曰"止观明静,前代未闻",此盖谓当时禅门极多,天台最胜。天台主张定慧双修,既重修行方法,又有理论体系。天台实以智者大师为教主(见《上观辅行》卷一),其禅法受之于南岳慧思。按开元二十六年《贞和尚塔铭》(《金石萃编》卷八十三)谓贞为"受衡阳止观门"。又贞元中《楚金禅师碑》(见前书卷一〇四)也说"法花三昧,禀自衡阳,正(应是止)观一门,传乎台岭"。可见在唐代一般人认为衡阳慧思、天台智颛所传的是"止观法门"。

"止观法门"主要是传授修行方法,而这种修行方法主要在于修心可解除烦恼,另外还可用以治病。相传南岳慧思"苦肿满病,用观力推,病则消差"。又陈朝要官蒋添之、吴明彻、毛喜,皆禀智者的息法脚气获除。(见《止观辅行》卷八之二)《小止观》云"治病之法,乃有多途,举要言之,不出止观,……"

天台智颛徒党甚众,颇受陈隋两朝帝王的优遇。晚年在天台传法,其时已为僧众立制法,规定僧众在宗教生活上的程序及种种罚规(见《国清百录》第一、第七)。此外并制定"忏仪"(同书第四、五、六),伊然为一代教主。禅宗人也承认智者是天台教主(见《传灯录》二十七)。而天台教是有创始人、有教理、有教规、有修行方法、有徒众的集体,形成佛教中很大的一个教派。特别在江浙一带,其道大行,其后数百年不绝。

　　天台宗既成为一个大教派,自认为佛教正统,而有传法定祖的说法。天台宗认为慧思是慧文的传法弟子,此事即有可疑,《佛祖统纪》卷六已有所论述。而慧思弟子亦甚多,据唐初道宣的《续高僧传·习禅篇》论,其最有名的弟子为智璪,璪在智颛的传中称为国师,昙迁传中称为"禅慧两深,帝王师表"。但从初唐以后,天台智颛一系,发扬光大,而智璪几湮没无闻矣。按《续僧传》论,此人似原有传,但今已亡矣。因此,天台在智颛以前的正统,虽不闻有争执,但至少也有分歧。

　　《摩诃止观》云,慧文用心一依龙树《大智度论》,智颛在死前口述《观心论》(《大正藏》)亦有"稽首龙树师"之言,其后天台人推龙树为高祖。龙树是付法藏十三师,隋大业元年柳顾言的《国清寺智者禅师碑》有"往大苏山请业慧思禅师,禅师见便叹曰'忆昔灵鹫同听《法华》',……"据此,天台法门不只出于龙树,而且直承佛祖矣。

　　天台宗至唐玄宗时,荆溪湛然以前的传法次序,因《止观辅行》普门子的序和梁肃的《修禅寺碑》而固定下来。但风穴贞禅师明皇谥为七祖(见《金石萃编》八十三),可见在玄宗时天台传法亦有两种不同说法。到了五代时,吴越王追谥诸祖,荆溪之说遂为后人所公认,而风穴亦早被遗忘矣。

　　智颛于陈宣帝太建七年入天台,九年宣帝诏称"训兼道俗,国之望也。宜割始丰县调,以充众费,蠲两户民,用供薪水"。他在死前,隋开皇十七年遗书晋王"乞废寺因为天台基业",晋王答以"所求废寺水田以充基业,亦勒王弘施良田肥地"。在仁寿中,杨广在天台设千僧斋,并在大业中完成国清寺的建造。天台之兴,主要由于炀帝。(以上散见《国清百录》,又按《佛祖统纪》卷六载慧思留田庄的故事,可知天台人早有受人田产之事。

　　五代时,因为吴越王的崇奉,在江浙一带天台教大行,其地寺院遂有被指定专传天台教者。如义通在宋初至四明,漕使顾承徽舍宅为传教院以居之。其后弟子四明知礼,徙居保恩院,院主显通舍为长讲天台教法,十方住持之地(见《佛祖统纪》卷八,一九一页)。以后保恩院重建改名延庆寺,知礼曾作《延庆寺二师立十方住持传天台教规戒誓词》,严格规定只学天台,勿事兼讲,兼讲则是叛教,就要受种种灾难,死后当堕阿鼻地狱,并陈请朝廷,将寺永作十方住持长讲天台教法之地。知礼又曾向曾太守乞蔬园地数百余丈,以为讲训聚徒之需(以上见《四明尊者教行录》卷六)。按南宋时江浙一带有所谓教院五山十刹,教者应即天台教也。

从上面的事实看来,天台教已是一个有固定的教行、有传法的历史、有僧众、有土地的宗教集团——教派,它和成实论师及三论师等学派确不相同。

根据上面所阐述的佛教学派和教派的区别,我们初步认为在晋唐之间,开始有很多学派,如般若、毗昙、涅槃、成实等等论师。其后三论师到吉藏时已表现有教派的性质。而隋唐间天台宗及同时之禅宗、三阶教以及华严宗均为教派。而为什么许多教派在这时候兴起? 是一个复杂的问题,现在我们也只打算根据一些资料叙述一下。

佛教教派的一个标志,就是自以为是传法的道统。而道统之争当与南北朝时道教与佛教之争有关。到五世纪,南北均有叙述佛教法统之著作,如《付法藏因缘传》(《大正藏》现存六卷,题为"北魏吉迦夜共昙曜译")。按书的内容疑系太武帝毁法时为着证明佛教的法统,根据旧记编纂而成。有时行文典雅,不似译文。其书历述佛传法于迦叶,以后代代付嘱,至二十三代师子比丘,付法便绝,世间永失光明,此系暗示太武帝毁法之事。书中龙树、提婆二段,似采录鸠摩罗什的《龙树传》及《提婆传》。但原《龙树传》末曰:"去此世以来,至今始过百岁",书中去掉此语(罗什说龙树死去将百年,撰付法传者自不能用此语)。《提婆传》只说提婆是龙树的弟子,而书中加入龙树付法于提婆时的一段话。由此可见此书撰者似用了鸠摩罗什的材料而加以改削。又按佛教流行中国以后,中国人常怀疑它的真实性,《老子化胡经》之说早已流行。太武帝毁法时所下的诏书内说,佛法本汉人无赖子弟刘元真、吕伯疆所伪造。因此该书可能是当时的佛教徒为着复兴佛法,辟斥此类言论而编撰的。又《出三藏记集》卷二著录《付法因缘经》,并曰:"宋明帝时西域沙门吉迦夜于北国以伪建兴二年共僧正释昙曜译出,刘孝标笔受,此经并未至京都。"则此书可能是刘孝标根据吉迦夜等口述,并加上旧有的材料如《龙树传》等写成的。

南方流行有关传法的记载,当为《萨婆多部相承传》,亦称《萨婆多部记》(萨婆多是译音,意是"一切有"),系僧祐采访古今记载编纂的。此书现佚,《出三藏记集》卷十二尚存其序及目录。其第一、二卷系采录萨婆多部师传记,第三卷至第五卷则系来中国的西域僧人如鸠摩罗什等与中国僧人的传,以及有关受戒的记载。

中国佛教宗派兴起以后,各派常常引《付法藏因缘传》及《萨婆多部记》为争法统的根据。其实二书性质并不相同,付法传本是在说佛法的代代相传;而《萨婆多部记》(《帅典录》作《萨婆多部师资传》)则仅是叙述萨婆多部师的传记,即在此部出家受戒的大师传记,简单说就是萨婆多部十诵律传授的史料汇编,而不是叙述佛教传法的历史。按僧祐的原序说,因戒律的传授,"法僧"(佛法和教会)赖以不绝。但律分五部,当时中国已传入四部,江北盛行僧祐,十诵律"遍行齐土"(齐土指南齐,可见此书撰于萧齐时代)。僧祐讲说十诵律三十年,因纂此书,他并说"条序余部则委之明胜",意即谓其余各部希望有高明的人作出专记。很显然,僧祐作此书的目的是在汇集萨婆多部十诵律传授的人物。

按《出三藏记集》卷十一有江陵玄畅作的"诃梨跋摩传序",其末僧祐注云"造诸数论大师传并集在萨婆多部,此师既不入彼传,故附于此",所谓萨婆多部就是指《萨婆多部记》"造诸数论大师"谓《毗昙》诸师以及《成实》之作者,但《毗昙》是萨婆多部主要经典,而《成实论》破斥《毗昙》,所以僧祐不把他的传放在《萨婆多部记》内。这短短的注,清楚地告诉我们《萨婆多部记》一书,目的是汇集数论大师的传记,而不是传法的记载。

又按此书本是僧祐的法集八种之一、集者本具汇集材料之意,此书则是抄录师资的传记。查其原目,所集主要有两个文件:一称曰"旧记",集大迦叶等五十三人;一是"齐公寺师宗相承略传",集阿难等五十四人,两者所列人名互有同异。第三卷系在中国传译律藏的卑摩罗叉、鸠摩罗什等六人,为前二卷所无,当系僧祐新作,此所以原序有"其先传同异,则兼录以广闻,后贤未绝,则制传以补阙"等语。按第一、二卷既然是两种不同的材料,其中人名相同的自可能是一个人。但禅宗人对于传法定祖争执剧烈。伪造二十八祖之说,纠缠不清,毫无意义。到了宋代契嵩因定法统而将此书之达磨多罗与菩提达磨混为一人(见《传法正宗论》卷上),从此本无问题之事,竟成为问题了。

上述二书是中国佛教宗派法统争执中所常利用的。

中国佛教法统观念的出现,首先是由于外来文化受中国固有文化的排挤,同时与佛教在中国注重戒律的传受也有关系。但是必须指出,并不是因为先有宗派而后有法统的观念,而是法统观念出现以后,宗派才拿来利用。至中国佛教宗派的发生,则是一方面因为中国固有文化和当时社会政治情况相适应而发生。另一方面,传入中国的佛教本身就很复杂:

(1) 佛经的原文不限于印度的梵文,而有西域的种种语言,鸠摩罗什在译经时已经说过"胡音失者,正之以天竺"。

(2) 译经的僧人来源不同,如月支、南海、安息等处。

(3) 佛教传来历时悠久,遂有种种派别,有早期的小乘,有后兴的大乘,而大乘中有先出之龙树、提婆,后来的无著、世亲。

(4) 在传译时常用口解,一方面名词之解释有时因而涉及非佛教的材料,例如《百论·舍罪福品》有云:"如有经名《婆罗呵波帝》(原有小注曰秦言《广主经》)"。吉藏作疏时,对《广主经》解释了一番,并将该经与韦陀(吠陀)并提,可见其被重视。这当是对于印度有名的唯物主义经典最早的记载(见《百论疏》金陵版卷四,十二页),又吉藏《维摩广疏》引罗什语"外道但说三大病,不说地大,佛法具明,四大起病。……"查此语见于《维摩注·问疾品》,证以其他材料如《金七十论》、《涅槃经》,正相符合,当亦系罗什译经论时所说的。另一方面,译人常另外于经典意义加以解释,这些当常保存于中国佛经章疏中,因此译人于经典的了解,亦可有若干的关系。

总之,佛教传入中国,受中国的影响,加上本身的复杂,因人因地因时的不同,而向各方面发展,遂逐渐形成了许多学派和教派。

如上所述,佛教传人时已有种种情形,在传入以后也从各方面发生差异。大约说来,南北朝时北方禅法盛行,而南方不行,智颛《摩诃止观》已言之。(《大正藏》四十六卷,三十二页)南方义学僧人较多,看《高僧传》可知。北方虽然首先传入鸠摩罗什、景无谶之学,而反在南方大行。康僧会、觉贤晚年在南方出禅经,而禅法反盛行于北方。东晋以后,南北学风本有不同,此当与社会的发展及南北统治阶级的需要有关系,此则须深入探讨也。

其次,印度佛教原很复杂,传入中国后,对于同一经论,亦有各人不同的解释。例如,齐梁以来讲《法华经》者多矣,即刘虬注《法华》已述八家;吉藏在会稽讲《法华》宗旨凡有十三家(见《法华游意》);天台智颇曾请吉藏讲法华,则知"三论"和"天台"的《法华》互不相同,吉藏、智颇各有自己的一套理论。智颇在讲《法华·方便品》开始的"十如",与其师慧思的句读不同(见《法华玄义》卷二,《上观辅行》卷五之三)天台读法有三种,谓即空假中三谛,此乃"依义读文",义理如此的自由发挥,直是望文生义矣。按《佛祖统纪》卷一论所谓"五宗"有云:"诸师皆是一代之伟,特虽共明此道,而各专一门",据此则五宗固可谓中土诸师所建立也。

隋唐之际,中国佛教岂但有发挥创见,即伪造假托佛经者亦不少。据《开元录》卷十八载,伪造佛经各代均有。为说明隋唐佛教这方面情形,略述下列两个资料。(均见《大正藏》八十五卷)

(1)《真言要决》现存二卷,至迟是五代以前的作品(因原文提到"过所",此制度晋唐时均用之,至五代梁时乃罢废)。全书中多斥责当时僧人败坏行为,其卷三《辩伪篇》有曰:

> 造伪过所诳关令以求度关者,必称司门。造伪告身诳官人以求资荫者,必称吏部。造伪妖诳众生以求财食者,必称圣言……

假托经典惑众之事,可知大有其人。按《隋志》子部杂家著录有《真言要集》十卷,《唐志》、《法经录》均亦著录,《彦悰录》云梁世沙门贤明撰,入集抄中。今"要决"残本失名,引用《论语》、《老子》。《易经》、《礼记》以及《华严经》、《大智度论》等等,合乎《隋志》所谓"通众家之意"的杂家,但"要集"依佛经目录所记,似为类书,而"要决"则非也,其书行文激诡,可注意。此事复杂,姑志之备考。

(2)《像法决疑经》,《法经目录》卷二疑惑录中著录二卷,《开元录》十八《伪妄乱真录》作一卷并著录《瑜迦法镜经》二卷,谓即《像法决疑经》前加二品,乃唐景龙元年三阶教僧师利伪造,现存敦煌本,《大正藏》八十五卷亦载之。此经内容是说一个常施菩萨问佛决疑的事。像法者是指像法时代,是佛教的一种宗教历史观,所谓正法一千年或五百年,像法一千年,末法万年(见于《涅槃经》及《法华玄论》等多书)。像者似也,谓非真也,像法时代佛已去世,佛教浇漓。此经描写了当时僧徒败德情形,说禅师、法师、律师破坏佛法,文字事实,不类译文。按晋时长安僧叡《喻疑论》及道朗的《大涅槃经序》谓中国汉晋时代已入像法。则此经所哀叹佛教衰败的情形,可能是南北朝后期,由于不满当时僧徒的行为而发出的呼声,颇似《真言要决》中所斥责的。此经在当时很为流行。而智颛在《观心论》偈中说"像法决疑明,三师破佛法",隋灌顶在《观心论疏》卷一所解释为"弘教者多加水乳,听者失真道味,由说者听者有失,故佛法颓毁。……"并对法师、禅师、律师各列出十条过失(其内容亦与《真言要决》及《像法决疑经》大致相同)。这是隋朝佛教史较重要的资料。又湛然在《止观辅行》卷六之三以为此经像《涅槃》后分一样,"文义既正,或是失译",并非伪经。

如上所述,陈至唐即天台智颛、灌顶的时代,佛教情形庞杂,而封建国家开始南北统一。其先由于北周武帝毁灭佛法,僧徒大量南下,其后隋帝统一,又召天下名僧入关。在此种庞杂而趋统一的情形之下,就产生了大的佛教系统,天台宗、禅宗于是乎出世。

仅就天台宗说,也是于庞杂之中要求统一。首先慧思,本北方禅师之一,而传法于南,智颛本系南人,而就学于北。南方经论讲习的风气与北方的注重宗教行为,两方面在他们身上都有所表现,也就是说他们不仅是禅师,也不专义学。尤其是智颛,已经在经论、禅定、戒律都有自己的建树,并综合为系统,从而建立了一个教派。

以经论说,智颛以讲《法华经》出名。其弟子灌顶,据《续高僧传》记载,亦讲《法华》,并谓他们师弟所讲的《法华》"跨朗笼基,超于云印",此所谓朗者是河西道朗,基是山阴慧基,云是光宅法云。印是齐中兴寺印法师,皆为讲《法华》的名师,天台的《法华》谓跨笼这些人之上,而有所建树。《法华经》旨在会三乘于一乘,为"判教"学说的有关经典之一。智𫖮对于判教也是研究了前人种种学说,而自己建立了"四教义"。(参看《四教义》卷一"古来诸师讲说"段及《四教仪缘起》,《大正藏》卷四十六,774页)

在禅定方面,智𫖮将佛经种种的禅法围绕止观的理论建成一个复杂的系统。其中也采取了当时的一些禅法,如《修习止观坐禅法要》讲到"六种气",一吹、二呼、三嘻、四呵、五嘘、六啊。(《止观辅行》卷八之二有解释,但六字不同)此种禅法亦见于《道藏经》中,很可能原出中国道教行气之法,而为智𫖮所采用。

关于戒律,天台宗是菩萨戒之提倡者。菩萨戒之流入中国,系由于罗什译《梵网经》及昙无谶译《地持经》。按《弘明集》载姚兴敕尚书令姚显夺道恒、道标法服,令他们还俗从政,有"释罗汉之服,寻菩萨之迹"之语。则似还俗后受菩萨戒。又《高僧传》载昙无谶曾为法进受菩萨戒,则沙门亦可受菩萨戒也。《梁书·江革传》载"高祖(即萧衍)盛于佛教,朝贤多乞求受戒",江革因其劝告而受菩萨戒。沙门慧超亦奉诏受戒(见《续高僧传》)。可知菩萨戒在萧梁时期,由于武帝之提倡,盛行于朝堂。又据《陈书》载江总从钟山灵曜寺则法师受菩萨戒,姚察从明庆寺尚禅师受菩萨戒,均系在梁武帝时。《续僧传·智𫖮传》载他"手度僧众四千余人……受菩萨戒者不可称纪"。《国清百录》记载陈少主、隋晋王扬广及徐陵等,均从智𫖮受菩萨戒。日本《法华宗章疏目录》(《大日本佛教全书》本)著录有慧思的《受菩萨戒文》一卷,又在《四明教行录》卷一载有《受菩萨戒仪》,内称"西天国王登位,百官上任,并先受此菩萨戒"等语。由此看出,菩萨戒是天台宗的重要宗教活动,而其政治势力当在于统治阶级的当权人物也。

必须知道,宗派之兴常常由于统治阶级当权者的提倡,但也由于人民大众之信仰,而人民信者愈多,就更受统治阶级的利用。中国的宗派,曾经在人民大众中间有比较大的影响者为禅宗与天台宗。以禅宗而论,它们不立文字,摒弃一切烦琐的教义,因之易于在大众中流行。而且它的宗旨是直指心性,主张见性成佛,转移斗争目标,掩盖苦难的真象,更有效地帮助了统治阶级。禅宗因此在中国历史上是佛教最盛的一个宗派。至于天台宗,则须注意它和民间流行的神的崇拜的关系。崇拜古称"祠祀",为着解决家庭苦难,有"司命"、"皂神",为解决地方困难,有"里社"、"城隍"。佛教传入中国随来许多神的崇拜,如:华严宗之文殊,法相人之弥勒。在隋唐之际,观音菩萨、阿弥陀佛已经是民间流行的崇拜对象。天台宗则因《法华经》,的关系特奉观音菩萨。它(或她)是被人认为救苦救难的菩萨,智者大师曾制定"请观世音忏法"(见《国清百录》第四)。而念佛三昧,往生极乐,亦谓曾为智者大师所奉行(见法照《五会念佛诵经观行仪》卷五)。按念佛拜菩萨在民间广泛的流行,亦由于集会结社之兴起,此在唐朝以前已有流行。北宋省常慕庐山莲社之风,在杭州西湖结"净行社";天台四明知礼结"念佛会",聚僧俗男女一万人,每年定期建会,按日念佛名一千声(见《四明尊者教行录》卷一)。足见天台宗在普通群众中亦扩大其影响。

以下我们再叙述一下从师承到传法演进的情形。

在中国佛教的宗派历史中,传法是一个关键性的概念。它在隋唐以后才盛为流行,前此不然也。此在佛书称为"传灯",老子称为"袭明"("传灯袭明"连用,见唐李邕《法华寺碑》)。按早期道教并不特重师资传授,《抱朴子》"金丹"、"勤求"诸篇,自言得道书于郑君,但是得金丹须由勤求。至于印度佛教部派,只重学说之同异,很少提到师承(如《异部宗轮论》)。在中国佛教史隋唐以后,师资传授乃渐受注意。(师资一语,在隋唐时即谓师徒或师弟,吉藏《维摩广疏》卷二《弟子品》即作此解,日本佛书因之,资字亦用作弟子解)。但在汉晋之际,佛法初行,僧人有师徒关系而无传法之说。道安晚年文章中颇怀念其先师,对弟子慧远离别时予以训勉。至于鸠摩罗什门徒众多,对僧肇颇赞美其文词,谓"余解不谢子,词当相挹";又对僧叡称赞其理解"不问而解,可称英才",均未言传法。罗什以后,南朝僧俗讲习,得统治阶级的提倡而盛行。僧人往各地访师问经,讲者持经敷演,学者按文研读,此仅是知识传授,与后来的所谓传法的意义不同。现举《续僧传》所载三数事来说明:

(1)《法敏传》载,兴皇法朗将死,与门徒言后事,今推举一人继主讲座,所举都不当意。结果他自己提出茅山明法师,众人骇异,以为"法师他力扶矣"(即言疯了),但明就讲座,讲的很好,大众惬服,称为"兴皇遗嘱"。还有《道庄传》载,庄学《成实》于彭城琼法师,琼因年疾"特欲传绪,通召学徒,宗猷顾命",众人属望于庄,琼言"恐其徙辙余宗",后庄果从兴皇法朗学大乘四论。(陈垣老曰:宗猷者,推选也。)由此二事可见当时讲座的继续的情形。

(2)《智琚传》载,智琚想遍学经论,从师甚多,并自称"学无常师"。他曾听坦法师讲释论,坦将逝时,以五部大经付属,以后他常以之敷讲。在他死前,又以四部义疏付给他的入室弟子法衍。

(3)《法恭传》载:"听余杭宠公讲《成实》,屺公《毗昙》,逮宠将亡,乃以麈尾付嘱……恭即受法寄,相续弘持。"

"遗嘱"和"付嘱",名词本出佛经。吉藏在《法华经义疏》卷十一《嘱累品》解释曰"嘱累有二,一以法付人,二以人付人"。据上面所说,在唐以前,所谓付法者,实际就是能继续其师讲经论的人,所付者不过是经论的讲解或是所著作的义疏,甚至于用付麈尾作为象征而已。

但是付法这个概念,到隋唐宗派兴起,特别是禅宗、天台宗兴起的时候,却有了新的内容:一方面立宗者自以为继承佛的正统,常引用《付法藏传》以证明。当有人怀疑《唯识》、《摄大乘论》、《法华经论》是否可信,吉藏解释曰这三书的作者天亲在《付法藏》中有其人,是故可信(见吉藏《法华玄论》卷四)。天台宗传授的历史是根据龙树是付法藏第十三人。禅宗传授历史亦是据《付法藏传》、《萨婆多传》等(禅宗的拈花微笑的故事,《佛祖统纪》卷五谓出于《大梵王问佛决疑经》,该经当系伪经)。另一方面因禅定盛行的影响,传法遂有神秘的意义,与名相解释之学不同。天台特重因禅发慧,智颛诣慧思受业心观,得法华三昧,思曰:"非汝莫感,非我莫识。"而禅宗顿教,更是以心传心,秘密相传,不著一字,其后参禅棒喝,是它们顿悟学说的体现。此在于原来讲习之学,读经说法,以此相传,大不相同也。

传法概念的形成,是和宗派的兴起有关系,而宗派之形成本来是很复杂的事情,须具体研讨。如鸠摩罗什有传大乘空宗之学,浮陀跋陀罗传一切有部之禅法,法自不同。在长安时,由于姚兴、姚显、僧略、僧肇等当权者之喜爱,罗什之学极盛,浮陀跋陀罗受排挤甚至被摈至南方,得庐山慧远等之维护,得行其道。反过来,在长安盛极一时的空宗,在北方不久即衰落下来。后在江南梁武帝提倡并自讲《大品》,遣人摄山学三论,因而罗什所传之学盛行。而在北魏后期,外族统治者学习汉人治天下之术,重视儒经,而流行之佛学为毗昙有宗。一种学说之盛衰,有世风的问题、政治的关系及阶级的基础,不能笼统判定,均须待我们个别详细探讨。

但在南北朝末年,如前所述,中国佛教教派渐渐兴起,有的由学派进而为教派,如三论宗;有的新兴教派如天台宗,其主要的标志实为道统之争。这样新的风气,恐于当时佛教内部庞杂的情形有关。天下讲席林立,各种观行禅法并起,引起种种对抗,甚至杀害。

(1)《续僧传》十五载,释灵叡传三论之学,在蜀部讲之二年,"寺有异学,《成实》朋流",恨三论常破《成实》,曾两次谋杀不果,可见此二派积恨之深。

(2)《续僧传》十六载,僧可(即菩萨提达摩弟子慧可,禅宗二祖)到邺都行道,先有道恒禅师,定学"王宗邺下,徒侣千计",因争'徒众,深恨于可,"货贼俗府,非理屠害,初无一恨,几其至死,恒众称快"。传又载僧可被贼断臂。

南岳慧思的所谓"立誓愿文"(见《大正藏》四十六卷)亦述被恶僧毒害四次未死的事情,这与慧可断臂不死同样是显示他们禅定工夫的效力。但此文可注意的一点则是用佛教的末法纪年,如说慧思是末法八十二年生,末法一百二十年在淮南被毒害等等。按南北朝后期,佛教内部杂乱败坏,而大谈像法末法,描写末法时代的情形有《法灭尽经》,其中提到"众魔比丘"迫害进德的法师(见《释迦谱》卷五)。慧思文所说亦是暗示他是正法,故为"诸恶比丘"所毒害。连同上文所谈智凯、灌顶关于像法时期"三师破佛法"之说,可以证明那时僧众中各派系互相倾轧之烈。宗派之形成,亦始于此乎?

复次,中国佛教史的经济方面,等待我们详细研究的问题很多。最初,沙门食物的来源或不出二种:(一)行乞,安清在安息是行乞的,但到汉地,史无明文。此外西晋时康僧渊乞丐自资。东晋觉贤、慧观诣袁豹乞食。(二)受请、设会,汉代已有刘英"桑门之盛馔",笮融之布饭。这两种都系由施主布施。如《广弘明集》五,沈约《述僧设食论》所说"乞丐受请,二事不殊",而在沈约时已经是"今既取足寺内,行乞事断"。其所谓取足寺内者,就是"自立厨帐,并畜净人",其所以能够如此,必是因为布施丰厚(如东晋习凿齿赠道安米千斛)。另一方面寺院已有田地,自行耕种(如道安幼时为师驱役田舍数年)。南北朝时,统治阶级大力提倡佛法,寺院财产极为雄厚。北朝在太武毁法之后,文成帝复兴佛法,设僧祇户、粟及浮图户,遍于州郡。南朝虽未闻建立同样制度,但帝王达官赠给寺院的田产甚巨。例如,刘宋僧慧义劝范泰施祇洹寺果竹园六十亩(见《高僧传》卷七)。梁武帝(萧衍)为其父在钟山立大爱敬寺,强购该寺附近王骞田地八十余顷(见《南史》二十二)。由此可见南北朝时寺院已拥有田园,成为地主或庄园主。此种详情须待研究,及至宗派兴起,经济问题更须研究。我们可以初步提出两点:① 寺庙产业渐成为各宗派所有,如前所述天台国清寺拥有土地,至宋初延庆寺等规定"须弘天台教法"。② 寺庙拥有田产是在宗派发生以前,如前引《四论玄义》卷七所言宗派的争道统"如娘婢二子争父产",可知佛教那时的道统争执之激烈,是寺庙土地经济的反映。

丙 日本的一些资料

我将《大日本佛教全书》(简称《全书》)汉文部分翻了一下,看到一些与中国佛教宗派有关的资料,现约略分类介绍如次:

(一)《诸宗要义集》(《全书》第三册,收此类书共十三种)其中特别与中国佛教有关系的是凝然早年著的《八宗纲要》二卷及《内典尘露章》。他在七十二岁时作的《三国佛法传通缘起》,则载《全书》第一〇一册。

(二)诸宗争论的书籍 此项书籍不少,但主要是日本佛教史的材料,不必缕述。

（三）诸宗书籍的目录　日本所著的佛书目录甚多，常与宗派有关。有一宗书籍的目录，如《注进法相宗章疏》、《大唐国法华宗章疏目录》等；有综合书籍目录，如《义天录》、《东域录》；又有《释教诸师制作目录》，是按人分宗；而源空的《诸宗经疏目录》及谦顺的《诸宗章疏录》，均系按宗著录。谦顺书系就延喜十四年（公元914年）圆超所集《五宗录》增补成书，其卷一为"华严宗章疏并因明录"、"天台宗章疏"、"三论宗章疏"、"法相宗章疏"、"律宗章疏"（共五种即圆超集的《五宗录》，《大正藏》则五种分载），第二、三卷是谦顺增补的部分。源空的《诸宗经疏目录》甚短，所录似摘自《五宗录》而加上地论宗、摄论宗、真言宗、成实宗、俱舍宗、律宗（分大乘律及四分律），各宗均有粗略的说明。此源空如即黑谷上人，则系死于公元1212年，八十岁，按凝然的《尘露章》言及"十三宗"，《三国佛法传通缘起》详述"'十三宗'，二书均提到源空立净土教，而源空之徒良山《初学题额集》亦提到"十三宗"，疑"十三宗"之说，原与源空有关。又查十三宗的话，亦见于《瑶囊钞》及《本朝高僧传》序中，很显然均系引凝然之说。

（四）宗派历史的专著　本来中国佛教的宗派有种种的专门著作，如《智者大师别传》，是一个宗派创始人的传，《国清百录》则是宗派寺院的档案汇编。最可注意者是宗派的师资相承的传记，如禅宗的《楞伽师资记》及《天台九祖传》、《景德传灯录》等等，日本书中也存一些这类书籍，现在我们介绍与中国佛教有关系的一种：

《三论祖师传集》（《全书》第一一一册，以下简称《传集》）此书失名，当系日本人收集中国材料，加入日本僧人的记载汇集而成。其中国部分材料至少是在唐高宗以前，因为他提到唐玄奘。根据一些线索可能是凝然之师宗性所编。文中有小字注，不知是否全为原书所有，但上有考字者则必然是编印时加的。文字错落甚多，也有事实上的谬误，现略述此书内容：

此书分三卷，卷上有序言，讲三论宗是在华严、天台两宗之上，说"三论盖乃祖君之宗，法相是臣子之教"（日僧勤操753—827的话）。下面叙述第一大师释迦牟尼以后的五祖：文殊、马鸣、龙树、提婆、罗睺罗，以及清辨、苏摩王子。每人名下摘录若干资料：释迦之后摘录《贤愚经》一小段；文殊后摘录《涅槃经》、《理趣经》等数段，马鸣下摘录最多，中有《三论师资传》；苏摩王子名下所记系采自鸠摩罗什传。书中说三论系在佛后由文殊经过数传到鸠摩罗什，这和上文所引的隋朝硕法师《三论游意义》采用付法藏之说，由迦叶开始至师子比丘，而将罗什置提婆之后的说法，完全不同。

卷中是震旦祖师鸠摩罗什的传，其根据系宝唱的《名僧传》及慧皎的《高僧传》，还引了所谓"序疏"（当系吉藏《三论序疏》）和《三论兴缘》。

卷下首列"关中三藏"门徒八人"叡为首领"。再根据《四论玄记》列出八人名单，之后有僧叡、道融、昙影、僧肇、惠严、惠观、道恒、道生的传记，均录自《高僧传》。其下为：

敦煌昙济大师，所引的传文系录自《名僧传》。（与现存于《名僧传钞》中者略同）。

栖霞寺高丽道朗，其传记的资料系引自《四论玄义》及《大乘玄》（当系《大乘玄论》），还有《略述》（未详）。

栖霞寺僧诠大师，系录自《高僧传》。

隋（陈字之误）蒋州扬都兴皇寺法朗大师，系抄录《续高僧传》。

嘉祥寺吉藏大师，系录《续僧传》。

最后为日本祖师，系引自《三论师资传》。

按此书叙述不佳，版本甚劣，但究竟是可供参考的资料。如：所引《四论玄义》卷十三现已阙失。《名僧传·昙济传》，多了元徽（误为之微）三年卒，则为他处未见之资料。现在就本书提出二点：

第一点，溯自佛教讲习盛行，各种经论迭相讲述，僧众负笈各地访师，如入商店，百货杂陈，供人需求，当时遂常言及讲肆（此解见元康《肇论疏》）。这样学风虽重名师讲授，但无争正统之情形，宗派意识不浓，即最流行之《涅槃》、《成实》，亦未闻有派别历史专著（只有《萨婆多师资传》，则只是一种戒律的史记）。惟摄山三论一派，如上文所述，其性质已由学派进入教派，开始谈传授，而高丽、日本传入三论甚早，因此，一方面他们收

集些三论宗的史料散见各处,另一方面编写三论宗传授史,这类书籍,除《传集》以外,还有下列几种:

《三论师资传》,此书已佚,《传集》曾引用其中马鸣和日本祖师的材料。

《三论祖师传》亦收在《全书》第一一一册中,所载全系日僧。

《三论源流系谱》见于《续藏经》中吉藏的《三论玄义》内,上有眉批云"此话系日本所制",中国金陵刻经处《大藏辑要》中所收之《三论玄义》亦载此系谱。

《本朝高僧传》,日僧师蛮撰,其序系作于元禄十五年(1702)有很长的一篇引用书目,其中关于宗派的书有《诸家大系图》及华严、法相、天台、三论、传律、天台门迹等宗系,这些书内容不详。

第二点,《传集》是吉藏章疏以后三论宗传授历史现存的主要资料,凝然以来基本采用之。此中疑问不少,今仅述下列二事:

(1) 本书说三论之学系由道生传于昙济,似有可疑,道生固最有名,但未闻有三论的著作。而本书又说什门八宿"叡为首领",吉藏书中亦常引僧叡,说他制《法华序》"冠绝众师"、并称僧肇为"玄宗之始",而这儿却举出了道生。且《名僧传钞》中明说昙济"十三出家,为导法师弟子,少读《成实》《涅槃》以夜继日",住寿阳八公山东寺。僧导亦为罗什弟子,著有三论、《成实》义疏,住寿春石硐寺(见《高僧传》)。昙济、僧导为师徒,故同居一地,道生则未闻曾到其地。且道生在宋元嘉十一年(434)卒于庐山,昙济是大明二年(458)至江南,在生死后二十四年之久,不可能为其弟子,而应是僧导弟子,僧导、道生疑因音近而相混也。

(2) 昙济传法于道朗事,亦有问题。此道朗书中所有的资料均谓高丽道朗,吉藏书中称为僧朗。安澄《中论疏记》始将高丽道朗与河西(凉州)道朗混为一人。《三论源流系谱》在昙济下为道朗,小注有"河西"字样,按河西道朗助昙无谶释《涅槃经》后又出《贤愚经》(此二序均见《出三藏记集》),并著有《涅槃》及《法华》义疏。吉藏的《涅槃游意》有"此远述河西,乃至大济"之语,河西当指道朗,大济即昙济,

《汉类经集解》载昙济义疏。据此,昙济在河西道朗之后,绝不能为其师也。

又本书序内说,天台智者,华严杜顺"论其时代,乃关(原作开误)河叡朗之后辈也"。根据吉藏所说关河叡朗可能是指关中僧叡河西道朗(见常净的读书札记,《现代佛学》1962年第1期)。但六朝文中关河一语只指关中(如开皇十五年巩宾墓志,《金石补正》二十五卷)。

此事牵扯甚多,姑不讨论。但是无论是吉藏说"关河叡朗"或"关河相承",都是说鸠摩罗什所传的佛学。即以道朗而论,他为《法华》作疏,是罗什的《妙法华》,他为《中论》作疏,可知他亦善三论之学。以河西而论,则有河西凭(亦称关内凭),有谓其系罗什的弟子八哲之一,吉藏又谓宋代道凭,"释《百论》之元首也"。可见河西道朗及道凭与关中僧叡均系继承罗什。又《传集》只提高丽道朗,而不及河西,亦可知此书著者在序文中虽用了关河叡朗的话,但他并不认为朗即河西道朗也。

按道生传昙济,昙济传道朗,均系引自《略述》,而不见于其他资料中,《略述》不知为何书。

(五)日本佛教固不同中国佛教 但日本古来佛教学者的著作也供给我们一些研究中国佛教各种理论的资料。例如,安澄的《中论疏记》之有用于研究中国之三论学;唯识论的著作及贞庆的《法华开示抄》有用于研究中国的法相学,此皆为我们大家所知道的。近来看到许多关于《俱舍论》的著作,其中有法幢(约中国乾隆时人)的《俱舍论稽古》,亦是可注意的书。

(六)近来的日本著作一种 最近看到日本出版的《佛教史概论·中国编》,1958年三版,附有"宗派系谱",略列如下:

三论宗 鸠摩罗什—道生—昙济—道朗(僧朗)—僧诠……

天台亲 慧文—慧思—智顗……

三阶教(普法宗)信行……

净土教(莲宗)内分慧远、善导、慈愍三流

法相亲 玄奘……

华严宗 杜顺—智俨—法藏……

律宗 内分南山宗、相部宗、东塔宗

禅宗 菩提达磨……

密教 分为金刚、胎藏两部

根据字里行间的汉字了解,成实、地论、摄论等在书内均称为"学派",显然否认了"十宗"、"十三宗"之说,而未讨论。

溯自二十多年前,我已怀疑"十宗""十三宗"的传说。曾在拙著《汉魏两晋南北朝佛教史》中稍加提及(见 718 页),并在讲隋唐佛教史时,对于宗派问题亦有所论列,旋值抗战,未能成稿。解放后,迟暮多病,研究中断,两年来重理旧业,用了一年的时间搜集资料,又用了半年时间由同事李长霖先生相助,草成本文。由于我于历史事实只知一而不知十;又未能用马列主义联系历史实际,说不出所以然来,只是提出些零星材料,希望可供读者参考,并请教正。

汤用彤附记 1963. 6. 14

哲学编

释迦时代之外道

印度有史之初,其人民所礼之神如普霜(日神)、第亚(天神)是上天神;如因陀罗(雷雨神)、华塔(风神)是气象神;如须摩(原是草汁,能醉,用以祭神,复神视之,后遂衍为月神),阿耆尼(火神)是大地神(此外有祖先神,如阎摩是),盖皆感于自然之象,起禳灾祈福之心。所求非奢,所需甚简。百姓乐生,各不相犯。信巫觋,用桃符,重祠祀,崇吠陀。婆罗门教于焉托始。此其道德虽留野蛮遗风,然神之严正,民之畏法,今读其颂神歌辞,了然可睹。若诸哲人晚出,探宇宙之本,疑天神之妄,则皆特出,匪循常轨。是曰印度教化之第一时期。继而民智渐增,旧教衰颓,僧侣败度,迷信纷起。轮回之说悲观之教既张,而吠陀时代之精神遂至全改。于是祭祀之用,不在敬神造福,而在解脱。学理几研,苦行致力,亦为前此所罕有。而小乘佛教暨尼犍子六师学说,则更指斥经典(吠陀),别立门户。乃至奥义书,名为承婆罗门之正统,但其中高谈玄理,吠陀诸神地位盖已一落千丈。是曰印度教化之第二时期。自时厥后,各宗重智慧解脱,争相辩难,学理益密。以是五顶、雨众,渐成一家之言。龙树、世亲,又专宏大乘佛教。谈量谈理,则求因明。总御总持,则精瑜伽。他若胜宗、顺世、明论、声论,亦俱大成。虽其时婆罗门神教并未全断,六论诸派,降及近代亦未全亡。然自阿输迦至商羯罗,实为印度哲学极盛时代。商羯罗者,居此期末叶,吠檀多(婆罗门认为正统)宗之大师也。印度论者谓其智深言妙,遂灭佛法。实则其时释氏尊宿零落,僧伽后且受回纥之摧残,遂至大法东移,渐成绝响,婆罗门之势乃再盛耳。尔时早有凭吠陀之余烬而崇拜诸天(谓梵天等。如兽主外道是也。主谓湿婆天,兽指个人生命。盖天主之所畜牧也)者,遂演生所谓印度教。此则印度教化已自第三时期而入第四时期矣。印度教者,宗派复杂,语不能详。惟大要尊礼三身,谓梵天、韦纽天及湿婆天。尊后二者之徒党尤盛。其教外藉数论或吠檀多之说,内实不重智慧而笃信神之威权,故常盲从,不用理解。主感情,薄理性,大类基督教之所谓信仰。此乃逐时风而大变,是为笃信说。承继瑜伽,密教大盛。悉檀记字,因字字而达心性之源。身分焦膈,因部部而合天地分位。如翁Am 声于神为湿婆,于身为前额。郎 lam 声于神为大地,于身为颈骨。其持颂之繁琐,不能备举,是为秘咒说。等而下之,更有精力说。精力者,为湿婆天之女妻,用以代表天之精力。其中少学理之可言,而仪式卑鄙残酷,庙蓄淫娃,祭用裸体,此则印度教之最下乘也。加以回教浸入,混和失真(最有名之混合教名塞克),遂成印度教化之最近时期。迫于现代,志士叠出,多欲改进旧风。复兴旧教,如佛教之研究,即其一端。观其各种学术之发达,震旦较之,应为愧死。此则印度教化又或将另辟一新纪元也。

兹篇所说,当第二时期之初。计在我佛如来之前后三数百年中。大般涅槃如在周敬王三十二年,则其后八年孔子因获麟而绝笔。其后七十六年,蒲罗他各拉(Protagoras)之书焚于雅典。再十二年,而苏格拉底饮酖于狱。约于其前一百年,火教创始于波斯。其后约一百年,而亚里士多德出世。以言犹太教,则释迦行道约在预言世之末叶。其时印度亦圣智辈出,释迦、大雄(尼犍子号)特其尤著者耳。论者有震于大地学术之骤昌,或归之于世运者,实则各具因缘,不难探索也。

盖印度雅利安人奠居已久,民力增涨,智识渐高。礼乐文化,待年遂兴。而其时贸易交通,见闻较广。公众辩难,流为风尚。或挟金以求议论,或行之大祭场中,或争之不决,至筑屋以居,俾可长久讨究。而持学说者往往足无定居,与求道者以无上方便。故教化普及,不易为婆罗门所专持。如佛陀尼犍子,均出帝王阶级。奥义书中,婆罗门亦常低首承教于刹利种。当时普通民智之高,实新说盛起之原因一也。民智既高,吠陀诸神,以常留野蛮遗风,而失人民之仰望,是以建立梵天,黜多神教,而起万有一神之观念。甚至谓祭祀自可得福,福非神授,而于神之有无,亦三复致疑,信仰求福之念大消,而多赖智慧以求解脱,原因二也。吠陀之世重在祈福,故祭司权力特大,历时既久,僧侣滥行威信,神殿成贸易之场,祠祀作谋生之术,纵欲乱纪,识者忧之。乃有努力 Asrama(说见下)之设,苦行之教,其意无非在严定清规,尽除私欲,原因三也。轮回说兴,无常之惧骤盛。盖人生戚戚富贵,汲汲名利,奄忽物化,无可为宝,思此而吠陀乐生之风遂易为悲观诸说。仁者厌世即以救世,激者厌世乃成绝世,原因四也。

本此诸因,新说群出。《梵同经》举六十二见,《尼犍子经》如 Sūtrakrtāngā 及《奥义书》中所载异说亦夥。归纳诸说,约分三系:(1)婆罗门教,延吠陀神教之旧绪,重祭祀。(2)奥义书开辟新说,立梵天。(3)沙门诸外道,轻吠陀,重智慧(奥义书亦重智慧)。各立门户,学说极杂,最知名者为耆那教(即尼犍子外道)。

一

自雅利安人侵入印土,被征服之土著流为奴婢,不得参与吠陀教会,遂成为第四阶级。而在雅利安人中亦稍稍分为三级。盖上古民族,内赖鬼神之团结,故祭祀有专司。外须作战以御异族,故武士为专职。其不司祭祀战斗者为工农,器用财赋于是取给。以是有僧侣帝王平民之划分。迹其始意,并非阶级。盖阶级者,最重婚律,其义在保持血统之清洁。故婚嫁为限同级。然索诸佛典,虽称誉种德婆罗门,谓其"七世以来父母真正不为他人所轻毁",又谓"颜貌端正得梵(婆罗门也)色(犹言种姓也)像(见《长阿含》卷十五)"。但种姓原义并非阶级,其限制结婚,在乎种族,而不限于同级。且非婆罗门之各种族均可互婚,异种异色之结婚尤时有所闻。而所生之子,且可为武士或僧侣。迨阶级之制盛,而后僧侣不得为武士,帝王不得为僧侣。然在佛典,则婆罗门不必即僧人,帝王种亦常作工匠。见之记载,并不为闻者所奇也。

　　当时阶级之制虽不严,然为僧侣者之权渐大。如记谓:"天有二种。诸天是天。而精熟吠陀以教人之僧侣亦天也。"彼等习于祭神之歌曲仪礼,他人则须营生业,作战争,无暇学驱役神鬼之术,而"聪慧婆罗门纳诸天于其权力之下"矣。(上所引二语均见梵书中。)故僧侣之通人必"异学三部(谓三吠陀即三明),讽诵通利,种种经书(解释吠陀诸书),尽能分别,世典(恐系记天象故事等之书)幽微,靡不综练。又能善大人相法占候吉凶祭祖仪礼。"(见《长阿含》卷十五)吠陀有四,以黎俱为最古。河阆婆于释迦出世后始渐著名。娑摩夜殊二者则侧重祭祀,尤以夜殊为婆罗门教之初期典籍,故释此之梵书更为详备。最有名之百道梵书 Śatapatha_Brāmana 属焉。凡诸梵书,类详载礼仪,佐以譬喻,所言繁琐多无所谓。其中虽不乏奖励道德笃行敬礼,然终为罕见。概言之,则势力实在婆罗门,而不寄于诸天之手;威福实在祭祀,而非得之神人。故梵书有谓诸神不死,乃由力行祭祀苦行而得者。(见《百道梵书》中)而人兽之得不死亦同赖祭祀。如四吠陀中言:"我昔饮须摩味(祭祀所用之草汁)故成不死。得入光天识见诸天。"又于马祠则有曰:"兽,汝父母及眷属悉皆随喜汝,汝今舍此身必得天上。"(均见《金七十论》卷上,又参见《百论疏》卷五)祭祖之威权既若是之大,故举行须谨慎将事。一言一动,及至发音之轻重,均有莫大之效果。稍乱其次第,则白昼必永为长夜,或四时十二月均失其常。梵书详叙礼仪之进行布置之末节,盖以此也。

　　祭祀出自魔术,用术驱鬼必用咒语,祭祀求天亦赖歌曲,故通吠陀者战胜一切。"智有三,黎俱吠陀、夜殊吠陀、娑摩吠陀是也。黎俱,歌颂地也;夜殊,空(空气界)也;娑摩,天也。人以各吠陀而战胜地空天。"(见《百道梵书》)梵书于祭事则谓之法,于祭理则谓之智。百道梵书中曰:"祭牛若东去,则祭者可得生善世,北去则于人世,声名伟烈,西去则多人民财谷,南去则死。如是乃智之道。"其智之粗拙如此。歌颂为祭祀之文,智论为祭祀之理,二者乃互相为用也。

　　祭祀之种类极繁,自帝王灌顶马祠,(帝王为祭者,期甚长。盖须放马于野,任其所之,以卜当征服之地点何在)。以至平民之火祠(甚简陋),几于无日无之。而人生之大事，礼节特重。据书传所传，祭祀为数二十一，列为三组，组各有七。一为油乳等之供献，二为须摩之供献，三为牺牲之供献，然祭祀之数实不止此。其时期常延至一年以上，参与者亦常至千万。印人之所以特重祭祀，盖以为天地之运行，祭祀节目悉可与之相应，凡举行正当之祭祀者，即可得自然界之威权。故祭者（谓求福之人，担任祭祀者，请僧人主持。故僧人不必即祭者。）如发愿言某人当死，则其人立亡。质言之，此项学理，与所谓同情魔术者相同。如结草人，载某名姓生日诅之，某必殂。盖草人与生人相表里，亦犹祭祀与天下事理之相应也。因是重象征主义，祭用茅草以象天地，歌曲音韵以象人类，牺牲神龛无一不有所指。而神庙之方向，亦含重大之意义焉。

祭祀之旨有三。一曰供养。盖牺牲者，神赖以生，祖先之灵亦需饮食，故油汁须摩投倾爝火，而韦纽天传曰，用祭祀而诸天之生得养。此则最初人民信仰之遗传，人之视神相去不远。二曰赎罪。祭者恒陈牺牲使代受过。如梵书有曰："呜呼，牺牲！趣归汝之肢体于火，汝为诸天祖父人类及吾辈所作罪洗涤所有罪恶，吾人于梦中醒时有意无意所作均汝为洗净。"三曰求福。人神授与，意本无殊贸易，故人恒持供献于诸天之前而说誓言："给我我乃给汝。授我我乃授汝。"（见《百道梵书》）。以其所供，求其所欲，所求愈大，所供愈丰。故婆罗门受巨额之金钱，牛羊牺牲动以千百计。（参见《长阿含究罗檀头经》）彼等受之恬不为怪，而乃为之解说，归诸神旨，理所应然。至谓："祭祀之用有二：供献诸天、给养诸僧。以供献厌足诸天神，以给养厌足诸人神，二神均足，则祭者可以直生天上。"顾僧人所贪虽特多，而祭者所求尝亦甚奢。驱病杀敌，及凡所欲而力不能达者，如生天不死神通自在等，无不可得之于祭祀。合法之马祠行之百次，则祭者可进位为神，竟夺天帝释之席也。

僧侣且可任意修改祭祀仪文，梵书各家之所以并出，婆罗门各族各派之分立门户有以致之。祭言 Yājñavalkya 大师，印土教史中之老宿，而为祭礼之专家。食祭牛之事自古悬为厉禁，而师则曰："至若我。如为牛肩亦食之。"其擅改礼法如此。其后维持风俗礼教，渐衍为婆罗门之特权，而法典遂为彼辈独治之学。祭言大师盖亦法律家之一。僧侣既挟此无上之威权，故荡检逾闲，无识鄙陋者，所在多有也。

婆罗门僧人以此恒为有识者所鄙，如俣形。迦叶常闻佛"呵责一切诸祭祀法，骂诸苦行人以为弊秽。"传闻虽过（见《长阿含》第十六卷），然其贪鄙，史具有征。三明经（出《长阿含》）亦曰：

> 三明（谓三吠陀）婆罗门见日月游行出没之处，又手供养，（此一种祭祀）而不能说此道真正当得出要。至日月所而常又手供养恭敬，岂非虚妄耶？（中略）彼三明婆罗门为五欲所染，爱著坚固，不见过失，不知出要。彼为五欲之所系缚，正使奉事日月水火，唱言扶接我去生梵天者，无有是处。（中略）譬如阿夷罗河，其水平岸，乌鸟得饮。有人欲度，不以手足身力，不因船筏，能得度不？答曰：不能。（佛曰）：三明婆罗门亦复如是。不修沙门清净梵行，更修余道不清净行，欲求生梵天者，无有是处。（下略）

顾梵书中亦常奖进善行。第一语须诚实。阿耆尼（火神）于诸天中为发愿之主，而言语亦列名天中："一切均二分，绝无三分。或为实或为不实，仅实为上天，而不实为人类。"第二戒淫。淫者独犯伐龙那（司善恶甚正直）。当祭祀之时，祭者之妻，必经僧人正式诘问，是否忠于其夫。盖祭时不能容罪恶于胸，若先事忏悔自白，则罪可减。至于杀盗堕胎，均须严禁。而宗教之条律，尤须恪守。此虽多对祭者（谓出资求福请婆罗门僧人主祭者）而发，然婆罗门之德行须修，明者亦渐觉其重要。故不久有四努力之设，分为梵行时期、在家时期、森林独居时期、遍出或比丘时期。意在管束人生，谨严教训。然佛之时代，婆罗门教之衰坏，实非虚构也。

以上所言，俱据梵书。梵书、奥义书，特为上级人之学说（奥义书学说见下）。通俗之信仰不必相同。征诸往籍，当时平民特别迷信鬼神。（1）天堂地狱之说渐形复杂。其用意在惩恶劝善，言诚者生天上，作诳者入地狱，祸福年限亦各等差，视善恶之高下为断。（2）驱使魔鬼颇多方术。或种植树木鬼神所依以谋生活，或占相男女吉凶好丑以求利养，或作种种厌祷，或诵种种邪咒，或知生死，或习医方，或占天气，或说国运，亦能咒人作驴马,亦能使人聋盲喑哑,或火烧鼠啮能为除解。(均见《梵网经》)(3) 多数人民虽仍礼吠陀,而所尊之神渐异。求之佛典,其重要者为大地之神(净居天),山林之神(雪山神),旧日之神存于俗者甚少。因陀罗在古昔最大,乃转为帝释,性质即异。而吉祥 Siri 女神伊散那 Isana 均渐见尊仰。后在印度教,吉祥为韦纽天神妃,伊散那则为湿婆天。顾旧神之衰替不独见之群众信仰,婆罗门中优秀,亦渐弃古多神教,而主泛神说,如奥义书所载是矣。(群众中不乏苦行及新学说,然此俟下论之。)

二

梵书上承吠陀,敷陈礼仪,法之事也。梵书之末类有森林书,而奥义书之最早者即常为森林书之一部。此二者均重理论,而奥义书尤深探哲理,则智之事也。智法互相为用,徒行祭祀之法而不识其理,所求必不得。此虽梵书之言,而奥义书之于婆罗门教,尤为教外别传。梵书之智,实指祭义;而奥义书之智,则已进入哲学之域,实智者乃可知之。其道父仅可传之子,师仅可选授优秀。中枢秘密应不著一字。奥义书之重要有名者,都十三种,其最初者成于佛陀出世以前。各书所载,或诗或文,或二者兼有,寓言故事祭祀神歌均编入篇中。(奥义书各种多非一人手著,且其亦采帝王阶级言论)其言虽庞杂,而大义固有可寻者。

黎俱吠陀中晚出之诗章,(黎俱吠陀集长时间歌曲而成。)即有世界本质之疑问。降及奥义书而讨论益亟,答案亦多。故印度各宗,如计水外道(大林奥义书五之五)金卵外道(唱徒集奥义书三之十九)、计时外道(友爱奥义书六之十四)、声常外道(唱徒集奥义书一以下)、自然外道、必然外道、偶然外道(白骑奥义书一之二),均于诸书中有迹可寻。而五大五风,所食食者诸说,亦散见各篇。而数论瑜伽及吠檀多之道均于是托始。综其大略,则主张泛神,虽未尝推之至极,未全立商羯罗如幻之说,而力持即我即梵,实为后弥曼差(吠檀多之别名)之祖。(此下所引务据早期奥义书,其后期奥义书去佛日远也。)

梵字原义为颂,(魔术咒语即曼荼罗)为礼节,为唱诗僧,其后引申为礼节所得之魔力。人如作正供献,正歌曲,则有梵生,再引申而为世界之精力。天地之运行,人类之生命,胥于是赖。故依神言之,梵为最大,为造物主;依天象言之,梵为虚空周遍一切;依人类言之,梵为风,生命之本;(风乃旧译,应译生气,指呼吸之气,乃生命所托);依哲理言之,梵为世界本质,一切事物均自是生,而日月水火等均可指为梵。等而上之,梵为真如,义如虚空,不落言诠,须遮不表,是以有"不不"之说,谓梵出吾人有限知识以外,不如此,亦不如彼。故韦迦陵问梵于白伐,白伐应之曰:"趣学梵,吾友。"即复默然。及再问三问,乃答曰:"余实诏汝而汝不悟,默然即此神我也。"(见商羯罗注《吠檀多经》三卷二之十七)

所谓神我者,谓阿提芒 Atmman。奥义书之大义,可以一言蔽之,即梵即我是也。在黎俱吠陀,阿提芒或指世界之原质,或指个人之生命。而在奥义书中,阿提芒多指自我。"自我者乃人类固定不变之本质,永住妙乐,如无梦眠,虽彼实无知而实知之,但彼所不知平常之知。[何以故?]盖以其不灭(平常之知有生灭),而知者之知无已时。"(见大林奥义书第四编三之三十)寂然不动是谓无知,独为知者则是有知,一切知作非即彼体而从彼生。彼为能见而不被见,彼为能听而非所听,彼为能思而非所思,故为独存之主体,绝对之主观。是之谓人之实质。

人之实质无以异于世界之精神,此意在黎俱吠陀已见端倪。其第十之九十,比世界为补卢沙,(旧译丈夫又译神我。)日出于目,月出于心,因陀罗及阿耆尼(火神)出于口,伐由(风神)出于呼吸,空气出于鼻端,天出其首,地出其足。类此言论,屡见奥义书。(唱徒集奥义书三之十八,大林奥义书一之二。)而梵为内宰 Antaryāmin(谓一切外界受其宰御),尤似个人神我,自我以外无他物,(语见大林奥义书四篇三之三十。)梵即我,我即梵。此之谓奥义,深密不可言说。至于现象世界山河大地是真是幻,则奥义书诸哲,未深加推求。如幻之说虽现端倪,而多但认定仅梵我为实有,不言世间为非实,此则未免矛盾也。

总上所言,大义有二。(一)梵与我均为世界之原质;(二)梵即我,我即梵。因其均为原质,故包举一切而无内无外,无生无死,不可见闻,不可探索。昔乌德拉克既使其子施伟塔克图学诸吠陀,进而诏以梵之密义。
兹节译如下(唱徒集奥义书六之八):

　　吾儿,此诸河流通,东者向日出,西者向日入,自此海达于彼海,
而仍仅流为海,彼等亦莫辨孰为此河,孰为彼河。吾儿,人世恰亦如
是。一切众生虽同出一生,而不自知其为一。彼神秘之原体,世界以
之为精魂。彼乃真实,彼乃自我,彼是汝。

又曰:

　　傍将将死之人,诸亲毕集,各问曰:"汝识我欤？ 汝识我欤?"当其
语未没入心,心未没入于命,命未没入火,火未没入最高精神,彼有知
识。既而其语没入心,心没入命,命没入火,火没入最高精神,然后不
知。彼神秘之原体,世界以之为精魂。彼乃真实,彼乃自我,彼是汝。

又:

　　其父曰:"置此盐于水中,明晨其来见我。"其子奉行。父谓之曰:
"趣取置于水中之盐。"子觅之不得,固已全化矣。父曰:"于水面尝之
若何?"子曰:"盐。"父曰:"于中间尝之,若何?"子曰:"盐。"父曰:"于
水底尝之若何?"

　　子曰:"盐。"父曰:"弃之,再来谒我。"子行之,然盐仍在。

　　父乃曰:"于此身中,汝亦不能觅见实质,但彼固亦存在。彼神秘
之原体,世界以之为精魂。彼乃自我,彼是汝。"

此中"彼"指大梵,"汝"指自我。"彼是汝"一语,谓梵我本来为一,是此后
吠檀多宗极有名之格言。下引一段亦甚有名,为哲人商谛礼所说(《唱徒
集奥义书》三之十四):

　　全世诚为梵,凡灵魂净寂者趣尊礼之。趣以之为其所欲知。人
诚为智所成,故当其逝去即变为智,因为其在世所有也,是以彼趣精
进向智。其质为神,其身为生,其形为光,其意为实(真实不妄),其体
为无限,全能全智,全嗅全味者,包含天地默然不乱者。彼乃吾之精
神,处于吾心,小于米粒、或麦、或芥子,小于草子,或竟小于草子之空
皮。此吾心中之精神,大于地,大于天,大于神区,大于万千世界,全

能全智全嗅全味者,包含天地默尔不乱者。彼乃吾心中之精神,彼乃梵。当余逝去,应彼是达。知此者诚无复疑虑。商谛礼之言若此。商谛礼之言若此。

梵我合一之说,为奥义书之主旨;世间如幻之说,乃商羯罗所后加。奥义书大半近于吠檀多,然其内容缛杂,故他宗要旨亦间可得。最著为数论瑜伽之说。盖吠檀多合梵我为一,而数论瑜伽则显分为二。(自性与神我)虽其说多见于后期诸书中,而初期书(如唱徒集六之四、迦塔奥义书四之七)迹亦可得。佛陀出世时之已有数论,亦可征之佛典。(如佛所行赞第十二品等)而推求学理之进化,当时应亦有此说,特数论之成熟则恐时乃稍后。事理繁复,兹不详探。

进而言奥义书之解脱道。轮回之说,黎俱吠陀已有萌芽,至此时益显。因有无常之惧,而愈有出世之想。大梵是常,故人我须没其中,合而为一。天上是常,故人须离世间不返。其解脱之道,主在智慧。祭祀乃法之道,奥义书则重智之道。人能知天地之秘,斯可独存;能知梵之奥义,斯即为梵。业报之起,悉由无明,故若有智,业力可断。印度各宗均以智灭苦,佛家智慧亦最尊。其所谓智慧非为平常知识,乃彻底之觉悟,而得之禅定者。得者于此绝对信仰,成为第二天性。美人髑髅,富贵朝露,凡庸识之仅为格言,圣哲通之见诸事实,非仅知之也。且我即智慧,智慧即我,因我为清净智慧,故了无所限,不死不生,竟合大梵。迦塔奥义书(一至三)述一婆罗门往谒阎魔,不受世界一切快乐,而欲知生死之秘密。智慧之见重,于此可见一斑。是亦印度哲学特性之一也。

三

婆罗门教承吠陀之余绪,而保守祭祀之法。奥义书重学理研究,而新创解脱之智。智之道虽已多门,如吠檀多及数论之先河等。其实当时发愿出世,广立智论者,婆罗门正统外尚大有人在。希腊有马迦斯屯尼者,以西历纪元前302年为希腊使臣,至月护王庭,归而著一书。近人考之,知当时宗师显分二派:一为婆罗门,一为沙门。沙门脱离家世,四方求道

（故此等人名出家人），精思殚虑，不顾衣食（常求乞故，称曰比丘）。其言其行，常异于婆罗门之正道，常居森林，或露卧，或穴居，不守阶级，不尊吠陀，薄祭祀，重苦行。吠陀本重诸天而兴歌颂，梵书重祭祀而尊僧徒，奥义书虽轻诸天而崇吠陀，犹不失正教。至于沙门，则多鄙弃神权，故婆罗门人视为外道。其时婆罗门与沙门并立。但依考证，婆罗门或较盛于西方，沙门则多在东方也。其时哲人之知名者，为六师（常见佛典）、为阿罗逻迦蓝及郁陀迦罗摩子（佛尝问道二人，为毗舍离城左近沙门之领袖。）阇马力（为尼犍子之婿，叛耆那教而别立僧伽）、及叛佛之调达等。至于释迦牟尼，则诸哲中之特立者也。当时贵人出家求道，世人视之不但不怪，且有尊礼之者（如《中阿含箭毛经》所述）。出家者夥，其中不无藉行乞以谋自活，轶出常轨者。如末伽黎拘舍黎为六师之一，即邪命外道之首也。居舍卫城，馆于陶人妇家，持一杖乞食（故得末伽黎名）行诸种奇异苦行，至谓淫乐无害，精进无功。其初本师尼犍子，后以坏戒离去，耆那教人亦斥为妇女之奴隶。诡作奇说，动世人，以谋生活。故时人谓之邪命外道。由是等事，而各宗首领常聚众设戒，为有组织之教会（梵曰僧伽，拘舍梨反对此项团结，与尼犍子徒辩论，斥其师聚党。可知僧伽之制，非出家者之常规）。其时教律最严者，唯耆那教。

求道既成风尚，于是宗计繁兴，散见典籍（如佛书及耆那教书）者不少。整理发明，谈佛教史者应详搜讨。

（一）凡沙门婆罗门广博多闻，聪明智慧，常乐闲静，机辩精微，乃为世所尊重（见《长阿含》卷十四）。以是辩论之律渐兴，而离支难堕负之语随出（见《杂阿含》四八）。有散魇耶毗罗梨子者，六师之一也，每于一事全无定见，如人捕鳝，不可捉摸（见巴利文本沙门果经）。

> 如汝问有别世否，如我知定有，我当作是言；但我不作是言，吾亦不以为如是如是，吾亦不以为不如是如是，吾亦不非之，吾亦不言非有非非有别世。如汝问有情有以偶然生否，诚有果报否，人既得道死后常存或仍断否，吾亦如上答之（节译巴利文本《沙门果经》）。

同时谓此事实，此事异，此事不异，此事非异，此在六十二见有四见

(以下所陈六十二见俱依长阿含文)。耆那教(尼犍子)斥为不知主义 Ajñānavāda,而立或然主义 Syādvāda(见下)。其邪命外道之拘舍梨,亦立三句,谓同一事可是、可非是、可亦是亦非是。此二者盖均辩论术之方式也。

(二)世间诸论尤为繁兴。

(甲)有谓世间常住(六十二见之四),或谓世间半常半无常(六十二见之四)。言常住者,谓一切世界均是不变。言或常或不常者,如欲界变化而梵天常住云:

> 彼大梵者能自造作,无造彼者,尽知诸义,典千世界,于中自在,最为尊贵。能为变化,微妙第一,为众生父,常住不变。而彼梵化我等,我等无常变易,不得久住。(此对似奥义书尊大梵为世主等思想)。

(乙)论世间有限无限(有边无边六十二见之四)。

(丙)论世间变化之原因,传说有三种(《中阿含十三度经》)。(1)宿作因论,谓一切世事皆由前定。如邪命外道拘舍梨,谓业报极强,无道解脱,一切运行均系必然。故其语阿阇世王曰:

> 大王,无力无精进人,无力无方便,无因无缘众生染著,无因无缘众生清净。一切众生有命之类皆悉无力,不时自在,无有怨仇定在数中。(中文《长阿含》此段系波浮陁迦旃延语,惟证以巴利文及《尼犍子经》,此系拘舍梨语,今从之。)

此所谓数,命运之谓。(2)尊祐论,崇自在天,一切运行均依神意,婆罗门书中散见此说。(3)无因无缘论(六十二见之有二见),谓世事皆出偶然,如推此说必无果报,而似富兰迦叶(六师之一)之学。如言:"于恒河南岸,脔割众生,亦无恶报;于恒河北岸,为大施会施一切众利人等利,亦无福报。"(后二说并见长阿含卷十七布吒婆楼经)

此外亦有以世界事物变化之因归之神我者,由命(神我也,犹言灵魂)有想生,由命有想灭(亦出上经),此则神我为因之说也。

(三)为自我或灵魂之研究。

（甲）耆那教经言最著名之邪道有四，一为不知主义（已见前）；一为戒律主义（专崇戒律）；一为有作主义，谓我实有，且能作能受；一为无作主义，谓我非有，不能作，不能受，谓我非有，佛亦持之。而耆那教经典另举有二说。第一说持我与身一：

> 下自足底，上至发端，居于皮内为生命，即是自我。自我有生，当此身死彼即不生。彼之时限与身躯同，命偕身尽。他人负之付诸烈火，当彼已为火烧，所存者黑如鸽之骨，而四负担者携其架床复归村中，故别于身之我实无，实不存在（中略）。

> 趣杀，趣掘，趣屠烧，趣烹切破坏，生命尽于是，此外无世界。

第二说亦蔑视道德，卖人伤身，在所不禁。惟言身乃地水火风空聚成，五大散灭，生命亦尽。此等说颇似阿夷多翅舍钦婆罗（六师之一，见《长阿含》卷十八）之言：

> 受四大人取命终者，地大还归地，水还归水，火还归火，风还归风，皆悉败坏，诸根归空。若人死时床舆举身置于冢间，火烧其骨如鸽色，或变为灰土，若愚若智，取命终者，皆悉坏败，为断灭法。

凡此宗派，顺世外道之先河（顺世后亦有二派，一说身与我一，一说身与我异，惟均谓四大有灭我亦随死），断见（六十二见有七见）之极则也。

（乙）何为我之本体，亦当时聚讼之点。要不外即蕴离蕴二大纲。如布吒婆楼（见《长阿含》十七）与佛争辩何等是我，而陈多说。一谓色身四大、六入、父母生育乳哺长成，衣服庄严无常摩灭法，此等色身是我。一谓欲界天是我，一谓空处是我，乃至说识处、不用处、有想无想处、无色天是我。而六十二见有谓我是有想之十六见（谓我是有色有想乃至我是无量想等），无想之八见（我是有色无想至我是非有边非无边无想），非想非非想之八见（自有色非有非无想至非有非无边非有非无想）。虽不必持诸见者均有其人（邪命外道言我为有想有色，尼犍子言我为有想而无色），而当时探索自我之原质可知至亟也。

（四）各宗虽俱信轮回之说，而其解释各异。

（甲）轮回之期限。有谓无尽，得智慧，作苦行，可使中断。尼犍子及佛说是矣。有谓身与我是一,故身死我灭,轮回既无,期限更可不论。阿夷多(六师之一)等是矣。有谓轮回甚久,(如邪命外道说)业须待其自然成熟,绝不能以智慧苦行断灭。轮回之期为八百四十万大劫,每一大劫为三十万沙拉。而每一沙拉之计法如下:

> 恒河长五百由旬,宽半由旬,深五十陀那。今有十三万七千一百五十七恒河,而令移去其中之沙,每百年一粒,直至沙尽时则为一沙拉。(每由旬约当四英里半,每陀那约当六英尺。)

(乙)轮回之程径。奥义书有谓善人死后循祖先之道以至月宫享受福乐。至其善业尽,复生人间。恶人反之,须入地狱受苦。而得大梵上智者,解脱轮回,不生不死,是曰天之道。而沙门婆罗门亦设天堂地狱之说,其神话之复杂,即览佛典所载,亦当惊印土此类信仰之完备也。

(丙)轮回之身。如尼犍子谓轮回者为有色物业报是矣。如奥义书则谓轮回者为无色物,因彼执我是无色也。使数论为佛时学说,则谓神我无缚无脱,轮回别有细身。佛教既主无我,故无实物轮回,不堕断见,不堕常见,实深微妙也。

(五) 请言解脱。解脱之说,种类繁多,各宗互异。或谓及时行乐,五欲自恣,此是我得现在涅槃。此六师阿夷多等之说,而后时之顺世外道也。或谓去欲恶不善法有觉有观离生喜乐谓入初禅,即是解脱;或谓灭觉灭观内喜一心无觉无观定生喜乐谓入二禅,即是解脱;除念舍喜住乐护念一身自知身乐谓入三禅,即是解脱;或乐灭苦灭先除忧苦不苦不乐护念清净谓入四禅,即是解脱;(上六十二见中之现在涅槃四见。文悉依《长阿含》)或修无有处定,即是涅槃,则阿罗逻之说也。或修非想非非想定即是解脱,则郁陀迦之说也。当时依瑜伽解脱成为风尚。佛重智慧亦主治心。大林奥义书(四之四)曰:"如人知神我而悟我即彼(指神我即大梵),尚有何欲爱令彼囿于身。"此即诠瑜伽义。瑜伽义在相应,明梵即我之秘可得自瑜伽也。夫离欲(瑜伽义亦作相离)静寂专在治心,瑜伽之学也;毁形残生旨在治身,苦行之说也。自其上者言之,则治身即可治心,瑜伽即苦行之一。等而下之,则苦行偏于外仪,乃戒之事,为禅之外行;瑜伽精于内

观,乃定之事,乃智之基本。苦行者去欲受戒,其事已足。而沙门婆罗门
乃有竞骛新奇,意在骇俗,食他信施以谋生活者(邪命外道其最著者也)。
如佛典云:

> 离服裸形,以手自障蔽。不受坩食,不受杅食,不受两臂中间食,
> 不受二人中间食,不受两刀中间食,不受两杅中间食,不受共食家食,
> 不受怀妊家食。狗在中前不食其食,不受有蝇家食,不受请食,他言
> 先识则不受其食。不食鱼,不食肉,不饮酒,不两器食。一餐一咽,至
> 七餐止。受人益食不过七益。或一日一食,或二日、三日、四日、五
> 日、六日、七日一食,(上段证之耆那经,似邪命外道行)。或复食果,
> 或复食莠,或食饭汁,或食麻米,或食秽稻,或食牛粪,或食鹿粪,或食
> 树根枝叶花实,或食自落果。或被衣,或被莎衣,或衣树皮,或草苦
> 身,或衣鹿衣,或留发,或被毛编,或著冢间衣。或有常举手者,或不
> 坐床席,或有常蹲者。或有剃发留髭须者,或有卧荆棘上者,或有卧
> 果蓏上者,或有裸形卧牛粪上者。或一日三浴,或一夜三浴。以无数
> 苦,苦役此身。

是皆释迦之所不许。盖"彼戒不具足,见不具足,不能勤修,亦不广
普"(上均见《长阿含》卷十六),欺世盗名之徒也。智慧解脱,各宗多尚之。
吠陀时代解脱之方不在智而在法,法者祭祀。然自吠陀神衰,婆罗门哲人
侧重奥义,知秘旨者乃得解脱。故其后正统六论(吠檀多、弥曼差、数论、
瑜伽、胜论、正理),莫不以智慧为主。沙门外道辩论反复,各立异说。即
瑜伽修行莫不目的在得真谛,而佛家驱斥邪见,重一切智,得最正觉乃得
成佛。西方哲学多因知识以求知识,因真理以求真理(knowledge for
knowledge's aske, Truth for Truth's sake),印度人士则依智慧以觉迷
妄,因解脱而求智慧,故印度之哲学均宗教也。

解脱者,出轮回超生死之谓。无论以苦行烧除(苦行字义为烧),或以
智慧独存,要在停止业力,使之无用不生。然邪命外道则唱自然解脱之
说,谓命运前定,业力极强,中途不可使止,作善作恶均无效用。拘舍
梨曰:

无论智愚,须经八百四十万大劫游轮回中,(说见上)然后乃离诸苦。虽智者思惟,依此德此法此苦行此正义,余将举吾未熟之业悉使成熟。虽愚者思惟,亦复如是。然智愚之不能成功,一也。安乐痛苦各有定量,轮回未终不可改变,无加无减,不多不少,如抛缕丸,既尽所有,乃不能转。如是智愚亦游轮回中,须待时至乃得灭苦(见巴利文《沙门果经》)。

邪命外道与顺世外道(六师中富兰迦叶及阿夷多翘令钦婆罗类此。)虽均蔑视道德,而一则以业报极强,时尽乃脱,故虽弃礼义亦可谓无恶果;一则身死命随,无轮回,无业报,故称淫乐为涅槃。二者结论虽同,而立意实异也。

邪命外道与尼犍子说多同,耆那圣典现为仅存。因稍详辑述以殿兹篇,并见释迦时代外道之一斑云尔。

四

耆那教徒祖承大雄。大雄(生于西历纪元前 599 年,死于纪元前 527年)姓若提,名增胜。父属王族,与摩迦陀王有戚谊。本生奇迹,或人或兽,或为天帝,或为梵僧。及至降生若提王族,母梦白象,(共有十四梦。)瑞应最多。三十,弃富贵出家求道。游行乞食,亘十三年。婆罗树下得独存智,尊号大雄,或称胜者(耆那教以此得名)。离系出世,其徒皆名尼犍子,布教立规,多众归依。年七十二始入涅槃,超生死海。大雄之前,有祖二十三(如释迦之前有七佛),而大雄之师为勃斯伐,立四大戒,不杀、不诳、不盗、不淫。大雄之后,教分二宗。白衣派者衣白衣,天衣派者以天为衣(即裸体),各立经典。天衣派尤重苦行,以拥座著衣者及妇女均不得解脱。依历史言之,白衣经典殆较早出云。

奥义书立言,世界之体是常,故其本质为梵为我,梵我常之极。推其言,则世间现象是变,亦应是幻。耆那则谓立说不可趋一端。譬彼金瓶,为极微所成,故自极微言,瓶则为实非虚;自金瓶言,瓶则可变,亦谓为幻。瓶实可同时为实为非实(实之梵音陀罗骠,胜论句义之一)。自地大言之,瓶则为极微所成；自水大言之，则非极微所成（瓶盖为地大极微成）；自地变成金言之，则瓶为地大所成；自地变成石言之，则瓶非地大所成。以此推衍，物各具数方面，故耆那执不一边主义。

因此而耆那之徒立二道七分之说。二道者，一物自其本体言之则为实道，自其名相言之则为变道。实道有三，变道有四。兹姑不详。七分者，属或然主义，言事物均可自七边说。如（1）瓶是实，（2）瓶非实，（3）瓶亦实亦非实，（4）瓶不可说，（5）瓶实亦不可说，（6）瓶非实亦不可说，（7）瓶亦实亦非实亦不可说。盖一切四句俱可成立，而执一边者必误也（故百论疏三有若提子立非有非无宗）。

耆那与数论均系二元。物质是常，诸我（即生命）亦常，两相对立。如是有六句义，谓命（即灵魂）、法、非法、时、空、四大。或有七句义，谓命、无命、漏、缚、戒、灭、解脱。实则命与四大最为重要。盖人之精灵降生四大，缚于业，迷于漏，遂有时间空间之限，有善法非法诸行。解脱之方在戒律，而解脱之旨在灭苦也。

一切事物或有生命，或无生命，二者为绝对差别。身体绝非生命之本源（如顺世外道说），生命亦非身体之本质。人之所以有知有作，以其有命。命如清净独存，则有无边见、无边智、无边喜、无边能。然从无始来，生命恒缚于业缘，其能力清净均有边限。命之数无限，非遍满亦非极微。惟随身大小充遍各部，如橐籥风，随量舒卷；如炬在室，随量光照。命分六种。有一根（皮）者（如植物），有二根（皮舌）者（如虫），有三根（皮舌鼻）者（如蚁），有四根（皮、舌、鼻、眼）者（如蜂），有五根（皮、舌、鼻、眼、耳）者。而人天及魔均有五根，且有心根。

轮回之生命俱有业报。业之种类分析极繁，兹不能详。凡遮盖智慧者名为智盖，遮盖正见者名见盖。凡生苦乐者曰受业，凡遮蔽正信者曰痴。业又有四种：曰寿业（定寿短长）、曰名业（定名相）、曰种业（定种姓国籍等）、曰遮业（定命之性力）。复依业类分命为六，金黄、莲红、黑、白、青、灰是也（邪命外道亦分有黑、青、红、黄、白及最白六种）。命之白色者则已解脱，而最恶之命而为黑色。业者本生所作，将来必报，非由神力（简自在天外道等）。业非无碍，无碍之物不能生福，亦不能生害，有如虚空。故业是有碍也，命依业之性质而生诸趣。业之兴起悉因无智，故人得全智即可解脱。

补特迦罗者，非命句义之一也。译谓物质（非犊子部之补特伽罗为个人为个性）。补特迦罗为极微所成，极微是常且无方分。物有三种，粗如器用，细如业缘（业是有色），细极邻虚，是曰极微，有触有味有香有色。极微有四种，地水火空（气）是也。各种粗物极微所成，排置不同，故物各异。人之精灵（命），本来清净，因有业缘与补特迦罗结合而被缚于业，譬若衣被油渍，易为尘据。衣者喻命，油如贪爱，而尘则补特迦罗也。

解脱之方，总曰三宝，正智、正信、正行是也。正智者，明耆那诸谛而不落于一边。有正见者，乃有正信。正信者，信耆那教理及经典。解脱之因首在正行，行在戒律。发五大愿：一不杀，二不诳，三不盗，四不淫，五离世间诸乐。每愿俱有严厉之解释。如不杀生者，凡五根（兽）、四根（蜂）、三根（蚁）、二根（虫）、一根（植物）之生命，均不应食。不饮冷水，以其中多有生命。不惟禁行杀生事，意业口业亦所不许。凡诸戒律意在苦行，尼犍子之教，苦行外道也。苦行或内或外。内者止观，当静思世间无常，世间多苦。外者残身，最上者不食自杀。脱解之因，在离诸苦。故命既解脱，必生至乐，为无限智无限见。（参见《长阿含》沙门果经尼犍子语）常人正智为业所蔽，离系成道，业已烧尽得无余智，同时遍照净寂长存成阿罗汉。

耆那教徒至今未绝。中古以还，张因明，作美术，兴庙祀，富神话。虽可得详，顾无关兹篇，均不具述。

叔本华之天才主义

　　天才主义为叔本华（Schopenhauer 1788—1860）学说中扼要之部分。其形而上学及伦理学中，在在均与此有甚深之关系。盖当叔氏时，天才问题为思想上最要之一问题，而其时天才亦极众多。如哥德（Goethe）、薛来（Schiller）、费希脱（Fichte）、两徐来格（Two Schlegel）、黑格尔（Hegel）等，均与叔氏先后并出，而康德则去其时未久，故时有"天才时代"之称。洛耶氏（Royce）在其《近代哲学精神》（Spirit of Modern Philosophy）中有言曰："尔时青年几无有不自以为天才者。"良非虚语也。叔氏虽未自许为天才，而其所言多暗影自身也。

　　叔氏性情乖急，所谓"天才近狂"（Genius is akin to madness）正其人之谓也。因所著书不行销，屡与书贾为难。丹麦学会悬赏征文，氏应征落选，但彼则自印其文，大书特书为不得赏之文，以示该学会之妄。居尝畏人之害其身。在柏林时，值虎列拉盛行（黑格尔死于是），氏恐及其身，乃急逃。其言行之奇异若此。而性复傲倪，目空一切。谥费希脱为气囊（Windbach）。其学说亦别开生面，异帜独标，于西洋哲学史中殆罕见其俦。故人常谓其受东方人学说之影响也。

　　叔氏引申康德所言，其哲学可分两方面说之，即谓一切现象（phenomena）无论为心理的或物理的，皆属于思想，心物不可偏废，二者相合，即为现象。一方面则谓世界本质（thing-in-it-self）为意志，非理性所可管束，理性管束之特征，为多数及有限之个体。

　　凡在空间时间及因果之观念中,可谓某物为有,如言此为棹,因此棹占有空间故。此棹非古棹,因现在见故。此棹非彼棹,因接近故。因此物不可知,所知为现象,现象之能知,则以占有空间时间并有因果故。物之本质,无空间时间,且不受因果律之支配。平常人以为物之本质即为现象,是直以物如见制于时空及因果之中。然为世界本质之意志,乃图无限发展者也。以无限意志而对付此有限之现象的世界,故此世界为悲观为苦恼,氏之悲观主义,即以此为出发点者也。费希脱亦主意志之说,但费说之结果则为乐观。彼亦以此世界既属有限,意志无限,则不应以意志而屈服于现象世界之下。应鼓厥勇气,战胜物质,而后归入精神。人生最后之目的,当如是也。但叔氏一生潦倒,厌世极深,故其说亦不及费氏之强毅。是亦因天才各异之故也欤? 叔氏以为欲超脱此有限之世界,只有二途:① 天才;② 圣才。今但言天才。夫人欲脱苦海,必须具有下列两个条件:① 不受世间一切限制者;② 无一切意志欲望者。

　　故今若有一种心理材料,能具此二个条件,即可为能脱苦之因。盖苦者以有限知识役于无限意志之谓也。叔氏意谓柏拉图所谓概念(Platonic Ideas),此概念为不受时空因果之限制,无有个性,为一普遍之概念。非单指任何物而言,乃指个物共同之性质,此概念虽与单独个物有关系,然不受时空因果之限制。所谓柏拉图之概念,为天才脱苦之利器。概念属思想,故思想对意志言,意志贪得无厌,为恶之源。天才思想必极发达,而意志则须缩减。天才未尝无意志,因思想发达之故,因而意志不如在常人之专横,陷入于苦海之中,凡一切主观的见解,均自意志中发出。惟柏拉图所谓概念,则发自外界,为完全客观的。

　　天才以何种心理作用而能认识柏拉图所谓概念,俾超脱此有限世界乎? 此心理作用有二:① 知觉或直觉(perception or intuition)。所谓知觉者,乃对于外界直接之知识,全非抽象思想。抽象思想乃主观的,天才用知觉期达最完全之客观(柏拉图概念是矣)。此种直觉之知觉,与常人在有限现象世界中所用者不同。天才之知觉,以物之不变本质为目的,不变之本质乃最客观者。故主观之意志、主观之心理遂薄弱,而天才知觉发动至极,可不有物我一切分别。② 想象(imagination)。常人知物不能超乎物象以外,是因其知识不足,且少想象之故,天才知物不限于时空因果,只知其代表之形,如见日落,而可想象自然界之美,彼常人则见日落,以为入息之时,毫无高尚理想。所谓春江花月夜,天才对之,具有莫大意味,非可语乎常人者也。然而世界之物,均为有时空因果者,天才果凭何物而得其柏拉图所谓概念乎? 此则于美术中可以求得之。盖美术品虽非柏拉图所谓概念,而实与之相近也。天才必为知觉及想象最发达者,故天才必爱美术。美术不限于文学之类,凡自然界之美者均属之。见一切美而生无限之快乐,惟天才为能。常人则无地不为苦所缚系,因其不能以直觉或想象以审美也。而美之中最善者为音乐,以音乐之起伏,可代表世界本质(意志)之变迁,可使全世界尽成客观。意志之在主观者,则为苦恼。今若将其变为客观,由音乐表现而出,则不觉其苦而觉其乐矣。

天才圣才,与常人之所以不同者,则以常人知识不能达到柏拉图所谓概念,常限于物象之中,而不能超脱,无地不为苦所窘也。而天才与圣才之别,则天才对意志不用压迫之法,而圣才则极力克制,使不能发生;天才以由主观发出之观念而客观化,圣才则断没一切主观的意志。因是之故,天才所得之快乐,只是暂时的;而圣才则除恶于根,故能永久解脱。

凡天才必非女子,因女子感情太重,主观观念极易发生。啼笑不常,喜怒为用。强之作毫无意志之天才,绝对不可。故天才必为身体健壮,脑力充溢者,始可当之。其余叔氏书中所道及天才之身体形状,多无甚理论根据,半悉先生之自况而已。

叔氏此说,在美术心理方面颇有价值。但亦有大缺点,如其言有意志为苦恼,而圣才抑压意志即无苦恼。试问,所用以抑压者,是否亦为意志,若为意志则焉将置之? 其天才学说,亦犯同病。如欣赏美术,变主观悉为客观,应亦有意志作用。若谓主观意志为苦之因,天才所避,其运用美术心理,乃别有一种意志。如此,则意志可分为二种,是必受时空因果之限制。如是则叔说将根本推翻矣。

(原载《文哲学报》第 3 期,民国十二年三月)

亚里士多德哲学大纲●

第一章　亚里士多德哲学之大旨

凡哲学家无古无今,其学说均资前人思想而有生发,亚里士多德之哲学固亦如是。盖哲学究恒有进步,虽其问题常相同,而实义则绝非全似。且每一问题经一次之解决,此方面变为稍易,他方面变为更难。亚里士多德之解决柏拉图之困难,亦犹柏拉图之补足苏格拉底之缺点,亦犹苏格拉底之对待前人之学说。陈述不同,而其情形固相类也。

希腊哲学托始于一极简单问题,即问世界事物至繁,何者为其一极简之解说;吾人经验甚广,何语可以概括之。由此而有许多之答案。Thales❷ 视水为原质,万物悉为其所变;Anaximenes❸ 则以世界为空气之现象;而 Pythagoras❹ 另倡新说,反二氏之主张,弃物质解说,而归所有现象于数,其意数者万物所同有之性质,凡生存事物,盖无不可以数或量表出之。惟苏格拉底以前诸哲学家甚少如氏之搜讨于感觉界之外者,类皆研究自然,其解决世界秘密恒于物质方面求之。故亚里士多德称彼等为物

---

❶　译英人 Edwim Waddace 原著 *Outlines Of the Philosophy of Aristotle*,英国剑桥大学出版部印行。——作者

❷　泰勒斯——本篇脚注中人名音译皆为编者所加。

❸　阿拉克西美尼。

❹　毕达哥拉斯。

理哲学家。Democritus❶ 及原子学家尤甚,其意以为物质本为不可分之原子所构成,世中事物以原子配合之不同而形以殊。原子为物构成之本质,而万物仅为原子各种之变化。

久之而他项问题发生。前此哲学以万物即已成为经验之材料,为直接所知,并必系吾人所能知。不久而知识之性质成为哲学家问题。Democritus 有感觉知识与理性知识之分别,Empedocles❷ 谓能知之心与所知之物中间有相似处。此相似即为知识之界限,除此以外,吾人经验不能及。其言实含真理。而 Eleatic❸ 派 Xenophanes❹ 与 Parmenides❺,谓感觉均经吾人纳诸一系,加以存在性,非此则不能存在为理性知识之境界。言之虽粗,而摄至理。更有进者,则 Anaxagoras❻ 证有理性不但为内知之源,且隐为外物之根基与支配者。

因此,希腊哲学渐变本质问题为知识问题,始问何为存在,后究何为知识。泊乎苏格拉底及诡辩家则更自外境之搜讨,流为内性之研究,少对于物之构成,而多对于思之构成加以玄想也。

诡辩家主张以一主观体为知识之准则,知识于主观体为相对的。一物之所以被知者,对知之之心而言也。故 Protagoras❼ 曰:人为万物之准则。其意盖谓万物自体中无标准,必经人考察解释之而后有意义。此种学说用之不慎,必至流为僻言。引申之,无物之自体为真为伪,物之真伪心理为之也。如是则无论何等意见之价值,悉赖乎发此意见之人。而此人意见与彼人意见之价同而应绝无相违之事,由此而信仰为不足轻重矣。他人之以为伪者与我之信仰无碍,而他人之意见遂无足注意矣。

---

❶ 德谟克利特。
❷ 恩培多克勒。
❸ 爱利亚。
❹ 克塞诺芬尼。
❺ 巴门尼德。
❻ 阿拉克萨戈拉。
❼ 普罗泰戈拉。

因反对信仰乏标准之说,苏格拉底于是乎建知识中有不变之部分。人之概念绝非漂荡不定之现象,如诡辩家所说。无论一辞经如何之引用,必有一遍及观念为之根据。据芝诺芬(Xenophon)及柏拉图之所传,苏格拉底恒搜求每物之意义,常示普通人之谬处在用字无恰定意义,而以遍及之观念与其特殊之表现相混。于是氏之方法,乃在求名辞之通义,可以谓之为归纳法。例欲发现美之真义,则取"美人"、"美景"、"美质"诸事,定其何相为同有,可施之诸事而均通者,指之为"美"。故亚里士多德曰:苏格拉底在哲学历史上之贡献,一在其归纳之方法,二在其搜寻普遍之定义。

苏格拉底既黜诡辩派怀疑之说,然于氏未死以前,而尤为难决之诡辩说又作。唯名主义(Nominalism)与个人主义(Individualism)盛行一时。而 Cynic❶ 及 Megaric❷ 二派,不信有普通或遍及之物,个人以外无有何物,而个人与个人之中,则亦毫无关系。此种学说,可用之论理,或见之实行。论理方面则仅许有相同断定,不能言"人是善",仅能言"人是人"、"善是善",此在论理名为唯名主义。在本质论为原子论,而在伦理则为个人主义。而此自私之个人主义,乃 Cynic 及 Cyrenaic 二派所公认者。虽 Cynic 以德、Cyrenaic 以快乐为人生之目的,然 Cynic 主张自满自足之德与 Cyrenaic 之主张快乐,同为当时自私自利之流弊。二派均以自足自满为人生之要旨。二说均不能出个人以外,均不知个人之自己成就须于个人外求之,其哲学中均缺乏个人性与遍及性之调和。

柏拉图起而欲补此缺。补之之方在以概念(Ideas)为实在(Real)。此项学说亦因人生之需求而成。亚里士多德解说柏拉图概念主义之起源,甚饶趣味。推其言则 Heraclitus❸ 之流弊在偏重感觉,柏拉图因此而知应为感觉以外之知识留地位,与康德因休谟之偏重经验而求经验外之根据情形正复相同。据亚里士多德之言,柏拉图承认 Heraclitus 万物流

---

❶ 犬儒派。
❷ 麦加拉派。
❸ 赫拉克利特。

动之说,进而立说谓恒变之物绝不能为经验上之材料,而受思想之支配。然则物之被知,必另有根据,故柏拉图立新说曰:Heraclitus 之说仅限于感觉及现象。如为知识上之材料必出感觉以外,故感觉现象界之外,必另有一思想世界。盖感觉必须有统系而后乃能有知识,完全之感觉必须连言说而去之。一有言说,即出个性感觉之外,而使多数感觉生连属关系。有此连属关系,可证个性以外必有遍及之物,个人之所以被知、所以生存,乃因其为人也。一物之所以为美,乃因隶于美之概念也。

以此而柏拉图解决当时之困难,Cynics 及 Megarians 等谓命题(Proposition)不能成立,遂为妄言。盖每物之所以被知与其所以存在,悉有关于较大之全体,例如,苏格拉底不仅为苏格拉底,且为一人、一善人、一哲学家等。因是哲学之目的,在讨论多数不同概念之相符相违。推究(dialectic)为哲学家之职,旨在研究物之异同。演绎与归纳、定义与分划均合用之。多赅备于一,而一则施用之于多。故哲学之终点,在多中见一,一中见多,感觉之多仅可用思想之一解释之。

以此柏拉图解决特殊与遍及之关系,而此说在伦理上之实施则尤注重,古今哲学家固未有欲真适实用之如柏拉图也。故对感觉现象所起主观知识,即须变为实质之真知。小忠小信仅拘守外界法律,亦应化为对于义务之真知灼见。氏在其所著《理想国》(从今人通译之名)一书中,证明人之所以为人,必合其与他人、国家、社会之关系观之乃得明了。柏拉图又推用其概念说,而谓每一善举、每一福事,悉惟善之概念是赖。行为合于此理想,乃有真道德之价值。

然柏拉图既明知识须有遍及,存在亦赖遍及,而于二者之关系则少明文。据其所言,则思想世界与感觉世界似截然为二,构成万物之遍及似在各个万物之外也。

因救此失,而亚里士多德立说遂异。柏拉图用遍及解说个物,亚里士多德则依个物以说遍及。对于抽象普遍经验以外事物均加以正当之审虑,每一观念氏必使之经事实实用之解释,故其学说中无处无注重具体之表示。(1)推广此义,而论理学中遂有三段论式。三段论式者,用一中间之观念,使一较小普遍意思与一较大普遍意思相连属,如是而吾人可由特殊渐进于遍及。故无论何科学,非顾及其特有之特律,则研究不能精。(2)推广同义在本质论,氏遂主张世界本质不可得之于抽象之遍及,但须于不定性之物质与确定之形式相合而成。易言之,即自未发之本能达已完全成就之动作,其间历程即为世界本体之表现。(3)推广同义于心理学得同样之结果。灵魂非部分调和之谓,亦非数目之抽象体,实乃身体之实义(truth),故恒与身体为俱有。(4)推同义于伦理学中人生之目的,即非专注于善之抽象并绝对之概念,亦非沉于 Cynic 之自私个人主义。人生之目的,盖在使人性得于社会中有完全与正当之成就。

论理学显为亚里士多德所特创。苏格拉底首定观念之功用,柏拉图始有命题之学说,亚里士多德完成知识之分析而有三段论式。三段论式之特点,在依一观念而发现意义之普遍性质,并且该观念必广于意义而狭于普遍性质也。故科学之目的,在发现此种观念,所谓中端(Middle term)是也。故中端者,放宽而统一吾人之知识者也。进而广言之,则氏之三段学说,乃证明所有思想均赖遍及之真理,而所有知识或演绎或归纳均依普遍(general)之命题始得完成。穆勒约翰反此说,主张思想悉自特殊(particular)至特殊,其举例曰:村妇因其女之如何病愈,而敢为邻人之儿下药。常人之思想,初不赖普遍之主题也。推此主张,则如村妇之饮水,向未有原素之分析,则氢氧二气合为水,不亦无其事耶。而化学之分析与论理之分析不同为虚妄耶。顾审亚里士多德所论,则此种浅说均立推倒。氏之言曰:于比喻或举例,似以一特殊情事,推另一特殊情事,不知此种理论之成立,仍在变换此特殊情事为普遍之命题。简言之,则理论之所以有生发,须换事实为遍及,三段论式特此理之扩大耳。

论理学既用此理于思想,本质论亦用之于事物。本质者,非抽象之遍及。论理学中广被之总类(genus)与特殊之差别(differentia)合而为别类(species)。本质论中,未成之物质(matter)与已定之形式(form)合为实质。柏拉图理想主义注重常,注重不变。亚里士多德认定物之当然,承认自然界有变迁,有生命自本能至实现,自可能至实有,自隐存至显著,自非有(nonbeing)至存在(being),均为变迁,恒为进步。根据本质论原理,乃有心理学。氏之本质学说,实定其对于灵魂之主张,其视身体及灵魂之关系,与物质及形式、或能力及实现之关系同,故灵魂为身体之终的(entelechy),为身体之完就,虽非身体组织最终之结果,然乃一种形式(form),身体机能依之而有意思、有实义。以是氏讨论心理现象时,未尝忘却与其俱依之生理情状。

亚氏虽知生理及心理之密切关系,而绝未尝视物理之条件与心理情状为无分别,亦犹其未尝视一观念之心理来源与其本体性质可混为一。其哲学中恒自两方研究知识:(1) 吾人对物之知识;(2) 上帝之创造心理对物之知识(论理学中之归纳法与三段论式亦与此相对)。故在历史上为末,或在本质论中居先。进化最终之步度,或为该进化原有先天之条件。故思想或理性,虽感觉记忆及印象所合成,似属最终,然在论理上则居最先,盖为运用知觉及记忆之要件也。苏格兰一精深神学家之言,正得亚氏之旨,其言曰:"思想为世界最要之条件,而吾人所有思想及知识,均根据于超人之思想或自觉(self-consciousness),而此超人之思想,则所有思想者及思想境界均概括在内。"(见 John Caird, Philosophy of Religion, 158 页)

同样理由亦用为道德之要点,思想之生活遂为人类最高之生活。氏得此结论亦由详细究讨。初则意在避 Cynic 之个人私利与柏拉图之不适实用之遍及主义(Universalism)。人之幸福在人性之平均完全发达,人性既不纯属理性,亦不纯属感情与欲望,乃兼二者而有之。德者中(mean)也,要在用诸感情及人欲得当,不许趋于太甚,惟在不太多亦非太少,因此而道德有时只为表面之适合。然亚氏立说,无论为伦理学或其他科学,常显批驳柏拉图于先,而隐引用之于后,故人之真义务究为思想之生活,盖灵魂者固即此思想之所构成者也(此偏柏拉图说故著者云云)。

但思想之生活,非全离常人平日情状之谓,故其伦理学(即本志所译之本卷十第七章)谓吾人所欲之不朽生活,非在现时以外,盖理想必只得之于实在中。而政治学为伦理学实验之所,二者应同为一大学科。至善不唯当为个人所取,亦当为全国所用。道德家之理想,亦当为政治家之理想。虽亚里士多德不常注意各学科中之关系,顾于国家有道德之意志,则言之甚晰。于国仅为保护生命财产而勉强集合之说,则攻击不遗余力。而社会之实在目的,在其分子之所共之道德福利,则言之尤深切著明。亚氏又常详言音乐,而明悲剧对于道德之影响。吾国(译者按:此虽指英国,然谓为现在之中国亦无不可。)现若是放弃美术,不整顿戏曲,若国民果服膺亚氏斯言,或可思过而速改也。

至若亚氏学说之真价值,则非此短简绪言中所可言及。惟其立说中必有为近世哲学所超过者,如康德在其三批评论(Critiques)中,对于经验条件、责任基础所具卓见,若求之于亚氏所著本质论(Metaphysics)中必不可得。亚氏于伦理学中德之研究,亦甚不圆满。视德为二极端之中态,易流于板滞之人生观。不知道德责任之无际,且如 Pythagoras 之徒认善为有限,虽此狭隘之道德标准,有思想生活为最善之说(然亦涉私利)可以纠正,然比之神旨犹为不及。"汝其臻至善,即如天父之至善"。(见《马太福音》第五章四十八节耶稣第一次布道语,译者注。)神言如是,与吾人至广无穷之理想,此理想因为无限而不能实现,故吾人对之灵魂愈知卑虚而不高傲也。

虽近世思想多有超于亚氏断案以外者,然其著作不能谓为对于学者遂无价值。氏之纯粹科学学说或无价值,如天文或化学之论著,恒月新日异,常因新发明而成为无用。但研究人生,如果欲悉人性问题之性质,恒可用前人所读之书。学者如果欲知本质及生命之意义,当经历柏拉图与亚里士多德之经验。

复次凡此经验记在异国文字(指希腊文,谓非英文也),亦是利益。哲学实为不可传授之物,一经传授,即没本真。哲学问题之价值,在其无一定答案,须必个人亲自领会。凡物理科学,众人所可同有,而哲学道德之真理,须人人心印以自力得之。而此种讨论之练习,得诸古人较得诸今人尤易。盖读古人之书,恒经翻译之劳,翻译非在字句而在思想,实为最良之教育,绝非今文书所能有也。夫研一科学当首悉其最初,而逐步视其问题发达之顺序,则亚里士多德之书,必永为伦理及哲学之最好著手处。吾人对真实外界之知觉,是否出于理性,抑出于感觉;遍及实质是否根于个人,抑或反是;身体动作是否心理作用之前因,抑或心理乃身体之实据;最高生活是否在实用,抑属玄想;思想之发展,是否与道德进步并行;国家是否仅为保生命财产而集合,抑发展正义之道德组织;美术是否人类生活偶然之事,抑为要素;凡此困难,今日仍亟待解决。而研究亚氏学者,均承认氏于此类问题,给吾人以极好之教训也。

第二章　事迹及著作

一、生平事实

亚里士多德西历纪元前 384 年生于 Chalcidice 半岛之 Stagira 城,死时值因避祸出亡在 Euboea 岛之 Chalcis 城,时纪元前 322 年也。在纪元前 367 至 347 年之间,学于雅典,曾受业于柏拉图。厥后留住 Mysia,其地专制王 Atarneus 乃其友、且同学,娶王之近戚 Pythias 氏为妻。自纪元前 343 至 340 年之中,为亚历山大王之师。自纪元前 335 至 323 年间,讲学于雅典之 Lyceum 学校之散步处——Peripatos(以此而亚氏学遂常称为 Peripatetic Philosophy,而亚氏弟子遂名为 Peripatetics)。据氏所留遗嘱及传说故事观之,氏为一热诚而广大之人。(吾人所知最古之亚氏传记为 Diogenes Laertius 卷五,此前传记均失去。〔此注乃节译原文原书。自此于每节之后多有考证或解释,兹择其要者节译,余均删略。〕)

二、著作之传授

亚里士多德著作,始为 Theophrastus,Neleus 及其戚 Apellicon(前100)Sulla(前 82)及 Tyrannion 等人所保有之。后至纪元前 70 年,似始为 Andronicus of Rhodes 所搜集编订。Strabo 之所言,谓自 Theophrastus 至 Apellicon,亚氏著作学者知之者甚稀,似为不稽之谈。

三、著作之真伪

亚氏著作之真伪,向为聚讼之点,其故因 Diogenes Laertins 所传之书目,与现在所存者多不同。然亚氏常用不同书名指同一著作,如其物理学又常自名为本原论或本体论等,故书目异同究尚可解说。至于其著作之格式,尤为难断。现所存者大部分似仅为讲演笔记,为学生所编集者。除现存者外,氏似常作有问答体(Dialogues)文,然此实不必即为"通俗著述",此则亚氏似指当时普通所通行之学说及意见(谓不必是亚氏自作也)。

四、著作之次序

亚氏著作之次序不能确知,其故有三:(一) 氏或同时兼作数书;(二)氏常于早年著作有所加正;(三) 氏在此书中引及彼书,不必彼书已写出,或仅在其理想中耳。然亚里士多德似先作修辞及论理诸书,以及伦理学及政治学,次及关于物理诸书,而终之以本质论。而本质论之作述,当为氏全生事业也。

五、亚氏学之传授

亚氏学(Aristotelianism)在其死后 Theophyrastus(前 373—前 288)、Eudemus 及 Strato of Lampsacus 等继续而发达之。而 Strato 则特以唯物论解亚氏学说。其较确解释及注疏,则功属 Alexander of Aphrodisias(200)、Themistius(330—390)、Philoponus 及 Simplicius 等。自 Justinian 帝禁逐在雅典研究哲学后(529),斯学赖东方之叙利亚及亚剌伯文译本而得保存。约于纪元后 1200 年以还,由亚剌伯文译成拉丁,始大流传西欧。此前则西欧仅知亚氏之论理学,盖为 Porphyry 在罗马所讲释而 Boethius(470—525)所译也。

六、亚氏之渊博

亚氏一生受无数熏陶影响,机遇至佳,故于哲学各部均能领会得要,而修为一大成之哲学(encyclopaedic philosophy)。

七、学之大成

此大成之学,以思想有三种目的,故含三种学问:(甲)玄想哲学:其目的在真理;(乙)实用哲学:其目的在行为;(丙)美术哲学:其目的在美术创作。

八、哲学之分类

玄想哲学(Speculative Philosophy)再分为:① 第一哲学(Prima Philosophia)(参看本质论 $I_0$2a618—21)又名神学;② 数学;③ 物理。实用哲学(Practical Philosophy)再分为:① 伦理学;② 经济学;③ 政治学。美术哲学(Poetic Philosophy,直译应作诗辞哲学)则论美术,而诗学、修词则为其特科(论理学为通用之学,不与各科并列)。

第三章　论理学

九、亚氏之论理著作

亚氏之论理著作,甚早即为"散步者"(Peripatetic)收集,编为一书。因其为法律为工具,各科学研究均赖之,故名之曰工具(Organon),吾人所谓之"逻辑"(Logic),亚氏用之指语言推理(Verbal resoning)。而今之所谓论理学则名为分析论(Analytic)。亚氏此诸著作之中,大半为今日形式论理之诸部分:(甲)其范畴篇(Categories)为端(term)之分类;(乙)解释篇(DeInterpretation,言语有解释思想之功用故有此名)为命题(Proposition)之分析;(丙)先后二分析篇(Analytics)详说三段论式;(丁)辩证篇(Topics)论或然推理(Probable Reasoning);(戊)斥诡辩篇(Sophistical Refutations)讨论诸种谬误(fallacies)。

十、十范畴

亚氏范畴首在单个名辞(isolated words)之分类。单个名辞别于命题而言也。范畴有十:实体(substance)、数量(quantity)、性质(quality)、关系(relation)、何地(place)、何时(time)、地位(situation)、情状(condition)、行为(action)、感情(passion)是矣。盖天下事物皆可用实体数量等表显之也。此十者排列之次序似全未凭一原则,然可视为吾人欲知一物而对之发问之次序。如先问此为何物,次及其大小,次及其性别等。而亚氏则恒以实体为最要。实体又有第一、第二种:第一实体为个性物,第二实体为第一实体所属之种类。数量分为断及续二者。关系者其存在属于他也。性质之中被动或第二性质则甚重要。(自此后书中每段均附有希

腊文一段至数段不等。性质虽是注释,然悉摘录亚氏原文,甚可参看。惜
译者未谙希腊文,不能译。)

十一、命题之分析

单个意义不显真误,必俟观念联为命题,真误始起。命题可分为名辞
(即主辞)与动辞(即宾辞)。名辞不表示时间,依世人习用而始有意义(如
人字依习用而指二足动物,其实不必须用此字也)。动辞则加入时间之表
示,所以与名辞有别。普通名辞(如人、如犬、如善等)之外,有无限名辞
(nomen infinitum)如(非善)一语,凡积极观念(指善)所不包之物彼莫不
包之,故为无限无定也。

十二、命题及其种别

字既联合,而合理之语言及思想(Logos)以起。Logos者举全体及各
部之意义均括有之。有许多形式,不过论理学仅详实然形式(indicative
form),因其独可表显真误也。命题之真误,依其与所代表之事实相符否
为断。而错误命题,于应分者合之;于应合者分之,故命题者表示此物与
彼物之和合之声音也。命题因遂分为肯定(affirmative)与否定(nega-
tive),而二者又各有遍及(universal)特殊(Particular)及不定(indesig-
nate)分别。命题又可有样式(modality)之分类,根据主辞宾辞相和合之
程度而分为必然及或然等。

十三、命题之对当及换位

如命题甲之全部所承认或否认者,即命题乙之一部所否认或承认者,
则甲乙为矛盾(contradictory)。如一普遍肯定与一普遍否定相对,则二
者为反对(contrary),以是二矛盾主题必不相容,其一必真,其他必误,而
反对主题则可均误。依形式言之,对当(opposition)有四,而实则只三,因
一特殊肯定与一特殊否定之对当仅虚言也。命题又可依换位法(conver-
sion)换端之次序,而得一相等之新命题。但于普遍否定可作简单之换
位,而肯定则须作有限制之换位。

十四、可作宾辞

辞之可作宾者(predicables)谓一命题中宾辞可与主辞发生之关系,

总类(genus)、性质(property)、及附性(accident)是也。吾人如用归纳法审查各项命题,或用演绎法视其应然,均有此二种,盖宾辞或可或不可与主辞换位。其可换位之宾辞,或为定义或为性质;其不可换位者,则或为总类或分别或附性。定义者,说出主辞之特性是也。性质者,恒与主辞俱有而可换位,且不言及特性者也。总类者,可施于不同之许多事物也。附性者,或属或不属于主辞者也。

十五、定义及其方法

定义既在显物之特性,必合一总类与一分别表示之,故欲得一真定义,必须于一总类发见诸性质。诸性质分言之则各广于欲定之主辞;而合之则恰与之相等。知〔根基〕(prime)、〔奇〕(odd)、〔数〕(number)分之则各广于〔根基奇数〕,而合之则与恰等。故欲知一概念之类别,必先分类(division),俾可不致遗漏应有之别类(species)。于已定之别类,当分察其共同性质,然后合各类而查究其共同之特性。如同点不可得,则各别类间必有真正之分别在。例如,对宽宏下定义,若有人宽宏而不能忍辱;有人宽宏而漠然于命运,而二者中间不能求得相同之点,则必有二种之宽宏也。定义之不完全者有三:一以暧昧;二以太广;三以未言特要性质。暧昧之故,或因语有多义(equivocal),或因用譬语,或用奇语。未言特要性质者,其故有三:① 用反对者定反对者;② 显明或暗中用被定之字作定义;③ 用一较低义定一较高义,而较高者实包于低者之内。

十六、三段论式

三段论式者,广言之乃依已认事实而得不同事实之思想程序也。此项手续,柏拉图已用之于其"分类为定义"之说。但柏拉图之方法,在用继续二分法(dichotomy)以求物之性质,其法实已先包含欲求之性质在内。以其法系出武断,非先用一较狭之义俾可由特殊者推至较广者,故亚里士多德自以三段论式为其所发明。三段论式之原理为:凡可作一命题宾辞之宾辞者,亦可作其主辞之宾辞(例如"苏格拉底是人"一语,"死"如可作"人"之宾辞,则可作"苏格拉底"之宾辞)。

十七、命题之格

三段论式各有三端,大端、小端及比较此二者之中端是也。依中端之地位而有三格(figure)之分别:① 中端恰在二极之间,小于大端而大于小端;② 中端大于二者,而因可作二者之宾辞;③ 中端小于二者,而因可作二者之主辞。第二格仅可发生否认断案,第三格仅可有特殊断案,第一格独有普遍断案,而名为科学格。

十八、变不完全格为完全格

第一格以中端在二极间故,合现象之天然顺序,亚氏因指为完全格,余二者则为不完全格,以其断案不必出于其所有二前提也,故须证明后二格之真确。证明之法,在凡此二格之真确者,可变为第一格,而知其不误。变之之法有二:① 为明换法,即用换位法使之成为第一格;② 为反证法,即假定原有断案为伪,而由此假定推得与原有前提不符之结果。

亚氏所谓三段论式之最要条件有三:① 前提之一必为肯定;② 前提之一必为遍及;③ 在断案中,周延之端必先在前提中已周延。

十九、假言断定

亚氏之假言三段论式有异于今人之所谓假言论式。氏之假言论式,乃用以推"如甲事能证实,则乙事随之而真"之理。氏说假言断定(hypothetical judgement)之原理曰:今有二端关系如此,如前者为真后者亦真,则如后者不真前者亦必不真,惟后者如真则不必前者之必真也。

二十、归纳法

三段论式非仅自全体至部分之演绎法,亦为自部分至全体之归纳法。归纳法使吾人可于特殊中搜得遍及,恒自特殊举例进至公共法律,在诸现象中求准则是也。依形式言之,则为用小端证明大端为中端之宾辞,而小端则须包各例言之。归纳之种类,亚氏未常明分,然偶涉及多数所谓〔试验方法〕(Experimentalmethods)之原理,而以共变法(Methods of Concomitant Variations)为尤著云。

二十一、省略及举例

省略(Enthymene)及举例(Example)为三段式及归纳法之修辞的形

式。省略者,以前提为共认之格言,或为引及他事实之事实,均以世所共认,故不说出。举例者,用似小端之端,证大端属于中端,所谓自特殊至特殊之推理也。但亚氏知须变特例为遍及,此项推理乃得成,故为三段论式之附属也。

二十二、知识之二系

三段论式及归纳法恰表示生存之二面,物之被知之二法。天下事物,可就其自身视之,所谓对于创造心理(creative mind)之显示,其他方面则就物之示诸吾人者观之,故在数学点居最先(著者意谓点虽居先,然为吾人知识经验以外之物),而平面立体继之。平面立体,皆与吾人最先有关系者也。三段论式当对物知识之第一方面,以其托始于法律或原因,而继用理顺推,以讫于实施或结果。归纳法当第二方面,以其始于人生经验之事实,而继用理逆推,以达于原因或原理。但正确言之,知识者在用居最先者解说事物,在知原因必须引到一定之结果。

二十三、论理的证明

归纳法仅指明何为法律,而不加以证明。依据最先者观察事物,则独可达论理的证明(logical proof)。论理的证明与推究(dialectic)之别,正复在此。盖论理的证明与吾人以最要必然之真理,而推究则仅引吾人至或然界,而任吾人于其中选择,故真正之论理的证明,须预先认定遍及(universals)之存在。柏拉图所谓之概念,乃超出感觉之外,或非实有。然普遍之可作宾辞(predicables)为证明所必须,仅就个物(individual)而言,实不能为证明之根据。而遍及者,非仅公同之谓,非仅有普遍实用性之谓,盖实乃主要性质(Essential Attributes)之谓。主要性质者,可显现于根本之形式(form)中之总类概念也。由是言之,遍及即等于原因,而原因者乃三段论式之中端,而真正之论理的证明,为用三段论理求索附于一物一义之主要性质也。

二十四、科学的知识

求知识为科学的,须灼见现象之诸原因。而科学的知识(Scientific Knowledge)可供给最确实必然之结果,故与平常意见(mere opinion)有别。科学的知识,在知事物与遍及及原因之关系;经验之知识,在知各个未经解释之事实,故科学与感觉相反对。感觉虽对为遍及性质所定之物而生作用,然其运用则限于"现在"及"此处"之特殊印象(impressions)。原因以既成遍及之中端代表之,故科学职在搜求中端。如问"一物之是否存在"、"一事之是否若是发生",即问一中端之有无。如问"何为一事之理由"、"何为其要素"即是中端之搜求。科学的天才,在敏速寻得中端,以明因果,且能立悟事物与他现象之关系。而于此则三段式之第一格最为有用,因其表显现象之根据及要质也。

二十五、定义乃科学之目的

定义者,居三段论式与科学的知识之最初,亦可谓为其目的。此等定义可为真实的,即说一物之真为何物;又可为空名,即仅释普遍之所承认者。但定义要为达旨之实体(谓依此实体物以之被知,如举旗为停车之记号然),功用在解释实物之要素。夫描写何为一物亦当及其何故如此。虽多数定义仅如三段式之断案,绝不能依之知其前提,而真正定义在解说得此结果之历程,例如变一不相等边平面为正方,其定义不当为"画出等于此不等边平面之等边正方形",而为"中项比例之搜求"。且定义不仅为对于实体之抽象的说明,盖对物之性质有知识,恒于其实体之了解亦有重要之助云。

二十六、科学推理之诸原则

科学的知识包含三事:① 特殊题目须查究者;② 诸要性须证明者;③ 普通原理用以推理者。真正知识者,在能以一概念之要性与其特有原理及本性相连属。每一知识界各有特别原理,吾人故不能以一科学之原理移以解决他科问题。例如,虽几何之原理可用之于机械学,算术之原理可用之于音乐学,然吾人不能依算术之材料(data)推几何之理。此等特有之原理不能证明,亦犹各科同赖之公共真理,亦是不能证明也。人如对不能证明之事而求证明,则可见其未经论理的训练。柏拉图常想集各科之特别原理而译为一总成科学,实绝不能之事。更进一步而问"各科原理之如何得来",则实先决"知识如何起原"之问题,而成为亚氏之认识论(epistemology)。

二十七、知识之起原

亚里士多德认识论之确意,吾人不能断定。盖亚氏对于知识之构成,以感觉与理性同一注重,并且据亚氏书中似常主张感觉主义,其意似可以"若不先在感觉中者,不能在思想中"。顾亚氏之真义,或可以 Patricius 之成语代表之,其言曰:"思想皆自理性托始而最初则须来自感觉。"盖亚里士多德见以知识全为先有,或全系后得,其困难相等。前者意谓吾不经证实,即先有最确之知识;后者不能决所欲决问题,而反挑起之。于是吾人仍须问:"如先无知识,吾人如何能依证明所用之原理以知该原理?"氏故以知识为由感觉印象所发达,而感觉自身不能供给吾人以知识,因是氏一方面以知识为自特殊至遍及,一方面以知识自遍及至特殊,自抽象至具体。虽归纳法为吾人得最早观念之方法,而吾人亦应知归纳法仅为理性之代表。亚氏说知识之生长有五步:① 感觉;② 记忆;③ 经验(即心中普遍观念之组成);④ 科学;⑤ 艺术。

第四章　本质论

二十八、哲学之缘起

亚氏意谓真正之哲学,发生于物质需要已满足之后,起于好奇心。神话即餍此心之一法也。最初玄想家均为自然哲学家,而以 Pythagoreans 之数术论继之。若纯粹理想阶级,则 Eleatics 及 Anaxagoras 均未全达到,迨苏格拉底始跻此级,盖氏依归纳及比喻法而注重定义及普遍概念,始导人于正路也。

二十九、本质论诸问题

本质论(Metaphysics)一语,编订亚氏著作者用以名其第一哲学(prima philosophia)诸书,因其在物理(physics)讨论之上或之后(meta)也。本质论者,乃科学的知识之一种,乃研究万有之最高原则或最后原因,其要职在讨论纯粹的存在(being qua being)及其重要性质。本质论故以此似数学。盖数学亦出乎物理之外,讨论虽非纯粹的存在而乃线角存在之特性也。本质论虽与推究(dialectic)及诡辩(sophisic)同为遍及之学,然与推究则方法不同,与诡辩则用心不同。盖推究为或然的,而本质论为决定的,若诡辩者,则徒知识之夸张,毫无实在也。

三十、矛盾律及其价值

科学之原理,如为完全存在之性质者,则当为本质论者所研究。亚氏反对 Heraclitus 及 Protagoras 之徒,而保卫矛盾律(axiom of contradiction)及不容间位律(axiom of excluded middle)。盖不认此二律,及 Protagoras 之极端相对论,实乃自杀。盖推扩其说,可至于所有事实及断语均无分别,而至于道德上不注意,则实否认二律者之所不及料也。夫人固无有以堕入阱中及防避堕入之为一事也(此喻在证明否认矛盾律之非理也)。

三十一、柏拉国之实在论

本质论既为纯粹存在之学,故亚氏第一哲学之主要问题为何谓实在(real)、何为真正实体(substance)。柏拉图对于此问题之答案,在指出知识及存在中有遍及与不变之原素,所谓概念(idea)是也。概念者,在变动感觉现象中之惟一实在不变之物。柏拉图承认 Heraclitus 学说,谓感觉中物恒有变动,而断感觉之物为不可被知;若物之所以被知者,乃依赖苏格拉底所求之遍及观念也。

三十二、柏拉图概念主义之缺点

柏拉图概念主义,自① 物理方面;② 心理方面;③ 哲学方面论之,均有缺陷。

(1)概念不能解释继续不断之生命及转变之自然界,不能供给感觉境界以变动原因。

(2)概念且不能解释知识,其故有二:① 知识对实体而起,实体应在事物之中,而概念反置之于物之外;② 如谓加入概念则对物知识可较完善,是犹谬谓增加数目则计算较易也。

(3)概念亦不能解释生存,其故有二:① 概念应不存在于依之为范之物中,顾其实则实体(概念之一)不能离有实体之物;② 概念与物之关系则未加明释,说概念为样本、为物之模范,乃诗人之比喻。且如为一物之总类者,即可为上一级种类之别类。是同一概念即为模范,又以他为模范,又在概念与单个物中间,必有一居中者,乃至无限,如个人与人之概念中,恒有一"第三人"。

三十三、概念在现象中非在其外

对于何谓本质之问题,亚氏答案与柏拉图不同处,多不在意义,而仅在陈述方法。自亚氏视之,柏拉图概念主义之大缺点,在其以概念为出经验外,且离感觉界,而不能解释生命与变动。故亚氏之结论曰:知识非徒由感觉而为科学的,故须有遍及要素(指概念)。个物既然无量无限,个物自身又不可为知识材料,故概念不能在多(Many)之外,而在感觉万有现象之中也。

三十四、具体即实在

故依亚氏意见,真正实体非抽象的遍及,而乃具体(concrete)之个性物。然亚氏之实体学说,非完全前后一致,其范畴论中,常倾向唯名主义(Nominalism);而其本质论中,则倾向唯实主义(Realism)或唯心主义(Idealism)。其说互相矛盾之最显著者,为既谓科学与定义研究遍及,而又谓其研究个性之实体。其矛盾之故,因亚氏恒欲慎重声明,其说与柏拉图不同,然其义则固非矛盾。实体者,原是具体,其中遍及变为个,物即一个物,以其附有关系而变为遍及也。具体之实体,乃物质(matter)与形式(form)、可能(potentiality)与实有(actuality)合而为一。知识自抽象遍及进为具体个物,而真实存在亦自原有抽象体渐渐进化成为实在也。

三十五、物质与形式

据亚氏说,物质有四义,而互有关系非可绝对分析:① 物质为变迁定质之所依生灭之主;② 为可能性中含有能力可发展为实在;③ 为无形式者不定而是偶然(contingent);④ 为绝无一定形式,几可谓为负量(negation)。以是物质实为一相对观念,而最后实与形式无别。

三十六、可能与实有

可能及实有之相对,与物质及形式之相对同。不过后二者定而不动,前二者则变化而进步。实有者,盖即达到终的(entelechy)之手续也。前二者分别,以论理说之甚难,而观察事实则易解,例如建筑及建筑者,眠及醒等关系是(可能或为有知的或为无知的,有知则行为可有多数供选择,无知[如自然界中能力]则行为定出一道)。自可能至实有、自尚未有而能有性者,至已实有为继续之发达,此说乃亚氏哲学最要之部分。氏用以解决前人诸种困难,如存在起原及一多关系等。但亚氏虽以发展进化解物之缘起,而亦不否认研究事物可自历史方面观,亦可自构成自性观。且常注意申明,谓依时间次序,则能力或不完形式在已成行动或完全情事之前,而依思想及真正存在次序,则完全先于不完全,全部先于一部,已成先于可能也。

三十七、四因

亚氏可能及实有与物质及形式之分析,于其四原则(或因)论言之更详。此原则者,物之存在与起原与被知均依之:① 为物质因(material cause),即物造成之原质;② 为作者因(efficient cause),即造成所用之方法;③ 为形式因(formal cause),即此为何物之表明;④ 为最终因(final cause),即物之所以存在之目的。但最终因易与形式因混而为一,而二者又可与作者因相同。四者之中,形式与最终为最要,而解释事物最确实。亚氏之鹄的论(teleology)视物之目的之成就,非自吾人眼光言,而在自己之完就。以此亚氏之最终因,乃自内的(物之本身)客观的(对人而言),而非自外的(指人言)主观的(对物而言即是指人言)也。

三十八、永久要素

实体为具体本质所构成,此具体本质有特别名称,"要素"(直译希腊原意为"一物依以存在之本质")是也。此名称似为"本质"及"其所以现时存在"二语所合成,而换现在辞为过去,以成此观念。盖"一物之依以存在(being,原文系过去时间)之本质"非现在之实相,而为永久主要之构成也。故要素者,乃普遍观念之现象,即所谓脱离一切不定及偶然之实体也。以是显为定义之主辞。

三十九、上帝乃第一实体

亚氏以上帝为实体中第一,决为变动之源,而自身不变动。其生命永久,其幸福完全,而自观(self-contemplation)无已时,对于世界为爱情,欲暨理性均于此合为一。实用道德(moral virtues)甚赖物质身体世界诸情状,不得谓上帝有之,然其天性之单纯之不变,实生以最净最安之乐也。

第五章　天然哲学

四十、天然哲学之范围及方法

亚氏天然哲学非研究存在之本身,而为存在之属于动者,其范围为实有的感觉的实体,所谓思想加入物质中者是也。惟天然学者不当仅知物质,亦当知支配此物质之思想。故物理哲学解释一物,须备其言四因,而灼见其实体。对于现象作物理的研究,故是具体之研究,恰如对现象作纯理的研究,乃抽象之研究,而于事实无关者也。以此亚氏谓习于天然现象者,长于陈原理,授天然界以统系,而理论家不察事实,仅据数端遂以发见原则为易事。

四十一、[天然]之诸义

天然一语,亚氏视之为本来自生自定并且于动作诸态必为一律也。此与偶尔自生及偶然均相反。偶尔自生者,物之不循常规无因而生果是也。偶然者,物与人中关系为所不及料者也。天然既是自生自定,故异于艺术。艺术创作悉是外物而天然生长则为自成也。以此天然既为最先之基础,又为变迁已成已完之情状。依此义言之,国家可谓为一天然机关。

四十二、动及其种类

动者乃可能之体,在天然界中继续实现之状也。亚氏言动有三种:量(生灭)、性(变化)及空间的(异地行动)是也。实则三者均括于第三项下。盖生死即是离合,即包含有空间之意也。

四十三、空间

空间为感觉的世界所必有、所俱有(concomitant),故不能视为物中元物质或形式。盖物灭后空间犹存,且如空间为物,则二物(一为空间一为居此空间之物)可同处一地。又空间不能指为二物间之空隙,盖此则随物变迁,而空间则不问中含何物,乃为常住不变者。故空间乃第一不变之限,能包含而非所包含也。

四十四、时间

亚氏视时间由于吾人思想中之继续。知觉由于经历各事间之分别知识,如无知识,则吾人不觉有此。故时间者,动之先后之数量也。亦为实在世界所俱有,如空间然。因可数量,故须有能数能量之者,有知之心是矣。

四十五、动与世界均是永久的

亚氏知时间应为永久的,因无此则前后之观念均不能成立。但如时间永久,动亦应然。以此每动之前,应另有动作,以至无穷。更须详证,则如一动起,其能动与所动者当于此前或已存在或未存在,因此而动之永久为必须的。动既无始无终,而世界亦遂永久,不进而存在亦不出存在外也。

四十六、动之首因

然自一方言之,动为无终;而自他方言之,则应有一物为动之原理,而己身不动,且与动同为永久。盖因果蝉联,当有一最先之总因,此因应非暂时之目的,亦非表面上之作者。此种因为纯粹行动必非物质,且为不变。故思想者世界必具之前提也。天然者有机之全物,其中万有均明为法律支配并定有一统系。此统系既非全在内,亦非全在外,实兼而有之,如军队有秩序之组织也(此秩序为军队之特别组织,故非在内。然无军队则无组织,故非在外也)。

四十七、唯物论之失

Democritus 持机械说,以为万物起源在无限数量之一致原子所离合而成。亚里士多德反对此说,主张原质应有性质之不同(此反对原子一致之说),且非仅极微之分合,性质上亦应能有变化。氏力言依鹄的论研究天然,则于物独能得卓见,而物理家眼光应助以哲学。哲学家者,能知在生长序中居末者,在现象之定质则居先。天然及上帝常依鹄的进行,期臻完善,但有时天然界中物质战胜,怪异及畸生遂为其结果焉。

四十八、天然之继续

天然之继续,显自植物渐变为动物。植物生长,食育而外,无他生活,而经人培植则亦有变异。动物因有知觉,故知识已达初步,而现有心理及道德诸特点。此诸点在人则更发达,故灵魂不应仅就人研究,而当推及其他动物之现象也。

第六章　心理学

四十九、灵魂乃身体之实义

亚氏灵魂之定义为天然身体之完全表现或成就。此等成就属第一级,且是隐含而非显著(眠时亦有灵魂,故灵魂应为第一级及隐含之成就),以此而心理状态与生理手续有密切关系。魂之与身,犹蜡之与其上之印,是一是二。无庸讨论。亚氏以前之心理学者,误在以抽象以玄想讨论灵魂,而绝不顾及身体,然亚氏亦未常视心魂为生理之产物,指为身体之实义(truth)。在此实体中,身体情状乃得其真义焉。

五十、心理官能

灵魂作用于表现诸〔官能〕(faculties)或诸部中。此诸官能当生物进化之诸级,食育(植物特征)、知觉(动作特征)及理性(人类特征)是也。诸官能如算数,高者括下者在内,不能谓为实在分部,而如弦之内向与外向同在一线上分别也。心实常住于一,如柏拉图谓以此部生欲,以彼部生怒,乃妄说也。

五十一、知觉及其对境

知觉乃受外间对境(objects)之形式(forms)而不限于构成此形式之物质;喻如蜡仅受印文,而不受构成此印之金类也。如为受印象之主观,则有动作及一种性质变化。然此知感非仅受象及被动,且能动作。以其分别外物性质,而称为"灵魂依身体之媒介所有之动作",故外境及器官中有相当比例。若此比例如因色声等太强而破坏,则知觉不起。感觉之对境,可分为:(1) 特别(色为见之特境、声为听之特境等);(2) 共同(诸感官同受如动作或体样);(3) 推知(如依白之直接感知而推知一白之对境如白人)三者。特别感觉有五,其中触最浅最普遍,听最可使人通达,见最可使人高贵。感觉器官未常直接生作用,必待媒介,如空气是。即触似起于直接集合,实或有为之介者也。

五十二、公觉

亚里士多德之公共感觉(common sense)除认识诸感觉对境所含之共同性质外,且有二用:(1) 此公共感觉使人有感觉之知识;(2) 此觉举一物之全象现于心前,使吾人可分别各感觉之报告。故肉团心似为其器官,以其亦占全身之中枢也。

五十三、想象力及幻想

亚氏想象力之定义为"实在感觉所得结果之动作"(又常谓为败坏之感觉)。换言之,则即感觉印象以此手续而现象,以此手续而留于心前,故为记忆之本。此再现之像为想象力所供给,理性之材料也。幻想及梦,均为感官之触动,与实象所成者相似也。

五十四、记忆力及联念

亚氏记忆力之定义为永存感象,代表对境。追忆即重行引起记忆力材料于心中之谓。此项追忆依赖支配联念(association)之法律,而吾人就一对境追求所联之念,此对境与联念必或为相似、或为相反、或为相连也。

五十五、理性乃思想之源

亚氏以理性为知识原则之源,故与感觉反对。感觉有限而属个人,思想自由且是遍及。感觉对待具体物质之现象,理性对待抽象理想。然理性虽为普通观念之源,顾仅为可能性,盖必由感觉渐进统一之、解释之,经此手续之后,乃达完备之知识也。

五十六、理性乃创造的

理性之职既在思物,故生出一疑问:即非物质之思想,何以可受物质?此问仅一法可解,即思与物中间必有一公共点。故于初动理性(其用在受特连合比较思想诸对境)之上,应有创造的理性,其用在造思想对境,在使世界符合思想,与物质以范畴,使之可为思想所能及。实如太阳发光照物色等,缺之必不可见,眼觉亦不生起,故理性实世界之恒所依赖。亚氏虽属理性于灵魂,然言其本自外来,意似在指为常遍能思之神。人类理性亦包含绝对思想之特性。绝对理想者,乃主观思想及客观思想合而为一者也。

第七章　道德哲学

五十七、至善

亚氏以伦理学在求何者为人类之终的或至善,目的必是最终。盖平常目的仅为达到他种目的之方法,而吾人欲望必须有一绝对目的乃有所依止。此最终目的常言指为幸福。然对其意义则人恒各执异辞,故亚氏视对于其性质之讨论为必要的。此项讨论自必以人性为根据。盖道德者必依于人生情状,入手方法在究人生经验之事实,故幸福不能于抽象出世观念(如柏拉图之自存上帝)中求之。幸福既在实用,是当得之于人类之事功生活中,此则非人与植物同有之生长性,亦非人与动物同有之感觉性。以此真正幸福在活动之合理生活,在真魂真我之完全成就,此且为终生之事业也。

五十八、心理根据

心理学既在分析人性,故能解释此对于幸福之生理观念。幸福既为人之真魂之成就,故伦理学家必须稍有心理学之知识。夫灵魂一方为植物及动物的,一方对于伦理学家有二事可言:(1) 能合理性之感情及欲望;(2) 理性暨思想力是也。故完成人性需要二事:(1) 于实用道德(moral virtue)中感情及欲望可完成,真可就范;(2) 于思理之德(intellectual virtue)中思想机关可以完成也。

五十九、德者是习惯是中道

实用之德以人力能改进其材料,故与天然现象不同,而实由与兽同有之天然本能(此可谓为天然之德)进化而来。此等本能虽本非属于道德,以习作之,故结为一定趋向,而意志因以常久,因以纯粹,因以有其他特性。诸特性者构成道德之分子也。又幸福既为人性之完全成就,则德之别于恶者以其舍过与不及而守中道也。中道者,不长吾性此一趋向抑他一趋向,而求得当之支配,以发达所有趋向也。故 Cynics 视全灭人欲非视管束人欲为道德之目的,真为误谈。但德现中性,惟就世界事实言之,以其至善之性言之,则是极端(而非中道)也。此中道以其为主观的、相对的,故须用理性标准管束之。

六十、诸种德性

德为中道之说,亚氏以德之分类表明之。氏先列自卫之简单诸德,进列他卫关于社会诸德,其表如下:

[不及]	[中]	[过]	[不及]	[中]	[过]
怯	勇敢	血气之勇	冥顽	节制	荒淫
吝啬	宽施	奢侈	小气	宏度	俗气
下小	高尚	虚浮	毫无志向	志向得正	安冀非分
麻木不仁	和蔼	情感激烈	争攘	友爱	谄媚
伪谦	诚	夸	无味	雅谑	滥谑
无耻	谦抑	羞缩	奸诈	义愤	嫉妒

表中最著之德为高尚,以其为一种理想自重,遂视为诸德之主,既藉诸德而成,又可增诸德之力。上表似系由公式(指德是中道)演绎而成,非据事实立言,公式乃依之以立,故常有德之过或不及(如关于志向),亚氏不能觅得语言代表之。全表均注重意志之自动为德之要件,如必须为名誉责任而发,乃为真勇,如不为乐善爱善而为张扬厚财,则宏度变而为俗气矣。

六十一、公平与衡平法

公平有特别及普通二义。依普通义,公平与遵守法律同意,而与德之所包界限同。不过德乃于抽象中运用此趋向,而公平则实施之于他人。特别公平有二现象:(1)分配公平者,依受者之功绩而授名授赏;(2)改正公平者,不论当事人等之地位,而削此之利,增彼之不足,以得平等者也。故简单报复及互换(reciprocity)不能即谓为分配及改正二种公平。然社会行事实如金融,可以生产者与用产者之关系表出之。顾人生复杂,公平亦不能尽驭之,故应助之以衡平法(equity),俾法律可改变以合于事实也。以是道德显需一标准,既可支配绝对公平之不足,又可为道德进步之理想目的也。

六十二、实用之智与德之统一

道德之理想标准得自实用之智(moral insight),实用之智乃德之原因,亦为德之结果。真正善人固同时为完全之智人,真正智人亦必道德完善。故道德原理(道德行为终的之观念)由习惯经验而生长,由特殊知觉渐渐造成,而于此项特殊事(particulars)之了解,必含于理性作用之内。思想与道德之关系不如苏格拉底所说之密切,实则德中之理性分子,不过技巧机能,可以流为合德智慧,可以流为极深奸谋。亚氏之改苏格拉底主张,亦在谓德者既依实用之智(不依非理性之本能),是仅指真正及已成之德。此种道德原理之主张必可令诸德统一,故人如真取有一德,即实包具所有诸德也(谓诸德均智之所发,而人之真有一德,必是真有此智。既有此智,诸德自全具也)。

六十三、道德意志

道德行为非思想作用之结果,在人类亦非仅发苦乐之嗜欲(appetite)之结果。嗜欲之前先有有利之观念,此观念无嗜欲之助力则毫无用。故道德应有之意志,为理性、为欲动或欲(非全属兽欲)为理性支配而生行为。意志之自由与否,善恶当相提并论,如行为由他方所强迫,或由昧于实情,则为被动;行为如发动之因属于作者,则是自动也。

六十四、道德薄弱

道德薄弱者,知何事为善而偏作恶,长嗜欲压理性是也。此则实有其事。苏格拉底指为虚构,误矣。盖道德行为亦可以三段论式表之:道德原理乃大前提也;特殊实施乃小前提也;其断案则可理推得,不必现于实行。惟此问题不属论理,实当揆之心理与生理。依心理与生理言之,则如心中有二大前提,嗜欲力能令一小前提弃此就彼。至于兽类,则因对彼等无原理冲突之可言,而不得谓之为薄弱无节制也。

六十五、快乐与善

快乐与善绝非一事,然世之反对合二为一者,其理由均不免有误。如柏拉图以快乐为有知识之变化,自异状进而为常状,因是为变化,故非真实非终极,此说除身体快乐而外,不能解释。盖快乐乃自由自动行为之觉悟,如视觉然,不可分析。若完全器官遇完全对境时,则必生快乐。以此快乐有诸种别,因为其机能之现象,故依机能之差别而有差别。至于快乐之价值,则依善人定之(以善人于善恶有真知灼见,故知快乐之有价值与否也)。

六十六、思想生活

人之终的在完全发达其真性,尤在发展其最高官能。最高官能者,理性是矣。人之所以为人,盖以有理性故,如弃理性而逐他项目的,则是舍自己生活不求,而作下等动物之生活也。故自爱为道德之最高法律,虽仅满一己欲望之自爱可谓为自私,然爱最高合理之天性实爱真我,不可执为非也。此等思想生活最可乐、最自足、最长久,且与闲暇(亚氏以闲暇为美德)尤为相宜。更有进者,则此生活极近于神之生活,盖神不能谓为有实用之德,其幸福必在玄想也。

六十七、友谊与道德

友谊为造成高尚道德生活之不可少条件。即使不可谓为德,亦为德之必随附之物,于吾人生活诸事均有辅助。然此项结果,不能于嬉友利交中得之,必须本乎道德者。真正友朋实为第二之我,而友谊之道德价值,在可资吾人道德借鉴,使吾人对于生活有觉悟有兴味也。

第八章 政治哲学

六十八、政治学与伦理学

亚里士多德谓政治学不能与伦理学相离。在真正人类哲学中,政治学完成道德学说,行政之德实即施于个人道德之他一面也。人之本性本为政治动物,人之所以独能合群,以其能言语也。

六十九、自家而国

家庭变而有村市,由村市而发达为国家。国家之立,先为满足天然需要,后渐为道德目的,为增进高等生活而设。其结合之因,非在防恶,非在便交易,非为物质功利之组织,专在保护货产。盖国家者,实道德之结合,用以促人类之进步也。

七十、奴隶及家政

依时言之,家在国之先,于此须讨究夫妇父子及主奴之关系。亚氏以奴隶为有生命的财产,除赖主人外无生命可言。奴隶有天然应为奴隶与被征服作奴之别,但社会中之有主奴二类,犹人之有灵魂与身体,故奴隶实为天然制度。家政在敛财,然非因仅欲得钱而为此。财者其价值可以钱量之之谓,富者用货产而非聚货产之谓。

七十一、交易与钱币

交易始以同类货物互换,但国际间运送因路远困难,故钱币起。先则仅有定量之金类,后始金上加印,记其轻重。需要乃价值之标准。钱币居出产者受货者之中,使可交易,为世人用以代表需要之方法。用钱以取极重利息,既非自然,又可痛斥。

七十二、柏拉国共产主义之批评

柏拉图《理想国》书中主张公妻公产,实根于对政治社会之误解。柏拉图以国为一致之统系,而不知为杂乱分子之产物。其说又实在文字用"全体"一语失当,不知全体之事易变为无人所管之事。此事若行,则实施贞节均无所用之,且破坏友谊(此实政治组织之基础)。且氏以法令所欲得之目的,固均可易以制度教育得之。所有社会主义,均忘财产均平不如节制人欲及限制人口之善而尤为必要也。

七十三、政府之种类

政府可为统治者或被治者之利益而设,可执于一人或分于多人之手,宪法依此根据而生种别。政府遂有三正体,君主独裁、贵族政治、及立宪共和是也。邪体亦有三,暴君政治、寡头政治及民主政治是也。末二者之别,非民主权在多数,寡头权在少数,而民主乃贫民之治,寡头乃富豪之治。抽象言之,此六体之价值次序如下:(1)君主独裁;(2)贵族政治;(3)立宪共和;(4)民主政治;(5)寡头政治;(6)暴君政治。但以完人居上,则君主独裁为最善政府。然世无此项完人,此体不成问题。真正贵族政府,以德为基,此种制度中善人即可为善国民。然按之实事,贵族政治实无不败坏者,故吾人不论理想国家,立宪共和实可达到而又最良,尤以其使中级人民当权为善策。盖中级人民者,国家之基本也。惟如人民增加散布,则民主政治或成通行之体。据亚氏之意,公民舆论对于行政实甚可靠,犹之普通人民对于美术批评亦甚可靠也。

七十四、理想国之要件

何谓最优国问题不能有绝对之答案,以种族不同则其合宜之政体亦不同。故政治家所欲论非抽象之最优国,而为相度实情现状所得之最优国。统言之,则最优国中人民可行事最善,生活最乐,即使人可作广大之进取生活。欲达此目的,国应不太大,亦不太小,但须能自足,海陆地位均须便利,其人民应有北方之精神,而有亚细亚人之聪慧,且政府须不许有商贾,而"最优国则不应有作工之国民",且须津贴宗教崇拜,而道德鹄的则用法律及教育长养之。

七十五、法律

亚氏以为法律者不为感情所缚之道德观念之实现也。故非合约、非习惯(如 Lykophron 所说)而为与德并行之道力。以其为遍及的,故须依情势以衡平法(Equity)改变之。

七十六、教育

教育须符合心理分析,令身心逐渐发育,皆须用法律定之。儿童须保卫之,不使与罪恶交染,而一切游乐须可作成人负责任之预备。文字教育,须始自七岁迄于二十一岁,其中分为二期,一自七岁至成人,一自成人至二十一岁。教育不当任私人为之,而应归之国。盖国民者,属于国者也。教育大别有四,读写、运动、音乐及画是也。凡此皆不宜用狭隘或功利心出之,当出以宽大,俾可成就真正公民。故运动不宜仅顾运动,否则养成野蛮性格。习画之旨,不专在使人不为画所欺骗,而在使人能领会美感。习音乐不仅在取乐,但旨在怡悦性情。真正教育实如柏拉图所说,意在锻炼人之感情,使好恶可得中也。

第九章　美术哲学

七十七、美术摹仿

亚氏美术之定义,为真正观念之外形之成就,其源有二:一为人类本有之摹仿性;一为见相似物之欣悦心。然美术不在徒事抄袭,实进自然物为理想而补其缺也。职在于特殊现象取其遍及之模范。故诗章及历史之别,不在一用音韵,一则无韵,实在历史仅载已有事实,诗章描写遍及之物,以是诗较史实多含哲理,更为高尚也。

七十八、谐剧与庄剧

摹仿表现,较之常情或较优或较劣,或出于标准人以上或在其下。谐剧摹仿最下等人性,非必道德极坏,然笑谑实仅于卑下中得之。庄剧不然,其职在表达庄严完全,意味深长,影响广大之行为,其表达之方,不在言语,而在行动。因其所写事实,可生恐怖悲怜,观剧者感情以之纯净,其同情心依以推广,依以得中,此等清净感情之法。Zeller(著名希腊哲学史家)谓之为以病攻同病之治疗法。氏谓美术既使特殊事情变为遍及,故庄剧描画情感危急情状,功在使离个人自私方面,而推之于普通人类。Zeller 此说实有见解。亚氏谓祭酒神(Bacchus)等之狂乐,可舒宗教激烈情感,而使情出于正,其用意亦与论剧相同也。

(原载《学衡》第 17、19 期,1923 年)

希腊之宗教[1]

今日之论希腊者必须首防一种流行谬说，种族主义（Racialism）是矣。政治人种学（Political Ethnology）非真科学也。日耳曼人借之为其野心作解嘲，而遂得以战争相尚相高；协约国藉之又以和平相责相竞，谓种族有高下之分，实荒谬作乱之说。欧洲之压制与美洲之虐杀（指在美白人虐杀红人黑人等）悉假之以行。若希腊人则异是。希腊人悉混合种，其构成分子相同而成分不一。其著名之美质，至西塞罗（Cicero）游雅典时已将衰谢。其故在健全之户外生活及操练，而加以衣服之合适。以余度之，彼辈之美，盖不过如牛津之竞舟生及伊顿之青年也（牛津大学之竞舟学生及英国著名之伊顿预备学校学生均以美容著称）。当其人才并出，如花如锦，其原因与发生意大利文艺复兴之原因相同。盖都邑国家为激起伟烈之地，而才智衰歇亦速。希腊之混血且至不一，致斯巴达几全属北方民族，雅典几全为地中海民族。而最初之殖民者供献于希腊史上之名人固不少，自更不能保持血族之纯一。即文化一端，希腊人亦非共同一致。斯巴达制度以一小而善战之民，国于四面受敌之地，如非洲之苏噜族。阿克地（Arcadia）之人野、伊他利（Aetolia）之人蛮、波依地（Bœtia）之人深

---

[1] 按此篇系译自"希腊之留传"The Legacy of Greece 一书之第二篇，论希腊之宗教（religion）。英国尹吉 W. R. Inge 撰。该书之宗旨体例及本篇作者尹吉先生之履历等，均详见《学衡》第 23 期"希腊对于世界将来之价值"篇首所述，兹不赘。编者识。

沉,马其顿则半属域外。希腊之对于种族之自觉心,与近世人对于白种或耶教徒之自觉心,正复相同也。

吾人所论之希腊非一种族,乃一文化、一语言、一文学,并且为一种之人生观,起于荷马,连续不断。以至于茹斯底年(Justinian)帝封禁雅典学院,其中之变迁固甚大。政治上希腊已死,而文化之流传,其责任又不归之开创文化者之嫡系(指希腊人之文化藉罗马人之力以流布)。其流风余泽,存于文学、建筑及社会习惯中,因以得长保。罗马帝国之文化非属意大利,而实属希腊。黑暗时代及中世纪之初,正西方希腊学(Hellenism)断绝之时,即尔时之绝亦未至极顶。盖彼时为天主教神治时代,如吾人欲指一人为此天主教之神治学说之祖,吾人不当取奥古斯丁(Augustine)或圣保罗,并且非耶稣基督,但当取柏拉图。柏氏在其法律论(Laws)中,预写此种政治(即以神为元首之神治政府)之要件及其必取之形式,其言悉著奇验。即在玄学,奥古斯丁多得力于柏拉图派,经院学者多师亚里士多德,而秘密派则尊蒲罗克拉(Proclus)之弟子世谓为特阿尼修(Dionysius)者是也。仅希腊科学及科学精神几全失灭,而当西人脱神治之束缚,凡百皆须新创耳。

故希腊学非一特殊民族之心理,亦非一特殊时代之心理。虽失政治自由,然实未覆灭,仅被削弱,既未被杀,亦未正命而死。其哲学始自谢里氏(Thales)至蒲罗克拉,继自芬其那(Ticino)及毕卓(Pico)一二人俱文艺复兴时提倡柏拉图哲学者一至洛自(Lotze)及布来得雷(Bradley),其中(自中世纪之初至中世纪之末)并非死亡,仅沉睡耳。教会之最初语言思想均属希腊。在希腊自由之日,希腊人者,指一希腊都邑之国民。而亚历山大以后,则指受希腊文化者。斯多噶派之名人均非出自希腊本土,齐诺(Zeno,此派之鼻祖)即一细米底人(犹太及亚拉伯人属细米底族),希腊末世之作者;马克斯奥里留斯(Marcus Aurelius)为受罗马化之西班牙人;蒲洛台那(Plotinus)或为考卜提人(Copt);包夫里(Porphyry)及鲁歆(Lucian)俱叙利亚人;裴罗(Philo)圣保罗均犹太人;而作第四福音(指约翰福音)者,恐亦属此种。凡此诸人,固均隶希腊文化史也。且也,如谓此诸人均希腊人,则吾人何能谓拉飞叶、麦坎吉罗(均为文艺复兴时大美术家)、斯宾索(Spenser)、西德尼(Sidney)、克慈(Keats)、薛雷(均英国诗人)为非希腊人耶? 读布拉克(Blake)之章:

> 煦日之光,普照下土,
>
> 凡具慧根,悉能享受。

不但显湖滨诗派(指威至威斯辜律己等)之哲理,实并代表希腊大成之思想;威至威斯(Wordsworth)译麦坎吉罗(Michaelangelo)之信仰忏悔曰:

> 灵魂自天生,恋恋归天府,
>
> 色根皆欺妄,快乐非实有,
>
> 愿获无上法,超尘绝俗累,
>
> 贤士所托命,宇宙共长久,
>
> 刹那生灭者,掉首何足顾。

柏拉图读之,能不喜乎? 希腊宗教之胜义,威至威斯更以己之诗句妙为表出,岂有人能及之乎? 凡此威至威斯乃一时神到所作,非得之书卷,与布拉克同。其诗曰:

> 昔为孩提时,早慧有先机,
>
> 神明临我前,驰荡显灵威,
>
> 感深信弥笃,清切见纤微,
>
> 虚象同实物,色根翻足讥。

人民精神,不仅寄于流风余泽,亦有直接文化源头者。吾人所论为一种人文之永久规范,其名称应为希腊。盖此文化在希腊各城,实臻其极盛,而对于西方文明,则不能指为自外输入。吾人如未受大惠于希腊,吾人应无吾人之宗教,无吾人之哲学,无吾人之科学、文学及教育、政治。吾人当仅为野蛮人。乏希腊之渊源,吾人诚能自行发见几何,现可不必猜想。吾人文明譬如一树,其根出自希腊。或用亚历山大利亚城之克莱孟(Clement of Alexndria)之妙喻,则如长河,吸受甚广,而希腊者则其源也。关乎宗教及宗教哲学之希腊思想及行为,实亦继续不灭,而有特殊之重要,尤今日所应注意者也。吾人之学校课程,大足使学生之心目中视斯多噶哲学与基督教间完全中断，若末期希腊宗教哲学则一概抹杀，而溯基督教理上至巴勒斯坦，实则此间之关系甚鲜也。

吾人对于此种文化之继承之不明了，亦另有他故。人常独取希腊生活思想之一方面指为其特性，然于古希腊此外所有之生活思想，则指为例外不足代表。在此篇所欲论之宗教，则论者视柏拉图及尤立比底氏（Euripides）为希腊国家习俗之叛徒，而非为应国家际运之所当产生者，若我则不敢如此。一国之特性，或当以叛徒为代表；一宗教之特性，或竟得代表者于外道中。尼采常呼柏拉图为耶稣前之基督教徒。其言若当，则我亦不能不视之为希腊人。基督教会之宗教及政治哲学，与基督教之秘密宗教，我均溯源至柏拉图。由是而至希腊全体，若尤立比底氏，可谓为 19 世纪之怀疑家、泛神家及人道主义者。彼亦非雅典之破例，而乃希腊示吾人以新路也。吾且不愿毫无证据而谓后柏拉图派（无论指之为宗教为哲学）为非希腊的，尤其此等确守希腊古训之学派不能谓为受亚洲之影响。正当之方法应当研究如何而秘密之宗教哲学系自古代天然哲学所产生，亦犹如近代之哲学科学必凭借认识论及心理学也。"如汝自己"之命令，为古代之至智，而海拉克来他氏（Heraclitus）之方法为"余已省察自身"，此等思想固治希腊学者所习知也。

近世所受之遗产，亦有绝与希腊无涉者，后当具论。此等在柏拉图或尤立比底氏书中所不见，且亦不见之于希罗多塔（Herodotus）及苏封克里氏（Sophocles），但有宗教之变形，为治希腊学者素所深恶，而认为与希腊思想行为大相径庭者，如苦行、魔术、宗教狱及畏葸而仰仗主权等，均为希腊精神之毒而流入耶教会者也。克里安子（Cleanthes）待亚里斯他加（Aristarchus）亦如教会之待格里辽（Galileo），因其先见及格里辽之所发明也。布鲁特奇（Plutarch）或其父有言曰："汝疑吾人对神之意见，而于事事均求一解释、一证据，此实冒大不韪，实问不应问之事也。古代祖先之信仰即已足，如稍动其一，传流之性质全部必坏，而无人信之矣。"索尔苏（Celsus）曾责耶教，谓其主张在"不考问而仅信仰"，但此非克莱孟及欧利金（Origen）之态度，亦非勇猛之圣保罗之态度，而为平常非耶教徒之态度。当此之时,保卫世俗之迷信,已非仅为政策,且为人民之要求。马克斯奥里留斯祀神极勤极敬。耶教徒之见恶不因迷信,而因其不信仰。阿邦那台卓城之亚历山大(Alexander of Abunoteichos)屏逐耶教徒及伊壁鸠鲁学者于其会堂之外。鲁欹乃笃信时代之福禄特尔(以非宗教著名)至于祈禳之术。奥维德(Orid)显谓希腊人创为洗涤罪恶之说,其诗云:

> 始作俑者希腊乎,妄说罪恶可涤除,
>
> 有如河水洗尘污,杀戮孽重万骨枯,
>
> 天道岂容宽汝逋,为此言者一何愚。

基督教会为上古文化最后所创造之功业,其特质非属亚细亚亦非中世纪。其所以无亚洲性者,以耶教为大宗教中最无东方性者。而细米底人或与之脱离关系,或除去其希腊分子,而仍奉犹太教,或笃信回教,如惠斯哥(Westcott,英国宗教史家)所谓之"化石之犹太教"是也。耶教向在亚洲各国传教少功(亦可证其无东方性),且天主教亦非中世特产。继西罗马消亡之后,教会守罗马帝国主义,并于神国之外留存人世帝国之观念,其组织悉师罗马帝国。认罗马为世界首都,而以罗马最上威权法律塞竞争者之口,即其复仇之律亦取自后世罗马法典,保存上古之国语(指拉丁)及最早罗马贵族之名号。而耶教之先达,亦非不愿认其与上古之师承,虽最初保教者(Apologist)之旨,在证明其取法犹太教。然在纪元后 70 年,圣城(耶路撒冷)覆灭,犹太教微。而第二世纪之保教者,要求对于耶教之宽容,谓至上之希腊哲学家,与耶教徒所信仰大略相同。杰士丁殉教者(Justin Martyr)曰:"吾人教人与希腊人同,惟吾辈以所教训而见恶。"陀徒林(Tertullian)曰:"吾辈中之熟习上古文学者,曾著书证明吾人之教理无有不为普通公众文学之所许者。"杰士丁又曰:"柏拉图之教不与耶教教理相反,即斯多噶派亦然","海拉克来他氏及苏格拉底,依神律(Divine Logos)而生活"。亦可谓之为基督徒。克莱孟谓柏拉图之著作乃由上帝之启发,其后奥古斯丁谓仅变换数语,柏拉图学即与耶教完全符合。汉纳克(Harnack,德国有名耶教史家)之伦包夫里(Porphyry)也,谓当时之非耶教的道德与耶教道德几全相同,虽与五百年前及一千五百年后之道德标准不同,然其不同亦由种族,而非由信仰。天主教与古代文化,历史上系继续的。古代文化当其他遗传习俗败坏之后,依此略以生存。在历史上现象与实情相差如此,例实稀少。就现象言之,耶教与犹太教之继续似未中断,而与古代文化则似非续,然就实情言之,事适相反也。

此重要真理之不明,其原因有数端。向来教育习惯,使历史中断,前已言及。而且教会之初期历史,均误于成见。耶教互自称其优秀,而于古代文化则专数其劣点。森尼加(Seneca)、尤温纳(Juvenal)及塔克多(Tacitus)等文人之讽斥,均执为实在,而不知当时之讽刺家以用笔刻毒为习惯。且斯多噶学者(如森尼加是也)在政治上,对于王权本有恶感,而彼等所写首都之恶习,固不能为一般人之代表也。边恩(Benn)曰:近世教会历史家之经验,得之于学校或教堂,于本国所知已少,于中世纪之道德则几全不知,于现在欧洲多处之道德如何,则更未之闻。然在最近出版的书籍,则立论均志在持平,而耶教亦可无受一偏批评之恐惧矣。

且博学之汉纳克与哈基(Hatch)等亦常谓,希腊分子乃后加入耶教者,因其加入而原有之纯一宗教变为驳杂。此诸学者,咸欲证明天主教之最初毫未取法于希腊。虽圣经之最早者不属希腊,然实则教会向来即半受其化。圣保罗为出亡之犹太人,而非出自巴勒斯坦,其所受之耶教,乃得自斯提芬(Stephen,受外族化者),不得自耶稣之弟詹姆斯(James,犹太派耶教)。保罗之书函中,希腊秘密之语甚多,而致希伯来人书及第四福音,如不知斐罗(Philo)不能知其义。而斐罗之宗教学说,则犹太性少而希腊性多。圣保罗曰:"吾人不注目所见之物,而注目所不见者,盖见者暂时,而不见者永久也。"此著名宣言,为纯粹之柏拉图学,而大与犹太思想相反。犹太派耶教限在一地,而且生命甚短也。

再者,论者过于注重耶教之崇拜与非耶教之国家祭祀之冲突,不知当时宗教、哲学完全混合为一,单纯之笃信者尚固守寺庙与典礼,尤以乡间为甚,此自不可轻视。然帝国之主要宗教系与秘密教有关,而与哲学生活之训练有涉,所谓天主教与希腊学之相承,悉于此见。尔时之哲学家亦为宣教师、忏悔师、牧师及传教师,所有僧之职业,多由希腊哲学家直接所传授。

师承之说，如自帝国政府之酷刑禁锢观之，则似为异说。仇教之因，要有数端，此种帝国半凭宗教之助。奥古斯都（Augustus）帝奖励皇廷诗家，鼓吹信仰盛德复兴，政府因不能问宗教之信仰。惟可用威力求人人对于法令所立之崇拜，加以表面一致之敬礼，耶教徒及伊壁鸠鲁学者，均因其无神而认为有罪。国家毫不与秘密教争，因其事属私人。惟公然不敬国神，乃大不忠。非耶教徒咸不悉教会何以不许有宗教之混合，彼辈以为此为国家混合之必然结果。故阿蒲留斯（Apuleius）书中，女神（Igis）现身于鲁修斯（Lucius）之前曰："罗马之神为全世界各邦所崇祀，惟其崇祀之方法仪节及神之名异耳。"遂历数其诸神之名号。此种宽容之精神，自混合之帝国人民观之，为政治情形之应有事。而故意超于此外者，自必为社会之仇敌。此为教会帝国间之真正争执。奥古斯丁所攻击者为旧日之国教，且非笑无量数之罗马小神。柏拉图、尤立比底及芝诺芬尼诋其国神话之甚，固与耶教徒同，然亦不能逃责备，而况耶教之自绝于希腊旧日诸神更为彻底耶。

罗马帝国时代国教之复兴，亦如法国之新天主教然。其主旨系爱国及国家主义及保守主义而非真正之宗教运动。塞尔苏（Celsus）在其今已遗失之攻耶教书中似以爱国动人，求国民于危时力助国家政府。至教会人数权力日涨，旧日习俗因上中级人民生产日少而颓败，保守党保旧文化之心愈急，而视耶教为极丑之黑暗，将令全世之美物均行消灭。吾人对此等恐惧亦可同情，惟不赞成其所引起之愚笨方法。最早之仇教，如俄罗斯之党杀（Pogroms）然。政府暗中指使，以减少人民之不平。当此之时，常人均恨耶教，信不实之谣传，其攻击并不频续，而且不热心，大异乎西班牙之惨杀犹太人或新教徒。在亚历山大利亚城，海君（Hodrian）帝见其人民均爱金钱，崇拜耶稣，亦可崇拜沙拉皮（Sarapis，邪教之神）。由此可知，当时人民并未分为二部，永久交战也。第一次之战争实为末次。在第阿克雷帝（Diocletian）之时，其待决之问题为罗马旧教与耶教孰为国教。此等仇教之举为断送旧文化之具，真无疑义。

　　汉纳克分耶教之受希腊化为三期。在最早耶教文学中,除保罗、约翰及路加外,皆未受希腊影响。希腊思想生活之输入,始于纪元后 130 年。所言例外太重要,故所言实非是。氏续谓纪元 130 年后,希腊哲学变成新宗教之中心。约再百年以后,希腊秘密教及文化之发展,均与教会以莫大之影响。然其神话及多神教,则加入之时尚在此后。再百年后,全部希腊学均在教会中得以立足。此项变迁始于耶教牧师用希腊语,而亦未曾如汉纳克所说之完全。逻各基督论(Logos-Christology)之至关重要,诚如氏所论,已见之于圣保罗之书函中,仅无逻各之名耳。耶教以为上帝之默示(revelation)乃在一定时间,由一人作之。希腊于永久真理之领会,谓凡人经适宜之训练,均可得之。二者之不同,希腊耶教祖师当之,已有一部分之解决矣。汉纳克又以神智主义(Gnosticism,代表真正之希腊默示学说,不知柏拉图派正宗与耶教同反对之。耶教之反对神智主义,即是保存纯正希腊学,而反对其败坏后变为野蛮之支裔。但无论何时,耶教并未全为希腊思想所征服,实则旧日文化之大部,已随其保卫者同逝。保卫旧文化者,循天然法律之公例,因让地位与向来屈服之人而全灭,而此屈服之人,则原来固于旧文化毫不关心也。

　　另一误会之原因,可举安诺德为例。安氏分人类为受希伯来化者及受希腊化者,而以近世英美为受希伯来化者。氏谓希伯来伦理之原则为"循汝所有之光明以行",而希腊伦理之原则乃"汝其留意汝所有之光明非黑暗"。受希伯来化者小心而不开明,受希腊化者脑力清然而不谨严。山陀耶那(Santayana)教授近亦论拉丁与英国民族中相同之区别,地中海文化较旧而较老成,留心价值上之正否,而北方民族则不论何事均期力建大功,如克罗(Clough)之忠告云:

<blockquote>
中心勿自疑,事成亦奚益,

但当力趣前,时哉不可失,

机来不图功,三鼓气已竭,

问君果何为,悔怨无穷极。
</blockquote>

但山陀耶那固未误以宗教改革为复兴巴勒斯坦之耶教,即宗教改革家亦

自信如此。但凡宗教上之革新，均凭借旧化之声望。耶稣虽败坏犹太法律(指宗教之经书)，初亦托名犹太教。即改革宗教者之所信亦有理由，盖彼等所反对者，为非属巴勒斯坦而乃得自希腊之教义，但其所保留者决非犹太所有。自一方言之，宗教改革乃弃罗马主义而复兴希腊学。最早之耶教哲学大半属柏拉图派，最早之耶教伦理学著作家若恩卜罗斯氏(Ambrosed)大半属斯多噶派。尔时之新柏拉图派(Neo-Platonism)为柏拉图与斯多噶之搀合物，故二者可并行不悖。奥古斯丁驱斯多噶伦理学于教会之外，直至宗教改革乃得复活。加尔文主义(Calvinism)仅为受洗礼之斯多噶学，因其认世界只一意志，故论理上言之应为泛神论。19世纪科学与信仰与此相同。清教(Puritanism)虽酷爱新约，然绝不似犹太教，实绝似斯多噶主义。宗教改革叛拉丁教会、叛地中海民族所保存之古代文化，而非志在复兴非希腊之耶教、成全爱拉斯摩(Erasmus)之人文主义及英国之文艺复兴，而耶教柏拉图学之兴盛，固未有如其在新教之英国之甚也。

今日者，平民尽力破坏吾人所受于希腊者。其反叛甚烈，进行甚猛，工业革命产生一种新野蛮主义，与旧化断绝。西欧之历史继承，又有第二次失坠之危。今之少年并非未受教育，然所受之教育与欧洲文化之历史变迁甚少关系。不读古书，不习圣经，历史之教授曾无若何之影响。尤其甚者，则无社会遗传。近世之市民毫无根基乃祖、乃父所生长之村邑之习俗，人情彼均遗忘。不自然、不健全之生活与天然之美和风味隔绝，而产生一不自然、不健全之心理，为往古所未有。其特性为深入之物质主义。平常市中工人无宗教亦无迷信，除可见可触之世外，无若何之理想。以此而希腊宗教与彼甚形隔膜，而耶教与彼尤其断绝。现常有用巴勒斯坦耶教以解释劳工运动(此说我国〔英国〕尤盛)，真为狂谬。此种区别，巴克斯(Belfort Bax)撮要言曰："耶教谓人之再造必由内起，而近世社会主义之伦理宗教，则觅再造于外、于物质情形及高等社会生活中。"其所反对者耶稣及柏拉图均在其内也。

新精神自与理智主义(Intellectualism)相反抗。所谓理智主义者，乃以干燥之理性治人生问题也。新精神则欲以本能代理性，实则此派哲学家所谓本能乃情绪及感情，此项人生观及希腊学决不可调和。盖科学乃希腊精神之长子、爱子，未来之大战将在科学与其仇敌，仇视理性者人数不少，而"自然"为希腊所尊信，必有所以卫其子嗣也。

新精神尤其毒恨斯多噶之伦理。如上所言，斯多噶伦理与柏拉图哲理均为耶教所收入。斯多噶学教人敬守自然法律，平心气以驶厄运，慈善而不为怜惜感情所伤，自助而又自成，修自制之行，俾可以自胜，视人生为道德训练之场。凡此皆新精神所厌，因其重感情蔑训练，而沉溺快乐，既知清教徒之严酷，则不喜其道德也。

论者常谓近人全失希腊人爱美之性，余思此实非是。现代文明虽不可爱，此说实不公平。上古因不甚反对残忍，而生出一美术钝滞之现象（现之评希腊者竟未注意及此亦异哉），彼等并非屏美事于美术界之外。彼等向未主张美与善之分离，但彼辈全不恶奴隶被虐、初生婴儿弃于道路、与杀降屠城。此种钝滞，亦见于文艺复兴之意大利各城。爱兹里那（Ezzelino，其人为将，以嗜杀著名）与大建筑家画家同时。此种现象，据余所测，恐与此二时期之美术创作性有关。现代对于肉体痛苦极为动心，乃与工业主义并起，故于工业最盛国为最显著。此种现象，与自动的美术创作之衰歇同时俱生。在 17 世纪，爱物林（Ev-elyn）参观监狱，见犯人被虐，尚啧啧称叹，虽未观至终局，然已足见其心肠之不易转。吾人之厌恶此等现象，决为美感，而非道德观念，其在下级人则更甚。数年前，吾常往观一剧，演古罗马事，剧中有一耶教最早信徒在台上稍受虐刑，鞭甫下，而吾邻座群起呼曰："耻哉趣止此。"此为该剧之第一夜，嗣后此段竟删去矣。有某工厂之机工，因闻机器中有猫声，而停止工作至一小时，费力将该猫取出，以免压毙，乃竟勒死之。欲解说此种极端易于动心，须待决于心理学家。但吾则信为美感之变态。吾人可泰然经过布来斯道（Plaistow）之街市（其房屋形式甚丑怪），而不忍视一马被鞭。雅典人向未立有阿尔拔亲王（英女王维多利亚之夫）纪念碑（其形朴陋而甚不美），但彼等严刑审讯女奴于法庭，放逐犯人于劳令（Laureion）银矿受苦焉。

新精神之出现，既几全与遗传无关，遂令计度现在受于希腊宗教之程度为一难事。即工业革命未兴，此事亦难。北欧尚未自己有表现，其宗教为希腊、拉丁、希伯来之混合而未调合物，在英国则常与君子（gentleman）观念冲突。君子观念现已与爵位田产无关，而为英国人之通俗宗教。英之君子，既非希腊人，尤非犹太人。自君子观之，则奥德西（Odysseus）仅为可笑之流氓；阿克力斯（Achiues）为一激烈负气之蛮人；而亚里士多德之"大人"（见其《伦理学》）最类似狄斯雷里（Disraeli）小说中之贵族耳。英人之天性向趋宗教，但耶教之成熟，为地中海之宗教。如使当先到亚尔卑斯山之北，外表必全不同，因此而新教之与拉丁旧教冲突，新教内部大纷扰，如未受训练之乌合野蛮人与经历之师战也。

虽现代宗教之构成纷繁，分析之极难，然吾人如能检举：（1）现在耶教非希腊之部分（希腊系吾人所谓极广义者），及（2）其中源出或类似希腊者，则或有益也。

在非希腊之诸分子中，第一，必为最初之福音（以前吾未言及）。原有之三福音所载在加利利传教之事，著述成文在该事之后甚久，须用批评眼光读之。但吾意无论如何，耶稣立教之大意，悉明载之三书中。此书未受希腊之影响，且无斐罗所代表之希腊化犹太教之痕迹。但如谓三福音有犹太性，亦须限制其说。基督出世为国中之预言者（一译先知），故意继续以前预言习惯，如其国之预言者，不离当时风行之显示观念。但彼未宣传风行之国家主义或教会主义或道德学说，其国人一明了其说，即驱逐之。诸福音如圣保罗所谓之一新创作，最可注意者即其新添若干道德名辞。希腊字之爱喜和平、希望、卑下诸字，均为耶稣前之道德家所不常用者，人固不为旧观念造新字也。举全体言，福音实为新异，耶教徒之信仰谓基督代表对全世界之默示，而世界极纯一极普遍之精神第一次示之于人。此等信仰，于此可得一确证。此次显示半入文化人知识中，而其关于个人社会及国际行为之条件，向未明晰，亦更未积极实行。夫耶稣之教训，乃仅为耶教成分之一，吾人决不能免其责，吾意贵格（Quakers）教徒实近乎所谓之真正耶教也。第二，希腊人逃脱僧侣政府之毒。东方之神政组织（埃

及古王国之所习闻)不能容于希腊之文明,其祭祖悉含集合意,为与神之
公宴。但即在希腊,吾人当忆有惨淡之礼节奥斐教(Orphism)之末流,如
柏拉图《理想国》所说:"彼等不但耸动个人并及全都邑,谓忏悔可由祭祖
及暇时之游乐而生效力,对于生者死者皆然。第二方法,乃彼所谓之秘密
可出入于地狱之痛苦,吾人若忘之,其祸不堪设想。"此项祭祀之实用,在
希腊实甚普通。但东罗马之帝王教皇主义及近世之帝国主义,则未之闻
也。此新主义之发生,因君士但丁大帝欲以东方化治国,如西莱(Seeley)
所说:"君士但丁以一允许状而换得不坏之头衔,授与数种自由权而受绝
对之服从,彼之东方政府学说得以允许施行,而须以承认教会法律为代
价,彼因对于耶稣负责任,而遂对于人民不负责任。"(谓专制政体)

希腊向无书卷宗教,如犹太教之终变为书卷宗教,回教之夙为书卷宗
教也。但希腊亦几以荷马、希霄德(Hesiod)为经典。吾人知荷马之前有
极长之宗教历史在,观其待遇诸神可知。神已与宗教感情无关,神亦有成
为诙谐人物者(如苏格兰民歌之魔鬼)。变诗篇为圣经,必引起耶教徒之
非笑。但荷马向未指为耶教信仰所授与神圣者,无主权之宗教可以依之
建立,而希腊玄想之自由较耶教为甚,如是以至今日。

凡观察地中海诸国之耶教者,不大注意一神之耶教与多神之罗马国
教之区别。最初教会极力攻击神人间另有崇拜物,圣母玛利亚之崇拜乃
乘隙而入。而天主教之公众崇拜,其为异教尤甚于教堂典籍。简单之天
主教徒,其心目中视耶稣、圣母玛利亚及约瑟为其神国中之首座者。

世界之创造有始之说(异教所不承认而耶教所信者)属于哲学,非属
宗教。至于灵魂生前之生活(希腊以之与死后不灭之言相连),耶教不信
仰之,实可谓为受犹太影响。但灵魂生前之生活,似非大多数希腊人之信
仰,柏拉图及新柏拉图派之中间,此说全消灭。然比塔果拉氏及柏拉图之
说,或可将来复盛也。

论者或谓凡此近世文化与耶教不同之点,甚为细微。而耶教主要之
事,在下级人民之理想革命,反对当时之社会组织。此说以耶稣为过激平
民,现时又大盛,具有比最早耶教徒为俄之过激党者。然试平心察问在何

时此说最近似？耶稣及其弟子乃加利利之富农，属受良教育之中级社会。罗马富室之奴隶多信耶教，虽法律上失自卫能力然非极苦。第二世纪以后，比耶教徒为现今革命者，自甚狂谬。耶教祖师中，甚斥贫富之不均，不过教会对于第四五世纪之著名经济不平，则毫未抗议。自始迄末，天主教无卧薪尝胆、待时揭竿而起之运动，迨至虐待取消，则主教等自然厕身贵族矣。

欲进而论近日宗教所得益于希腊者，则不知从何说起。

视哲学为生活之艺术，此为希腊之特点。谓希腊为近日所鄙夷之理性派，大失真理。哲学之目的在教人生活佳良，且须依此目的，使对上帝世界及本身有正确之观念。哲学、道德、宗教之若此亲密，亦为近世之财产。凡哲学家均必论哲学与道德、宗教之关系。批评者常谓在玄想无论哲学家若何激烈，而于行为则须从俗。柏拉图哲学与斯多噶伦理之希腊混合物，今日犹为耶教之最盛学说，此二系（赞称感情不奋兴与社会同情）在教会中继续争执，察之实亦奇象也。

苦行在宗教中至重要。世之论希腊及耶教苦行之不同者，甚多而无当。吾当稍详言之。人常谓希腊为运动家之国家，尝产生海拉克里、色修斯（Theseus）、阿克力斯、海克多诸英雄，故应轻视苦行生活。但实则苦行在希腊有不断之历史。即荷马亦言寒冷都都那（Dodona）之僧侣塞罗（Selli）等赤足不洗，卧于地上，此似非写野蛮之生活（如 Wilamowitz-Mollendorff 说），而为预言家之苦行派。盖雅典妇女所守之斋日，亦有若是行为。（吾人可以之与罗马之赤足礼比较，此盖罗马值荒年命令举行，Petronius 及 Tertullian 均言及之。）男女预言家在 Miletus 及 Colophon 等地斋戒，全国斋戒则于危时用命令行之。而 Tarentum 年有斋戒，谢围城之得救。斯巴达之鞭青年，似为用人牲之代替，其礼延用直至上古时代之末，则可惊异。而 Thiace 地方之 Dionysus Zagreus 崇拜，早用苦行。比塔果拉之徒则须素食（此亦为苦行之重要条件），此派于窒欲之外，又加一理由。彼既信魂之轮回，则食肉自惨如食人。比塔果拉教与奥斐教之法律，上古闻之已熟，当有多人行之，禁男女欲之律，较天主教之生活为

松，但恩配多克里氏（Empedocles）劝人禁制婚姻生产，而以不婚为哲学
生活之要件，其趋向日甚一日。克莱孟谓色尼克派之 Antist heaes 欲杀
爱神（女神），因其败坏守礼之妇女甚多。但最早色尼克及少数斯多噶苦
行之目的，不在注重精神，但原于独立之欲望，常现不健全之现象，其中竟
有人不禁男女欲，但不欲用金钱作代价也。自足之欲望，向为苦行之一
部，但在耶教圣者则为一小部。希腊之苦行家急欲不可败坏（即自足），故
所谓哲学生活无论何时均为人所艳羡。但同时并行之色尼克与斯多噶
学，至罗马帝国时渐变为温和，尚人道，重精神。森尼加及马加斯奥里留
斯帝及爱比底他（Epictetus）几半为耶教徒。此时太早，不能谓耶教伦理
有直接影响。当时之精神实影响于各教各派。自残之法日甚一日，直至
埃及之奇异苦行出现，此则不能谓为出于希腊或耶教，乃由社会之心理变
态。当时情形亦其发生之一因也。数世纪后，甚健全之寺院生活出现，而
独居生活以衰。中世纪之独居者，犹可达其独居之目的，然非 Thebes（埃
及地名）附近之狂怪野蛮人矣。降及近世，而受希腊化者类循极简之生
活，然绝不学笃行天主教徒之严酷自练法，勤修自胜之法。少纵身体私
欲，乃希腊所称许之哲学生活也。优秀之希腊人，必责英国牧师、教习及
哲学家之生活为放纵，盖吾人忘希腊生活之俭苦也。但于吾人，亦当计及
气候之不同及北方民族之需多食也（故英国之生活亦不甚放纵致失希腊
之精神也）。

　　希腊秘密教于耶教之影响为激辩之点，类多感情成见用事，现于此项
需要之材料已得埃及等处之发见补助不少（然新知事实之重要不免为学
者言之过甚）。新教徒多视秘教影响甚小，且推至甚迟，因其不愿见得第
一世纪耶教即有天主派加入也。真正之天主教则因他项明显之心理而不
认之。近世天主教所主张之圣餐主义（Sacramentalism）（秘密的）加入教
会说过早，而说其在第一世纪耶教之重要过大。此派人视耶稣及天主教
均带秘密性。其中之继承不过偶然关系。又希腊秘密教之价值乃另一争
论之点，德国有名学者之讨论此事者（如 Reitzenstein 及 Rohde）似均对
于秘教甚不同情，而近来学者有谓秘密之耶教受之于希腊式犹太教者甚

大云。柏拉图斐都篇云:"建设吾人之秘密教者宣言,凡死者至冥府。未参与秘密者,将卧于泥涂;而凡已清洁者、已参与秘密者,将与神同志。"盖如秘密教所言:"执杖叩神者甚多,而得神之感应者甚少。"此圣餐主义非不受攻击(前谓柏拉图即攻之),传言台奥金尼(Digenes)问:"是否大盗柏台勤(Pataecion)在他世界,比英雄威波能(Epaminondas)为佳?盖前者已参与神密,而后者未也。但奥斐教虽易流于败坏,而洗净提高旧日酒神祀礼,如哈利生(Harrison)女士言奉酒神者,希望因沉醉而与上帝接合。奥斐教人则以节制。解说之因,变而为神质,凡参加秘密者恒许之曰:"有福极乐之人乎,汝将为一神,不死矣。"希腊人视神即为一不死者。奥斐圣者即摆脱生死之痛苦轮回者。且奥斐教之清净,半为道德训练之结果。孤孟(Cumont)曰:秘密教携来二新事,清洁之秘密方法,用以涤除灵魂之污秽者,与不死幸福之允许,用以酬笃者。坎拿德(H. A. Kennedy)有言,真理之于彼等,以神之显示为代表。密传学说,当谨防不信者之所见。用此学说,彼等可免除恶鬼之侵击,并且可争战命运之酷。此种神怪学,罗马帝国(坎拿德所论即此时代)各处均信之。不幸此学遗存于圣保罗者甚多,乃吾人之所不愿者。秘密崇拜社会之成立,亦希腊宗教变迁之一重要阶级。此种社会乃大同的,似在沿海各大埠甚为兴盛。彼等极受欢迎,下级人民尤赞助之。此中种别国别完全不论,其目的可以坎拿德之语总结之,其言曰:"因实行与上帝合一,而置灵魂于易坏物质之无常性之上。"又常有分秘密教为二者:一官府承认者,如伊留细(Eleusis)是也;一独立自相结社者(其中有变为甚重要者)。但其中恐无主要区别,两种实均无一定教理。其目的(如亚里士多德言)在生出一种感情心态,在最感动人心之地,演耶稣受难之剧。其道德上影响甚深而有益,可以无疑。当埃及爱细(Isis)及奥塞力斯(Osiris)二神之秘密与希腊秘教混合时,生出一种崇拜,其酷似耶教大可惊异。一著名之埃及遗书有曰:"如奥塞力斯生存,彼(指崇拜者)亦必生存;如奥塞力斯不死,彼亦必不死。"阿蒲里斯(见前)"变形记"之末,有谢爱细神之章,极为美丽,然置于污秽小说之末,则甚奇特。哈米底人(如埃及是)之书籍,亦有与约翰福音(秘密的)相近之学说。

如有一对爱细神之祷语,然"趣荣我,如我之荣汝子霍鲁(Horus)"。批评家(如孤孟 Cumont 慈林斯克 Zielinski 等)谓哈米底人之高等学说出自希腊,吾甚然之,但不必尽归高等教理于希腊,下等于埃及也。

圣保罗之学说,多与此种秘教相似者,如分人性为三种之心理学,尤为重要。三种者,精神、灵魂、身体也。精神乃神圣分子,凡人之解脱者,均以神之知识而变为精神。其知识乃超出自然之赋与,此事谓之"成神"。圣保罗喜以 Pneuma 一字,为人性最高部分之名。在哈米底人书中,Pneuma 及 nous 二字无别,新柏拉图派用法亦然。以神之知识为解脱法之意,常见之于圣保罗书中,如"致哥林多人(Corinthians)前书"第十三章十二节,及尤为重要之"致腓立比人(Philippians)书"第二章八至十节是矣。此种知识乃半由默示所传达者。默示故为圣保罗所重,但举全体言之,彼一致以知识为信仰之极顶。人格之由精神变换,乃圣保罗之死后论(eschatology)之中心。"虽吾辈表面人消失,而衷心人则日新。"精神者,构成此革新人格之物,因血肉不能登天堂。"再生"一语,在秘密书籍中甚为通行。

吾人尽可在圣保罗函中、约翰诸书(此为诸函之最良解释)中及希腊祖师之神学中觅出多数文字,可证初期基督教与帝国内之秘教有密切关系。彼二十年前在此类短篇内,亦应详写其同点,但现在论者如于耶教受希腊思想宗教之惠,愿作持平之论。则新信仰(耶教)所愿吸收之秘教高尚方面,与出乎希腊思想变迁以外而不在新约之下等方面,其中之不同,恒不愿言之太甚。文德兰(Wendland)一平正之批评家也,谓圣保罗之于秘教,犹柏拉图之于奥斐主义,秘教非其宗教生活之中心,但可以为其宗教经验之外部表现。伟那(Weinal)曰:"圣保罗精神及基督学说非模仿秘教,乃其衷心之个人经验,用当时之形式,而以哲学解释也。"论者如洛伊塞(Loisy)等,谓圣保罗之耶稣为救世上帝(秘密教之观念),如奥塞力斯或阿提斯(Attia)或弥查(Mithra,诸秘密教所奉神名)是也,由是而比较诸神与耶稣之受苦、死亡、复活诸相同之点。彼等竟忘圣保罗为一犹太人,以具有宗教脑筋之人,必有革新之能力,圣保罗未尝呼基督为救世上帝。尤其谬者,则有人欲证圣保罗之宗教为粗而重物质之圣餐魔术。圣保罗恶礼祭特甚,见于其一切著作,宣言曰:"基督命我传道,非命我施洗礼。"且因哥林多人甚少受其洗礼者而感谢上帝。以若是之使徒,乃谓其以洗礼为入天国之法门,而不计其后来之行为如何。且在致罗马人书中(如伟那氏言)洗礼仅一见,而圣餐则未思及。彼视洗礼非法门,而为含社会思想之礼,为已由信仰而受天惠之记号。此诸论者,进而用阿兹台(Aztecs)及他种野蛮人宗教,以解说圣保罗之圣餐学说,但谓以圣保罗之教育文化,而竟涉及"食神"(下等秘教语)观念,则其人不足与辩。所谓"主之案"乃指主在此案为精神之主义,非主之肉置于此案上之谓。且如此则所谓"魔之案'"(主之案之反面),亦魔鬼果在此案为人食耶?吾人谓新约有名之"吾乃无身体之精灵"一语,而知魔鬼固无身体者也。

粗蛮之圣餐主义之发生,乃在此后,其来源乃自柏拉图所不许之秘教徒。如希腊学为一种思想方法之名,此派乃为不健全之希腊学。盖希腊人信之者多,实不能讳也。

圣经中人类堕落(Fall of Man)学说(希伯来人不能产生此说),在犹太教中无甚功用,经希腊之影响而在耶教中复活。人类(如恩配多克里氏等所言)为上帝所放逐,其身体乃其坟墓,披一不相关之肉衣。因其堕落,故须赎罪。希腊学遂为赎罪之宗教,全国欣然承认耶教一部之教理。亚当罪恶,遂为人类戏剧之首幕,至忏悔为止。顾此程序又非仅为历史,其深义则每人生命之所必演。在犹太之为历史记载者,希腊变之为教理。降及近世,至少前数幕恒视为常人生活之编为戏剧者。但希腊思想向未如耶教之视罪恶如是悲惨,与恶之争,进而更厉,乃希腊所未及。但吾人当知,多数之信耶教者,不为其罪而生忧虑,希腊人之优秀者,反极力求修其身也。

赎罪之事,由赎罪者授之大地。赎罪者是神亦是人,此又根据希腊观念。人神间之介绍人,须真具神性,盖否则不能与一方接洽。阿塔拿夏(Athanasius)之胜利(阿塔拿夏主教为主张天主教所承认之三位说之人,据此说耶稣为人亦为神),非希腊人之失败,希腊思想家于此之惟一困难,为何以托生人世之上帝乃亦受痛苦。然此乃哲学家之疑难,常人则不见此困难也。而逻各(Logos)说引耶教接近柏拉图及斯多噶学说,而三位(Trinity)之第二人具新柏拉图派理性(Nous)之诸特性,但欲比三位与蒲鲁台那(Plotinus)之三神因,犹之黑智儿之加入三位于其哲学中,同为不成功也。

死后论(eschatology)一题甚大,非小段文字所可说明。人常谓身体复活乃犹太学说,灵魂不死乃希腊学说。但将来生活(指死后)之观念,在犹太信仰中进行甚缓,即在今日,亦似不甚重要。极乐世界主义(谓神治理人国)应为犹太希望之趋向,此种信仰(为新默示之所凭借)向未为教会失去,若时局纷扰不宁则又复兴。最成熟之希腊哲学以长存为神之特质,而人则以时生死。人乃一小世界,含有诸种生存,彼如不恋地上泡影繁华,其能力实可入神之生活。此种不死观念,有大影响于耶教,实可不用证明。此盖向属秘教。但奥斐习惯(及涤罪处与永久快乐及痛苦)在普通耶教中,较其他二观念为占势力,此说且亦脱落其附属学说,耶稣再生及轮回之信仰(二说新柏拉图派用之,然甚不适当)。而将来之刑罚之说,尤为可怕。凡哲学及俗人之出世观念均属希腊,而非属犹太。但因欲调和此诸说而令耶教之死后说极为混乱,而人常对于所谓四终了事(即上说之一不死二耶稣再生三轮回四将来刑罚)无建立学说之希望,顾于此秘事,亦不能想望其有一定学说。最早福音不奖励人之欲知将来之好奇心,而所言三派(指希腊犹太及耶教三种)之死后论,代表三种之宗教信仰希望,吾辈应认圣保罗语之真确,所谓"目不能见,耳不能闻,即人之心思亦不能达,上帝所筹备,使人爱彼之事"。保罗且告吾人曰:"现吾辈依镜以窥多谜,想且仅知一部分。"对越上帝之知感,合知者与被知于一,乃吾人修持终局之事。保罗诸语(酷似柏拉图之穴居神话)足见其与新柏拉图派同心。而今人对于将来生活之信仰微弱,或由此道而可兴复焉。

结论曰,何者为希腊宗教教训吾人之事,而吾人易于遗忘者欤?简言之,节信真理为吾友,而又信真理之知识非不可达到,切实审察之信仰,为希腊人生观之要点。亚里士多德曰:"凡欲公平评真理者,须为裁判人,不应为原告人。"尤立比底之轶作曰:"幸福哉如彼,知审查之价值。"好奇心为善非恶,此希腊人所知,而中世所不知者。柏拉图以"自然"为上帝之助手及默示者,而世界之灵魂也。人性与神性同,无人更言之深切者。"自然"卫吾人,"淆乱"及"必然"为人之仇敌。宗教及人文主义之分裂,确始自柏拉图之继承者。彼等不幸不热心自然科学,而不追随物理学界之最上乘。在黑暗时代,与希腊之关系断绝,而二者成绝对分裂。最早希腊丰富之神话并非不合科学,其中有时知识缺乏,则以想象力及"试验及错误之方法"补足之。戏曲式幻想产生神话,乃诗与科学共同材料。宗教神话自亦有时为科学进步之阻力,其所以如此者,必其时重理性,而实事与虚构问题发生也。"重理性以后时代"与非科学时代之信仰,自不能谬谓其相同。今日者,希腊精神警告吾人,须摆脱希腊所留传表面规矩之不善者。盖重理性以后之习俗主义,其要点为怀疑、实用而知识上不实在,而理性之信仰则凭对于神圣逻各(世界自默示之灵魂)之诚敬,二者之孰去孰从,今当取决。若本篇作者,则深信凡笃实宽大之人,必愿重行皈依耶稣基督。盖昔日希腊者以其多年自由探察不惧不挠之习惯,一遇基督不多时即低首下心,为其不侵不叛之臣,献其宝藏,盖深知夫基督之来非为破坏而为完成者也。

(原载《学衡》第 24 期,1923 年)

印度哲学之起源

印度最古典籍首推《黎俱吠陀》。《吠陀》所载多为雅利安民族颂神歌曲。雅利安种来自北方。（确实地点尚在讨论。旧说指为帕米尔，近则考为奥匈捷克国境。）其入居印度五河流域，证以 Boghaz Koï 之刻文，似在四千至五千年前之中。自时厥后，种族繁殖，势力侵入五印全境，思想变迁，衍为一特殊文化。以是印度一语非指政治之一统，而代表一种文化，如希腊一字，代表特殊精神，固非指纯一民族或统一国家也。

《黎俱吠陀》尊崇三十三天，而以因陀罗为最有威力。密多罗及法龙那则较正真，人民信仰极笃，顾其旨在求福田利益，主收实用，绝少学理。虽印土婆罗门大都尊《吠陀》，而其诸宗哲理之兴起，不在继《吠陀》之宏业，而在挽祠祀之颓风，不在多神教极盛之时，而在其将衰之候。自佛陀至商羯罗（西历纪元后 800 年）学说蜂起，究其原因，盖有数端。

一

世界各宗教，类皆自多元趋于一元。太古之人，信精灵妖鬼之实有，于是驱役灵鬼之方繁兴，其方法寄于人者谓之巫觋；其方法托于物者谓之桃符；其于祭祀，皆以其所持，求其所欲，实含商业性质（凡具此性质之歌曲，多见于阿他婆吠陀。是编虽晚出，而思想有较《黎俱吠陀》尤古者）。人之于神，实立于对等或同等地位，顾鬼神既可用之害人，自亦可因之自害，由是而生恐惧，而生敬畏。人之于神，不敢驱而须求，不事威逼而在祈祷,其于祭祀,固有交换授受之心,而福善祸淫实信仰之要素。其时之神,若因陀罗(雷雨之神),有家室,具肢体,乘车争斗,游乐饮宴,其性质固不高于人也。然其威力渐驾群神之上,人之对越极为卑逊,此外若阿耆尼(火神)若法龙那(司世界之秩序)若须摩(原为醉人饮料)及《吠陀》宗教诸大神,征其地位,则印度宗教已由多魔教而进为多神教。

宗教根本既在笃信神之威权,遂趋于保守而进化迟迟。其初当人民道德幼稚时代,神之性质自以人为标准,故民蛮尚斗而因陀罗之神尊,尊其残暴也,民俗贪饮而须摩之草神,神其能醉也。其后文化增进,民德渐高,然宗教以尚保守,神之性质遂形卑下。此种现象,在《黎俱吠陀》中已可索得形迹,如其卷十之一百十七篇,仅奖励人为善,而毫未言及神,盖似以神之德衰,非可凭准也。卷十之一百五十一篇为颂信神之歌,论者谓当时盖信仰渐弱,作者有为而言。(如卷二之十二,即谓因陀罗神之存在,有否认之者。)及至佛陀出世之时,对于《吠陀》宗教之怀疑者更多。神之堕落,几与人无殊。弥曼差学者解说祭祀之有酬报,非由神力,数论颂释力攻马祠之妄(见《金七十论》卷上),而非神之说(或称无神 Atheism),不仅佛教,印度上古、中古各派几全认之。

人民对于诸神之信仰既衰,而遂有一元宗教之趋向。论者谓埃及之一元趋势,在合众神为一,犹太之一元宗教,始在驱他神于族外,继在斥之为乌有,而印度于此则独辟一径,盖由哲理讨论之渐兴,玄想宇宙之起源,于是异计繁兴,时(时间)方(空间)诸观念,世主 Prajāpati、大人 Purusha 诸神,《吠陀》诗人叠指之为世界之原。盖皆抽象观念,非如《吠陀》大神悉自然界之显象,实为哲理初步,而非旧日宗教之信仰也。此中变迁关键,大显于初期之奥义书中。《奥义书》者旨在发明《吠陀》之哲理,而实则《吠陀》主宗教,甚乏哲理之研讨。诸书(《奥义书》有多种)所言,系思想之新潮,顾宇宙起源之玄想,在《黎俱吠陀》中已有线索,其中虽无具体之宇宙构成学说,然其怀疑问难,已可测思想之所向,此诸诗作者,不信常人所奉诸神创造天地,而问难日与夜孰先造出,世界为何木(意犹谓何种物质何种本质)所造。类此疑难散见颇多,而以卷十之一二一篇及一二九篇等,至为有名。其一二一篇曰（原为韵文，今只求意义之恰当，未能摹仿原有音节韵律）：

> 太古之初，金卵始起，生而无两，万物之主，既定昊天，又安大地，吾应供养，此是何神？俾吾生命，加吾精力，明神众生，咸必敬迪，死丧生长，俱由荫庇，吾应供养，此是何神？徒依己力，自作世主，凡有血气，眠者醒者，凡人与兽，彼永为主，吾应供养，此是何神？神力壮严，现彼雪山，汪洋巨海，与彼流渊，巨腕远扬，现此广漠，吾应供养，此是何神？大地星辰，孰莫丽之，天上诸天，孰维系之，茫茫寥廓，孰合离之，吾应供养，此是何神？两军对峙（指天地），身心战栗，均赖神力，视其意旨，日出东方，照彼躯体，吾应供养，此是何神？汪洋巨水，弥满大荒，蕴藏金卵，发生火光，诸神精魄，于以从出，吾应供养，此是何神？依彼神力，照瞩此水，蕴藏势力，（指金卵）且奉牺牲，缠此上天，诸天之天，吾应供养，此是何神？祈勿我毒，地之创者，明神正直，亦创上苍，并创诸水，明洁巨伟，吾应供养，此是何神？（本篇共有十阕。第十阕显为后人窜入，故未译。）

怀疑思想之影响有三，夫人以有涯之生命，有限之能力，而受无尽之烦恼，生无穷之欲望，于是不能不求解脱。印土出世之念最深，其所言所行，遂几全以灭苦为初因，解脱为究竟。降及吠陀教衰，既神人救苦之信薄，遂智慧觉迷之事重。以此，在希腊谓以求知而谈哲理，在印度则因解决人生而先探真理。以此，在西方宗教哲学析为二科，在天竺则因理及教，依教说理，质言之，实非宗教非哲学，此其影响之大者一也。宇宙起源之说既兴，而大梵一元之论渐定。大梵者，非仅世之主宰，（如耶教之上帝）亦为世之本体。（西方此类学说名泛神主义）其后吠檀多宗以梵为真如，世间为假立，此外法是幻之说也；僧佉以梵为自性，世间为现象，此转变之说也；至若弃一元大梵而立四大（或五大）极微，如胜论顺世，则积聚之说也；至若我法皆空，蕴界悉假，则精于体用之说也。是脱多神之束缚，亦且突过一神（大梵乃泛神论非一神论）之藩篱矣。此影响之大者二也。《吠陀》诸神势力既坠，而人神之关系亦有变迁，由崇拜祭祀，进而究学测原,吠檀多合人我大梵为一,僧佉立自性神我为二,胜论于五大之外,别有神我,大乘则于法空之内,益以我空,诸派对旧日祈祝之因陀罗阿耆尼,均漠然视之。此其影响之大者三也。

二

印度阶级之制,不悉始于何时,《吠陀》时代,阶级是否已存在,尤为聚讼之点,顾阶级之原则,实不但《吠陀》初期有之,且恐远溯可及雅利安人侵入印度以前。盖民人既信鬼神,自有僧侣,既尚战争,自有酋长,僧侣之魔术,非人人所可擅长,酋长之威力,恒历久不废,于是而世袭之僧侣与贵族,遂各与平民有别。初则此种分别未进化为固定种姓,如《黎俱吠陀罗》虽有婆罗门、刹帝利诸语,然据其所言,则帝王可为僧侣,牧童亦可参与战事,其非指固定之种姓,似可断言。及雅利安人征服印土,黑色土著遂降为奴隶,其后遂成为第四种姓,而武士平民亦渐成确定阶级,而婆罗门之僧侣乃居其首,著述经典,教育青年,几全出其手。其中笃信潜修者固多,而败德逾检者亦不少,其释经(谓《吠陀》之书)曰:婆罗门那几全务求节末,徒重仪式,其拘执形式文字,常极为无谓,其道德则如蛮人,观祈祷祭祀为魔术,上天之福田利益,固不视人之良朽而授与也。以故僧侣之为人作道场,其目的惟在金钱酬赠之丰,常见于记载,毫不为怪。黄金尤为彼辈所欣悦,盖金有不死性,为阿耆尼(火神)之种等也。(见婆罗门那书中)而凡人施僧以千牛者,得尽有天上诸物[《金七十论》谓马祠说言尽杀六百兽,六百兽少三不俱足,不得生六为戏(指男女戏乐)等五事,其意亦与此同],僧人之蔑视廉耻,盖也甚可惊也。

《黎俱吠陀》(如十之一〇三及十之八二)中,固已有人斥婆罗门人之逢场作戏,徒知谋生,降及佛陀时代,祭祀尤为智者所唾骂,而其索酬特高,亦为常人之所痛恨,于是乃另发明苦行法,以代祭祀,毁身炼志,摒绝嗜欲,于贪字务刈之净尽。其用意初固非恶,而其末流,则变本加厉,致旨不在除欲,而仅在受苦。《杂阿含》有曰:

常执须发,或举手立,不在床坐,或复蹲坐,以之为业。或复坐卧于荆棘之上,或边椽坐卧,或坐卧灰土,或牛尿涂地,于其中坐卧,或翘一足,随日而转,盛夏之日,五热炙身,或食菜,或食稗子,或食舍楼枷,或食油滓,或食牛粪,或日事三火,或于冬节冻冰亲体,有如是等无量苦身法。

苦行昌盛,遂成为学说,尼犍子派是也。此派以"大雄"为祖,大雄乃尼犍子若提子之徽号,尼犍子师事勃沙婆(中国旧译勒沙婆,勒字系勃讹。)守五戒之说。五戒者,三宝(闻信修)之极顶也。此派重业力,谓一切事物悉凭因果业报,故《维摩诘经注》(及《百论疏》卷三等)有曰:"其人起见,谓罪福苦乐,尽由前世,要当必偿,今虽行道,(此必指常人之道,非尼犍子之道)不能中断。"人生解脱之方,全赖苦行,苦行在印文本义为烧,业力虽强,固可烧断也。

神之德衰而有宇宙之论(如前节所言),僧之德衰而兴苦行之说(如本节所论),举天人之所崇拜、所仰望者均衰,故厌世之说起。厌世以救世者,释迦是矣,厌世以绝世者,六师是矣(尼犍子亦六师之一),绝世者轻蔑道德,故其论佛家恒斥为颠狂。六师之一,有答阿阇王之曰:

> 王若自作,若教人作,斫伐残害,煮炙切割,恼乱众生,愁忧啼哭,杀生偷盗,淫泆妄语,窬墙窃贼,放火焚烧,断道为恶,大王行如此事,非为恶力。大王若以利剑脔割一切众生,以为肉聚,弥满世间,此非为恶,亦无罪报,于恒水南岸脔割众生,亦无有恶报,于恒水北岸为大施会,施一切利人等利,亦无福报。(见《长阿含经》第十七卷)

极端绝世之学说,为顺世派。顺世为佛教及外道所同诟病,其教无解脱之方,谓人聚四大而成取,命终时,地水火风悉散而人败坏,知识亦全消灭,人生正鹄在享肉体快乐,日月不居,稍纵即逝,故有言曰:"生命如在,乐当及时,死神明察,无可逃避,若汝躯之见烧(火葬),胡能复还人世。"行乐而外,绝无良方,火祠《吠陀》,苦行者之三杖涂灰,均为懦弱愚顽谋生之法,至若依智立言,尤为无据。夫论说赖乎比量,而顺世仅立现量,否认比量,一切世间生灭变迁,非由外力,悉任自然,人类行为,悉不能超出自然法律之外,顺世遂亦名自然因派(此上据十四世纪印度学者 Madhva 之

《诸见集要》所述)。

　　若此绝对厌世之说,至斥《吠陀》为妄论,僧侣为下流,则其兴起必为道德败坏之反动,尤必由痛恨婆罗门作伪者之所提倡,盖无可疑也。

<h2 style="text-align:center">三</h2>

　　印度哲学各宗,盖亦不仅在革《吠陀》神教之败坏,亦且受灵魂人我学说之影响,依宗教进化程序言之,灵魂为神祇信仰之先导,世界各国之所同有。雅利安持有鬼之论,不知始于何时,然其未入印土之前即信此说,则可断言。暨时代演进,其说呈二现象,一为俗人之迷信,二为明人之学说。

　　迷信类皆落于僧侣之掌握,用以为谋生之具,我佛如来甚微妙,大法光明,此诸卑行,均深痛绝。如经所说(下节录《长阿含经》卷十四):

　　　　如余沙门婆罗门食他信施行遮道(二字系直译,遮道系谓横行,横行指畜生,引申之为卑鄙,故遮道法者谓卑鄙之法也)法,邪命自活,召唤鬼神,或复驱遣,种种厌祷,无数方道恐热于人,能聚能散,能苦能乐,又能为人安胎出衣,亦能咒人使作驴马,亦能使人聋盲喑哑,现诸技术,叉手向日月,作诸苦行,以求利养,沙门瞿昙无如是事。

　　　　如余沙门婆罗门食他信施遮道法,邪命自活,或为人咒病,或诵恶术,或诵善咒,(中略)沙门瞿昙无如此事。

　　　　如余沙门婆罗门食他信施遮道法,邪命自活,或咒水火,或为鬼咒,或诵刹利咒,或诵鸟咒,或支节咒,或安宅符咒,或火烧鼠啮能为解咒,或诵知死生书,或诵梦书,或相手面,(中略)沙门瞿昙无如此事。

　　鬼魂之术既多,鬼之种类亦繁。就《正理论》所说,有无财少财多财之鬼,无财者有炬口针咽臭口三类,少财者有针毛臭毛大瘿,而多财者则有得弃得失势力。《长阿含经》云,一切人民所居舍宅,一切街巷四衢道中,屠儿市肆,及邱冢间,皆有鬼神,无有空者。(上详《翻译名义集》卷六)

　　学理中真我之搜求,实基于俗人鬼魂之说。真我是常,亦有藉于灵魂不死之见,俗人对于灵魂无确定之观念,故学术界讨论何谓灵魂之疑问甚烈。如《长阿含经》之第十七,布咤婆楼与如来争辨何谓灵魂,而《梵网经》(《长阿含》误译梵动)中,历数关于神我诸计或谓我是色(犹言物质)四大所造,乳食长成,或谓我是无色(非物质),为想(犹言知识)所造,或谓我也非想等,系发知识行为或享受之本,(故有我为知者作者受者诸名)而非知识行为或享受所构成,(如数论谓我为知者而一切知识则属于觉我慢等)异执群出,姑不备举。

宇宙与人我之关系,为哲学之一大问题,而在印土诸宗,咸以解脱人生为的,故其研究尤亟。吠檀多谓大梵即神我,梵我以外,一切空幻,梵我永存,无名无著,智者知此,即是解脱。僧佉以自性神我对立,神我独存,无缚无脱,常人多惑,误认自性,灭苦之方,先在欲知。至若瑜伽外道重修行法,正理宗派重因明法,而要其旨归皆不出使神我得超越苦海,静寂独存,达最正果也。

四

业报轮回之说,虽为印度著名学说,而其成立甚晚。在《黎俱吠陀》中,已有报应不死之说,而无依业报以定轮回之想。当时思想,以人之生命为神所授与,死则躯壳归于土,常人之魂恒附系于丘墓间,而善人之魂还居天上(在最上之天为阎王之世界),摒绝嗜欲,清净受福,惟逢家祀亦来受享,子孙之福利亦常不能去怀。恶人则身体深沉土中,其鬼魂被弃置极暗之地。至若地狱之详情,轮回之可畏,当时雅利安人似未梦及。

论者谓轮回之说,雅利安人得之土著,故在其入居五河之前,人民乐天,及入印度,乃渐厌世,此说虽有可疑议(轮回之说有二要素,一为身死而灵不灭,二为惩恶劝善。颜天跻寿,均有来生为之留余地,此二点《黎俱吠陀》已俱有之,如上段说。故现有谓轮回之说非出自土人,而系循雅利安人思想进化之顺序所得),然印度厌世主义之受轮回说之影响,实甚合理。夫宗教重不死,而印人尤喜静寂常住,然事与望违,如佛告比丘,"世间无常,无有牢固,皆当离散,无常在者。心识所行,但为自欺,恩爱合会,其谁得久,天地须弥,尚有崩坏,况于人物,而欲长存。"(录东晋译《般泥洹经》)烦恼生死,悉为业果,无常之苦,根据轮回,此所以印土诸宗,莫不以尽业缘,出轮回为鹄的。质言之,则皆以厌世为出世之因,悲观(谓世间为苦海)为乐观(谓究竟可解脱)之方,世谓印度民族悲观厌世,实非恰到之言也。

印度宗派既有析知识、行为、享受与知者、作者、受者为二事。于是有何物轮回之问题发生,盖仅有神我轮回,则人受生后必但有知者等,知识等必遂无根据,且数论等谓神我无缚无脱,实不轮回,故轮回者恒于神我之外,别立身体(物质)、知识(精神)之原素,即如数论之轮回者为细身。(1) 细身人相具足,受生后为身体之原素(此种变迁,名曰相生);(2) 细身为有(犹言心理状态,业缘属之),薰习乃成人心理之原素(此种变迁,名曰觉生),神我之于细身,绝为二物,细身轮回,而神我固仍超出生死也。吠檀多亦以知者知识对立,故亦有细身说(唯稍与数论异),诸宗易知,且待后述。

唯佛教立无我义,人世轮回遂徒依业报因果之律,而无轮回之身。顾佛之立说根本,初与外宗无异。盖最初宗教信灵魂不死,嗣后学说遂俱言神我是常,神我既不变,而知识行为享受为非常,故诸宗遂析之为二。佛以为人为五蕴积聚,五者之外,无有神我,亦如轴不为车辋,不为车辐,毂辕轭等均非是车,必待合聚,乃有完车,然人生各部悉为无常,无常即非我,如佛告阿难:

> 阿难,此三受有为无常,从因缘生,尽法灭法,彼非我有,我非彼有,当以正智,如实观之。(中略)如来说三受,苦受、乐受、不苦不乐受。苦乐受是我者,乐受灭时,则有二我,此则为过。若苦受为我者,苦受灭时,则有二我,此则为过。若不苦不乐受是我者,不苦不乐受灭时,则有二我,此则为过。(摘录《长阿含经》卷十《大缘方便经》)

色想行识,自亦如是,夫诸外道,或不以色(物质)为我,色变幻非常故;或不以行为为我,行为变幻非常故;乃至不以感情知觉智慧等为我,俱非常故。顾犹立知者,实不知思想以外,何有知者之可言,且以因果言之,知者亦何非无常。外道主无常即非我之义,而推论不彻底,如来所见实独精到。亦复乎尚矣。

五

印度哲理之起源,当首推此四因:(1)因《吠陀》神之式微,而有宇宙本体之讨论;(2)因婆罗门之徒重形式,失精神,而有苦行绝世之反动;(3)因灵魂之研究,而有神我人生诸说;(4)因业报轮回出,而可有真我无我之辩。凡此四者亦皆互为因果,各宗于中选择损益,成一家言,固甚烦杂,非短篇所可尽述也。

本篇所及,仅就学说,以明印度哲理进化之迹,他若历史事实上之原因,固亦有足述者:(1)为民性富于理想、重出世观念,希腊之人富于哲理,犹太之人最重出世,而印度民族兼而有之;(2)为奖励辩难利己利他,即帝王与学者问诘,亦不滥用威力,当依义理。(如《那先比丘经》有智者议论王者议论之说。智者以理屈,王者以力服,弥兰王则慨然如智者议论之法。)相习成风,异计百出,印土哲理之能大昌至二千年者,言论自由之功固不可没也。

(原载《学衡》第 30 期,1924 年 6 月)

《印度哲学史略》绪论

印度有史之初,其人民所礼之神,如普霜(日神之一)、第亚(天神)是上天神;如因陀罗(雷雨神)、华塔(风神之一)是气象神;如须摩(原是草汁,能醉,用于祭神,复神视之,后遂衍为月神)、阿耆尼(火神)是大地神。(此外有祖先神如阎摩是)盖大都感于自然之象,起禳灾祈福之心。所求非奢,所需甚简。百姓乐生,乏深忧患,信巫觋,用桃符,重祠祀,崇吠陀。婆罗门教于焉托始。其道德虽留野蛮遗风,然神多严正,民知畏法。今读其颂神歌辞,了然可睹。若哲人晚出,探宇宙之本,疑天神之妄,则皆特出,匪其常轨。是曰印度教化之第一时期。继而民智渐增,旧教衰颓,僧侣败度,迷信纷起,轮回之说、悲观之教既张,而吠陀时代乐生之精神遂至全改。于是祭祀之用,不在敬神造福,而在解脱灭苦。学理几研,苦行致力,亦为前此所罕有。而小乘佛教暨尼犍子六师学说,则更指斥经典(吠陀),别立门户,即如奥义书,名为承婆罗门之正统,但其中高谈玄理,吠陀诸神地位盖亦已大衰。是为印度教化之第二时期。自时厥后,各宗重智慧解脱,争相辩难,学理益密。以是五顶、雨众,渐成一家之言,龙树、世亲,又专宏大乘佛教。谈量谈理,则求因明。总御总持,则精瑜伽。他若胜宗、顺世、明论、声论,亦俱大成。虽其时婆罗门神教并未中断,六论诸派,降及近代,亦未全亡。然自阿输迦至商羯罗,实为印度哲学极盛时代。商羯罗者,居此期末叶,吠檀多宗之大师也。印度论者谓其智深言妙,遂灭佛法。实则其时释氏尊宿零落,僧伽染异教之颓风,后且受回纥之摧残,遂至大法东移,渐成绝响,婆罗门之势乃再盛耳。佛陀以来,早有凭吠陀之余烬而崇拜诸天(谓梵天等如兽主外道是也)者,约至世亲以后,此风大盛,后遂演生所谓印度教。此则印度教化已自第三时期而入第四时期矣。印度教者,宗派复杂(后当稍详),惟大要尊礼三身,谓梵天、韦纽天及尸婆天。尊后二者之徒党尤盛。其教外借数论或吠檀多之说,内实不重智慧,而笃信神之威权,故常盲从,不用理解,主感情,薄理性,大类基督教之所谓信仰。此乃逐时风而大变,是为笃信说。承继瑜珈,密教大盛,悉檀记字,因字字而达心性之源;身分焦膈,因部部而合天地分位。如翁(Aum)声于神为尸婆,于身为前额。郎(Lam)声于神为大地,于身为颈骨。其持颂之繁琐,不能备举,是为秘咒说。等而下之,更有精力说。精力者,为湿婆天等之妻,用以代表天之精力。印度教学理,大都杂采六论学说,附会而成宗义,殊少新说也。加以回教侵入,混和失真(有名之混合教名塞克),遂成印度教化之最近时期。迫于现代,志士叠出,一方颇受欧西之教化,然仍多有欲改进旧风,复兴旧教,如佛教之研究,即其一端。此即印度教化又将另辟一新纪元也。

复次,依地言之,印度文化虽非全出乎雅利安人,然究以之为主干。雅利安人早居五河,势力南渐,占有印度河流域(其民族由此得名),其足迹恐罕能及马鲁斯塔拉沙漠以东,而两海(阿拉伯海及孟加拉湾)则黎俱吠陀似未闻知。及至梵书时代,势力逐移恒河上游,包括"中国"区域,约即佛陀行化之地。其文化之中心,如婆那拉西,如舍卫城,如毗舍离,如巴塔里甫多罗,而在印度河之塔克施拉,则亦以学术著(尤长医学)。然当其时,婆罗门势力约仍在西方,而沙门外道则弥漫于恒河中流。降至阿育王之后,婆罗门诸宗盛于东方,而优禅尼国为法相佛教发祥之地,一切有毗婆沙师,则势力更被其西。至若般若之兴,则恐与南印度有关。再后尸婆与韦纽之密教,则起自南印度,北趋而为印土之主要宗教焉。

印度学说宗派极杂,然其要义,其问题,约有共同之事三:一曰业报轮回,二曰解脱之道,三曰人我问题。

业报轮回之说,各宗所同信(除顺世外道等),然未见于黎俱吠陀,论者遂谓是义乃雅利安人得之土著。但轮回有二要义:一为身死而灵不灭;二为惩恶劝善,颜夭跖寿,均在来生受报。此二义黎俱吠陀中俱已有之,故亦可谓轮回之说系循雅利安人思想进化之顺序,匪由外铄。夫因业报而定轮回,轮回则不能脱离生死苦海。有生则死,有欲生之心,则万障俱张,则不能常乐我净,故出世之说兴焉,此其影响一也。泰古之人以罪恶为尘垢(阿闼婆吠陀有洗罪之说),即者那教亦以业为补特迦罗(物质)。若胜数诸论则谓业为势用,而业之种类(黑白等)、期限(有尽无尽等),亦为冥想之资,此其影响二也。印度宗派详论何为真我,因有析知识行为享受与知者作者受者为二事,遂生何物轮回之研讨。盖仅有神我轮回,则人受生后必恒有知者等、知识等,必遂无根据。且数论等谓神我是常,无缚无脱,实不轮回。故轮回者,恒于神我之外,别立身体(物质)知识(精神)之原素。即如数论之轮回者,为细身:(1) 细身人相具足,受生后为身体之原素(此种变迁名曰相生)。(2) 细身为有(犹言心理状态业缘属之)熏习,乃成人心理之原素(此种变迁名曰觉生)。神我之于细身,绝为二物。细身轮回,而神我固仍超出生死也。吠檀多亦信真我是常,以知者与知识对立,故亦有细身说(稍与数论异)。惟佛教立无我义,人生轮回遂徒依业报因果之律,念念相续,无轮回之身。盖佛陀深信一切无常,其轮回一义以无常为骨干,则实能知轮回说之精义者也。此其影响三也。

从无始来,人依业转,脱离苦海,自为急义。解脱之旨虽同,而其方不一:曰戒律,自持严整,清心寡欲,因欲望为烦恼之源也。戒律之极曰苦行,毁身练志,刈尽瞋痴,自沙门之无量苦身法至近世之三杖涂灰皆是也。曰禅定,修证之方,在外为苦行,在内为禅定。屏绝世虑,心注一处。自证本源,以达不可思议之境界。曰智慧,印度智慧,绝非西洋之所谓理智,乃修证禅定之所得。人生烦恼根本无明,智慧为其对治。各宗多主智慧解脱。戒律禅定终的均在得智慧,以其断惑灭苦也。曰信仰,笃信神权,依之解脱。或因祭祀(此指印度教祭祀),或用密咒,希图往生极乐世界(他若神权治病求福等,则目的非在解脱)。凡此五者,皆解脱之方。惟见仁见智,意见纷歧,曷能枚举,兹之所言,粗及其略,未能一概论也。

自我一名,在梵为我(Ātman),或神我(Puruṣa),或命(Jīva),均指不变,是常之主宰,颇似世俗灵魂之说。夫有鬼论初民同信,而印人学理中真我之搜求,实基于俗人鬼魂之说。真我是常,亦有藉于灵魂不死之见。俗人对于灵魂无确定之观念,故学术界讨论何谓灵魂之疑问甚烈,如长阿含经之第十七布吒婆楼与如来争辩何谓灵魂。而梵网经(长阿含误译梵动)中历数关于神我诸计,或谓我是色(犹言物质),四大所造,乳食长成;或谓我是无色(非物质),为想(犹言知识)所造;或谓我亦非想等,系发知识行为或享受之本(故有我为知者作者受者诸名),而非知识行为或享受所构成(如数论谓我为知者,而一切知识则属于觉我慢等)。异执群出,不克备举。再者,宇宙与人我之关系为哲学之一大问题。在印度诸宗,咸以解脱人生为的。宇宙实一大我,真我真如,原本非异,故其研究尤亟。吠檀多谓大梵即神我,梵我以外,一切空幻。梵我永存,无名无著。智者知此,即是解脱。僧佉以自性神我对立。神我独存,无缚无脱。常人多惑,误认自性。灭苦之方,先在欲知。欲知者智慧之初步也。以及戒律、苦行、禅定、祠祀,要其旨归皆不出使神我得超越苦海,静寂独存,达最正果也。

夫目的既在离生死苦,超越轮回,以谋自我之解脱,故谈理所以得究竟,智慧有待于修证。印度诸见——原音达生那(Darśana),如印人马达伐之摄一切见集,实为一部哲学史。今不曰印度诸见史而仍曰哲学史者,因旧译佛经"见"字单指邪见也,非西洋之所谓哲学,亦非其所谓宗教也。据今人常论,治印度学说有二难焉:国情不同,民性各别,了解已甚艰,传译尤匪易。固有名辞(或西洋哲学译名)多不适用,且每易援引泰西哲学妄相比附,遂更淆乱失真,其难一也。学说演化,授受复杂,欲窥全豹,须熟知一宗变迁之史迹,更当了然各宗相互之关系。而印度以通史言,则如纪事诗已难悉成于何时;以学说言,则如佛教数论实未能定其先后,其难二也。而著者未习译事,见闻浅陋,生罹百忧,学殖荒芜,曷足语此。惟念中印关系,近年复渐密切,天竺文化,国人又多所留意。惟因历年来曾就所知,撷拾中印所传之资料,汲取外人近日之研究,有文若干篇,起自上古,讫于商羯罗,今复删益成十二章,勉取付印,或可暂为初学者之一助。至若佛法典籍浩博,与我国学术有特殊之关系,应别成一书,本编中遂只稍涉及,未敢多论焉。

魏晋玄学编

玄学与中华佛学

（讲课提纲）

一、玄

《太玄赋》："观大易之损益兮，览老氏之倚伏……岂若师由聃兮，执玄静于中谷。"

桓谭——扬雄作玄书，以为玄者天也，道也。言圣贤著法作事，皆引天道以为本统，而因附属万类王政人事法度。

老子其心玄远与道合。

冯衍《显志赋》："游精神于大宅兮，抗玄妙之常操。……嘉孔丘之知命兮，大老聃之贵玄。……惟吾志所庶兮，固与俗之不同。""常务道德之实，而不求当世之名，阔略杪小之礼，荡佚人间之事。"

傅毅《七激》："徒华公子，托病幽处，游心于玄妙，清思于黄老。"

张衡《思玄赋》："吉凶倚仗，幽微难明，乃作思玄赋。""仰先哲之玄训兮，虽弥高而弗违。"《玄图》："玄者，无形之类，自然之根，作于太始，莫之与先。"

仲长统《昌言》："安神闺房，思老氏之玄虚，……逍遥一世之上，睥睨天地之间，不受当世之责，永保性命之期。"

老庄、《周易》：玄，通玄，履道。

二、玄学之起源

（一）政事上的原因

（二）理论上的嬗蜕

1. 黄老之学

君人南面之术，无为之术。

《泰阶六符经》：“阴阳和，风雨时，社稷宜，天下大安，是曰太平。”

天人感应：

《包元太平经》、《太平经》：“元气即虚无无为之自然”，“一切变化顺乎自然”，“人之行事顺天’，“人君法天，行仁道，法天而治。”（无为）

种种方术：

祠祀
丹药　　　｝天人相应。
导引　吐纳｜

桓谭，王充，魏文帝《典论》，《辩道论》，《牟子》：“行之无效，为之无征。”

王充曰：“效之以事。”

天地尚不能长久。

玄学——全生养性之道。

政治上、人格上（1）自适，

　　　　　　　（2）寡欲。

2. 易学

儒家——天人相应。“始推阴阳为儒者宗”；阴阳五行；灾异。

易——京房。

王充：“如谴告人，是有为，非自然也。”

但，自然——理——道也；宇宙——主张自然，崇拜虚无；政治——主张放任，反对干涉；人生——适性自由，旷达朗卓。物无妄然；忘象。

三、佛教般若学

魏晋——般若——王弼——竺道生；宋——涅槃；齐梁——成实；陈——三论、摄论；

支谶——桓帝时。

竺朔佛——光和二年。

《道行般若波罗蜜经》卷一："设无有本法，亦无谁作，亦无有本，本无有本。"

《道行般若波罗蜜经》卷五，《本无品》："本无，无有作者，一切皆本无，亦复无本无。"

安玄（都尉玄）。

支谦《大明度无极》（黄武三年在武昌）。

明；无为；名（字）；本识（本性），自然——（识）性。

康僧会

安般——清净无为（京师）；

《法镜序》。

朱士行

甘露五年（260）"誓志捐身，远求大品。"

洛阳讲《道行》（240—250）。

四、般若义

（一）般若

实无有法可名般若波罗蜜多，不可说此是般若波罗蜜多，不可说属彼般若波罗蜜多，不可说由彼般若波罗蜜多，不可说从彼般若波罗蜜多，慧能远达诸法实相，诸法不离名言。

"般若者谓假施设，由假施设，说为般若。然一切法不可施设，不可转动，不可宣说，不可示现，如是知者名'如实知'。"（依般若，自不可施设。）

（二）般若与出世

"世名假立,非假立世,实有可出,然出诸假,故名出世。"

（三）无生

"如是自体,自然破灭,即是为灭。此中无物说名为灭,谓无间灭,非于此生即于此灭,说名为灭,即无生故,说名为灭。"

（四）缘起

"由诸缘故,诸法得起,故名缘起,如是缘起,都无所有……谓能显示如实无起,以无起故,说名缘起,平等无起,故名缘起。"

（五）实性

1. 色蕴真如不虚妄,性不变异,性如所有性,是谓般若波罗蜜多。

2. 非色蕴中有色蕴性,此无所有,是谓般若波罗蜜多。

3. 此即无自性。

（六）行

色蕴非色蕴所行。

色蕴非色蕴所行,故无知无见。

若于色蕴无知无见,是谓般若波罗蜜多。

（七）一法所摄非般若所摄

真如性(真如者,诸法实性)即般若。

即此真如说为甚深般若波罗蜜多。

（八）无性为"自性"

（九）无著

诸法皆以无著为相,以诸法相不可得故,名为无著相……于此中无相可得故,名无相。若一切法有相可得者,应于此中有著可得。以一切诸法众相都无,是故此中无著可得。

（十）虚妄分别——执——清净

中国"空无"之理。

1. 道——无形故言虚空也——静。

2. 不著。

菩萨于五阴其本性不著起矣。

行此道者,休其欲之本心,即知心自起者皆休矣。

3. 为用。

众生虚空,恢廓广大无边,故可导利升此大道。

4. 二重有无。

五、首楞严

法身:

身——寄言,源出神教。

法——实相——法尔;法——不增不灭,无生无灭。

法　缘生 $\begin{cases} 不自生 \\ 不自灭 \end{cases}$

方便——言语,相——不可得,

身——寄言,忘象,

法身——即般若之所显。

执言得相则不显——惑。

除惑由教而信(信解脱)

智慧择灭(见到)　事事体察。

玩弄把戏而非把戏。

建立即破,亦立亦破。

而有阶级:"欢喜地、离垢地、发光地、焰慧地、极难胜地。

现前地、远行地、不动、善慧、法云。"

六、《大明度无极经》中玄理

(一)实相无相

无相者扫相而显实相。无相无妄分别。实相即无相。非无相之外有实相也。非无虚相而另有实相也。

实相显,而无还;实相如,而相法;实相空,法无自性;实相真,而无妄;实相"如实知",而不能"分别知"。

(二) 道——支谦

夫体道为菩萨是空虚也。1.1

譬如虚空,无不至无不入。6.13

为知于色,休色本性。1.4

色想行。1.4 参见《小品》。

意幻为三界耳。1.6

色无际,道无际。1.9

众生自然,念亦自然。1.11(全页)

泥洹皆空,俱无所有。2.14

处无所有于法无所动。2.15

参见《王衍传》:"天地万物皆以无为本。"

《列子·天瑞》引何晏《道论》:"有之为有,恃无以生,事而为事,由无以成。"

何晏《无名论》:"夫道者唯无所有也。"

王弼《论语释疑》:"道者,无之称也,无不通也,无不由也。况之曰道,寂然无体,不可为象。"

(三) 神——冥其极

得法意。1.1, 1.11

如法无诤。1.1

无为、无杂念。1.2

体解而性入。1.2

不取色。1.3

1.4a

1.5b 比较小品 1.9b。又 1.9 都一切。

意 1.7a, 1.7b1.9a 专著。

《法句经》:"言驰于誓,难护难禁。"(精神虽空无形,造作无竭)

心为法本。

汤用彤学术年谱

1893 年

阴历六月二十一日出生,字锡予。

父汤霖,字雨三,晚年号颐园老人,湖北省黄梅县孔垅镇汤大墩人;母梁氏;兄用彬。

1896 年

父汤霖素喜汉易,生平最爱读《桃花扇》中的《哀江南》和庾信的《哀江南赋》,常终日吟诵,寄其伤时之情。汤用彤耳濡目染,此年 3 岁,即能背诵《哀江南》,父母异之。

1898 年

父汤霖丢官,先后设教馆于兰州、北京。汤用彤学于父亲之教馆,"幼承庭训,早览乙部",接受严格的传统教育,而对历史兴趣尤浓。

1908 年

汤用彤离开父亲教馆,入北京顺天学校,与梁漱溟、张申府等先生同校,尝与梁漱溟同读印度哲学之书及佛教经典。

1911 年

汤用彤与吴宓分别从北京顺天学校、西安宏道学校考入清华学校,二人后成挚友。

列入清华国文特别班研习国文典籍。

1912 年

立志于学术研究。

8 月,与吴宓合著长篇章回体小说《崆峒片羽录》,拟撰三十回,完成缘起回及前三回。

1914 年

仍在清华学校学习。

9 月至 1915 年 1 月,在《清华周刊》第 13～29 期发表长文《理学谵言》,立论以为"理学者,中国之良药也,中国之针砭也,中国四千年之真文化真精神也",全文阐朱进王,寄托理学救国之情。

9～10 月,在《清华周刊》第 13、15、16 期连载短篇实事《孤孽泣》。

10 月,在《清华周刊》第 15 期发表《理论之功用》。

11 月,在《清华周刊》第 20 期发表《新不朽论》。

12 月至 1915 年 1 月,在《清华周刊》第 27～29 期连载《植物之心理》。

1915 年

2 月,在《清华周刊》第 30、31 期发表《快乐与痛苦》,此篇为未竟稿。

冬,与吴宓等人创办"天人学会"。

1916 年

2～3 月,在《清华周刊》第 65、66、68、70 期发表《谈助》,阐述其文学观,认为无道德者、无卓识者、无怀抱郁积(即真实性情)者,不能工文章。

5 月,在《清华周刊》第 75 期发表书评四篇及短文《说衣食》。

夏,毕业于清华学校高等科,并考取官费留美,因治疗眼疾未能成行。

与吴宓同时留校,任清华学校国文课教师并《清华周刊》总编辑,吴任文案处翻译及文牍职事。

与黄冈张敬平结婚,妻兄张大年,民初国会议员,与其兄汤用彬交谊甚笃。

1917 年

与吴宓用庚子赔款留学美国。汤就学于哈姆莱顿大学,主修政治学与社会学。吴则入美国弗吉尼亚州立大学学习文学。

1918 年

因成绩优异被保举至哈佛大学,入哈佛大学研究院,师从新人文主义者白璧德为师,主攻哲学及梵文、巴利文,系统接受了白氏"同情加选择"的新人文主义思想。

1922 年

夏,获哈佛大学哲学硕士学位,学成归国。由梅光迪、吴宓推荐,应南京东南大学(中央大学前身)副校长兼哲学系主任刘伯明之聘,出任哲学系教授,讲授中国佛教史及印度思想史等课程。

10 月 17 日,支那内学院开学于南京公园路,欧阳竟无始讲《唯识抉择谈》。汤用彤于课闲赴内学院听讲佛学,熊十力、蒙文通等同为听讲之友。

12 月,在《学衡》第 12 期发表《评近人之文化研究》,成为《学衡》社员。

1923 年

兼任支那内学院巴利文导师,并授"释迦时代之外道"及"金七十论解说"等课程。

在《内学》(支那内学院年刊)第 1 辑发表《释迦时代之外道》。

在《文哲学报》第 3 期发表《叔本华之天才主义》。

5 月、7 月,在《学衡》第 17、19 期发表译文《亚里士多德哲学大纲》。

12 月,在《学衡》第 24 期发表译文《希腊之宗教》。

1924 年

在《学衡》第 26 期发表《佛教上座部九心轮略释》。

在《学衡》第 30 期发表《印度哲学之起源》。

1925 年

仍执教于东南大学哲学系,并任系主任。

在《学衡》第 39 期发表《释迦时代之外道》。

1926 年

夏,转任天津南开大学哲学系教授。

本年吴宓欲推荐其出任清华国学院哲学教授,未能如愿。

1927 年

夏,返南京,任中央大学哲学系教授、系主任。

1928 年

在《内学》第 4 辑发表《南传念安般经》。

与胡适讨论禅宗史研究。

1929 年

在《国立中央大学半月刊》第一期发表《印度哲学史——绪论》。

编成讲义《印度思想史稿》,绪论之外分十四章,并成油印讲义《隋唐佛教史稿》。

1930 年

元月 17 日,有讲演录一篇发表于中央大学日刊,论及熊十力《新唯识论》及其思想演变。

4 月,在《史学杂志》第 2 卷第 4 期及《国立中央大学半月刊》第八期发表《读慧皎〈高僧传〉札记》。

夏,北京大学文学院长胡适用英庚退款、以研究教授名义延请汤用彤至北大哲学系任教。住南池子缎库胡同三号。每学期两门课程,中外并授,或中国佛教史、印度哲学,或欧洲哲学(大陆理性主义、英国经验主义)、哲学概论。

钱穆亦于本年转任北大教授,始与订交。汤尝告钱穆:在北大任教主要为两汉魏晋南北朝佛教史一课。此课在中央大学已任教有年,撰有讲义,但心感不满,须从头撰写。

1931 年

推荐蒙文通来北大任教。

在《学衡》第 75 期发表《唐太宗与佛教》。

在《史学杂志》第 2 卷第 5 期发表《唐贤首国师墨宝跋》及《矢吹庆辉〈三阶教之研究〉》。

在《史学杂志》第 2 卷第 6 期发表《摄山之三论宗史略考》。

修改讲义《隋唐佛教史稿》,并成铅印本。

1932 年

熊十力自杭州返北京,在北大讲授唯识学,与汤常相往来。

在《国学季刊》第 3 卷 1 号发表《竺道生与涅槃学》。

1933 年

在《哲学论丛》5 月号发表《释道安时代之般若学述略》。

秋,接熊十力来书一通:"看《大智度论》,镇日不起坐。思维空义,豁然廓然,如有所失(如拨云雾),如有所得(如见青天)。起坐,觉身轻如游仙。"

此顷,常相聚者有:熊十力、蒙文通、钱穆、梁漱溟、陈寅恪、林宰平等。熊蒙二人常就佛学、理学争辩不休,梁熊常谈及政事,亦有争议,汤独"每沉默不发一语",绝非无学问无思想,性喜不争使然也。钱穆赞其为"柳下惠圣之和者"。

1934 年

指导王维诚完成学位论文《老子化胡说考证》,并在《国学季刊》四卷二号发表《王维诚〈老子化胡说考证〉审查书》。

在《大公报》3 月 17 日发表《评〈唐中期净土教〉》。

任北大哲学系主任,聘郑昕讲授一年级形式逻辑。

1935 年

4 月 13 日,中国哲学会第一届年会在北平召开,汤用彤与金岳霖、冯友兰当选为哲学会常务理事。

在《国学季刊》第 5 卷 1 号发表《读〈太平经〉所见》。

在《国学季刊》第 5 卷 4 号发表《释法瑶》。

1936 年

4 月,中国哲学会年会第 2 届年会在北平举行,汤用彤出席会议,并宣读论文《关于〈肇论〉》。

在《哲学评论》第 7 卷第 1 期发表《汉魏佛教的两大系统》（第 1 届中国哲学年会报告摘要）。

在《哲学评论》第 7 卷第 2 期发表《关于〈肇论〉》（第 2 届哲学年会报告摘要）。

哈佛大学亚洲研究学报刊载 The Editon of the Ssu-hin-Erh-chang-ching(J. R. Ware 译)。

1937 年

1 月 17 日，胡适为其校阅《汉魏两晋南北朝佛教史》稿本第 1 册，赞此书极好，称"锡予与陈寅恪两君为今日治此学最勤的，又最有成绩的。锡予训练极精，工具也好，方法又细密，故此书为最有权威之作"，只不同意汤否定佛教从海道来中国之说。是日，胡适致书商务印书馆，推荐出版该书，又以长信致汤商讨书中个别论点。次日，胡适与汤畅谈。于胡适"大胆假设，小心求证"之观点，汤自认胆小，只能作小心之求证，不能作大胆之假设。胡适以此为谦词，于日记中赞"锡予的书极小心，处处注重证据，无证之说虽有理亦不敢用，这是最可效法的态度"。汤于交谈中说道："颇有一个私见，就是不愿意说什么好东西都是从外国来的。"胡适极为机智，因汤治印度佛教及中国佛教卓有成就，故戏言道："我也有一个私见，就是说什么坏东西都是从印度来的。"二人相对大笑。

在《燕京学报》第 22 期发表《中国佛教史零篇》。

夏，陪同母亲消暑于牯岭，与钱穆同游匡庐佳胜，读书著文。

集《大林书评》，凡 5 篇：《评〈考证法显传〉》、《唐贤首国师墨宝跋》、《矢吹庆辉〈三阶教之研究〉跋》、《评日译〈梁高僧传〉》、《评〈小乘佛教概论〉》，前 3 篇载《微妙声》第 3 期，后两篇载《微妙声》第 8 期。

与汤乡铭、周叔迦任《微妙声》编委。

年底，辗转至长沙临时大学，因文学院设在南岳衡山，转赴南岳。

1938 年

元旦，于南岳掷钵峰下撰《汉魏两晋南北朝佛教史·跋》。同年，该书由商务印书馆于长沙印行。

1 月,取道广西,随临时大学转赴云南蒙自西南联合大学,任哲学系主任、教授,兼北大文科研究所所长。

1939 年

在西南联大先后开设印度哲学史、欧洲大陆理性主义及魏晋玄学等课程,全面展开魏晋玄学研究。

在昆明《益世报》读书双周刊第 119～121 期发表《读〈人物志〉》。

1940 年

指导王明研究道教。王明后来写成《〈太平经〉合校》,成为研究道教必读资料。

在《图书季刊》新 2 卷 1 期发表《读刘邵〈人物志〉》。

有魏晋玄学研究两篇《魏晋玄学流别略论》、《向郭义之庄周与孔子》刊载于《国立北京大学四十周年纪念论文集》。

《汉魏两晋南北朝佛教史》获抗战时期教育部学术研究一等奖(哲学类),陈寅恪《唐代政治史述论稿》获社会科学类一等奖。

1942 年

与陈寅恪、吴宓等人同列第一批教育部部聘教授。

在《清华学报》第 13 卷第 2 期发表《王弼大衍义略释》。

1943 年

在《学术季刊》第 1 卷第 2 期发表《文化思想之冲突与调和》。

在《学术季刊》第 1 卷第 3 期发表《王弼圣人有情义》。

在《图书季刊》新 4 卷一、二合刊发表《王弼之〈周易〉、〈论语〉新义》。

在《哲学评论》第 8 卷第 4 期发表《向郭义之庄周与孔子》。

1944 年

在《图书月刊》第 3 卷第 3～4 期发表《隋唐佛教之特点》。

1945 年

《印度哲学史略》由重庆独立出版社印行,本书由 1929 年于中大任教时期之讲义修改而成。

10 月,随北大复员,在北平沙滩北大旧址开学。

10 月 23 日,在《大公报·文史周刊》第 2 期发表《谢灵运〈辨宗论〉书后》。

1947 年

春,结束魏晋玄学课程,同时开设英国经验主义。

于中央研究院第 1 届院士会议上当选为院士,兼任评议员。同时任历史语言研究所北平办事处主任

夏,应加利弗尼亚大学之请赴美讲学,讲授《汉唐思想史》一年,并撰有英文讲义。

在哈佛大学亚洲研究学报发表 Wang pi's New Interpretation of the I ching and Lun Yu(Walter Liebenthal 译)。

1948 年

夏,婉拒哥伦比亚大学讲学之邀请,9 月返北平。

平津战役后,胡适转赴南京,劝其南下,派人送来两张机票,为汤拒绝。

1949 年

任北京大学校务委员会主席。

当选为第 1 届全国政治协商会议委员。

1951 年

改任北京大学副校长,分管基建与财务。

兼任中国科学院历史考古专门委员,哲学社会科学部学部委员。

1953 年

中国科学院成立,汤任历史考古专门委员会委员。

1954 年

出席由《人民日报》主持的胡适批判会议,归后患脑溢血,长期卧床。此后学术活动或撰写文章多由任继愈助理。

1955 年

《汉魏两晋南北朝佛教史》上下册,由中华书局重印发行。

1956 年

哲学社会科学部成立,任学部委员,《历史研究》、《哲学研究》编委。

1957 年

《魏晋玄学论稿》由人民出版社印行。

1958 年

本年当选为第 2 届全国人民代表大会代表,第 3 届全国政协常委。

1960 年

《印度哲学史略》由中华书局重印发行。

1961 年

在《新建设》6 月号发表《康复札记四则》。

在《新建设》7 月号发表《针灸·印度古医书》。

在 10 月 19 日之《光明日报》发表《读一点佛书的"音义"》。

1962 年

《魏晋玄学论稿》由中华书局再版。

《往日杂稿》由中华书局出版。

在《哲学研究》第 3 期发表《论中国佛教无"十宗"》。

在 10 月 14 日之《文汇报》发表《关于慧深》。

在 11 月 21 日之《光明日报》发表《从一切道经说到武则天》。

1963 年

5 月 1 日晚,在汤一介等人陪同下上天安门城楼观赏焰火,由周恩来引见毛泽东。毛询问其身体状况,并嘱咐多写短文。

当选为第 3 届全国人民代表。

《汉魏两晋南北朝佛教史》由中华书局再版重印。

在《现代佛学》第 2 期发表《给巨赞的信(关于东汉佛教的几个问题的讨论)》。

在《北京大学人文科学学报》第 5 期发表《中国佛教宗派补论》。

1964 年

在《历史研究》第 3 期发表《读〈道藏〉札记》。

5 月 1 日,因脑病复发,治疗无效而病逝,享年 72 岁。

图书在版编目（CIP）数据

汤用彤佛学与哲学思想论集 / 汤用彤著;沈伟华,杨维中编. —南京:南京大学出版社,2009.10
（南雍学术经典）
ISBN 978 - 7 - 305 - 06469 - 2

Ⅰ.汤… Ⅱ.① 汤… ② 沈… ③ 杨… Ⅲ.① 汤用彤(1893～1964)—佛教—思想评论 ② 汤用彤(1893～1964)—哲学思想—思想评论 Ⅳ. B261

中国版本图书馆 CIP 数据核字(2009)第 173132 号

出 版 者	南京大学出版社		
社 址	南京市汉口路 22 号	邮 编	210093
网 址	http://www.NjupCo.com		
出 版 人	左 健		
丛 书 名	南雍学术经典		
书 名	**汤用彤佛学与哲学思想论集**		
著 者	汤用彤		
编 者	沈伟华 杨维中		
责任编辑	陆蕊含	编辑热线	025 - 83593962
照 排	南京玄武湖印刷照排中心		
印 刷	南京通达彩色印刷有限公司		
开 本	787×960 1/16 印张 28 字数 403 千		
版 次	2009 年 10 月第 1 版 2009 年 10 月第 1 次印刷		
ISBN	978 - 7 - 305 - 06469 - 2		
定 价	49.80 元		
发行热线	025 - 83594756		
电子邮箱	Press@NjupCo.com		
	Sales@NjupCo.com(市场部)